기본권
3각관계

저자 약력

고려대학교 법학과 학사/석사, 독일 뮌헨대학교 법학과 박사(Dr. jur.)
성균관대학교 BK21 글로컬(Glocal) 과학기술전문가 양성사업단 박사후연구원(2008. 9. ~ 2010. 2.)
고려대학교 법학연구원 연구교수(2010. 5. ~ 2011. 4.)
헌법재판소 헌법재판연구원 책임연구관(2011. 5. ~ 2016. 8.)
(현) 전남대학교 법학전문대학원 부교수
(현) 한국헌법학회 총무이사
(현) 한국공법학회 공법연구 편집위원
(현) 한국법정책학회 법과 정책연구 편집위원
(현) 전남대학교 법학연구소 공익인권법센터 센터장
(현) 광주광역시 정보공개심의회 위원장
(현) 전남대학교 생명윤리위원회 위원
(현) 세계인권도시포럼 추진위원회 위원
(현) 광주광역시 제4기 인권위원회 위원
한국공법학회 신진학술상 수상(2016. 12.)
전남대학교 제23회 용봉학술상 수상(2019. 6.)

기본권
3각관계

2020년 10월 20일 인쇄
2020년 10월 30일 발행

지은이 | 허완중
펴낸이 | 정병석

펴낸곳 | 전남대학교출판문화원
주소 | 61186 광주광역시 북구 용봉로 77
전화 | (062) 530-0571~3 팩스 | (062) 530-0579
등록 | 1981. 5. 21. 제53호
홈페이지 | http://www.cnup.co.kr
이메일 | cnup0571@hanmail.net

값 19,000 원

ISBN 978-89-6849-743-8 (93360)

이 도서의 국립중앙도서관 출판예정도서목록(CIP)은 서지정보유통지원시스템 홈페이지(http://seoji.nl.go.kr)와 국가자료종합목록 구축시스템(http://kolis-net.nl.go.kr)에서 이용하실 수 있습니다.
(CIP제어번호: CIP2020045866)

허완중 저

기본권 3각관계

본 책은 '사법관계에 미치는 기본권의 효력'을 입체적으로 그리고 망라적으로 살폈다. 그동안 이에 관한 다양한 연구가 있었으나, 대부분 특정 측면만을 살피는 것에 그쳤다. 특히 '기본권의 대사인적 효력'에 집중하여 고찰하곤 하였다. 그러나 '사법관계에 미치는 기본권의 효력'을 둘러싼 여러 측면이 있고, 그러한 측면이 모두 고려되지 않고서는 제대로 된 고찰을 하기 어렵다. 그에 따라 때로는 문제 해결 자체가 외면되기도 한다. 그래서 본 책은 '기본권 관계'라는 틀로 전체와 부분을 모두 꼼꼼히 바라보고 다양한 측면을 차례대로 검토하면서 제기되는 문제를 샅샅이 다룬다. 이를 위해서 기본권 개념 자체에서 출발하여 개별 문제에 진지하게 접근한다. 이러는 과정에서 관련성이 있음이 지적되기는 하였지만, 구체적으로 다루어진 적이 없는 '기본권의 대사인적 효력'과 '기본권보호의무' 그리고 '기본권 충돌' 사이의 관계를 세심하게 살핀다. 그리고 개별 문제를 해결할 때 필수적인 심사기준도 구체적으로 제시한다. 또한, 문제를 검토하는 순서도 꼼꼼히 살펴서 실무에 직접 적용할 수 있도록 한다.

전남대학교출판문화원

머리말

헌법학 연구에 발을 디디고 처음 쓴 석사학위논문 주제는 '사법관계에 미치는 기본권의 효력'이다. 이 논문을 처음 쓸 때는 선행연구가 많아서 큰 힘 들이지 않고 쉽게 쓸 수 있을 거라고 생각하였다. 하지만 본격적으로 논문을 쓰려고 이것저것 참고문헌을 읽어나가면서 잘못된 선택이었음을 깨달았다. '사법관계에 미치는 기본권의 효력'을 제대로 이해하려면 살펴야 할 것이 한두 가지가 아니었다. 그리고 관련 내용도 기본권보호의무, 기본권 포기, 기본권 충돌처럼 하나같이 독자적인 논문 주제로 삼아야 할 만큼 묵직하기만 하였다. 게다가 헌법학을 넘어 민법학과 노동법학, 행정법학까지 다루어야 할 것이 대책 없이 쌓이기만 하였다. 더하여 늘지 않는 독일어 실력 때문에 망망대해를 헤매는 느낌이었다. 제약된 시간에 맞추어 부족한대로 석사학위논문을 완성하기는 하였지만, 논문 여기저기 만족스럽지 못한 부분 투성이었다. 제대로 알지 못하고 쓴 부분이 적지 않아서 불안감과 아쉬움이 컸다. 그래서 언젠가 그러한 부분을 충실하게 수정하여 책을 내자고 다짐하였다.

2007년 12월 독일에서 박사학위논문을 마무리하고 나서, 별도의 소논문을 작성하여 발표하고 질문을 받는 구술시험 주제를 '기본권보호의무에서 과소보호금지원칙과 과잉금지원칙의 관계'로 잡으면서 이러한 다짐을 현실화하는 길을 걷기 시작하였다. 먼저 2008년 뮌헨대학교에서 박사학위를 받고 귀국하고 나서 독일어로 썼던 구술시험용 소논문을 번역하고 보충하여 학술지에 발표하였다. 이어서 '기본권의 개념과 용어', '기본권 포기', '기본권보장의무와 기본권보호의무', '자초위해', '기본권 관계', '기본권의 대사인적 효력과 기본권보호의무 그리고 기본권충돌의 관계', '기본권 3각관계', '과잉금지원칙'에 관한 논문을 차근차근 써갔다. 이러한 논문들은 기본권의 개념에서 시작하여 석사학위논문을 쓸 당시 구상하다가 빼버린 '기본권 관계'를 기본틀 삼아 나름의 체계를 잡아가는 과정이었다. 이러한 오랜 노력의 결과물이 쌓여 이제 석사학위논문에 관한 불만을 상당부분 해소할 정도가 되었다. 즉 '사법관계에 미치는 기본권의 효력'과 관련하여 다루어야 할 내용으로 생각한 부분은 거의 연구하였다. 이에 그동안의 성과를 모아 하나의 책으로 묶는다. 이러한 점에서 이 책은 석사학위논문의 전면확장수정판이다. 물론 이 책이 '사법관계에 미치는 기본권의 효력'에 관한 모든 문제점을 담은 것도 그에 관한 충분한 해결책을 제시한 것도 아니다. 하지만 적어도 지은이가 필요하다고 생각한 범위에서 나름의 논리를 전개한 것이다. 즉 '사법관계에 미치는 기본권의 효력'에 관한 지은이의 잠정결론이다. 이에 관한 엄정한 비판과 다양한 의견 제시를 기다린다. 그리고 언젠가 이 책의 전면개정판을 다시 낼 수 있길 바란다.

이 책은 김선택 선생님이 아니었으면 나올 수 없었다. '사법관계에 미치는 기본권의 효력'을 석사학위논문 주제로 잡아주셨기 때문이다. 그리고 기본권에 관한 기본개념을 지은이에게 심어주시고 연구방법론도 몸소 가르쳐 주셨기 때문이다. 선생님의 학은은 세월만큼 깊어지는 것 같다. 계희열 선생님께서는 귀한 말씀과 좋은 책을 통해서 이 책의 많은 부분의 기틀을 잡는 데 이바지하셨고, 학자의 모범을 보여주셨다. 앞으로도 오랫동안 많은 가르침을 주셨으면 하는 바람이 있다. 장영수 선생님께서는 기본권 전반에 관해서 처음 가르쳐 주셨고, 진지한 학문의 자세를 일깨워주셨다. 정태호 교수님께서는 충실하고 깊이 있는 여러 글로 지은이의 시야를 넓혀 주시고, 따스한 말씀과 격려로 용기와 희망을 주셨다. 김하열 교수님께서는 몸과 마음을 든든하게 기댈 언덕이 되어 주셨다. 이준일 교수님께서는 지은이에게 새로운 시각으로 기본권을 바라보도록 길을 열어주셨다.

어느덧 일흔을 훌쩍 넘으신 부모님께서 오랫동안 건강하게 사시길 빈다. 표현에 서툴고 무뚝뚝해서 늘 미안한 아내 박수은과 더 많이 놀아주지 못해서 언제나 미안한 아들 진솔, 인우, 우진에게 사랑과 고마움을 전한다.

2020년 10월

시나브로 찾아온 차가운 바람에
어느덧 떠나버린 가난한 지난 봄과 여름을 추억하며

허완중

이 책의 바탕이 된 지은이의 논문(발표순)

허완중, 「사법관계에 미치는 기본권의 효력」, 고려대학교 법학석사학위논문, 2002, 139쪽.

허완중, 「기본권보호의무에서 과소보호금지원칙과 과잉금지원칙의 관계」, 『공법연구』 제37집 제1-2호, 한국공법학회, 2008, 201~227쪽.

허완중, 「자유와 권리 그리고 기본적 인권」, 『성균관법학』 제20권 제3호, 성균관대학교 법학연구소, 2008, 531~558쪽.

허완중, 「기본권포기」, 『헌법학연구』 제15권 제3호, 한국헌법학회, 2009, 517~542쪽.

허완중, 「기본적 인권을 확인하고 보장할 국가의 의무」, 『저스티스』 제115호, 한국법학원, 2010, 68~105쪽.

허완중, 「인권과 기본권의 연결고리인 국가의 의무」, 『저스티스』 제124호, 한국법학원, 2011. 6., 136~168쪽.

허완중, 「자초위해와 기본권보호」, 『공법연구』 제40집 제4호, 한국공법학회, 2012, 133~158쪽.

허완중, 「기본권관계 - 기본권문제를 바라보는 객관적이고 합리적인 틀」, 『공법연구』 제43집 제1호, 한국공법학회, 2014, 131~164쪽.

허완중, 「기본권의 대사인적 효력과 기본권보호의무 그리고 기본권충돌의 관계」, 『헌법논총』 제25집, 헌법재판소, 2014, 5~63쪽.

허완중, 「기본권3각관계」, 헌법재판연구 제3권 제1호, 헌법재판소 헌법재판연구원, 2016, 187~220쪽.

허완중, 「법률이 형성한 법적 지위의 기본권적 보호」, 『헌법학연구』 제25권 제2호, 한국헌법학회, 2019, 193~225쪽.

허완중, 「기본권 제약 개념 확장을 통한 헌법 제37조 제2항의 해석」, 『헌법논총』 제30집, 헌법재판소, 2019, 5~60쪽.

■ 목 차

제2장 기본권 관계 __ 58

제3장 기본권 3각관계 __ 88

제4장 피해자와 가해자의 관계 __ 98

제5장 피해자와 국가의 관계 __ 246

제6장 가해자와 국가의 관계 __ 274

제7장 기본권 3각관계의 위헌심사 기준 __ 288

Chapter

01

기본권

제1장 기본권

Ⅰ. 인권과 기본권의 개념적 구분

인권(human rights, Menschenrechte, droit de l'homme)과 기본권[1]은 일반적으로 그 존재의 인정 근거와 그 효력 근거가 실정법인지 아닌지(혹은 자연법인지)에 따라 구분된다.[2] 인권은 말 그대로 인간의 권리, 곧 모든 인간이 그가 인간이기만 하면 단지 인간이라는 이유만으로 누리는 권리이다.[3] 인권은 국가 이전에 천부

1) 여기서 기본권은 일반적 의미의 기본권이 아니라 주관적 권리인 기본권만을 가리킨다. '주관적 권리'라는 용어가 적절한 것인지는 의문이다. '권리'와 '권한'이 분명히 개념적으로 구별되어서 국민은 원칙적으로 권리가 있지만, 국민이 아닌 국가기관에는 원칙적으로 권리가 아닌 권한이 부여된다는 점에서 권리에 '주관적'이라는 수식어를 붙일 필요가 없기 때문이다. 특히 'Recht'에 '법'과 '권리'라는 두 가지 뜻이 있어 양자를 구별할 필요성이 있는 독일과 달리 '권리'라는 용어에는 오로지 주관적인 뜻만 있다는 점에서 더욱더 그렇다. 그러나 '주관적 권리'라는 용어가 널리 사용되므로 여기서는 그 부적절성과 불필요성, 중복성을 지적하면서 일단 '주관적 권리'라는 용어를 사용하기로 한다.

2) 김선택, 「기본권의 개념」, 『법정고시』 제4권 제6호, 육서당 법률행정연구원, 1998. 6., 8쪽; Klaus Stern, Das Staatsrecht der Bundesrepublik Deutschland, Bd. Ⅲ/1, München 1988, S. 44 참조.

3) 강경선, 『사회복지국가 헌법의 기초』, 한국방송통신대학교출판문화원, 2017, 315, 324쪽; 권영성, 『헌법학원론(개정판)』, 법문사, 2010, 287쪽; 김도균, 『권리의 문법 - 도덕적 권리·인권·법적 권리』, 박영사, 2008, 104쪽; 김선택(주 2), 8쪽; 김주영, 「현행 실정법체계상 '인권' 개념 - 헌법상의 기본권 개념과의 관계를 중심으로」, 『명지법학』 제10호, 명지대학교 법학연구소, 2011, 100～101쪽; 김철수, 『학설·판례 헌법학(상)』, 박영사, 2008, 363쪽; 김하열, 『헌법강의(제2판)』, 박영사, 2020, 191쪽; 김학성/최희수, 『헌법학원론(전정4판)』, 피앤씨미디어, 2020, 306쪽; 박찬운, 『인권법』, 한울, 2008, 33쪽; 석인선, 『헌법총론』, 세창출판사, 2014, 243쪽; 성낙인, 『헌법학(제20판)』, 법문사, 2020, 971쪽; 심경수, 『헌법(제2판)』, 법문사, 2020, 153쪽; 양 건, 『헌법강의(제8판)』, 법문사, 2019, 255쪽; 이경주, 『헌법Ⅰ』, 박영사, 2019, 57쪽; 이봉철, 『현대인권사상』, 아카넷, 2001, 39쪽; 이부하, 『헌법학(상)』, 법영사, 2019, 132쪽; 전광석, 『한국헌법론(제15판)』, 집현재, 2020, 211쪽; 정재황, 『기본권연구Ⅰ』, 길안사, 1999, 157～158쪽; 같은 사람, 『기본권 총론』, 박영사, 2020, 25쪽; 정종섭, 「기본권의 개념에 관한 연구」, 『법학』 제44권 제2호, 서울대학교 법학연구소, 2003, 33쪽; 같은 사람, 『기본권의 개념』, 금붕어, 2007, 58쪽; 같은 사람, 『헌법학원론(제12판)』, 박영사, 2018, 287쪽; 한동섭, 『헌법(수정판)』, 박영사, 1971, 69～70쪽; 한수웅, 『헌법학(제10판)』, 법문사, 2020, 377쪽; 홍성방, 「기본권의 개념과 분류」, 『사회과학연구』 제7집, 서강대학교 사회과학연구소, 1998, 163쪽; 같은 사람, 『헌법학(상)(제3판)』, 현암사, 2016, 327쪽; 미셸린 이샤이, 조효제 옮김, 『세계인권사상사(한국어 개정판)』, 길, 2005, 36쪽; Klaus Stern (Anm. 2), S. 43 참조. 인권에 관한 철학적 검토는 박순영, 「규범」, 『우리말 철학사전 4』, 지식산업사, 2005, 48

적으로 이미 있는, 전국가적인 권리이고, 국가입법을 통해서 규정될 필요도 국가권력이 그 효력을 담보할 필요도 없는 초실정적으로 효력이 있는 권리이다. 즉 인권은 자연권이다. 이에 반해서 기본권은 국가의 기본법인 헌법이 실정법적으로 보장하는 실정적 효력이 있는 권리를 말한다. 다시 말해서 기본권은 국가라는 공동체를 전제로 하여 국내적으로 작용하는, 즉 헌법에 규정되어 국가공권력이 효력을 보장하는 국민의 기본적 권리를 가리킨다. 기본권은 그 존재와 효력 모두 실정법질서가 보장한다는 점에 특색이 있다.[4)]

많은 헌법학자는 '인권'과 '기본권' 두 용어를 구별하면서도, 의식적으로 그리고 충분한 근거를 제시하지 않고 두 용어를 구분하지 않고 사용한다.[5)] 그러나 두 용어가 개념적으로 분명히 구별되고, 그 기능에서 차이가 있다는 점에서 양자를 구별하여 사용하여야 한다. 특히 인권과 기본권의 혼용은 권리목록 확장이라는 점에서 확실한 장점이 있다. 그러나 이러한 혼용은 보장범위를 명확하게 확정하기 어렵게 만들고 '인권' 자체가 실정적 보장을 전제하지 않는다. 따라서 인권과 기본권의 혼용은 그 권리의 확실한 보장이나 관철 가능성 측면에서는 치명적인 문제를 일으킬 수도 있다. 이러한 점에서 '인권'이라는 용어 아래 권리목록을 무리하게 확장함으로써 불확실한 보장을 가져오는 것보다는 확실한 헌법적 보장 아래 있는 '(흔히 기본권이라고 부르는) 헌법적 권리' 범위를 헌법적 승인을 통해서 확대하는 것이 올바른 방향이다. 특히 헌법 제37조 제1항은 이러한 확장을 헌법적으로 보장한다. 이러한 확대과정에서 인권은 지도적 역할을 수행할 수 있다.

~51쪽 참조. 인권의 역사에 관해서는 미셸린 이샤이(앞의 책) 참조. 유진오는 권리는 법과 국가가 있고 나서 비로소 아니면 적어도 법과 국가와 동시에 있을 수 있으므로 천부인권을 이야기하는 것은 적어도 법적 주장으로 성립할 수 없다고 하였다(유진오, 『신고 헌법해의』, 일조각, 1957, 60쪽).

4) 강경선(주 3), 315, 324쪽; 김선택(주 2), 8쪽; 석인선(주 3), 244쪽; 양 건(주 3), 255쪽; 이부하(주 3), 133쪽; 이준일, 『헌법학강의(제7판)』, 홍문사, 2019, 295, 301~302쪽; 장영수, 『헌법학(제12판)』, 홍문사, 2020, 423쪽; 한수웅(주 3), 378쪽; 허완중, 「사법관계에 미치는 기본권의 효력」, 고려대학교 법학석사학위논문, 2002, 7쪽; 홍성방[주 3, 헌법학(상)], 330쪽; Klaus Stern (Anm. 2), S. 40. 헌법재판소는 기본권을 '헌법에 의하여 직접 보장된 개인의 주관적 공권'으로 파악한다(헌재 2001. 3. 21. 99헌마139등, 판례집 13-1, 676, 692-693).

5) 예를 들어 각국 헌법에서 보장하는 기본권은 자유권적 기본권을 중심으로 할 뿐 아니라 그 밖의 정치적·경제적·사회권 등도 인간의 권리와 보완관계에 있어서 인권과 기본권을 동일시하여도 무방하다고 하거나[권영성(주 3), 287쪽] 기본권은 실정법적 권리이고 인권은 자연권이라고 하면서도 구별하지 않고 동의어로 쓴다고 한다(구병삭, 『신헌법원론(제3전정판)』, 박영사, 1996, 331~332쪽).

국제법규가 보장하는 권리는 실정화한 권리이지만 인권이라는 용어를 사용한다.[6] 따라서 초실정적 인권과 구분하기 위해서 이러한 권리들을 국제(법)적 인권으로 부르는 것이 바람직하다. 국제적 인권은 ① 개인이 국가권력에 대항하여 아주 예외적으로만 권리를 원용할 수 있고, ② 개인이 권리를 관철할 효과적인 사법적 구제수단이 없는 법적 약점이 있다.[7]

Ⅱ. 일치하지 않는 인권과 기본권의 권리 목록

헌법이 규정하여 보장하는 권리를 '인간의 권리'와 '국민의 권리'로 분류하는 것은 주로 그 주체 범위와 관련된다.[8] 즉 헌법적 권리가 자기 국민에게만 부여되는 것인지 아니면 외국인에게도 부여되는지에 따라 주체 범위를 표시하려고 헌법적 권리를 '인간의 권리'와 '국민의 권리'로 나눈다. '인간의 권리'는 모든 인간에게 귀속되는 권리('모든 사람의 권리')를 말하고, '국민의 권리'는 해당 국가 국적이 있는 사람만 누리는 권리('한국인의 권리')를 가리킨다. 인권이 수 세기에 걸친 권리를 위한 투쟁 과정을 거쳐서 실정법 세계로 들어와 (흔히 기본권이라고 부르는) 헌법적 권리가 되었다는 점에서 (자유권 대부분이 포함되는) '인간의 권리인 헌법적 권리'와 '헌법적 권리와 개념적 측면에서 구별되는 인간의 권리(인권)'가 연관성이 있다는 것을 부정할 수 없다.[9] 하지만 모든 헌법적 권리가 인권에 '직접' 뿌리를 두는 것은 아니다. 예를 들어 참정권, 청구권, 사회권은 인권에서 직접 도출되지 않는다.[10] 일반적으로 인권과 직접적 관련성이 있는 인간의 권리와 국가

6) 예를 들어 1948년 12월 10일에 국제연합 제3회 총회에서 채택된 세계인권선언(강제적 국제법규성이 없고, 직접 의무를 부과하지 못하지만, 간접적인 법적 의의는 있고, 그 핵심내용은 인권의 최소기준으로 인정된다), 1966년 12월 19일 국제연합 제21회 총회에서 의결되고 35개국의 비준서가 기탁된 1976년에 발효된 국제인권규약['시민적 및 정치적 권리에 관한 국제규약'(1976년 3월 23일 발효), '경제적, 사회적 및 문화적 권리에 관한 국제규약'(1976년 1월 3일 발효)], 1950년 11월 4일에 로마에서 서명된 유럽인권규약(1953년 9월 3일 발효), 1969년 11월 22일에 미주인권 특별회의에서 채택된 '인간의 권리와 의무의 미주인권협약'(1978년 7월 18일 발효), 1981년 6월 27일에 아프리카 나이로비 통일기구 정상회의에서 채택된 '인간의 권리와 인민의 권리에 관한 아프리카헌장'(1986년 10월 21일 발효) 등이 있다.

7) 김선택(주 2), 9～10쪽.

8) 이와 관련하여 1948년 헌법 제정 과정에서 '국민'과 '인민' 중 어느 용어를 선택할 것인지에 관한 논의가 있었다. 『헌법제정회의록(제헌국회)』(헌정사자료 제1집), 국회도서관, 1967, 380～391쪽 참조.

9) 비슷한 견해: 이준일(주 4), 295, 301～302쪽.

를 전제하는 국민의 권리가 구별될 수 있다는 사실 자체가 이미 인권에서 직접 도출되지 않는 헌법적 권리가 있음을 전제한다. 그리고 헌법이 모든 인권을 보장하는 것도 아니고, 특히 인권 목록을 확정하는 것 자체가 어려우므로 모든 인권을 헌법이 보장할 수도 없다. 이러한 점에서 인권과 기본권의 권리목록은 많은 것이 서로 겹치기는 하지만, 그 권리목록 일부에서는 차이를 드러낼 수밖에 없다.

Ⅲ. 인권과 기본권의 관계

1. 인권의 문제점

인권은 자연권으로서 모든 인간이 시간적·공간적 제한 없이 언제 어디서나 주장할 수 있다는 장점이 있다. 그러나 인권에 대한 다양한 관점과 견해 때문에 인권의 내용은 명확성을 얻기 어렵다. 그리고 인권은 보편성으로 말미암아 필연적으로 추상성을 내포할 수밖에 없다. 이러한 불명확성과 추상성은 인권에서 문제해결능력을 빼앗아 간다. 권리에 관한 다툼이 있을 때 인권은 그 불명확성과 추상성으로 말미암아 그 문제를 해결하기 위한 구체적 기준을 제공하기 어렵기 때문이다. 그래서 인권은 기존 질서를 공격하고 무너뜨리는 데는 매우 유용하지만, 무너진 질서를 바로 세우거나 새로운 질서를 형성하는 데는 한계를 지닐 수밖에 없다. 그리고 인권은 도덕적 권리로서 국가 존재 여부와 상관없이 주장할 수 있다. 이것은 인권 관철을 직접 강제할 수단이 없다는 것을 뜻한다. 따라서 권리 주체 스스로 관철할 힘이 없거나 관철할 수단을 찾지 못하면 인권은 권리로서 제대로 기능하지 못한다. 인권의 보편성도 인권이 실현(관철) 가능성에 소홀함을 반증한다. 인권을 모든 인간이 누리고 주장할 수 있다는 것은 반대로 누구나 인권을 부정할 수도 있다는 것을 가리키기 때문이다. 그런데 인권이 관철되지 않으면, 인권의 근본성과 우월성도 의미가 없어진다.[11] 결국, 인권은 그 내용

10) 김선택(주 2), 8～9쪽. 여기서 '직접'이라는 뜻은 본래 의미의 '인권' 개념에 들어맞는 것을 말한다. 즉 국가의 존재 여부와 관계없이 있을 수 있음을 말한다. 따라서 인권을 실정화하는 과정에서 수반되거나 요구되는 권리는 그 자체가 본래 의미의 인권에 들어맞지는 않지만, 인권과 밀접한 관련이 있으므로, 인권에서 '간접'적으로 도출되는 것으로 보게 된다.

11) Robert Alexy, Die Institutionalisierung der Menschenrechte im demokratischen Verfassungsstaat, in: Stefan Gosepath/Georg Lohmann (Hrsg.), Philosophie der Menschenrechte, Frankfurt am Main 1998, S. 255 참조.

이 불명확하고 이를 관철하기 곤란하다는, 절대 무시할 수 없는 치명적인 문제점이 있다.[12)]

2. 실정화를 통한 인권의 보완

내용이 불명확하고 관철하기 어렵다는 인권의 문제점을 해결하려면 인권 내용을 확정하기 위한 기준을 확정하고 인권을 관철할 수단을 마련하여야 한다. 이를 위해서 인권 목록을 문서로 작성하고 국가에 인권보호임무를 부여하는 국법적 실정화가 요구되었다. 유럽과 북미에서 이를 위해서 수백 년에 걸친 투쟁이 있었다.[13)] 이러한 투쟁 끝에 인권은 헌법에 규정되어 국가를 통해서 보장받게 되었다. 즉 인권이 헌법을 통해서 실정(헌)법적 권리인 기본권으로 전환됨으로써 보호영역이 비교적 명확해지고, 국가를 통해서 관철을 강제할 수 있게 되었다.

처음에 인권을 실정화한 문서에 규정된 자유와 권리는 어떠한 권력으로도 침해할 수 없는 인간의 권리는 아니었고, 특히 입법권에 대항할 수 없었다. 그래서 입법권도 인권을 침해할 수 없게 하려면 헌법이라는 형식이 필요하였다. 즉 인권은 헌법에 규정됨으로써 집행부와 사법부는 물론 입법부를 포함한 모든 국가권력에서 보호되었다. 이로 말미암아 인권의 보편성은 헌법을 통해서 최소한 국가 안에서는 보장될 수 있게 되었다. 그리고 평등한 자유가 있는 개인을 전제

---

12) 계희열, 「기본권의 자연권성과 그 문제점」, 『고시연구』 제20권 제1호(통권 제226호), 고시연구사, 1993. 1., 100~104쪽; 김선택(주 2), 10쪽; 이상돈, 『인권법』, 법문사, 2005, 19쪽; 이준일, 『인권법(제8판)』, 홍문사, 2019, 8쪽; 한수웅(주 3), 377~378쪽 참조.

근대적 인권을 주창한 존 로크는 ① 자연상태에서는 사람들의 공통적인 동의로써, 무엇이 옳은지 그른지를 가르는 표준으로써 또한 사람들 사이에서 일어나는 모든 분쟁을 판정해 주어야 할 공통적인 척도로써 받아들여져서 널리 인정된 것과 같은 확립된 일정한 (그리고 뭇 사람들에게 널리 알려진) 법률이 없고, ② 자연상태에서는 하나의 확립된 법률에 따라서, 모든 불화(싸움)를 판정할 권위가 있는, 널리 알려진 공평한 재판관이 없으며, ③ 자연상태에서는 비록 올바른 판결이 내려지는 때라도, 이것을 뒷받침해 주며 지원하여, 이러한 판결을 올바르게 집행할 권력이 없는 때가 잦아서 인류는 자연상태에서는 온갖 특권을 누릴 수 있는데도, 적어도 그런 상태에 머물러 있는 한에서는, 도리어 악조건 밑에서 생활할 수밖에 없는 처지에 떨어지게 된다고 한다. 이를 극복하려고 사람들은 사회에 가입하여 지금까지 자기네들이 자연상태 속에서 누리던 평등·자유 및 집행권을 포기하여 사회의 수중에 위임한다고 한다. 따라서 사회(정치적 사회, 즉 국가)의 목적은 모든 사람의 재산(생명·자유·자산)을 보장하는 것이라고 한다(존 록크, 이극찬 옮김, 『시민정부론(제7판)』, 연세대학교출판부, 1995, 178~185쪽).

13) 김선택(주 2), 10쪽; 이준일(주 4), 301쪽.

하는 인권의 보편성은 이러한 개인이 모여 헌법을 만드는 민주적이고 법치국가적인 과정을 통해서 어느 정도 실현되었다. 또한, 국법적 실정화를 통해서 인간의 권리는 더 풍부해질 수 있게 되었다. 인권은 최소한의 보호기준을 제시하는 데 그치지만, 이것을 실정화하는 헌법은 인권을 단순히 확인하는 것에 그치지 않고 국민이 인권을 실현하는 데 필요하다고 합의하면 인권이 아닌 권리도 수용하며, 강제수단인 국가를 통해서만 실현될 수 있는 권리도 헌법에 무리 없이 규정될 수 있기 때문이다. 따라서 인권으로서 인정받지 못하는 권리도 그 보호 필요성이 충분히 논증된다면 기본권으로 보호될 수 있고, 특히 인권인지가 다투어지는 권리도 기본권으로 바로 수용될 수 있다.

한국에서는 구한말 개화파를 중심으로 인권개념이 수용되고 나서[14] 빠르게 널리 퍼져서,[15] 천부인권사상이 소개되고 35년 만에 다양한 국민의 기본적 권리가 대한민국 임시정부 헌법에 문자로 정착되기에 이르렀다.[16] 이러한 일반화 덕

14) 1884년 3월 8일 한성순보 제14호의 '미국지략속고(美國誌略續稿)'에서 미국 독립선언문을 소개한 논고부터 서양의 인권론이 도입되었다. 박영효는 1888년 무자상소에서 인민의 평등을 주장하면서 사람은 변할 수 없는 권리[통의(通義)]가 있다고 하였다. 이때 권리는 자기 생명을 보존하고 자유를 구하며 행복을 추구하는 것이라고 하였다. 그리고 정부는 백성이 인권을 보전하려고 만들었으므로 정부가 이러한 뜻에 어긋나면 이것을 변혁하고 새 정부를 세울 수 있다고 하여 저항권 사상을 표현하였다(김갑천 옮김, 「박영효의 건백서 - 내정개혁에 대한 1888년의 상소문 -」, 『한국정치연구』 제2권, 서울대학교 한국정치연구소, 1990, 245~295쪽 참조). 유길준은 서유견문 제4편 인민의 권리에서 인간의 권리를 설명하였다. 그는 천부인권론을 주장하면서도 인민주권과 저항권에 관한 부분만은 언급을 회피하고 구체적인 인권도 법률 범위 안에서만 보장된다고 하여 법률에 따른 제한을 인정하였다(유길준, 허경진 옮김, 『서유견문』, 한양출판, 1995 참조). 미국에서 정상적인 대학공부를 마친 서재필은 미국의 인권론을 직수입하여 소개하였다. 그는 1896년 4월부터 1898년 5월까지 2년여 동안 독립신문 논설을 집필하였다. 그는 국가는 국민을 위해서 있다는 것을 강조하고 인권론에서 추상적으로만 설명하지 아니하고 인권을 보장할 수 있는 재판기구 설립을 강조하며 사법부 개혁을 주장하였다. 이에 관해서는 김철수, 「한국에서의 인권론의 도입과 전개」, 한국법학교수회, 『법학교육과 법조개혁』, 길안사, 1994, 187~192쪽; 전봉덕, 『한국근대법사상사』, 박영사, 1984, 82~98쪽 참조.

15) 1898년 12월 15일 독립신문 사설은 백성에게 권리를 주는 것이 부강의 길이라고 주장하였다(독립신문강독회, 김홍우 감수, 전인권 편집·교열, 『독립신문, 다시 읽기』, 푸른역사, 2004, 241~243쪽).

16) 1919년 4월 11일 대한민국 임시헌장은 대한민국 인민은 남녀·귀천과 빈부의 계급이 없고 일체 평등하고(제3조), 신교·언론·저작·출판·결사·집회·신서·주소·이전·신체와 소유의 자유를 향유하며(제4조), 대한민국 인민으로 공민 자격이 있는 사람은 선거권과 피선거권이 있다고(제5조) 규정하고, 1919년 9월 11일 대한민국 임시헌법(제1차개헌)은 제2장 인민의 권리와 의무에서 대한민국 인민은 신교의 자유, 재산의 보유와 영업의 자유, 언론·저작·출

분에 1948년 처음 대한민국 헌법이 제정될 때 많은 기본적 권리가 별다른 논란 없이 비교적 완결된 형태로 헌법전에 수용되었다. 그러나 권리를 위한 투쟁이 없는 상태에서 주어진 헌법적 권리는 국민의 권리의식과 관철하려는 노력 부재 그리고 국가권력의 전근대성 때문에 바로 실질적 효력이 있을 수 없었다. 따라서 헌법에 수용된 권리가 실질적 의미를 획득하기까지는 수많은 투쟁과 희생이 필요하였고, 아직도 그러한 투쟁과 희생은 (최소한 부분적으로는) 계속되고 있다. 이러한 점에서 권리의 실질화를 실정화를 통해서 완성해 나갔던 서양의 근대적 권리 투쟁과는 달리 한국에서 벌어졌고 벌어지는 권리 투쟁은 주로 실정화한 권리를 실질화하기 위한 투쟁이라는 특색을 띤다. 즉 한국에서는 권리의 실정화가 권리의 실질화를 앞서는 때가 대부분이었다. 이것은 권리에 관한 논의 대부분이 외국에서 수입되었다는 점[17]과 국가권력이 자신의 부족한 정당성을 권리의 실정화를 통해서 숨기려 하였던[18] 불행한 헌법사와 밀접한 관련이 있다.[19]

판·집회·결사의 자유, 서신비밀의 자유, 거주이전의 자유라는 자유를 법률 범위 내에서 향유하고(제8조), 법률에 의(依)치 아니하면 체포·사찰·신문·처벌을 수(受)치 아니하는 권, 법률에 의치 아니하면 가택의 침입 또는 수색을 수치 아니하는 권, 선거권과 피선거권, 입법부에 청원하는 권, 법원에 소송하여 그 재판을 수하는 권, 행정관서에 소원하는 권, 문무관에 임명되는 권 또는 공무에 취(就)하는 권이라는 권리가 법률에 의하여 있다(제9조)고 규정하였다. 1925년 4월 7일 대한민국 임시헌법(제2차 개헌)에서는 기본권 조항이 사라졌다가, 1927년 3월 5일 대한민국 임시약헌(제3차 개헌) 제3조에 "대한민국의 인민은 법률상 평등이며 일체의 자유와 권리가 있"다고 규정하고, 1940년 10월 9일 대한민국 임시약헌(제4차 개헌)도 제2조에 "대한민국의 인민은 일체 평등하며, 또한 법률의 범위 내에서 자유 및 권리를 가진다."라고 규정하여 기본권 조항을 추상적으로 두었다. 그리고 1944년 4월 22일 대한민국 임시헌장(제5차 개헌)은 제2장 인민의 권리 의무에서 대한민국 인민은 언론·출판·집회·결사·파업과 신앙의 자유, 거주·여행과 통신·비밀의 자유, 법률에 의하여 취학·취직과 부양을 요구하는 권리, 선거와 피선거의 권리, 공소·사소(私訴)와 청원을 제출하는 권리, 법률에 의(依)치 않으면 신체의 수색·체포·감금·심문 또는 처벌을 받지 않는 권리, 법률에 의치 않으면 가택의 침입·수색·출입제한 또는 봉폐를 받지 않는 권리, 법률에 의치 않으면 재산의 몰수·추세를 받지 않는 권리라는 자유와 권리를 향유한다고 하고, 제7조는 인민의 자유와 권리를 제한 또는 박탈하는 법률은 국가의 안전을 보위하거나 사회의 질서를 유지하거나 공공이익을 보장하는 데 필요한 것이 아니면 제정하지 못한다고 하였다.

17) 한국 헌법학이 미국 헌법학의 부분적인 영향과 함께 독일 헌법학의 직·간접적인 계수 아래 정립되었다는 것은 부정할 수 없는 사실이다. 현재 한국 헌법학도 이러한 계수법학 수준에서 옹글게(완벽하게) 벗어났다고 보기 어렵다. 오히려 그 수입선이 독일과 미국을 벗어나 프랑스, 일본, 영국 등으로 다양해지는 경향마저 보인다.

18) 예를 들어 각각 군사쿠테타로 집권하였던 박정희 정권은 인간의 존엄과 가치(1962년 헌법 제8조)를, 전두환 정권은 행복추구권(1980년 헌법 제9조)을 헌법전에 수용하였다.

19) 한국의 기본권 이해가 시대조류에 맞지 않는 것은 ① 헌정사의 굴곡에 따른 헌법학 왜곡,

그리고 서양에서 인권을 실정화하기 시작할 무렵에는 권리 주체가 시민인 성년 남자에 국한되었다. 즉 인권은 보편적인 인간의 권리라고 보기 어려웠고, 더욱이 인간의 권리를 선언하지도 않았다. 따라서 인권을 실정화하고 나서도 권리 주체 확장을 위한 또 다른 투쟁이 계속되었다. 그러나 한국에서는 처음부터 권리 주체 제한 없이 기본권이 보장되었다. 이것은 ① 한국에는 자유에 대한 자생적 사상은 없었으나 조선 후기 실학에서 비롯한 신분제 철폐로 대표되는 평등사상이 계속 성장하여 일반적 의식으로까지 성장하였고, ② 이미 조선 후기에 신분제에 대한 동요가 일어났고 갑오개혁 때 신분제 철폐가 공식적으로 이루어졌을 뿐 아니라 구한말과 대일항쟁기의 착취와 매국적 행태 때문에 상류층의 권위가 추락하여 신분제 유지의 토대가 상실되었으며, ③ 구한말부터 시작된 사회 상황의 매우 급격한 변화와 계층적 혼란은 신분보다는 현실에 적응하고 현실을 극복할 능력을 중시하게 되었고, ④ 봉건사회는 물론 산업혁명도 없이 압축적으로 근대화하는 과정에서 시민 계급이 생성될 수 없었으며, ⑤ 이미 권리 주체 확장을 위한 투쟁이 마무리되거나 마무리되는 과정에 있는 외국 이론이 도입되었다는 점에서 비롯한 특징이라고 볼 수 있다.

3. 실정화에 따른 인권의 변화

자연권성으로 표현되는 일종의 선언인 인권은 국법적 실정화를 거쳐서 비로소 법적 의미를 얻는다. 그러나 이러한 실정화 때문에 자연법에서 기원하는 인권에 본래 있던 자연법적 성격이 사라지지는 않는다. 자연법적 성격이나 자연법적 효력은 본디 실정법에 규정되었는지와 상관없이, 심지어 실정법 자체가 있는지와 무관하게 그 내용에 따라서 인정 여부가 결정된다. 이러한 점에서 권리를 실

② 문화전통(예를 들어 유교문화) 잔재와 인권사상의 갈등, ③ 국토 분단에 따른 이념적 억압, ④ 헌법을 제정할 때 법실증주의 영향, ⑤ 기본권에 특유한 사법적 구제수단 미비 때문이라는 지적이 있다(김선택, 「기본권이해의 현대적 경향과 한국헌법의 과제」, 서울지방변호사회 창립 100주년 기념 국제학술심포지엄 "사회발전과 법률가의 역할", 2007. 9. 13., 413~416쪽). 그리고 ① 국토 분단과 그로 말미암은 체제 대결이라는 역사적 현실, ② 한국 국민 속에 체화한 전통사상과 근대법과 더불어 들어온 서구 인권사상의 갈등이라는 문화적 현실 그리고 ③ 정치권력 인격화와 더불어 거듭된 독재로 말미암은 정치문화가 퇴행하여 온 현실이 각각 안보논리, 전통논리, 권력논리로 강화하면서 기본권 보장의 위축효과를 발생시켰다는 분석도 있다(김선택, 「기본권보장의 발전과 기본권학의 과제」, 『공법학연구』 제37집 제2호, 한국공법학회, 2008, 55쪽).

정화하였을 때 그것에 여전히 자연법적 성격이 있는지를 논의하는 것은 의미가 없다.[20] 따라서 이러한 실정화가 인권의 약화를 뜻하는 것은 아니다. 그리고 실정화한 인권은 실정법과 운명을 같이 하는 것도 아니다. 실정법의 기본권 목록이 인권 기준 이상을 보장한다면 인권은 실정법의 그림자 속에서 잠자지만, 인권 기준에 미치지 못하면 인권은 깨어나 실정법과 무관하게 효력을 발생한다.[21] 이러한 점에서 인권은 기본권의 최소한으로서 기능한다.[22] 따라서 기본권과 인권의 관계는 가치 우열 문제가 아니라 다른 효력 근거 문제이다. 기본권으로서 인정받지 못하는 인권은 법적 유효성이 부족하므로 '법적으로는' 인권을 기본권보다 더 가치 있다고 볼 수는 없다.[23]

그러나 인권을 실정화하면 그 인권에는 아주 중요한 변화가 따른다. 즉 실정화한 (실정화 이전에 자연법적으로 인정되었고 실정화 이후에도 여전히 자연법적으로 인정받는) 권리는 자연법적 성격과 더불어 실정법적 성격도 있다. 권리를 실정화하면, 실정법 규정이 권리 요건을 구체화함으로써 해당 권리의 보장 범위가 명확하게 확정되고 법원은 해당 권리를 재판규범으로 원용하여야 한다. 권리의 실정화는 권리가 추상과 이념의 세계에서 구체적인 법실무의 세계로 옮겨졌음을 명확하게 보증한다. 이러한 점 때문에 자연법적 성격이 있는 인권과 실정법적 성격이 있는 기본권 중에서 기본권이 법학적 측면에서 더 의미가 있다고 보게 된다.[24] 따라서 '실정화한 자연법적 권리'보다는 오히려 '실정법적 권리로서 자연법적 성격이 있는 것'이라고 부르는 것이 그 권리의 행사 및 실현과 관련하여서 더 유리하다. 결론적으로 실정화한 인권 영역에서 자연법성과 실정법성은 권리에 함께 있는 성격이지 어느 한쪽으로 결정하여야 하는 것은 아니다.[25]

4. 기본권의 문제점

기본권은 헌법이 인권을 확인하여 재구성하고 발전시킨 결과물이다. 즉 기본권은 확인된 인권을 보호하려고 인권을 헌법에 규정하여 국가를 통해서 보호하

20) 김선택, 「기본권체계」, 『헌법논총』 제10집, 헌법재판소, 1999, 161~162쪽.

21) Klaus Stern (Anm. 2), S. 44 참조.

22) 김선택(주 2), 10~11쪽.

23) 김선택(주 2), 11쪽; Klaus Stern (Anm. 2), S. 45.

24) Klaus Stern (Anm. 2), S. 44 f.

25) 김선택(주 20), 162쪽; Klaus Stern (Anm. 2), S. 43 f.

는 권리이다. 따라서 기본권은 오로지 헌법 해석을 통해서만 도출될 수 있다. 헌법은 국민이라는 한정된 인간의 무리가 법질서를 창조하고자 자신의 전통과 경험을 바탕으로 합의하여 제정한다. 여기서 합의는 국민이라는 제한된 인적 한계, 제정 시점이라는 시적 한계와 국가 영역이라는 한정된 지역적 한계를 바탕으로 합의 당시의 상황과 문화에 따라 이루어진다. 그리고 이러한 한계로 말미암아 헌법은 일정한 효력 범위가 있다. 따라서 인권이 기본권으로 전환되면서 구체성과 명확성 그리고 충실한 관철 가능성을 획득하는 대신에 보편성을 상실한다. 즉 기본권은 언제 어디서나 주장할 수 있는 권리가 아니라 헌법이 미치는 시적·인적·장소적 범위 안에서만 주장할 수 있다. 그러나 인간의 생활 영역은 다양해지고, 사회가 발전하며 세계화가 진척됨에 따라 그 범위는 계속 넓어지면서 복잡해진다. 그에 따라서 새로운 권리 문제가 끊임없이 발생하고, 권리에 관한 종래 해결도 새롭게 평가되고 수정될 필요성이 지속해서 제기된다. 따라서 종래 권리의 보호 영역이 새롭게 확정되고 수정되어야 하고, 때에 따라 새로운 권리가 수용될 필요가 있다. 지난날에 제정된 헌법이 규정한 기본권은 먼저 헌법의 개방성에 따라 개방적이고 탄력적인 헌법 해석(과 때로는 헌법 변천)을 통해서 이러한 바뀐 헌법 현실에 대응하고, 이것으로 불충분하거나 불가능하면 헌법 개정을 통해서 적응한다. 그러나 이러한 대처는 소극적이거나 수동적일 수밖에 없고, 드물지 않게 너무 때늦은 대응에 그칠 수도 있다. 특히 급변하는 헌법 현실에 맞게 헌법을 개정하는 것은 경성헌법의 특성 때문에 쉬운 일이 아니다. 따라서 기본권은 고정되어 있지 않은 헌법 현실에 적응하여 헌법 문제를 탄력적으로 적절하게 해결하는 데 한계를 드러낼 수 있다.

5. 상호보완적인 인권과 기본권

인권은 국가를 전제하지 않는 인간이라는 초국가적 존재에서 출발한다. 그러나 국가에 속하지 않는 영역을 찾을 수 없는 현실 속에서 결국 인권은 국가 안에서 실현될 수밖에 없다. 따라서 인권은 국가 안에서 기본권이라는 형태로 실현되는 것이 일반적이다.[26] 기본권은 국가에 따라 다르게 규정되어 다양한 모습으로 보장된다. 이것은 인권이 실제로 실현되려면 일정한 전제조건이 필요하다는 사

26) 조효제, 『인권의 문법』, 후마니타스, 2007, 237쪽 참조.

실에서 비롯한다. 즉 기본권은 전제조건의 충족 여부나 정도에 따라 차별화한 인권으로 볼 수 있다. 권리 문제가 헌법을 기초로 형성된 실정법 질서 안에서 무난하게 해결되면 인권은 이러한 실정법 질서에 흡수되어 별도로 논의할 실익이 없다. 그러나 실정법 질서가 권리 문제를 해결하지 못하거나 불합리한 해결에 그치게 되면 인권이 논의되게 된다. 따라서 기본권이 권리 문제를 적절하게 해결하면 인권이 별도로 논의되지 않는다. 즉 내용이 명확하지 않고 관철 가능성이 담보되지 않는 인권을 헌법이 규정하여 기본권 형태로 그 내용을 충실히 실현한다면, 인권을 통한 기본권 보완은 문제가 되지 않는다. 그래서 인권은 아직 근대국가로 발전하지 못한 국가나 아직 근대 헌법 이념이 형식적으로만 실현된 국가에서는 여전히 투쟁 수단으로서 의미가 크지만, 이미 근대국가로 발전하거나 근대 헌법 이념이 실현된 국가에서는 큰 의미가 없다.

인권이 헌법을 통해서 기본권으로 전환된다는 것은 인권이 기본권에 선재한다는 것을 뜻한다. 이것은 인권이 기본권에 정당성을 부여한다는 것을 말한다. 따라서 인권은 헌법이 기본권을 규정하는 기준이면서 헌법이 규정한 기본권을 해석하고 보충하는 기준이다. 이때 기본권을 해석하고 보충하는 기준이라는 것은 기본권의 불명확성을 제거하는 것에 그치지 않고, 빈틈을 메우고 때로는 헌법이 규정하지 않은 새로운 권리의 근거로서 기능한다는 것을 뜻한다. 즉 인권은 기본권의 단순한 해석 기준을 넘어 확장 기준으로까지 기능한다. 결국, 기본권은 인권을 통해서 경직되어 형식화하지 않고, 실정화의 한계에서 비롯하는 불완전성을 보완하며 끊임없이 바뀌는 헌법 현실 속에서 늘 새로운 생명력을 얻을 수 있다. 그래서 보편성을 상실한 기본권이 실정법에 갇히지 않고 끊임없이 헌법 현실에 계속 부딪히면서 적응해 나갈 수 있다. 헌법전에 구속되는 기본권과 달리 인권은 실정법과 관계없이 주장될 수 있다. 그러므로 인권은 기존 권리를 새롭게 해석하여 다른 이해를 촉구하고 새로운 권리를 발굴하고 그에 관한 가치 평가를 통해서 기본권 목록 재정비를 요구하는 근거를 제공할 수 있다. 특히 인권은 헌법이 제대로 살피지 못하거나 관심을 두지 않은 영역에서도 개인의 권리가 무시되어서는 안 되는 이유를 제시한다. 그리고 기본권은 해당 국가의 역사적 상황이나 전통에 얽매일 수 있는데, 인권은 그러한 것에 대해서 저항하거나 투쟁할 수 있는 토대를 마련하여 극복할 수 있도록 한다.

인권의 개념에는 합의라는 요소가 빠져 있다. 이것은 인권이 합의를 통해서,

특히 다수의 힘으로도 무시할 수 없음을 뜻한다. 따라서 국민의 합의인 헌법도 인권을 침해할 수 없다. 즉 헌법을 비롯한 모든 실정법이 다수결원칙을 매개로 다수의 권리만을 보호하는 수단으로 전락하는 것을 방지하는 역할을, 도덕성을 무기로 투쟁적 요소를 간직한 인권이 할 수 있다. 다수자는 헌법을 개정하여 자신의 권리를 기본권으로 수용하거나 헌법에서 도출할 수 있다고 주장하면서 법률을 비롯한 실정법을 통해서 자신의 권리를 보장할 수 있다. 하지만 소수자는 이러한 방식으로 자신의 권리를 주장하기 어렵다. 기본권은 다수자의 권리일 뿐 아니라 소수자를 포함한 모든 사람의 권리라는 점에서 소수자의 권리를 보호한다는 것을 부정할 수 없다. 그러나 헌법에 수용되는 과정이나 헌법을 해석하는 과정에서 소수자의 권리가 소홀히 되어 기본권으로 인정받지 못할 수 있다. 그리고 기존에 논의되지 않던 새로운 소수자의 권리가 등장하면 그것을 바로 기본권으로 승인하기는 쉽지 않다. 이처럼 아직 기본권으로 수용되지 않거나 수용되었는지가 다투어지는 소수자의 권리가 기본권으로 인정받지 못하더라도 소수자는 이 권리를 인권으로 주장하며 국가에 보호를 요구할 수 있다. 이러한 점에서 인권은 기본권보다 소수자의 권리를 더 잘 보호할 수 있다.

결론적으로 인권은 헌법에 규정되어 기본권으로 전환되어야 내용이 명확해지고 그 보장을 담보 받을 수 있으며, 기본권은 인권을 통해서 보충되고 탄력적인 해결 가능성을 얻을 수 있다. 이러한 점에서 인권이 오랜 투쟁을 거쳐 헌법을 통해서 기본권으로 정착되어 보장되었어도, 인권은 여전히 이전보다 그 역할이나 기능이 축소되기는 하였지만, 나름의 독자적 의미가 있다. 따라서 개인의 권리는 인권과 기본권이 서로 보완하면서 함께 발전해 나갈 때 비로소 충실하게 보호될 수 있다.

Ⅳ. 국가의 의무를 통해서 변형된 인권인 기본권

1. 인권이 국가에 부여하는 의무

(1) 국가에 의무를 부과하는 인권

인권 투쟁은 개인이 인권이라는 권리가 있음을 주장하고, 그것을 상대방(처음에는 군주)에게서 확인받는 과정이다. 이러한 투쟁 끝에 확인받은 내용을 문서로 확실히 담보 받는 과정이 헌법 제정이다. 즉 헌법은 무엇이 인권이고 그것을 어떻게 보장할 것인지에 관한 국민의 문서적 합의이다. 헌법은 확인된 인권을 보장하려고 법적 질서를 형성하고 유지한다. 국민과 국가 영역을 효력 범위로 하는 이러한 법질서는 (어떠한 자기 목적도 없는) 국가를 통해서 담보되고 관철된다. 헌법도 법이므로 다른 규범과 구별되는 강제성이 있다. 따라서 헌법이 규정하는 내용은 (재량을 부여한다고 해석할 수 있는 때를 제외하고는) 강제성을 띤다. 특히 헌법은 국가 안에서 최고법이므로 모든 국가기관을 구속한다. 그것은 헌법이 국가기관에 헌법의 내용을 강제한다는 것을 뜻한다. 이러한 구속에 따라 모든 국가기관은 의무를 진다. 헌법이 규정하는 권리는 관철을 담보하는 이러한 의무와 결합하지 않으면, 그 본질적 의미를 상실할 수밖에 없다. 헌법이 도덕적 권리인 인권을 규정하여 법적 권리로 수용하는 것은 인권의 내용을 확인하여 그것을 관철하기 위한 것이기 때문이다. 따라서 인권은 헌법을 통해서 국가에 의무를 부과한다. 구체적으로 헌법이 인권을 확인하여 국가에 그것을 보장할 의무를 지운다. 이것은 인권이 국가에 선재하고 국가의 목적은 인권을 보장한다는 점에서 당연히 도출된다. 헌법 제10조 제2문은 "국가는 개인이 가지는 불가침의 기본적 인권을 확인하고 이를 보장할 의무를 진다."라고 하여 인권이 국가에 의무를 지운다는 점을 명확하게 밝힌다.

인권을 헌법이 확인한다는 점에서, 정확히 말해서 헌법이 인권을 확인하여야 비로소 법적 의미가 있다는 점에서 헌법이 확인하는 대상인 인권과 그것이 헌법에 실정법적으로 표현된 기본권의 혼동을 피하기 어렵다. 즉 언제 인권이 기본권으로 바뀌는지가 명확하지 않다. 이러한 점에서 인권이 아닌 기본권이 국가에 의무를 부과하는 것이 아닌지 의문이 있을 수 있다. 그러나 기본권이 국가의 보장을 전제로 한다는 점에서, 즉 국가를 통해서 보장하지 않는 기본권은 의미가 없다는 점에서 논리적으로 국가의 보호, 즉 국가의 보장의무가 기본권에 우선한다고 보아야 한다. 이러한 국가의 의무는 국민이 투쟁을 통해서 확보한 인권을 보장하려고 국가를 설립하였다는 점에서 비롯한다. 즉 헌법에 표현된 국민의 의사는 자신의 인권을 국가를 통해서 보장한다는 것이므로, 이러한 목적을 수행하기 위해서 국가는 인권보장의무를 진다. 기본권은 이러한 국가의 의무를 전제로 인정되므로, 국가의 의무를 경계로 인권과 기본권이 구별된다. 보편성이 있는 인권은 국가도 수범자로 삼는데, 이러한 점을 헌법이 확인한다. 그리고 기본권이 실정법적 권리라는 점에서, 기본권 때문에 국가가 의무를 지는 것이 아니라 국가가 보장하는 권리라서 기본권으로 인정된다.

(2) 헌법 우위에 따른 국가의 의무

헌법은 국민의 최고의사로서, 모든 법규범과 국가행위에 효력적 우위가 있다(헌법 우위). 따라서 국가는 먼저 헌법에 표현된 국민 의사에 구속된다. 헌법은 개인의 인권을 보장하여야 한다는 국민 의사를 문서로 구체화한 것이다. 따라서 국가는 헌법이 규정한 인권에 구속되어야 한다. 헌법에 구속되는 국가는 언제나 자기 행위를 모든 국민이 수긍할 수 있는 논증을 바탕으로 국민에게 설명하고 정당화하여야 한다. 물론 논증은 늘 헌법을 바탕으로 이루어져야 한다. 이를 통해서 국가는 자신의 권력 행사가 자의적이지 않음을 끊임없이 밝혀야 한다. 그러므로 국가는 언제나 헌법에 근거한 객관적이고 합리적인 논증을 통해서 인권을 보호하고 제한하는 자기 행위를 설명하고 정당화하여야 한다.[27] 국가가 이러한 논증에 실패하면 그 행위는 예외 없이 위헌이 된다.

(3) 인권 보장 목적에 따른 국가의 의무

헌법에 따라 국가가 인권을 보장하려면 먼저 인권을 확인하여야 한다. 즉 인권 개념을 확정하고, 그 내용이 무엇인지를 밝혀야 한다. 보장 대상이 무엇인지를 알아야 비로소 그 대상을 보장할 수 있기 때문이다. 물론 이러한 확인 기준은 헌법 규정이다. 인권의 보편성과 헌법의 개방성은 헌법 규정을 엄격하게 해석하지 말 것을 요구한다. 이것은 인권을 확인하기 위해서 헌법 규정을 확대하여 해석하거나 합리적 추론도 허용된다는 것을 뜻한다. 그러나 헌법 해석이 단순한 가능성의 근거에 그쳐서는 안 된다. 탄탄한 논리적 구성을 통한 합리적 확실성을 확보하는 수준에는 이르러야 한다. 인권을 확인하고 나서 국가는 확인된 대상을 보장하여야 한다. 이러한 보장은 외적 보장과 내적 보장으로 나눌 수 있다.

외적 보장은 모든 침해나 침해 위험을 제거하는 것을 말한다. 인권은 다양한 방식으로 침해될 수 있다. 지난날에 주로 국가가 침해 주체였고, 지금도 국가는 중요한 침해 주체이지만, 다른 사람이나 국제법 주체, 자연 심지어 인권 주체 자

---

27) 샌드라 프레드먼, 조효제 옮김, 『인권의 대전환』, 한예원, 2009, 251～255쪽 참조.

신도 침해 주체가 될 수 있다. 이러한 모든 형태의 침해나 침해 위험이 제거되어야 비로소 인권은 온전하게 보장될 수 있다. 따라서 국가는 인권의 침해나 침해 위험을 제거할 의무를 진다. 이것이 국가의 외적 인권보장의무이다.

헌법이 개인의 인권을 보장한다는 것, 즉 헌법 안에서 개인이 인권을 누린다는 것은 개인이 단순히 권리 주체가 될 수 있다는 것만을 뜻하지 않는다. 이것은 개인이 권리 주체로서 실제로 권리를 행사할 수 있고 그에 필요한 조건을 확보한다는 것도 포함한다. 즉 개인이 자기 인권을 실제로 누릴 능력이 있고, 그 인권을 실현할 절차와 수단이 마련되어 자유롭게 이용할 수도 있어야 한다. 이것은 개인의 인권을 보장할 의무가 있는 국가가 단순히 인권 침해나 침해 위험을 제거하는 의무뿐 아니라 권리를 실제로 행사할 수 있도록 할 의무도 진다는 것을 뜻한다.[28] 보편성에 바탕을 둔 인권은 인간이라는 일반성에 바탕을 둠으로써 개인이라는 특수성에 그다지 관심을 기울이지 않는다. 그래서 개인이 인권을 행사할 능력이 있는지는 관심이 없다. 그리고 인권의 보편성은 인권의 관철 가능성에 대해서 적절하게 대답할 수 없다. 하지만 실정법에 편입된 인권은 법의 보호 아래 관철되어야 하므로, 그 관철에 필요한 절차와 방법이 마련되어야 한다. 따라서 보편성을 상실한 실정화한 인권은 법의 특성이 덧입혀지면서 국가에 헌법 안에서 인권이 실제로 실현되도록 할 의무를 진다. 이것이 국가의 내적 인권보장의무이다.

(4) 인권정서의무

인권은 모든 인간이 누리는 권리이므로, 개인 사이에서 인권을 매개로 발생하는 충돌이나 분쟁을 피할 수 없다. 이러한 충돌이나 분쟁을 해결하지 않고서는 인권은 적절하게 보장될 수 없다. 따라서 인권 사이의 정서가 필요하다. 헌법은 평등한 자유를 누리는 개인이 모여 모든 개인의 인권을 보장하려고 제정한 것이다. 따라서 헌법은 국민 중 일부의 권리가 아니라 국민 모두의 권리를 보장하는 것을 목적으로 한다. 그에 따라 헌법이 인권을 보장할 의무를 부여한 국가도 모든 국민의 인권을 보장할 의무를 진다. 그런데 국가 안에서 모든 국민의 인권은 옹글게(완벽하게) 보장될 수가 없다. 따라서 인권은 국가 법질서 안에서 적절하게 정서되어야 한다. 그에 상응하여 국가는 인권을 정서할 의무를 진다. 인권 정서

28) 샌드라 프레드먼(주 27), 77～118쪽 참조.

는 필연적으로 인권 제한을 통한 전체적 조화를 꾀할 수밖에 없다. 그러므로 인권정서의무를 따라서 국가는 인권을 제한할 수 있다.

2. 헌법 규범인 기본권 규범

인권이 국가에 부여하는 의무는 헌법을 통해서 확인된다. 이때 보장되어야 하는 권리 내용은 인권을 확인하거나 인권에서 (직·간접적으로) 유래되었다고 하더라도 헌법이 보장하는 권리인 이상, 즉 헌법에 수용되어 국가가 보장하는 한 (인권적 성격이나 자연권적 성격도 함께 있을 수 있지만) 결국 기본권일 수밖에 없다. 즉 헌법 안에서 주장되고 보호되는 권리는 기본권이다. 따라서 인권을 담은 헌법 규정은 인권이라는 용어를 사용하였을지라도 결국 기본권 규정이 된다. 기본권 규정은 헌법전에 포함된 기본권과 관련된 문장을 말하고, 기본권 규정이 담은 법규범, 즉 기본권 규정에서 도출되는 기본권과 관련된 법규범이 기본권 규범이다. 이러한 점에서 기본권 규범은 개인이 국가 안에서 누리는 지위를 규율하는 모든 헌법 규범을 말한다.[29]

기본권 규범은 법학적 관점에서 먼저 법규범 이외의 그 어떤 것도 아니다. 법규범 그 자체로서 기본권 규범은 다른 모든 법규범처럼 수범자에게 지키라고 요구한다. 기본권 규범이 명령하는 법적 효과는 수범자에게 원칙적이고 규범적이며 엄격한 구속력을 담는다.[30] 기본권의 수범자는 먼저 국가이다. 국가에는 집행부와 사법부는 물론 입법부와 지방자치단체를 포함한 모든 국가기관이 포함된다. 따라서 모든 국가권력은 기본권 규범에 구속된다. 이러한 점에서 기본권 규범은 단순한 강령(프로그램 규정)이 아니라 강제적인 법이다. 그리고 기본권 보장은 헌법의 존립 목적이므로 기본권 규범은 헌법의 핵심적 내용이다. 따라서 기본권 규범은 실질적 헌법의 본질적 내용이다. 또한, 한국 헌법전이 이를 수용하여 보장한다는 점에서 기본권 규범은 형식적 헌법의 일부이다. 따라서 기본권 규범은 성문헌법 일부로서 모든 법규범과 국가 행위에 우선하는 효력적 우위가 있다. 즉 기본권 규범은 헌법 규범이다.[31] 헌법 규범으로서 기본권 규범은 주관적 권리

---

29) 같은 견해: 김선택(주 2), 17～18쪽; 전광석(주 3), 211쪽; 한수웅(주 3), 378쪽; 홍성방(주 3, 기본권의 개념과 분류), 161～162쪽; 같은 사람[주 3, 헌법학(상)], 325～326쪽.

30) Michael Sachs, Verfassungsrecht Ⅱ Grundrechte, 3. Aufl., Berlin/Heudekberg 2017, S. 32; Klaus Stern (Anm. 2), S. 477 참조.

31) 허완중, 「기본적 인권을 확인하고 보장할 국가의 의무」, 『저스티스』 제115호, 한국법학원,

가 주요한 내용이지만, 그것에 국한되는 것은 아니다. 즉 기본권 규범은 주관적 기본권 내용은 물론 객관적 기본권 내용도 포함한다.

3. 국가의 의무를 통해서 변형된 인권인 기본권

(1) 구체적 의무에서 도출되는 권리

법이 권리를 보장한다는 것은 법이 권리 내용을 강제로 실현한다는 것이다. 따라서 법이 규정한 권리는 언제나 그 관철과 관련된 의무를 수반한다. 즉 법질서 안에서 권리는 늘 의무를 전제로 인정된다. 이것은 법적 권리는 반드시 법을 통한 관철을 전제로 한다는 점에서 비롯한다. 그래서 법적 권리가 있다면, 언제나 이러한 권리를 보장하는 법규범이 있다. 하지만 권리에는 늘 그에 상응하는 의무가 있지만, 의무에 언제나 권리가 따르지는 아니한다.[32] 의무가 구체적으로 확정되고, 개인과 밀접한 관련이 있다는 것이 확정될 때만 비로소 권리를 발생시키기 때문이다. 즉 추상적 의무에서는 개인의 권리가 직접 도출되지 않고, 오로지 구체적 의무에서만 개인의 권리가 도출된다. 따라서 국가가 인권을 보장할 의무가 있을 때도 그 의무가 구체적 의무가 되어야만 그 인권과 관련된 사적 이익이 있는 개인이 국가에 일정한 행위를 요구할 수 있다(개인의 국가에 대한 권리). 다만, 구체적 의무와 주관적 권리가 일대일로 대응하는 것은 아니다. 즉 구체적 의무에서 오로지 하나의 주관적 권리만 도출되는 것도 아니고, 주관적 권리가 단 하나의 구체적 의무와 관련을 맺는 것도 아니다. 따라서 하나의 구체적 의무에서 다양한 주관적 권리가 나올 수도 있고, 여러 구체적 의무가 함께 하나의 주관적 권리를 도출하는 근거가 될 수도 있다.

(2) 기본권 규범에서 도출되는 주관적 권리

도덕적 권리인 인권이 법적 권리인 기본권이 되려면 법적 관철 가능성을 얻어야 한다. 이러한 관철 가능성은 국가의 보장의무를 통해서 확보되며, 그것은 기본권 규범을 통해서 확인된다. 따라서 기본권 규범이 헌법 규범으로서 그 수범자인 국가를 구속하면, 개인은 이를 통해서 법적 지위를 가진다. 즉 기본권 규범

2010. 2., 71쪽.

32) 김도균(주 3), 22쪽; Robert Alexy (Anm. 11), S. 246 참조.

이 국민을 위해서 국가를 구속함으로써 개인에게 이익이 발생하고, 이것을 개인 자신에게 귀속시키려고 권리를 요구한다. 따라서 기본권 규범은 개인 관점에서는 자기 이익을 관철하려는 권리로 나타난다.[33] 즉 기본권 규범에서 도출되는 주관적 권리는 '기본권 주체가 기본권이 보호하는 자기 이익을 지키려고 국가에 일정한 행위, 즉 작위, 부작위, 수인, 급부 등을 요구할 수 있는 기본권 규범이 인정한 힘'으로 정의할 수 있다.

이러한 주관적 권리의 발생 요건은 보호규범 이론을 따르면, 다음의 3가지로 정리된다.[34]

① 국가에 의무를 부과하는 기본권 규정이 있어야 하고(강행법규 존재),

② 기본권 규정이 기본권 주체를 보호하려는 목적이 있어야 하며(기본권 주체 보호 목적),

③ 보호받는 자는 자기 보호를 객관법적 기본권 규정을 근거로 관철할 수 있어야 한다(관철 가능성).

따라서 기본권을 보호한다는 내용의 헌법 규정이 기본권 주체를 보호하려는 목적이 있고, 그 보호를 관철하려는 의도에서 두었다면, 이에 상응하여 개인의 주관적 권리가 인정된다. 헌법 제10조 제2문에서 국가에 개인이 가지는 불가침의 기본적 인권을 확인하고 이를 보장할 의무를 지우고, 모든 개별 기본권 규정에서 기본권 주체를 직접 언급하며, 헌법 제27조 재판청구권과 헌법재판소(헌법 제111조 제1항)를 통해서 사법적 구제가 거의 완벽하게 보장되므로, 기본권 규정에서 주관적 권리를 도출하는 것은 어렵지 않다. 이렇게 도출된 주관적 권리가 자연권인 인권에 대응하는 실정권인 기본권이다. 결론적으로 인권이라는 보장대상이 선재하고[35], 이에 대한 국가의 보장의무를 통해서 관철 가능성이 확보되면, 기본권이라는 주관적 권리가 인정된다. 즉 국가의 인권보장의무에서 기본권

33) Klaus Stern (Anm. 2), S. 554 ff.

34) 김성수, 「독일법상 주관적공권이론의 발전」, 『고시계』 제36권 제8호(통권 제414호), 고시계사, 1991. 7., 65～67쪽; 이상천, 「현대독일공권이론의 신경향과 그 특질」, 『동아법학』 제19호, 동아대학교 법학연구소, 1995, 98～102쪽; 정하중, 「독일공법학에 있어서 권리의 개념」, 『행정법연구』 제6호, 행정법이론실무학회, 2000, 29～31쪽; BVerfGE 27, 297 (307); Michael Sachs (Anm. 30), S. 45 f.; Klaus Stern (Anm. 2), S. 542 ff. 참조

35) 인권에서 직접 유래하는 기본권은 같은 내용의 인권이 선재하지만, 인권에서 직접 유래하지 않는 기본권은 해당 기본권을 요구하는 관련 인권이 선재한다.

이라는 주관적 권리가 도출된다.[36)]

(3) 국가의 의무를 통해서 변형된 인권

인권은 관철 가능성을 전제하지 않으므로, 인권은 먼저 권리적 측면을 고찰하여야 한다. 그러나 인권을 보장하려고 국가를 창설하면, 인권은 국가와 관련하여 보장을 문제 삼게 된다. 이러한 보장은 국가의 의무로 나타난다. 따라서 인권은 국가에 보장의무를 부여한다. 이러한 의무는 헌법에 규정되어 확정된다. 이러한 점에서 국가의 인권보장의무는 헌법을 통해서 부여된다. 이러한 국가의 인권보장의무 중 구체적 의무에서 개인이 행사할 수 있는 주관적 권리가 발생한다. 이 권리가 곧 기본권이다. 기본권은 법적 권리로서 관철 가능성을 전제로 한다는 점에서 인권과 달리 기본권에서는 관철 가능성, 즉 국가의 의무를 먼저 고찰하는 것이 논리적이다. 이러한 과정을 거쳐서 인권이 헌법을 통하여 국가 법질서 안에서 기본권이라는 이름으로 정착하여 보장된다.[37)] 따라서 국가에 의무를 부과하는 인권과 국가의 의무에서 도출되는 기본권은 국가의 의무를 매개로 연결된다. 즉 기본권이 인권에서 비롯한다는 것이 논리적으로 설명될 수 있다.

물론 이러한 전환과정에서 인권이 그대로 기본권으로 바뀌지 않는다. 인권이 헌법이라는 법규범의 틀 안에 들어오면서 헌법에 맞게 변형되기 때문이다. 인권은 국가의 의무를 통하여 보편성과 추상성을 상실하면서 충실한 관철 가능성을 확보한 것이 기본권이다. 즉 자연권인 인권이 헌법을 매개로 실정권인 기본권으로 새롭게 태어난다. 그에 따라 인권은 미치는 범위가 따로 없고 어떻게 보장할 것인지가 명확하게 대답 되지 않지만, 기본권은 헌법이 미치는 범위 안에서 주장할 수 있고 보장되며, 사법적 수단을 통해서 관철할 수 있을 정도의 구체성을 얻는다. 그리고 법에 우선하는 인권의 우월성은 국가 법질서 안에서 최고라는 헌법의 우위성으로 대체된다. 그러나 인권의 도덕성은 도덕적 권리인 인권이 법적 권

---

36) 개인의 주관적 권리에 대응하는 소극적 권한규범이라는 기본권의 기능[Konrad Hesse, Grundzüge des Verfassungsrechts der Bundesrepublik Deutschland, 20. Aufl., Heidelberg, 1995, Rdnrn. 291, 293 (콘라드 헷세, 계희열 옮김, 『통일독일헌법원론』, 박영사, 2001, 189～190쪽)]; Thorsten Kingreen/Ralf Poscher, Grundrechte - Staatsrecht Ⅱ, 35. Aufl., Heidelberg 2019, Rdnrn. 108 ff.)은 비록 자유권에 국한되는 논의이고, 출발점과 강조점은 다르지만, 권리와 의무의 대응관계를 강조한다는 점에서 같은 맥락으로 볼 수 있다.

37) 기본권의 구조를 기본권 규정·국가의 객관적 의무·개인의 주관적 기본권의 관계로 파악하는 견해[한수웅(주 3), 378쪽]도 이러한 맥락에서 이해할 수 있다.

리인 기본권으로 바뀌어도 여전히 남아 기본권에 정당성을 제공한다. 즉 기본권은 국가 법질서 안에서 최고법으로서 모든 국가행위와 법규범보다 효력적 우위가 있고, 인권의 도덕성은 헌법이 기본권을 보장하여야 할 근거를 제공한다. 또한, 인권의 근본성은 기본권이 국가 법질서의 기초이며 한계라는 모습으로 바뀌어 나타난다. 특히 인권에서 직접 유래하는 기본권은 근본성을 잃지 않는다. 이러한 점에서 인권의 근본성은 기본권 일부의 근본성으로 유지된다.

Ⅴ. 자유와 권리 그리고 기본적 인권의 의미

1. 헌법전에서 사용하는 용어

1948년 헌법을 제정할 때 '기본권'이라는 용어를 헌법전에 수용하지 않고, '국민의 권리와 의무'라는 표제 아래 '자유'나 '권리'라는 용어를 사용하였다. 이러한 전통은 현행 헌법에도 이어져 '국민의 권리(와 의무)'(제2장 표제), '국민의 자유와 권리'(제37조)라는 용어가 사용된다.[38] 한국 헌법은 '기본권'에 가까운 용어로서 1962년 이래로 (1962년 헌법 제8조, 1980년 헌법 제9조, 1987년 헌법 제10조 제2문) 제2장 국민의 권리와 의무 첫머리에 단 한 차례 '(불가침의) 기본적 인권'을 쓴다. 법률 차원에서는 1988년 8월 5일 제정된 헌법재판소법에서 '기본권'이라는 용어를 직접 사용한다[제68조 제1항 제1문에서 '헌법상 보장된 기본권', 제75조 제2항에서 '(침해된) 기본권', 같은 조 제3항에서 '기본권(침해)의']. 국가인권위원회법 제2조 제1호에서는 '인권'을 "헌법 및 법률에서 보장하거나 대한민국이 가입·비준한 국제인권조약 및 국제관습법에서 인정하는 인간으로서의 존엄과 가치 및 자유와 권리"로 정의한다. 헌법에 따라서 체결·공포된 조약과 일반적으로 승인된 국제법규가 국내법과 같은 효력이 있다는 점(헌법 제6조 제1항)에서 (비록 국제관습법이 포함되기는 하지만, 이는 일반적으로 승인된 국제법규에 포함될 수 있으므로) 이러한 인권 개념은 실정성을 강조한다.[39] 따라서 이러한 인권 개념은 일반적으로 논

---

38) 헌법상 보장된 '국민의 자유와 권리'와 '헌법상 보장된 기본권'을 동의어로 보는 견해도 있다[성낙인, 「기본권의 개념과 범위 - 일반이론」, 성낙인/안경환/김형성, 『기본권의 개념과 범위에 관한 연구』(헌법재판연구 제6권), 헌법재판소, 1995, 15~17쪽; 같은 사람(주 3), 975쪽].

39) 헌법에 따라서 국제관습법보다 넓은 개념인 '일반적으로 승인된 국제법규'가 국내법적 효력이 있으므로, 국제관습법에서 인정하는 권리라는 표현은 인권을 개념 정의할 때 헌법에 충실하지 않다는 지적이 있다[전광석(주 3), 211쪽].

의되는 초실정적 인권 개념과는 다르다. 인권을 제도적으로 보장하려는 목적을 고려한 타협으로 볼 수 있다. 그리고 이러한 인권 개념은 헌법을 통한 보장에만 국한하지 않고 법률을 통한 보장도 포함한다는 점에서 '기본권'보다도 더 넓은 개념이다.

대한민국 임시정부 헌법에서도 '기본권'이라는 용어는 사용하지 않고 '자유'와 '권리' 혹은 '권'이라는 용어만 사용하였다. 그리고 구한말 한국의 헌법 논의[40]에 지대한 영향을 미친 일본의 명치헌법에서는 '자유'와 '권리'[41]라는 용어가 사용되었고,[42] 제2차 세계대전 이후 한국과 같이 미국 군정 아래에서 1946년 제정된 일본의 현행 헌법에서는 '자유'와 '권리' 그리고 '기본적 인권'[43]이라는 용어가 사용되고 있다.[44] 일본의 헌법학과 헌법전이 한국의 헌법학에 미친 영향을 고려하여 볼 때, 특히 한국에서 사용되는 법률 용어의 상당수가 일본의 법률 용어를 가져다 쓰는 점에 비추어 볼 때, 일본 명치헌법에서 사용된 '자유'와 '권리'라는 용어는 대한민국 임시정부 헌법을 거쳐 한국 헌법전에 수용되었고, '기본적 인권'이라는 용어는 일본 현행 헌법에서 비롯한 것으로 추측된다. 이러한 추측은 한국 헌법의 제정과 개정에 관여한 유진오를 비롯한 관련자 대부분이 대일항쟁기에

---

40) 구한말 당시 '자유'와 '권리'에 대한 이해에 관해서는 김효전, 『근대한국의 국가사상』, 철학과현실사, 2000, 312~409쪽 참조.

41) 일본에서 'right'의 번역어가 '권리(權利)'로, 'freedom이나 liberty'의 번역어가 '자유'로 정착되는 과정에 관해서는 야나부 아키라(柳父章), 서혜영 옮김, 『번역어 성립 사정』, 일빛, 2003, 147~181쪽 참조.

42) 거주이전의 자유(제22조), 재판관의 재판을 받을 권리(제24조), 소유권(제27조), 신교의 자유(제28조), 언론과 저작, 인행(印行) 그리고 집회와 결사의 자유(제29조).

43) '인권'은 'hunman right'의 번역어이고, '기본적 인권'은 'the fundamental human rights'의 번역어라고 한다(이에나가 사부로오(家永三郎), 「일본국인권사상의 역사적 전개」, 이또오 마사미(伊藤正己) 편, 구병삭 역, 『현대일본국헌법론』, 법문사, 1983, 170쪽).

44) 제11조: "국민은 모든 기본적 인권 향유를 방해받지 아니한다. 이 헌법이 국민에게 보장하는 기본적 인권은 침해할 수 없는 영구적인 권리로서 현재와 앞날의 국민에게 주어진다."
제12조: "이 헌법이 국민에게 보장하는 자유와 권리는 국민의 부단한 노력으로 이를 보지하여야 한다. 그리고 국민은 이를 남용하여서는 아니 되며 언제나 공공 복지를 위해서 이를 이용할 책임을 진다."
제13조: "모든 국민은 개인으로서 존중된다. 생명·자유와 행복 추구에 대한 국민의 권리에 관해서는 공공 복지에 어긋나지 않는 한 입법 그 밖의 국정에서 최대한도로 존중되어야 할 필요가 있다."
제97조: "이 헌법이 일본 국민에게 보장하는 기본적 인권은 오랫동안에 걸친 인류의 자유 획득 노력에 따른 성과이며, 이러한 권리는 과거 수많은 시련을 걸쳐서 현재와 앞날의 국민에 대해서 침범할 수 없는 영원의 권리로서 신탁된 것이다."

법학을 공부하였고 일본어에 능통하여 일본 헌법학에 밝았다는 점에서 신빙성이 크다.

2. 자유와 권리의 의미

(1) 모든 권리를 총칭하는 용어로 사용되는 '권리'

열거된 헌법적 권리(헌법 제10조부터 제36조까지)와 열거되지 아니한 헌법적 권리(헌법 제37조 제1항)를 모두 품는 헌법 제2장의 표제가 "국민의 '권리'와 의무"라는 점에서[45] 헌법이 보장하는 모든 권리를 총칭하는 용어로 '권리'라는 용어를 선택한 것으로 볼 수 있다. 즉 '권리'가 헌법이 보장하는 모든 권리를 포괄하는 상위의 용어라고 보아야 할 것이다.[46] 이러한 점은 "타인의 '권리'"(제21조 제4항)라고 하여 다른 사람의 권리를 포괄적으로 부르는 용어로 '권리'가 사용되는 점에서도 간접적으로 확인된다. 그리고 '권리'라는 용어를 모든 권리를 아우르는 집합명사로 일반적으로 사용하는 점에 비추어 보아도 이러한 해석은 나당성이 있다. 이러한 용어를 도입한 유진오는 "국민의 권리 의무라 함은 소위 기본적 권리 의무 Grundrechte und Grundpflicht를 말하는 것이다."[47]라고 하여 '권리'를 '기본권(Grundrechte)'에 대응하는 의미로 사용한 것으로 보인다.

(2) 헌법전에 나타나는 '권리'와 '자유'의 사용례

헌법 전문에 "자유와 권리에 따르는 책임과 임무를 완수하게 하여"와 "우리들과 우리들의 자손의 안전과 자유와 행복"이라는 표현이 있고, 제37조에서도 '자유와 권리'라는 용어를 사용한다. 그리고 "국민의 자유와 복리의 증진 및 민족문화의 창달"(제69조)이라는 표현도 있다. 또한, 개별적 헌법적 권리를 살펴보면, 신체의 자유(제12조 1항), 거주·이전의 자유(제14조), 직업선택의 자유(제15조), 주거의 자유(제16조), 사생활의 자유(제17조), 양심의 자유(제19조), 종교의 자유(제20

---

45) 이미 1919년 9월 11일 대한민국 임시헌법과 1944년 4월 22일의 대한민국 임시헌장은 제2장의 표제를 '인민의 권리와 의무'로 하였다. 이러한 전통을 이어받아 1948년 헌법도 제2장 표제를 '국민의 권리와 의무'로 하였다.

46) 그러나 이러한 해석이 제2장 이외의 다른 곳에서 헌법이 보장하는 권리가 도출될 수 없다는 것을 전제하는 것은 아니다.

47) 유진오(주 3), 56쪽.

조 제1항), 언론·출판의 자유와 집회·결사의 자유(제21조 제1항, 제77조 제3항), 학문과 예술의 자유(제22조 제1항), 개인과 기업의 경제상의 자유(제119조 제1항)처럼 '자유'로 표현되는 권리들과 행복을 추구할 권리(제10조 제1문 후단), 청원할 권리(제26조), 헌법과 법률이 정한 법관에 의하여 법률에 의한 재판을 받을 권리(제26조 제1항), 신속한 재판을 받을 권리와 형사피고인의 상당한 이유가 없는 한 지체없이 공개재판을 받을 권리(제26조 제3항), 교육을 받을 권리(제31조 제1항), 근로의 권리(제32조 제1항), 인간다운 생활을 할 권리(제34조 제1항), 건강하고 쾌적한 환경에서 생활할 권리(제35조 제1항)처럼 '권리'로 지칭되는 권리들 그리고 참정권(제13조 제2항), 재산권(제13조 제2항, 제23조), 선거권(제24조), 공무담임권(제25조), 단결권·단체교섭권 및 단체행동권(제33조), 환경권(제35조 제2항), 피선거권(제67조 제4항)처럼 '권'으로 지칭되는 권리들이 있다. 그 밖에 사생활의 비밀(제17조)과 통신의 비밀(제18조)이라는 표현도 보인다. 또한, 개별적 권리의 내용을 설명하면서 변호인의 조력을 받을 권리(제12조 제4항, 제5항), 적부의 심사를 법원에 청구할 권리(제12조 제6항)라고 하기도 한다.

대한민국 임시정부 헌법은 국가 관여 없이 누릴 수 있는 것은 '자유'로, 국가 관여가 필요하거나 국가의 제한에 한계를 설정할 때는 '권리' 또는 '권'으로 표현하였다.[48] 그리고 자유는 '향유'한다고, '권리'는 '있다(有)'라고 명확하게 구별하여 표현하였다.[49]

(3) 자유권과 평등권을 아우르는 '자유'

'자유'는 다양한 뜻으로 해석될 수 있다.[50] 일반적인 의미에서 자유는 관철이나 보장을 전제하지 않는 사실적 상태를 가리킨다. 하지만 법학적으로 의미 있는 개념은 관철이나 보장을 위해서 제도화한 자유, 즉 법적으로 수용된 자유인 자유권[51]뿐이다.[52] 특히 (넓은 뜻의) '권리'의 하위 개념이라는 점에서 '자유'는 권리의

48) 비슷한 견해: 정상우, 「헌법상 용어의 연원과 의미 및 순화방안 연구」, 한국법제연구원, 2007, 67쪽.

49) 그러나 현행 헌법전에서는 자유와 권리 모두 '가진다'로 표현한다. 이것은 독일어의 'haben'이나 영어의 'have'의 번역어로서 한국어법에 맞지 않는 면이 있다.

50) '자유'에 관한 철학적 고찰은 홍윤기, 「자유」, 『우리말 철학사전 1』, 지식산업사, 2001, 299~337쪽 참조.

51) 여기서 자유권은 헌법적 권리의 법적 유형(Rechtskategorie)을 가리킨다. 법적 유형(Rechtskategorie)과 법적 성격(Rechtscharakter)의 구별에 관해서는 제2장 기본권 관계 Ⅲ. 기본권 관계의 구

하나일 수밖에 없다. 이러한 점에서 '자유'는 먼저 자유권을 뜻한다. 이러한 점은 '자유'라는 표현이 쓰이는 개별적 헌법적 권리들이 모두 자유권에 해당하는 권리라는 점에서 확인된다.[53] 자유권은 국가가 개인의 자유로운 생활 영역에 간섭하지 못하도록 하는 내용을 담은 권리를 가리키고, 이러한 자유권은 국가에 대한 소극적 방어권으로서 국가의 개입을 받지 않을 자유를 나타내는 것으로 이해된다. 사생활의 비밀과 통신의 비밀은 '자유'라는 표현을 사용하지 않지만, "침해받지 아니한다"라는 표현을 통해서 소극적 방어권의 내용을 담고 있으므로 자유권임을 부정할 수 없다. 재산권은 전통적으로 자유권의 하나로 취급되어 왔다는 점에서[54] 그리고 비록 내용과 한계를 법률로 정하기는 하지만(헌법 제23조 제1항 제2문), 보장 자체는 직접 헌법이 규정하고 침해 배제가 보장의 중심에 있다는 점에서 자유권에 해당하는 것으로 볼 수 있다.[55] 행복을 추구할 권리(헌법 제10조

성 요소 1. 기본권의 보호 대상 참조.

52) 표준국어대사전은 자유를 "외부적인 구속이나 무엇에 얽매이지 아니하고 자기 마음대로 할 수 있는 상태"라고 풀이하면서, 법학에서는 자유가 "법률의 범위 안에서 남에게 구속되지 아니하고 자기 마음대로 하는 행위"라는 뜻이 있다고 한다[국립국어원 표준국어대사전(https://stdict.korean.go.kr/search/searchView.do?word_no=470827&searchKeywordTo=3)(2020년 5월 15일 방문)]. 유길준을 따르면 "자유는 무슨 일이든지 자기 마음이 좋아하는 대로 따라서 하되, 생삭을 굽히거나 얽매이지 않는 것을 말한다. 그러나 결코 자기 마음대로 방탕하라는 취지는 아니고, 법에 어긋나게 방자한 행동을 하라는 것도 아니다. 또 다른 사람의 형편을 돌보지 않고 자기의 이익이나 욕심만 충족시키자는 생각도 아니다. 나라의 법률을 삼가 받들고 정직한 도리를 굳게 지니면서, 자기가 마땅히 해야 할 사회적인 직분 때문에 다른 사람을 방해하지도 않고, 다른 사람의 방해도 받지 않으면서, 자기가 하고 싶은 일을 자유롭게 하는 권리다."(유길준, 허경진 옮김, 『서유견문』, 한양출판, 1995, 112쪽).

53) 그러나 '자유'를 자유권을 넘어 헌법적 권리들을 포괄적으로 가리키는 것으로 볼 수 있는 때도 있다. 전문의 "우리들과 우리들의 자손의 안전과 자유와 행복"이라는 표현과 제69조의 "국민의 자유와 복리의 증진 및 민족문화의 창달에 노력하여"라는 표현에서 '자유'는 함께 쓰인 안전, 행복이나 복리의 증진 및 민족문화의 창달에 비추어 모든 헌법적 권리를 지칭한다고 보기는 어렵지만, 단순히 자유권을 뜻한다고 보기도 힘들다.

54) 예를 들어 버지니아 권리장전 제1조("모든 사람은 태어날 때부터 자유롭고 독립적이고, 태어날 때부터 일정한 권리가 있다. 이들 권리는 인민이 사회를 조직할 때 어떠한 계약에 따라서도 인민의 자손에게서 박탈할 수 없다. 그러한 권리란 재산을 취득·소유하고, 행복과 안녕을 추구·획득하는 수단을 수반해서 생명과 자유를 누리는 권리이다.")와 인간과 시민의 권리선언 제2조("모든 정치적 결사의 목적은 인간의 자연적이고 침해할 수 없는 권리를 보존하는 것에 있다. 그 권리는 자유권, 재산권, 안전권 그리고 압제에 대한 저항권이다.")에서 확인된다.

55) 유진오도 재산권을 자유권으로 본다[유진오(주 3), 63쪽]. 그러나 재산권이 다른 자유권들과 구별되는 독특한 성격이 있다는 것을 무시하여서는 아니 된다. 즉 재산권은 헌법 제23조 제1항 제2문이 표현하는 것처럼 국가가 단순히 재산권 침해를 예방하거나 제거하는 것에 그

제1문 후단)는 다양한 의미와 내용을 담고 있지만,[56] 여기서 도출되는 일반적 행동자유권은 자연법적 유래에 비추어 국가 이전의 자유권적 성격 보장에 국한하므로 국가를 전제로 하는 국가내적 보장인 사회권적 내용을 포함하지 않는다.[57] 따라서 행복추구권도 자유권에 포섭된다. 인간으로서 가지는 존엄과 가치에서 도출되는 존엄권(헌법 제10조 제1문 전단)[58]은 인간의 주체성을 국가(공권력) 또는 다른 개인이나 그 개인들의 집단이 일으키는 모든 침해에서 절대적으로 보호함으로써 비로소 그 인간이 독자적 존재로서 '있을 수 있게' 해 준다. 그러므로 존엄권의 핵심은 침해 배제이다. 그리고 자유권은 인간의 존엄이 '있음(존재)'에 기초하므로 인간의 존엄권은 자유권의 핵심이며 근거이다.[59] 따라서 존엄권을 자유권에서 빼놓을 수 없다. 그리고 자유와 평등은 인권의 논의가 시작되면서 함께 논의되어 왔고,[60] 함께 보장되지 않으면 서로 실질적인 보장이 이루어지지 않는 상호보완적인 밀접한 관련성이 있다는 점에서 자유는 언제나 평등을 동반한다고 보아야 한다. 특히 평등 없는 자유는 오로지 강자나 다수자 혹은 선행자의 자유만을 보장한다는 점에서 평등을 수반하지 않은 자유는 일반 국민의 자유가 될 수 없다. 이러한 점에서 평등권(헌법 제11조)도 (자유권은 아니지만) 당연히 '자유'

치지 않고 재산권을 적극적으로 형성하여야 한다는 점에서 사회권과 비슷한 측면도 (적어도 일부나마) 있음을 잊지 말아야 한다.

56) 계희열, 『헌법학(중)(신정2판)』, 박영사, 2007, 217~224쪽; 김선택, 「행복추구권」, 『고시연구』 제20권 제10호(통권 제235호), 고시연구사, 1993. 10., 354~360쪽; 같은 사람, 「"행복추구권"과 "헌법에 열거되지 아니한 권리"의 기본권체계적 해석」, 『안암법학』 창간호, 안암법학회, 1993, 189~196쪽; 허완중(주 4), 17~21쪽 참조.

57) 헌재 1995. 7. 21. 93헌가14, 판례집 7-2, 1, 32; 헌재 2000. 6. 1. 98헌마216, 판례집 12-1, 622, 648; 김선택, 「헌법재판소판례에 비추어 본 행복추구권」, 『헌법논총』 제10집, 헌법재판소, 1998, 32쪽; 한수웅, 「헌법상의 인격권」, 『헌법논총』 제13집, 헌법재판소, 2002, 633쪽; 허완중(주 4), 20쪽. 이것은 행복추구권의 기원이 되는 미국독립선언("즉 모든 사람은 평등하게 창조되었고, 조물주가 그들에게 일정한 불가양의 권리를 부여하였고, 그중에는 생명·자유와 행복을 추구할 권리가 포함되어 있다.")에서도 확인된다.

58) 허완중(주 4), 15~17쪽.

59) 이것은 세계인권선언 전문("인류사회의 모든 사람이 나면서부터 있는 존엄성과 동등하고 양여할 수 없는 권리를 인정함은 자유와 정의와 세계평화의 기본이 되는 것이므로")에서도 인정한다.

60) 예를 들어 미국독립선언("즉 모든 사람은 평등하게 창조되었고, 조물주가 그들에게 일정한 불가양의 권리를 부여하였고, 그중에는 생명·자유와 행복을 추구할 권리가 포함되어 있다.")과 '인간과 시민의 권리선언' 제1조("모든 사람은 출생과 더불어 그리고 그 이후 계속해서 평등한 권리를 누린다. 공공 효용에 입각한 때만 사회적 구분이 허용될 수 있다.")에서 찾아볼 수 있다.

속에 포함되어야 할 것이다.[61] 이것은 전통적으로 '자유'가 인권을 상징하는 말이라는 점에서도 근거 지울 수 있다. 결론적으로 '자유'는 개별적 자유권을 가리킬 뿐 아니라 이러한 개별적 자유권의 집합인 자유권과 평등권 전체를 아우르는 뜻도 함께 있다.

(4) 구체적 권리나 그 구체적 내용을 가리키는 '권리'

각 헌법적 권리의 명칭에 붙어있는 '권리'(예를 들어 행복을 추구할 권리, 청원할 권리)나 그것의 준말인 '권'(예를 들어 참정권, 선거권)을 통해서 '권리'가 모든 헌법적 권리를 포괄하는 의미 이외에 개별적 헌법적 권리 자체를 표현하는 뜻으로도 사용된다는 것이 확인된다. 그리고 개별 조항에서 확인되는 '권리'라는 용어(예를 들어 변호인의 조력을 받을 권리나 적부의 심사를 법원에 청구할 권리)를 통해서 '권리'가 개별적 헌법적 권리의 구체적 내용을 표현하기도 한다는 것을 알 수 있다.

(5) 일반적·추상적 의미의 '권리'

헌법 전문과 제37조의 '자유와 권리'라는 표현에서 나타나는 '권리'는 별도 고찰이 필요하다. 헌법 제정의 역사적 의미와 제정 연혁 그리고 헌법이 지향하는 기본적 가치가 주로 기술되는 헌법 전문의 성격에 비추어 볼 때, 헌법 전문에 언급되는 '자유와 권리'의 의미를 특정한 개별 권리로 볼 수는 없다. 그리고 제37조에서 제1항의 자유와 권리는 문맥을 따르면 헌법에 열거된 권리와 헌법에 열거되지 않은 권리를 포괄하고, (성질에 비추어 제한될 수 없는 헌법적 권리를 제외한다면) 헌법이 보장하는 모든 자유와 권리는 제한될 수 있으며,[62] 조문 위치로 볼 때

---

61) 유진오는 평등권을 자유권의 일종이라고 하면서 자유권에 포함한다[유진오(주 3), 62, 65쪽]. 그러나 자유권은 국가권력에서 자유로운 특정 생활 영역을 보호하는 것이지만, 평등권은 국가가 본질적으로 같은 것은 같게, 본질적으로 다른 것은 다르게 취급하는 것을 보장한다는 점에서 구조적으로 양자는 다르다. 따라서 평등권을 자유권의 일종으로 볼 수는 없다.

62) 기본권 '제한'은 기본권 '보호 범위에 대한 제한'을 뜻하고, 헌법 이전에 있는 보호 범위가 있는 기본권만 이러한 제한 대상이 될 수 있으므로 그리고 '본질적 내용의 침해'와 연관 관계가 있다는 점에서 볼 때, 헌법 제37조 제2항의 '자유와 권리'는 '자유권'에 국한한다는 견해도 있다(한수웅, 「형성적 법률유보를 가지는 기본권에서 과잉금지원칙의 적용여부」, 『헌법실무연구』 제9권, 박영사, 2008, 382～383쪽. 같은 견해: 한태연, 『헌법학: 근대헌법의 일반이론』, 법문사, 1983, 905쪽). 그러나 이 견해는 헌법이 명문으로 '자유'뿐 아니라 '권리'도 제한할 수 있다고 규정한 점을 설명하기 어렵다.

총칙적 성격을 띤다. 따라서 헌법 전문과 제37조에서 '자유'와 함께 있는 '권리'는 개별적 헌법적 권리나 그 구체적 내용을 가리키는 것이 아니라 헌법적 권리들을 포괄하는 일반적·추상적 의미가 있다고 보아야 할 것이다. 그러나 '자유'와 함께 사용되었다는 점에서 여기의 '권리' 혼자 모든 헌법적 권리를 포괄하는 것이 아니라 '자유'와 함께 모든 헌법적 권리를 포괄하는 것이라고 보아야 한다. 따라서 모든 헌법적 권리를 포괄하는 (넓은 뜻의) 권리는 자유와 (좁은 뜻의) 권리로 구성된다.

(6) 인권에서 직접 유래하는 헌법적 권리인 '자유'

'자유'는 다양한 행위 가능성 중에서 강제됨 없이 선택하고 결정할 수 있는 개별적 가능성으로 이해된다. 이러한 자유는 주어지는 것이 아니라 이미 존재하는 것을 뜻한다. 따라서 국가의 존재와 상관없이 자유는 존재한다. 이러한 점에서 자유는 자연권적 성질을 전제한다. '자유'에 속하는 자유권(존엄권과 행복을 추구할 권리 포함)과 평등권은 본래 실정(헌)법에 규정되었는지와 상관없이 존중되어야 하는 권리라는 점에서, 모두 인권에서 직접 유래하는 권리로서 자연권적 성질이 있다.[63] 게다가 이들 기본권은 제10조에서 제23조까지 순서대로 배열되어 있다는 점에서 이들의 관련성은 헌법적 구성에서도 확인된다. 따라서 '자유'는 '인권에서 직접 유래하는 헌법적 권리'로 개념 정의할 수 있다.

(7) 인권에서 직접 유래하지 않는 헌법적 권리인 '권리'

'인권에서 직접 유래하는 헌법적 권리'라는 '자유'에 관한 개념 정의가 정당성이 있으려면, '자유'에 속하지 않는 다른 헌법적 권리가 '인권에서 직접 유래하지 않는 권리'라는 것이 확인되어야 한다. '자유'에 속하지 않는 헌법적 권리는 참정권(공무담임권, 선거권, 국민투표권 등), 청구권(청원권, 재판청구권, 형사보상청구권, 범죄피해자구조청구권 등) 그리고 사회권(인간다운 생활을 할 권리, 교육의 권리, 근로의 권리, 근로3권[64], 환경권, 혼인·가족·모성에 관한 국가적 보호 등)이다. 참정권

63) 김선택(주 20), 156, 159, 161쪽 참조.

64) 근로3권은 근로관계를 유지하고 향상하는 데 필요한 근로자와 그 단체의 행동을 보장한다는 측면에서 자유권으로 분류할 수도 있다. 이러한 맥락에서 한국 헌법의 아버지인 유진오도 근로3권을 자유권으로 분류하였고[유진오(주 3), 63쪽], 사회권을 규정하지 않은 독일 기본법도 근로3권을 규정한다(제9조 3항). 헌법재판소도 근로3권을 "'사회적 보호기능을 담당

은 '국민이 국가기관 구성과 국가의사 형성에 직·간접적으로 참여할 수 있는 권리'이고, 청구권은 '국가에 대해서 일정한 적극적 작위를 청구할 수 있는 권리'이며, 사회권은 '인간의 존엄과 가치가 실질적으로 보장되도록 국민이 국가에 대해서 인간다운 생활을 할 수 있는 조건을 마련해 달라고 요구할 수 있는 권리'이다. 따라서 이러한 권리들은 모두 국가의 존재를 전제한다. 그래서 이 권리들은 국가의 존재를 전제하지 않는 자연권적 성질이 없고, 인권에서 직접 유래하지 않는다. 즉 이것들은 국가가 헌법에 따라서 비로소 보장하는 권리이다. 하지만 이것이 이 권리들이 인권과 무관하다는 것을 뜻하지는 않는다. 이 권리들이 보장되는 이유는 인권에서 유래하는 권리들의 옹근(완벽한) 보장에 이바지하기 때문이다. 이러한 권리들의 특징을 헌법이 선거권(제24조), 공무담임권(제25조), 청원할 권리(제26조), 형사보상청구권(제28조), 국가배상청구권(제29조), 범죄피해자구조청구권(제30조) 등의 보장은 법률이 정하는 바에 의한다고 하여 부분적으로 직접 표현한다. 법률은 국가가 제정하는 것이기 때문이다. 이러한 점에서 (좁은 뜻의) 권리는 '인권에서 직접 유래하지 않는 헌법적 권리', 즉 '인권 내용이 없는 헌법적 권리'로 정의될 수 있다.

(8) 소결: (넓은 뜻의) 권리 그리고 자유와 (좁은 뜻의) 권리

결론적으로 헌법전에서는 헌법이 보장하는 모든 헌법적 권리를 총칭하는 용어로 '(넓은 뜻의) 권리'를 사용한다. 이 '(넓은 뜻의) 권리'는 '자유'와 '(좁은 뜻의) 권리'로 구성된다.[65] '자유'는 '인권에서 직접 유래하는 헌법적 권리'를 총칭한다. 따

하는 자유권' 또는 '사회권적 성격을 띤 자유권'"(헌재 1998. 2. 27. 94헌바13등, 판례집 10-1, 32, 44) 또는 "자유권적 성격과 … 사회권적 성격도 함께 지닌 기본권"(헌재 2004. 8. 26. 2003헌바28, 판례집 16-2상, 240, 247)이라고 하여 같은 견해를 취하는 때가 잦다. 그러나 근로3권은 근로관계의 형성과 유지를 보장한다는 점에서, 다른 자유권과 달리 사회국가원리나 사회주의와 밀접한 관련을 맺고 형성되고 발전되어 인정된 역사적 배경 때문에 다른 자유권과 구별되는 다른 기능을 수행한다는 점에서 그리고 적어도 현재 한국에서는 노사관계에 관한 국가 역할이 여전히 중요하다는 점에서 사회권적 성격을 강조하는 것이 타당하다(헌재 1991. 7. 22. 89헌가106, 판례집 3, 387, 420: "자유권적 기본권으로서의 성격보다는 생존권 내지 사회권적 기본권으로서의 측면이 보다 강한 것" 참조). 다른 사회권과 함께 규정한 헌법적 구조도 이러한 취지로 볼 수 있다.

65) 비슷한 견해: "기본권(Grundrechte)에는 천부적 권리(Menschenrtechte)도 있고 국법에 의해서 형성되었거나 구체화되었다고 생각되는 권리(청구권적 기본권, 참정권, 생활권적 기본권)도 있어서 기본권의 내용과 천부적 권리가 반드시 동일한 것은 아니지만 후자는 전자를 바탕으로 한 인간의 권리를 실현하는 것이기 때문에 기본권은 대체로 인권을 의미하고 있

라서 자유는 국가에 선재하는 개인의 헌법적 권리로 파악된다. 여기에는 자유권과 평등권이 포함된다. '(좁은 뜻의) 권리'는 '인권에서 직접 유래하지 않는 헌법적 권리'를 아우른다. 따라서 '(좁은 뜻의) 권리'는 국가를 전제로 하여 인정되는, 즉 국가가 있을 때 비로소 보장되는 헌법적 권리를 포괄한다. 그래서 이러한 권리들은 원칙적으로 국가 구성원인 개인에게 귀속되고 국가에 선재하지 않는다. 여기에는 참정권, 청구권, 사회권이 포함된다. 그러나 인권에서 직접 유래하지 않는다는 것이 '(좁은 뜻의) 권리'가 '인권'과 관계없음을 뜻하지는 않는다. '(좁은 뜻의) 권리'도 인권을 보장하거나 관철하는 데 필요하기 때문이다. 이러한 자유와 (좁은 뜻의) 권리의 구별은 두 줄기로 나타나는 기본권의 역사적 발전과 일치한다.[66] 즉 기본권도 인권 자체이거나 인권 내용을 포함한 기본권과 인권 내용이 없는 기본권으로 구별된다.[67] 그 밖에 헌법전에서 '자유'는 개별적 자유권을 뜻하기도 하고, '권리'는 개별적 헌법적 권리 자체나 그 내용을 가리키는 용어로도 사용된다.

다"(김현규/김효전/배준상/변재옥/안용교/육종수/이강혁/이준구/정종학, 『신헌법학』, 청문사, 1982, 184쪽 주 1). 자유와 (좁은 뜻의) 권리의 구별과 비슷하게 기본권을 자연권의 성질이 있는 기본권과 실정헌법이 창설하는 실정권의 성질이 있는 기본권으로 구분하는 견해도 있다[정종섭(주 3, 기본권의 개념에 관한 연구), 42～49쪽; 같은 사람(주 3, 헌법학원론), 286쪽]. 그리고 기본권을 전국가적인지 국가내적인지를 불문하고 헌법에서 보장하는 국민의 모든 권리라고 하면서, 기본권은 헌법 제37조 제2항의 '국민의 모든 자유와 권리'와 같은 뜻이라는 견해도 있다(김철수 외, 『주석헌법(개정판)』, 법원사, 1992, 109쪽). 또한, 기본권은 자연권 사상에 바탕을 둔 천부인권론에 기초하여 실정헌법상 보장하는 일련의 자유와 권리에 관한 규범적 이해 체계라는 의미에서 기본권론은 인간의 권리와 시민의 권리를 동시에 포괄하므로, 인권론에서 제대로 드러나지 않는 시민의 권리나 국민의 권리에 관한 사항, 즉 국가내적인 자유와 권리로 볼 수 있는 사회권(생존권), 기본권 보장을 위한 기본권(청구권적 기본권), 정치권(참정권)까지도 포괄한다는 견해도 있다[성낙인(주 38), 15쪽; 같은 사람(주 3), 972쪽].

66) 프랑스 '인간과 시민의 권리선언'에서 '인간의 권리'와 '시민의 권리'의 구별도 이를 표현한 것으로 볼 수 있다. 그리고 현대 여러 국가 헌법에서 기본적 인권을 존중하는 것에는 자연법적 국가계약이론을 배경으로 하여 인간의 자유 중에 기본적인 것을 선언하고 이것을 국가권력 침해에서 보장하고자 하는 것(자유권적 기본권)과 인간이 사회생활에서 인간다운 생활을 영위하는 것을 인간의 기본권이라고 선언하고, 이를 국가권력으로 보장하고자 하는 것(생활권적 기본권)의 두 가지 초점이 있다는 견해(문홍주, 『제6공화국 한국헌법』, 해암사, 1987, 193쪽)도 같은 맥락으로 보인다. 이 견해는 자유권적 기본권은 국가권력을 축소·제한함으로써 더욱더 유지·보장되고, 생활권적 기본권은 국가권력을 적극적으로 관여시킴으로써 약속·실현된다고 한다.

67) Klaus Stern (Anm. 2), S. 44.

3. 기본적 인권의 의미

(1) 기존 해석과 그 문제점

헌법 제10조 제2문은 "국가는 개인이 가지는 불가침의 기본적 인권을 확인하고 이를 보장할 의무를 진다."라고 규정한다. 헌법 제10조가 헌법 제2장의 총론적 성격이 있는 규정이라는 점, 즉 기본권 규정의 출발점이고 기본원칙인 중요한 규정이라는 점에서 그리고 국가가 확인하고 보장하여야 할 필요가 없는 권리를 굳이 헌법이 규정할 필요가 없다는 점에서 여기의 '기본적 인권'을 한정적으로 해석할 수는 없다.[68] 그리고 이 조항과 헌법 제37조가 헌법구조에 비추어 볼 때 서로 상응한다는 점에서 '기본적 인권'은 '(넓은 뜻의) 권리'에 대응하는, 즉 '자유와 (좁은 뜻의) 권리'를 포괄하는 개념으로 사용된 것으로 볼 수 있다.[69] 헌법 제10조 제2문을 통해서 그 이하의 모든 '헌법이 보장하는 권리'가, 특히 인권 내용이 없는 헌법적 권리까지 포함하여, 국가구속적 효력이 있다고 해석한다면, '기본적 인권' = '기본권'이라고 해석할 수 있다. 헌법재판소법 제68조 제2항도 이것에 연결된 것으로 보인다. 이러한 점에서 한국 헌법전은 '인권'과 '기본권'을 구별하지 않고 관련지어 이해한다고 볼 여지가 있다. 이러한 관점에서 한국 헌법학계는 '기본적 인권'을 '기본권'으로 이해하는 것에 관해서 별다른 논란이 없는 것으로 보인다.[70]

---

68) 세계인권선언 전문에 나오는 '기본적 인권(Fundamental Human Rights)'은 권리 중에서도 더 기본적인 권리를 뜻하는 '기본권(Grundrecht)'과 자연권을 가리키는 '인간의 권리(les droits de l'homme)'의 합성어라고 한다. 세계인권선언의 기초를 만드는 일을 담당하였던 미국 대표가 다양한 유럽 각국의 사고를 종합하여 기본적 인권이라는 용어를 고안한 것으로, 그 안에는 서로 다른 유럽 각국의 인권에 대한 긴 역사가 전제된다고 한다. 그리고 일본에서는 '기본적 인권'을 '헌법전에 보장된 국민의 자유와 권리'를 가리키는 용어로 일반화하여 편의에 따라 사용하였다고 한다(하세가와 마시야스[長谷川正安], 최은봉 옮김, 『일본의 헌법』, 도서출판 소화, 2000, 179~180쪽). 이것을 따르면 기본적 인권을 기본권이나 인권 어느 한 쪽으로만 볼 수 없고, 기본적 인권이 자유와 권리를 포괄한다고 볼 수 있다.

69) 일본의 현행 헌법이 보장하는 기본적 인권을 18세기적인 자유권적 기본권과 20세기적인 사회권적 기본권으로 분류하는 견해가 있다. 이 견해는 전자가 국가권력을 제한함으로써 실현되는 것이라고 하고, 후자는 국가가 국민 생활에 적극적으로 관여함으로써 실현되는 것이라고 한다. 이러한 분류는 인권의 발전사를 반영하면서, 동시에 현대 인권의 복잡한 성격을 국가와 맺는 관계에 따라 양분하는 것이라고 한다[하세가와 마시야스(주 68), 187쪽].

70) 정종섭(주 3, 기본권의 개념에 관한 연구), 4~5쪽; 같은 사람(주 3, 기본권의 개념), 10쪽. 다만, '기본적 인권'을 인간의 본질적인 인격성에서 나오는 전국가적 권리이고, 인간이면 누구나 누리는 기본적인 생래적 권리를 말한다고 하면서, '인권'과 동의어로 파악하는 견해도

그러나 ① 1948년 헌법을 기초한 유진오가 'Grundrechte'라는 독일 용어를 알고 있었고, '기본권'이라는 용어를 이미 사용하였는데도,[71] 유진오 자신이 초안 작성에 참여한 1962년 헌법에서 '기본권' 대신 굳이 '기본적 인권'이라는 새로운 용어를 사용한 것은 이것을 구별하려는 의사가 있다고 보아야 한다. 특히 'Grundrechte'의 번역어는 '기본권'이나 '기본적 권리'이었고, 1962년 헌법 제정 당시 이미 '기본권'이라는 용어가 헌법학계에서 보편적으로 사용되었다는[72] 점에서 '기본적 인권'을 바로 기본권에 대응할 수는 없다고 보아야 한다. 그리고 ② 1962년 헌법의 "국민의 기본적 인권을 최대한으로 보장할 의무"라는 표현에서 1980년 헌법과 1987년 헌법의 "개인이 가지는 불가침의 기본적 인권을 확인하고 이를 보장할 의무"로 바뀐 점에 주목하여야 한다. (헌법전의 '국민'이라는 용어를 늘 국가를 전제하는 용어로만 해석할 수는 없지만,[73]) 국가를 전제하는 용어로 일반적으로 사용되는 '국민' 대신에 굳이 언제나 국가를 전제하지는 않는 '개인'이라는 용어를 사용하고, '불가침'이라는 이미 있음을 전제하는 부가어를 붙이며, 단순한 '보장'뿐 아니라 존재를 전제하는 '확인'까지 할 의무로 확대한 것은 '기본권' 개념에서 옹글게(완벽하게) 벗어나려는 의사로 볼 수는 없다고 하더라도 최소한 '기본권'이 전제하는 실정성을 완화하려는 의사로 볼 수 있다. 이것은 헌법 제37조 제1항에서 명백하게 확인된다. 특히 한국 헌법사를 살펴보면 국민의 권리를 보장하지 않는 국가에 대해서 국민이 끊임없이 권리를 위한 투쟁을 지속하여 왔고, 지금도 투쟁하고 있다는 점을 고려하여 보면, 실정성을 무조건 강조하는 것은 곤란할 것이다. 또한, ③ 헌법이 보장하는 권리를 '인간의 권리 = 인권'과 '국민의 권리'로 나눌 수 있다면[74] '국민의 권리'를 동시에 '인권'으로 부를 수 있는지 의문이고, ④ '인권'이 때에 따라서 별도의 실정법적 매개 없이도 현실적으로 주장

있다[김철수 외(주 65), 108~109쪽. 같은 견해: 한동섭(주 3), 69~71쪽]. 이 견해는 '기본적 인권'을 좁게 사용한다면, '인권' 가운데서도 특히 헌법이 보장하는 것에 국한할 수 있다고 한다.

71) 유진오(주 3), 56~61쪽.

72) 문홍주, 『신한국헌법』, 법문사, 1960; 박일경, 『신헌법요론』, 진명문화사, 1961; 한태연, 『신헌법』, 법문사, 1960 참조.

73) 예를 들어 인간의 권리와 국민의 권리를 구별하지 않고 헌법전에서는 '국민'이라는 용어를 사용한다. 무엇보다도 제2장의 표제 자체가 "'국민'의 권리와 의무"이다. 이에 관한 논의는 『헌법제정회의록(제헌국회)』(헌정사자료 제1집), 국회도서관, 1967, 380~391쪽 참조.

74) 이러한 구별은 한국 헌법의 아버지인 유진오부터 이미 인정하였다[유진오(주 3), 57~58쪽].

할 수 있는 것이라면, '인권'과 '기본권'을 상호대체적으로 사용할 수 없을 것이며, ⑤ '인권'과 '기본권'을 구별하지 않고 사용하면, 헌법전에 실정적으로 규정된 헌법의 권리(본래의 기본권)가 (오래전부터 주장되어 왔으나 관철될 수 없었던) 인권과는 다른 고유한 법적 성격을 획득하는 것이 방해될 것이다.[75] 따라서 '기본적 인권'을 '기본권'과 동일시하는 해석은 물론 '기본적 인권'을 바로 '인권'으로 이해하는 해석도 받아들이기 어렵다. 물론 이것이 '기본적 인권'과 '기본권'이나 '인권' 사이의 관련성을 옹글게(완벽하게) 부정하는 것은 아니고, '기본적 인권'의 인권성과 실정성을 부정하거나 무시하는 것도 아니며 그 가능성을 긍정하는 것도 아니다.

(2) 인권을 보장하려고 헌법이 보장하는 권리를 뜻하는 '기본적 인권'

'기본적 인권'은 헌법이 보장하는 모든 권리, 즉 헌법이 열거한 권리(제10조~제36조)는 물론 헌법이 열거하지 않은 권리(제37조 제1항)를 포함한다고 해석하여야 한다. 따라서 '기본적 인권'은 엄격한 실정성을 요구하지 않는다. 헌법이 열거하지 않은 권리도 헌법이 열거한 헌법적 권리에 버금가는 헌법적 중요성을 인정받고 보장 필요성이 있다면 헌법 제37조 제1항을 통해서 '기본적 인권'으로 인정받을 수 있기 때문이다.[76] 하지만 모든 권리가 '기본적 인권'으로 보장될 수는 없으므로, 헌법 제37조 제1항을 실정성 포기로 볼 수는 없다. 그러한 점에서 이러한 권리의 인정 기준이 필요하다. 이러한 권리도 헌법이 인정하고 보호하여야 한다는 점에서, 그 기준은 당연히 헌법전 안에서 찾아야 한다. 한국 헌법전에서 이러한 기준은 제10조 제1문에서 찾을 수 있다. 즉 인간으로서 가지는 존엄과 가치와 행복추구권이 이러한 열거되지 아니한 권리를 인식하는 내용적 표지로서 기능할 수 있다.[77] 따라서 헌법은 열거되지 아니한 자유와 권리를 직접 규정하지는

75) 김선택(주 2), 14쪽.

76) 헌재 2009. 5. 28. 2007헌마369, 판례집 21-1하, 769, 775: "헌법에 열거되지 아니한 기본권을 새롭게 인정하려면, 그 필요성이 특별히 인정되고, 그 권리내용(보호영역)이 비교적 명확하여 구체적 기본권으로서의 실체 즉, 권리내용을 규범 상대방에게 요구할 힘이 있고 그 실현이 방해되는 경우 재판에 의하여 그 실현을 보장받을 수 있는 구체적 권리로서의 실질에 부합하여야 할 것이다."

77) 김선택, 「헌법 제9조 제1문 전단 인간으로서의 존엄의 의미와 법적 성격」, 고려대학교 법학석사학위논문, 1983, 90쪽; 같은 사람(주 56, 행복추구권), 359~360쪽; 같은 사람(주 56, "행복추구권"과 "헌법에 열거되지 아니한 권리"의 기본권체계적 해석), 195~196쪽. 일반적으로 행복추구권이 내용적 표지로서 기능하고, 인간으로서 가지는 존엄과 가치는 인격과 직접 관련되는 기본권에만 행복추구권과 함께 내용적 표지로서 작용한다. 여기서 도출되는

않았지만, 최소한 그러한 자유와 권리를 확인할 수 있는 기준을 직접 제시하고 그 인정 근거를 마련한다. 이러한 점에서 '기본적 인권'은 실정성 포기는 아니지만, '기본권'과 개념적으로 비교할 때 실정성을 완화한다고 보아야 한다.[78] 그리고 '기본적 인권'에서 '인권'은 기본권의 인권적·자연법적 근원을 표현하려는 헌법적 의사로 보아야 한다.[79] 그러한 점에서 '기본적 인권'은 '인권을 보장하기 위해서 국가가 반드시 보장하여야 할 권리'라는 뜻으로 새길 수 있다. 그래서 국가에 이것을 확인하고 보장할 의무를 지운다. '인권을 보장하기 위해서'라는 것은 단순히 인권에서 직접 유래하였음을 뜻하는 것에 그치는 것이 아니라 인권에서 직접적으로나 간접적으로 유래하는 인간의 존엄을 보장하는 데 필요한 모든 권

헌법에 열거되지 아니한 권리는 원칙적으로 '자유', 즉 '인권에서 직접 유래하는 권리'에 국한한다. '권리', 즉 '인권에서 직접 유래하지 않는 권리'는 헌법이 비로소 인정하여서, 열거되지 않는 때를 인정하기 어렵기 때문이다. 다만, 인권에서 직접 유래하지 않는 권리도 다른 관련 헌법 규정이 있으면 예외적으로 도출될 수 있다. 예를 들어 참정권에 속하는 정당의 자유는 헌법 제8조에 관련 규정이 있어서 헌법에서 도출될 수 있다. 그리고 관련 헌법 규정이 없어도 권리에 대한 일반적 확신이 명확하게 형성되면, 예를 들어 법률적 권리로서 오랜 기간 인정되어 권리로서 확고하게 자리 잡으면 헌법 제37조 제1항을 통해서 헌법적 권리로 승격될 수도 있다.

78) 물론 독일의 학설과 판례도 기본권 규정 해석을 통해서 실정성을 완화한다. 특히 독일 기본법 제2조 제1항 인격의 자유로운 발현권은 연방헌법재판소 판례를 통해서 일반적 행동자유권과 일반적 인격권이라는 두 가지 내용을 얻었다. 이로 말미암아 독일 기본법 제2조 제1항은 한국 헌법 (제10조와) 제37조 제1항과 비슷한 기능을 수행한다. 그러나 이러한 해석을 통한 실정성 완화는 헌법 규정을 통한 실정성 완화와 구별되어야 할 것이다. 특히 양자는 증명책임 측면에서 차이가 있다. 어떠한 것이 헌법적 권리로서 주장되거나 헌법적 권리성이 의심되면 (물론 다양한 해석과 보장 형태 때문에 엄격하게 구별할 수는 없지만, 원칙적인 측면에서) 한국 헌법은 (제10조와) 제37조 제1항을 통해서 국가에 헌법이 보호하는 권리가 아님을 증명하여야 할 책임을 지우지만, 독일 기본법 아래에서는 개인이 제2조 제1항에 포섭되는 권리임을 증명하여야 할 것이다. 이러한 차이는 독일 기본법 제1조 제3항이 "기본권은 직접 효력이 있는 법으로서 입법, 집행과 사법을 구속한다."라고 소극적으로 규정하지만, 한국 헌법 제10조 제2문은 "국가는 개인이 가지는 불가침의 기본적 인권을 확인하고 이를 보장할 의무를 진다."라고 하여 적극적으로 규정하는 것에서도 나타난다. 즉 독일 기본법은 국가권력 한계로서 기본권을 바라보지만, 한국 헌법은 국가의 의무로서 기본적 인권을 이해한다. 그리고 독일 기본법은 자유권만을 규정하지만, 한국 헌법은 사회권도 명시적으로 보장한다는 것도 이러한 차이에서 기인하는 것으로 볼 수 있다. 물론 이러한 차이는 국가권력에 대한 신뢰도가 높은 독일과는 달리 국가권력을 믿지 못하는 한국 현실에서 비롯한다고도 볼 수 있다. 헌법사적으로는 권리에 관한 확고한 인식 속에서 이를 규정한 독일과 외국 이론을 수입하여 규정한 한국의 차이 때문이라고 볼 수도 있다. 이러한 차이 때문에 한국에서는 국가 역할이 독일보다 강조될 수밖에 없다.

79) 김선택(주 2), 14쪽.

리를 가리키는 것으로 보아야 한다. 헌법이 규정한 권리를 보장하려고 헌법이 국가를 창설하였다는 점에서, 국가는 헌법이 규정한 모든 권리를 확인하고 보장할 의무가 있다고 보아야 하고, 이러한 해석 아래에서만 '기본적 인권'이 '자유'뿐 아니라 '(좁은 뜻의) 권리'도 포섭할 수 있기 때문이다.

이러한 해석을 헌법사적 측면과 헌법사회학적 측면에서도 근거 지울 수 있다. 한국 헌법에서 '기본적 인권'은 1948년 헌법부터 규정되었으나, 실질적인 효력이 있기보다는 장식적인 의미가 강하였다. 따라서 헌법에 열거되지 않은 자유와 권리는 물론 열거된 자유와 권리도 충분한 보장을 받지 못하였고, 심지어 무시당하기까지 하였다. 그러나 70년에 걸친 끊임없는 국민의 투쟁 속에서 '기본적 인권'은 온전한 권리의 모습으로 자리를 잡아가고 있다. 하지만 아직도 옹글고(완벽하고) 충분하게 보장된다고 보기는 어렵다. 예를 들어 노사 문제 및 환경 문제와 관련된 각종 사건이나 경제정책에서 (특히 촛불집회에서) 볼 수 있듯이 아직도 국가가 공익을 앞세워 국민의, 특히 약자나 소수자의 권리를 과도하게 제약하거나 무시하려는 것으로 의심되는 때가 드물지 않게 발생한다. 이러한 점에서 인권 개념의 투쟁성은 아직도 한국 사회에서 유효하다는 것을 부정하기 힘들다. 게다가 사회가 하루가 다르게 급변하면서 새롭게 문제 되는 권리에 관한 주장과 탐색이 이루어져야 하고, 이전에 생각하지 못하였거나 예측하지 못한 여러 형태의 권리 침해가 늘어간다. 그러나 국가가 이러한 새로운 권리를 수용하고, 새롭게 발견된 권리 침해에서 국민을 보호하는 데 적극적이지 못한 때를 자주 목격할 수 있다. 이러한 이유로 국민 스스로 자신의 권리를 주장하고 침해에서 자신의 권리를 보호하려는 노력을 기울일 수밖에 없다. 이때 투쟁성을 내포한 인권 개념은 유용한 근거로서 기능할 수 있다. 이러한 맥락 때문에 한국 사회에서 아직도 '기본적 인권'(이나 '기본권')보다 '인권'이 더 친숙한 용어인 점을 이해할 수 있다. 또한, 헌법은 기본적 인권을 확인하고 보장할 의무를 '국가'에 부여한다. 국가에는 입법부뿐 아니라 집행부, 사법부, 지방자치단체를 비롯한 모든 국가기관이 포함된다. 따라서 법률을 통한 형성이나 구체화가 필요한 기본적 인권이라도 법률이 제정되지 않았다는 이유만으로 당연히 보장받지 못하는 것으로 볼 수는 없다. 즉 집행부나 사법부가 법률에 빈틈이 있거나 법률 자체가 없다는 이유로 언제나 기본적 인권 보장을 거부할 수 있는 것은 아니다. 결론적으로 '기본권'에서와 마찬가지로 '기본적 인권'에서는 실정성이 중요한 개념이어서, '기본적 인권'은 '인권'과 구별되어야 한다. 하지만 헌법사적 측면과 헌법사회학적 측면에서 '기본적 인권'은 '인권'의 투쟁성과 비실정성을 옹글게(완벽하게) 버리기는 힘들다. 따라서 '기본적 인권'은 '기본권'과 비교해서 실정성이 약화할 수밖에 없고, 투쟁성과 관련하여 국가의 적극성이 부각되어야 할 것이다.

(3) 국가 의무인 기본적 인권 확인

기본권이 인권에서 유래한다면 그 이유만으로 기본권을 보장하는 것은 국가적 의무가 되고 그것을 제한할 때 근거가 필요하지만, 기본권이 인권과 관계없는 국가내적 권리라면 기본권이 헌법에서 보장되려면 국가가 계속 확인하는 것이 필요하고 국가가 이러한 확인을 거부하면 국민이 그러한 거부가 부당하다는 것을 입증하여야 한다는 점에서 인권과 기본권의 관계를 확실히 밝히는 것은 여전히 중요한 의미가 있다는 견해가 있다.[80] 그러나 이 견해는 헌법 제10조가 '기본적 인권'을 '보장'할 뿐 아니라 '확인'할 의무도 규정하고, 헌법 제36조 제1항이 헌법에 열거되지 않은 '자유'뿐 아니라 '권리'까지 경시되지 않는다고 규정한다는 점에서 그리고 국민 자신이 헌법이 규정한 권리를 보장하려고 국가를 창설하여서 국가가 먼저 확인하고 보장하여야 할 대상은 인권이 아니라 헌법 자체에서 찾아야 한다는 점에서 문제가 있다. 즉 인권에서 유래하였는지에 상관없이 모든 '기본적 인권'을 국가가 확인하고 보장할 의무가 있고, 그것을 제한할 때는 정당한 이유가 필요하며, 국가가 어떤 것을 기본적 인권으로 보장하지 않으려면 그것이 기본적 인권이 아님을 국가 스스로 입증하여야 한다. 그러나 이러한 국가의무가 헌법이 열거하지 아니한 권리를 곧바로 재판규범으로 인정하여야 한다는 것을 뜻한다고 보기는 어렵다.[81] 헌법이 열거하지 아니한 기본적 인권은 헌법 제10조를 기준으로 헌법 제37조 제1항을 통해서 수용된 때만 재판규범으로 인정될 수 있다. 다만, 국가가 이러한 인정 여부에 관한 논증의무를 진다.

4. '기본적 인권의 준말'인 '기본권'

헌법전에서 사용하는 자유와 권리 그리고 기본적 인권의 관계를 정리해 보

80) 홍성방(주 3, 기본권의 개념과 분류), 165~166쪽; 같은 사람, [주 3, 헌법학(상)], 329쪽.
81) 김선택(주 20), 162~163쪽.

면, 기본적 인권 = (넓은 뜻의) 권리 = 자유(자유권 + 평등권) + (좁은 뜻의) 권리(자유권과 평등권 이외의 모든 헌법적 권리: 참정권 + 청구권 + 사회권)라는 등식이 성립한다. 이러한 용어들과 그 관계를 통해서 헌법이 보장하는 모든 권리를 가리키고 묶고 나눌 수 있다. 따라서 헌법전이 명확하게 사용하는 이러한 용어 이외에 굳이 새로운 용어인 '기본권'을 사용할 이유는 없어 보인다. 그러나 헌법학계와 헌법실무에서 이미 보편화한 '기본권'이라는 용어를 당장 버리는 것은 사실적 측면에서 불가능하다. 특히 헌법재판소법이 '기본권'이라는 용어를 사용함으로써 이 용어는 적어도 법률 차원에서는 실정성을 획득하였다. 게다가 기본적 인권이 최소한 부분적으로라도 독일 기본권에서 유래하였음을 부정할 수 없고, 기본적 인권과 관련된 많은 내용과 해석이 독일에서 형성된 기본권의 내용과 해석에서 비롯하였다는 점을 부정할 수 없다. 특히 1948년 헌법 초안을 작성한 유진오는 국민의 권리와 의무가 이른바 '기본적 권리 의무(Grundrechte und Grundpflicht)'를 말한다고 하여 국민의 권리가 독일의 기본권에서 비롯함을 직접 밝혔다.[82] 따라서 '기본권'이라는 용어를 현재 (적어도 당분간은) 사용할 수밖에 없다.

하지만 '기본적 인권' 개념은 독일 헌법학에서 이해하는 '기본권' 개념과 옹글게(완벽하게) 일치하는 것으로 보기는 어렵다. 이러한 점에서 '기본권'이라는 용어를 계속 사용하되, 독일의 'Grundrechte'나 프랑스의 'droits fondamentaux'를 번역한 용어나 그것의 동의어가 아니라 '기본적 인권'의 준말로서 사용하고,[83] 독일의 'Grundrechte'는 '독일 기본권'으로, 프랑스의 'droits fondamentaux'는 '프랑스 기본권'으로 각각 번역함으로써 '기본적 인권'의 준말인 '기본권'과 구별하는 것이 타당하다. 이를 통해서 '기본적 인권'과 독일이나 프랑스 '기본권'의 차이를 인정하는 전제 아래 실정성 완화와 인권적·자연법적 근원 강조라는 '기본적 인권'의 특성을 버리지 않으면서, 현재 통용되는 용어 사용례와 조화를 이룰 길이 열린다.

그러나 여전히 기본적 인권이라는 용어가 기본권보다 헌법적 정당성이 있다는 점은 바뀌지 않는다. 따라서 기본권보다 기본적 인권을 보편적으로 사용하려고 노력하여야 한다. 특히 헌법이 규정한 구체적 권리를 해석할 때 독일이나 프랑스의 '기본권'이 아닌 한국의 '기본적 인권'이라는 시각에서 출발하는 것은 무

82) 유진오(주 3), 56쪽.
83) 기본권을 기본적 인권의 축약으로 보는 견해로는 정재황(주 3, 기본권 총론), 24쪽.

엇보다도 중요하다. 이것을 통해서 한국 헌법학의 고질적인 문제점인 계수법학의 한계에서 조금씩이나마 벗어날 수 있다. 그리고 그러한 시각을 통해서 현재 한국 헌법학에서 '기본권의 성격'이라는 이름 아래 주장되는 기존의 자연권설, 실정권설, 동화적 통합설 등의 이론이 한국 헌법전을 해석하는 과정에서 발전적으로 융합될 수 있다.

Chapter

02

기본권 관계

제2장 기본권 관계

I. 기본권 관계의 개념

인간은 공동체적 동물[1]이라고 한다. 이것은 인간이 다른 인간과 결합한 공동체 안에서만 인간답게 살 수 있다는 것을 뜻한다. 인간은 끊임없이 다른 인간과 관계를 맺음으로써 비로소 인간으로서 살아갈 수 있다. 여기서 관계는 서로 영향을 주고받는 모든 것을 말한다. 그러나 관계는 반드시 쌍방적이어야 하는 것은 아니고, 상대방이 있으면 일방적이어도 상관없다. 이러한 관계는 다양한 모습을 띠며 서로 독립적으로 나타나기도 하지만 중첩되거나 병렬적이기도 하고 서로 결합하기도 한다. 관계는 대립에 국한되지 않는다. 즉 관계는 대립이나 적대 혹은 경쟁일 수도 있지만, 우호나 협조일 수도 있고 무시일 수도 있다. 직접 맺는 관계뿐 아니라 간접적으로 맺는 관계도 있고 한참을 돌고 돌아 겨우 연결되는 관계도 있을 수 있다. 같은 시간 속에서 연결되는 관계가 일반적이지만 시차를 두고 연결되는 관계도 있을 수 있다. 그리고 관계는 항구적일 수도 있지만, 일시적일 수도 있다. 관계는 서로 맺어진 상태를 의미하므로, 그러한 관계를 당사자가 인식할 필요도 없고, 의도하여야 하는 것도 아니다. 또한, 새로운 관계를 끊임없이 맺기도 하고 기존 관계가 사라지기도 한다. 요컨대 인간이 우주라는 시공간[2] 속에서 어떤 방식으로든 서로 영향을 주고받는다면 모두 관계라고 부를 수 있다.

인간에게는 공동체와 관련을 맺는 측면과 다른 인간(개인)과 맺는 측면 그리고 자연과 맺는 측면이 모두 있다. 그리고 인간이 형성해가는 생활 관계는 현재에도 다양하지만, 새롭게 나날이 만들어진다. 인간이 맺는 다양한 관계 중에서

1) 아리스토텔레스(Aristoteles)의 '폴리스적 동물(zoon politikon)'을 번역한 말인데, '본질적으로 국가에서 살게 되어 있는 동물', '정치적 동물', '사회적 동물(animal sociale)' 등으로도 번역한다. 아리스토텔레스, 나종일 옮김, 『정치학/시학』(삼성세계사상 7), 삼성출판사, 1993, 44쪽; 이진우, 「사회 - 자유의 토대인가 아니면 구속의 그물인가」, 『우리말 철학사전 1』, 지식산업사, 2001, 64쪽 참조.

2) 우주(宇宙)에서 '우(宇)'는 천지사방(天地四方), 즉 공간적 확대를, '주(宙)'는 고왕금래(古往今來: 옛날부터 지금까지), 즉 시간적 격차를 뜻한다.

법을 매개로 형성되는 관계가 법관계이다. 법관계 중에서 가장 중요한 것은 법단계의 최상위에 있는 헌법을 중심으로 형성되는 헌법 관계이고, 그중에서도 헌법의 존립목적인 기본권과 관련하여 나타나는 기본권 관계이다. 인간이 기본권을 중심으로 맺는 생활 관계를 기본권 관계라고 부를 수 있다. 기본권은 개인[3]이 국가 안에서 누리는 지위를 규율하는 모든 헌법 규범을 말한다.[4] 지위는 관계 속에서만 발생하고 기본권은 국가를 전제로 하는 실정법적 개념이다. 그러므로 기본권은 개인과 국가의 관계를 전제한다. 기본권은 국가질서의 기본요소로서 이 질서 속에 개인의 법상태를 편입시킨다. 이러한 기본권을 중심으로 형성되는 법적 관계인 기본권 관계는 다른 법관계처럼 일반적으로 개인과 국가 사이의 권리의무 관계로 나타난다.[5] 따라서 기본권 관계에서 개인과 국가의 관계는 지배 주체인 국가와 복종 주체인 개인을 전제하는, 잠재적으로 제한 없는 (권력에 대한) 복종을 특징으로 하는 관계가 아니다.[6] 민주적 법치국가에서 헌법은 개인의 기본권을 보호하는 것을 목적으로 하고, 국가는 이를 위한 수단에 불과하다. 그래서 기본권 보호에 이바지하지 못하는 국가는 더는 헌법상 국가로 인정받지 못한다. 따라서 기본권 관계에서는 개인이 권리자이고, 국가는 의무자로 나타나는 것이 일반적이다. 때에 따라서 개인이 다른 개인과 맺는 관계나 다른 헌법적 이익 때문에 의무자가 될 수도 있으나, 국가는 수단에 불과하므로 권한이 있을 수는 있지만, 원칙적으로 권리자가 될 수는 없다.[7] 헌법 제10조 제2문은 "국가는 개인이

---

3) '개인'은 국가를 비롯한 공동체나 집단에 속하지만, 끊임없이 이러한 공동체나 집단과 부딪히는 고유한 독자적 존재로서 공동체나 집단은 물론 다른 개인과 구별되는 다른 존재이다. 이러한 점에서 개인은 홀로 있는 것이 아니라 관계 속에서만 존재한다. '개인'에 관한 철학적 검토는 박순영, 「개인」, 『우리말 철학사전 3』, 지식산업사, 2003, 33~63쪽 참조.

4) 같은 견해: 김선택, 「기본권의 개념」, 『법정고시』 제4권 제6호, 육서당 법률행정연구원, 1998. 6., 17~18쪽; 전광석, 『한국헌법론(제15판)』, 집현재, 2020, 211쪽; 한수웅, 『헌법학(제10판)』, 법문사, 2020, 378쪽; 홍성방, 기본권의 개념과 분류」, 『사회과학연구』 제7집, 서강대학교 사회과학연구소, 1998, 161~162쪽; 같은 사람, 『헌법학(상)(제3판)』, 현암사, 2016, 325~326쪽.

5) 기본권은 관념 속에만 있는 이상향이나 향우회와 같은 친목단체가 아닌 정치공동체인 국가공동체에서 국가와 개인 사이의 권리의무 관계를 전제로 한다고 하는 견해로는 이덕연, 「기본권의 본질과 내용」, 『한국에서의 기본권이론의 형성과 발전』(정천 허영 박사 화갑기념논문집), 박영사, 1997, 42쪽.

6) Konrad Hesse, Grundzüge des Verfassungsrechts der Bundesrepublik Deutschland, 20. Aufl., Heidelberg 1995, Rdnr. 280 (콘라드 헷세, 계희열 옮김, 『통일독일헌법원론』, 박영사, 2001 181쪽).

7) 따라서 국가가 사인과 같은 지위에서 활동할 때도 기본권의 대사인적 효력이 아닌 기본권의 대국가적 효력이 문제 된다(이에 관해서 자세한 검토는 제4장 Ⅱ. 4. (4) 참조). 그리고

가지는 불가침의 기본적 인권을 확인하고 이를 보장할 의무를 진다."라고 하여 기본권과 관련된 권리의무 관계를 규정한다. 즉 개인은 기본(적 인)권이라는 권리가 있고, 국가는 이러한 권리를 확인하고 보장할 의무를 진다.

Ⅱ. 기본권 관계의 고찰 필요성과 실익

1. 고찰 필요성

기본권은 국가 안에서 누리는 개인의 지위를 다룬다. 이러한 지위는 개인이 맺는 관계 속에서 비로소 형성되고 법적으로 문제가 된다는 점에서 기본권은 홀로 지내는 사람이 아닌 관계를 맺으며 살아가는 인간을 전제로 한다. 인간이 공동체를 이루어 사회와 국가를 형성할 때 기본권을 보호하고 제약하는 것과 관련한 다양한 기본권 문제가 생긴다. 이러한 점에서 기본권은 개념필연적으로 관계를 전제한다. 그래서 기본권은 고립적이거나 개별적으로 바라보아서는 올바르게 이해될 수 없고, 관계 속에서만 비로소 의미가 있으며, 그 의미가 제대로 파악될 수 있다. 즉 기본권은 추억을 남기는 사진 속에서가 아니라 생생한 영화 속에서 충실하게 실현되고 관련 문제가 오해 없이 올바르게 해결될 수 있다. 기본권의 주관적 권리 측면의 중요성[8]은 여전히 변함이 없지만, 기본권을 주관적 권리로만 이해하는 견해는 이제 더는 찾기 어렵다. 이처럼 기본권의 다중성이 인정되면, 기본권은 국가행위의 일반적 지침으로서 폭넓게 국민의 생활 영역에 영향력을 미칠 수밖에 없다. 이로 말미암아 기본권이 오로지 개인과 국가 사이의 관계에 국한될 수는 없다. 특히 기본권의 권리적 측면 이외에 기본권의 의무적 측면이 강조되면, 기본권이 미치는 범위가 어디까지인지를 명확하게 확정할 필요가 있고, 기본권과 영향을 주고받는 것이 무엇인지를 밝히는 것이 무엇보다 중요하다는 것이 드러난다. 따라서 기본권의 다중성은 기본권 관계의 논의 필요성을 부각한다. 무엇보다도 기본권의 다중성은 기본권 관계의 틀 안에서 비로소 제대로

예외적으로 국가가 기본권 주체가 되더라도 국가는 사적 유용성이 아니라 공공복리를 기준으로 기본권을 행사하여야 한다.

8) 헌법상 개인의 주관적 권리가 인정되지 않으면 개인은 국가작용의 단순한 대상이고, 자기 이해와 관련되는 국가작용에 대해서 시시비비를 가릴 수 없다. 같은 견해: 강태수, 「주관적 공권으로서의 기본권의 발전과 내용」, 『청주법학』 제20집, 청주대학교 법학연구소, 2003, 62쪽.

이해되고 실현될 수 있다. 특히 권리와 의무는 일반적으로 서로 대응적으로 존재한다는 점에서 기본권 관계 논의 필요성은 무시될 수 없다. 그리고 기본권이 국가 법질서 중심에 서면서 모든 국가 행위가 기본권을 척도로 심사되고, 사회가 갈수록 복잡해지면서 기본권 문제에서 고려할 사항이 감당할 수 없을 정도로 점점 많아진다. 따라서 평면적 측면에서 단순한 제약과 보호 여부만 살펴보는 것만으로는 기본권 문제를 충실하게 해결하지 못하는 때가 잦아졌다. 게다가 기본권 문제에 관한 논의에서 고려할 사항이 너무 많아지면서, 특히 기존에 문제가 되지 않았던 논점이 새롭게 대두하면서 기본권 문제 해결을 위해서 관련되는 사항을 일일이 찾는 것은 더욱더 어려운 문제가 되었다. 그에 따라서 기본권 문제 해결에서 객관성과 합리성을 확보하여 예측 가능성을 담보하기가 점점 쉽지 않게 된다. 또한, 기본권 문제와 관련되는 여러 사항도 추상적인 고찰에 머무는 때가 많아짐에 따라 형식적 논의로 흐르는 때도 적지 않게 발견할 수 있다. 이로 말미암아 기본권 문제 해결이, 특히 기본권 관련 위헌심사가 사실상 형해화하거나 자의적이라는 의심이 드는 때도 드물지 않게 목격할 수 있다. 특히 정치적·이념적 고려의 지나친 개입이 의심되는 때도 발견되곤 한다. 더하여 기본권 문제가 독자적으로 존재하지 않고 서로 겹치거나 축적되면서 새로운 시각으로 볼 필요성이 커지는 때도 나타난다. 이러한 점에서 기본권 문제를 평면적인 시점이 아니라 입체적인 시점에서 그리고 정적인 시점이 아니라 동적인 시점에서 개방적이고 탄력적으로 바라볼 필요성을 무시할 수 없게 되었다. 기본권 관계라는 틀은 바로 이러한 필요성을 충족시켜 줄 수 있다.

2. 실익

기본권 관계 강조는 기본권에 관한 기존 개념과 도구로는 복잡하고 다양한 관계에 기반을 두는 다양한 법적 개념과 주체, 권리, 의무, 법익의 경합과 충돌, 중첩 등을 제대로 설명하고 해결하기 어렵다는 반성에 기인한다. 특히 기본권 관계는 기존 기본권 논의가 기본권 문제를 너무 단순화하여 접근한다는 의심에 주목한다. 기본권 관계라는 개념은 기본권 문제를 바라보는 틀로서 새로운 구체적 내용을 창출하는 것은 아니다. 다만, 다른 관점에서 기본권 문제에 접근할 수 있게 함으로써 기본권 해석의 지평을 넓히고 기본권 문제 해결 과정에서 고려할 사항을 샅샅이 찾을 수 있게 한다. 이것을 통해서 기존 논의를 보완하여 충실하게 하기도 하고, 심사 기준 혼동을 제거함으로써 기본권 해석의 예측 가능성과 객관성을 확보하는 데 이바지할 수 있다. 이를 통해서 기본권에 관한 심사에 공정성과 합리성을 좀 더 강화할 수도 있고, 여러 법개념 사이의 관련성을 새롭게 밝혀낼 수도 있다. 그 밖에 기본권 관계는 자생법학이 아닌 계수법학인 한국 기본권 이론에서 비롯하는 현실과 규범의 유리를 극복하기 위한 바탕이 될 수도 있다.

(1) 기본권 관련 내용 확정

기본권 관계에 관한 논의는 이론적 정합성보다는 문제를 실제 해결하는 실용성에 중점을 둔다. 기본권 문제를 해결하려면 먼저 개별 기본권의 개념과 보호영역이 무엇인지를 명확하게 밝혀야 한다. 그리고 기본권이 문제 되는 영역이나 기본권이 영향을 미치는 영역이 어디인지도 똑바로 찾아야 하고, 기본권과 관련되는 주체가 누구인지도 살펴보아야 하며, 기본권 문제와 관련되는 사익과 공익을 포함한 법익이 무엇인지도 구체적으로 확정하여야 한다. 기본권 관계라는 틀은 기본권 관계를 이루는 개별 기본권, 주체, 법익, 제약 원인 등의 개별 요소를 모두 찾아 주목하면서 그들이 맺는 관계를 가능한 한 구체적으로 펼쳐놓음으로써 기본권 관련 내용을 확정할 기초자료를 샅샅이 검토할 수 있게 해준다. 따라서 기본권 관계라는 틀로서 보지 않았을 때 잘 드러나지 않은 다양한 측면과 관점으로 기본권 문제를 바라볼 기회를 기본권 관계는 마련해 준다. 이것을 통해서 기본권 관련 내용이 더 객관적으로 그리고 합리적으로 확정될 수 있게 된다. 특히 기본권 관계는 관련 사항을 망라함으로써 그리고 각 요소를 단절적으로 살피지 않고 종합적으로 바라볼 수 있게 함으로써 기본권 문제에서 다루어야 할 요소를 빠짐없이 확인하고 각 요소를 제대로 인식하면서 검토할 길을 열어준다. 또한, 기본권 관계는 기본권 문제를 추상적으로만 바라보지 않고 구체적으로 바라볼 수 있게 한다. 이를 통해서 기본권 관계는 기본권 해석이 전체 틀 안에서 언제나 같은 모습으로 이루어지도록 함으로써 어느 부분이 문제 되더라도 심사 기준과 고려사항, 비중 등이 늘 같도록 통제할 길을 열어준다.

(2) 기본권 문제 분류

기본권 관계를 통해서 기본권이 미치는 영향과 의미를 구체적으로 파악할 수 있다. 이것을 통해서 기본권 문제를 형식적으로 분류하고 대처하는 것에 그치지 않고 기본권 문제를 실질적으로 이해하여 실질적 기준에 따라서 분류할 수 있게 된다. 이로 말미암아 형식적 분류와 실질적 상황의 차이에서 비롯하는 부적절한 기본권 문제 해결 가능성이 상당 부분 제거될 수 있다. 즉 기본권 관계를 통해서 기본권 문제의 의의와 성격을 실질적으로 파악하여 기본권의 작용과 효력, 제약 방식, 기본권 제약 법규범의 위헌 여부를 심사하는 기준과 방법 등을 정확하게 확정할 수 있게 된다. 따라서 기본권 관계는 기본권 문제에 맞는 적절한 해결 방안을 찾아서 올바르게 대처할 수 있게 한다. 특히 기본권 문제가 중첩적 관계나 복합적 관계에 있을 때 기본권 관계는 문제 해결의 실마리를 찾을 수 있게 한다. 그리고 기본권 관계는 기본권이 문제 되는 영역 사이의 관련성을 찾아내 이들을 묶어줄 수도 있다.

(3) 기본권 관련 법개념 사이의 올바른 관계 설정

기본권과 관련하여 어지러울 정도로 다양한 법개념이 논의되었고 새롭게 나타난다. 그러나 각 법개념은 해결이 필요한 구체적 문제를 다루는 것으로서 그 법개념 하나만으로는 기본권 문제를 완결적으로 해결하지 못하는 것이 일반적이다. 하지만 이러한 다양한 법개념 사이의 관계를 어떻게 설정할 것인지, 특히 그 사이에 어떠한 역할 분담이 있는지는 거의 논의되지 않는다. 예를 들어 기본권적 3각관계라는 틀에서 기본권의 대사인적 효력, 기본권보호의무, 기본권 충돌 등이 서로 관련이 있음이 인식되지만, 그 사이의 관계에 관해서는 논의가 활발하지 못하다. 기본권 관계는 기본권 문제를 개별적이고 단편적이 아니라 종합적이고 결합적으로 이해하도록 함으로써 각 법개념이 문제 되는 영역이 어디인지를 명확하게 파악할 수 있도록 하고, 그 법개념의 역할과 한계가 무엇인지를 올바르게 이해할 가능성을 열어준다. 이것을 통해서 기본권 관계는 해당 법개념을 과장하지도 깎아내리지도 않을 객관적 시각을 제공한다. 그리고 기본권 관계는 여러 법개념 사이의 정서를 통해서 논의의 출발점과 필요성, 논의 영역, 근거 등이 다른 법개념 사이의 충돌을 방지하고 서로 간의 보완을 촉진할 수 있다.

(4) 기본권 문제에 대한 탄력적 대응

기본권의 주체나 효력, 제약 등의 논점 중 하나를 중심으로 논의하는 것은 평면적인 고찰에 그칠 수밖에 없다. 그러나 기본권 관계는 기본권 문제를 평면적으로나 고정적으로가 아니라 입체적으로나 유동적으로 볼 수 있게 한다. 기본권 문제를 그때그때 관련되는 요소 사이의 다양한 관계 속에서 바라보도록 함으로써 기본권 문제에 다양한 변수가 있음을 확인시켜 준다. 따라서 기본권 문제를 천편일률적으로 해결할 수 없고, 기본권 문제는 구체적인 인식과 검토 속에서 탄력적으로 대응하여야 한다는 것을 기본권 관계는 명확하게 드러나게 한다. 이것은 민사법의 채권 문제나 물권 문제처럼 명확한 기준이 헌법의 기본권 문제에 없는 이유를 설명해준다. 예를 들어 기본권 문제의 주요 해결기준인 과잉금지원칙은 다양한 기본권 문제를 해결하지만, 과잉금지원칙의 내용으로 제시되는 것은 그야말로 원칙으로서 개별 사건마다 적용되는 과잉금지원칙의 구체적 내용은 개별 사건에 맞게 달라야 한다. 기본권 관계라는 틀은 그럴 수밖에 없는 근거를 제시하고, 그 구체적 내용을 확정할 구체적 자료를 제공한다. 그리고 기본권 포기에서 기존 논의는 국가에 대한 기본권 제약 동의만을 문제로 삼지만, 기본권 관계라는 시각에서 보면 국가뿐 아니라 사인에 대해서도 기본권 제약 동의를 할 수 있다는 것이 드러난다. 이에 따라 사인 사이의 관계에서도 기본권 포기가 문제 될 수 있고, 그 해결 역시 국가에 대한 관계에서와는 달라야 한다.

(5) 기본권 문제 검토 순서 확정

기본권 관계는 기본권 문제를 하나의 흐름 속에서 이해할 수 있게 한다. 따라서 기본권 문제를 해결하기 위해서 여러 가지 사항을 고려하고 검토하여야 할 때 각 사항의 위치를 정확하게 파악할 수 있게 된다. 이로 말미암아 기본권 문제에서 다루어야 할 여러 사항의 검토 순서를 확정할 수 있게 된다. 이것을 통해서 기본권 문제는 맥락 없는 복잡성에서 벗어나 일관적인 관점에서 차근차근 해결할 수 있게 되고, 불필요한 검토를 손쉽게 제거할 수 있다. 예를 들어 기본권보호의무와 관련하여 과소보호금지원칙과 과잉금지원칙의 관계는 기본권 관계로 바라보아야만 합리적으로 이해할 수 있다.

(6) 기본권 제약 중첩의 합리적 해결

기존 논의는 기본권 하나를 중심으로 고찰한다. 따라서 여러 기본권이 동시에 제약될 때 이것을 적절하게 심사할 방법을 제대로 제시하지 못한다. 그러나 기본권 관계는 이러한 때 관련 기본권을 개별적으로 심사하는 것이 적절하지 않음을 보여준다. 즉 여러 기본권이 서로 고립적으로 존재하고 보장되는 것이 아님을 보여주고, 서로 다양한 영향을 주고받는다는 점을 드러내 줌으로써 관련 기본권을 함께 심사하여야 함을 강조한다. 이를 통해서 기본권 관계는 대동소이한 위헌심사를 의미 없이 되풀이하지 않고, 하나의 위헌심사에서 문제가 되는 기본권의 관련성을 고려하면서 그 모두를 동시에 심사할 가능성을 열어준다. 예를 들어 기본권 관계로 말미암아 과잉금지심사에서 단계별로 관련 기본권의 사항을 검토하면서 관련되는 기본권이 중첩되는 것의 특별한 의미를 충분히 반영할 수 있다. 이를 통해서 기본권 하나의 제약과 여러 기본권의 제약을 다르게 취급할 길이 열린다. 그리고 기존 기본권 경합 논의가 실제 심사에 관해서 침묵하는 한계를 극복할 수 있고, 기본권의 강화효력[9] 논의를 무리 없이 수용할 수 있다.

Ⅲ. 기본권 관계의 구성 요소

기본권 관계는 다양한 구성 요소로 이루어진다. 따라서 이러한 구성 요소를 검토하지 않고는 기본권 관계를 제대로 파악할 수 없고, 기본권 문제도 합리적으로 해결할 수 없다. 이러한 점에서 기본권 관계의 구성 요소 자체에 관한 고찰도 필요하다. 물론 이러한 고찰은 고립적으로 이루어져서는 아니 되고, 전체 관계 속에서 구체적으로 확인되어야 한다. 기본권 관계에서 관계 대상은 개인과 국가에 국한되지 않는다. 즉 기본권 관계는 개인과 국가의 양극관계에 국한되지 않는다. 헌법이 다중성을 띤 인간의 생활 관계를 전반적으로 규율하는 법이고, 기본권이 헌법 일부로서 역시 이러한 관계를 규율한다면, 기본권은 인간의 생활 관계에 영향을 미치는 모든 것을 규율할 수밖에 없다. 따라서 기본권을 매개로 한 개인과 국가의 관계에 변화를 가져올 수 있는 또 다른 개인뿐 아니라 다른 나라, 국제기구를 비롯한 국제법 주체, 막대한 피해와 위험을 가져오거나 가져올 수 있는 자연도 기본권 관계에서 문제가 되는 관계 대상이 될 수 있다. 따라서 기본권 관계는 기본권을 매개로 이루어지는 개인과 국가의 관계를 기초로 하면서 이것

9) 이에 관해서는 정혜영, 「기본권 경합에 관한 새로운 판례동향」, 『헌법학연구』 제16권 제2호, 한국헌법학회, 2010, 383~417쪽; 같은 사람, 「기본권의 강화효력」, 『공법학연구』 제11권 제4호, 한국비교공법학회, 2010, 143~170쪽 참조.

에 영향을 미치거나 미칠 수 있는 요소를 포괄한다. 기존 논의에서는 기본권 주체와 국가의 관계는 대국가적 관계나 수직적 관계로, 기본권 주체 서로 간의 관계는 대사인적 관계나 수평적 관계로 본다. 그러나 이러한 관계 개념은 기본권 문제 발생 원인에만 주목한 것으로서 기본권 문제와 관련한 다양한 요소를 모두 아우르지 못하는 한계가 있다. 예를 들어 대사인적 관계나 수평적 관계는 적어도 헌법에서 문제가 된다면 국가 개입이 전제된다는 점에서 기본권 주체 서로 간의 관계에 국한될 수 없다. 특히 국가가 물품을 구매하는 것과 같이 기본권 주체처럼 행동할 때 어떠한 관계로 보아야 하는지에 관해서 기존 논의는 난관에 부딪힌다.

1. 기본권의 보호 대상

헌법 제2장은 다양한 기본권을 규정한다. 헌법 제37조 제1항은 심지어 헌법에 열거되지 않은 자유와 권리의 보호까지 규정한다. 이러한 기본권 목록은 다양한 배경과 필요성에 따라서 헌법사적으로 차곡차곡 쌓인 결과물이다. 따라서 기본권 전체를 관통하는 일관된 구체적 관점이나 기준을 찾는 것은 사실적 측면에서 가능하지 않다. 오히려 기본권의 일반적 목적과 필요성을 고려하면서 개별 기본권을 구체적인 법현실 속에서 이해하는 것이 올바른 길이다. 기본권 문제와 관련하여서는 먼저 개별 기본권 규범이 보호하는 대상이 무엇인지에서 출발하여야 한다. 따라서 기본권 관계에서도 기본권의 보호 대상이 무엇인지가 중심에 놓인다. 기본권 규범이 보호하는 대상은 보통 기본권의 보호영역으로 나타난다. 기본권의 보호영역은 개별 기본권에 특유한 사항적·내용적 범위로서 기본권 규정이 보호하는 생활 영역, 즉 기본권 규정이 삶의 현실 가운데서 보호 대상으로 잘라내는 단면을 가리킨다. 기본권 보호 영역에 속하는 행동(태도)은 잠재적인 보호 대상이고, 기본권의 보호영역은 기본권 행사로 실현된다. 기본권 행사는 기본권의 보호영역에서 하는 행동(태도)을 말한다. 기본권 행사는 작위(적극적 태도)뿐 아니라 부작위(소극적 태도)도 포함한다. 그리고 기본권 행사는 단순히 처한 상태를 뜻하기도 한다. 이처럼 기본권 행사는 가능한 한 넓게 이해되어야 한다. 기본권은 보호영역 안에서 주관적 권리와 객관적 효과(제도보장, 방사효, 기본권보호의무, 국가조직과 절차 형성의 기준 등)를 보장한다. 기본권 보장은 기본권의 보호영역과는 구별된다. 예를 들어 평등권은 기본권으로서 보장되지만, (달리 보는 견해도 있지만)

대상자에 관한 차별만을 문제 삼으므로 보호영역은 문제가 되지 않는다.

기본권 문제 해결은 기본권의 보호영역 확정과 동시에 시작된다. 개인이 어떠한 기본권을 원용(주장)할 수 있는지는 그의 태도가 어떠한 기본권의 보호영역 안에 속하는지에 의존하기 때문이다. 기본권의 보호영역은 각각의 개별 기본권에 따라 별도로 확정되어야 한다. 이때 보호영역은 서로 다른 행동을 하나로 묶어주는 공간적인 것으로 이해하지 말고, 기능·역할·주제를 중심으로 보호영역을 파악하여야 한다. 예를 들어 건축학적 의미의 주거 공간과 주거와 관련한 일정한 자유를 보호하는 규범적 의미의 주거 공간은 다르다.

기본권 관계를 통해서 기본권 문제를 해결하려면 다양한 고려와 검토가 필요하다는 것이 밝혀지므로, 그에 따라 기본권이 미치는 범위가 더 넓어지고 그에 따라 여러 논점에 걸친 충분한 논증이 요구된다. 이러한 논증 요구는 선판단이나 전제를 되도록 허용하지 않거나 좁힌다. 따라서 기본권의 보호영역은 가능한 범위에서 넓게 보아야 이러한 다양한 논점과 충분한 논증 요구를 할 수 있다. 이러한 점에서 기본권 관계는 넓은 보호영역[10]을 지지하는 강력한 논거를 제공할 수 있다.

기본권의 보호대상과 관련하여 기본권의 법적 유형(Rechtskategorie)과 기본권의 법적 성격(Rechtscharakter)은 구별되어야 한다. 기본권의 법적 유형은 헌법에 규정된 기본권 목록을 개인과 국가의 관계에 따라 체계적으로 구성한 것이다. 자유권, 평등권, 사회권, 참정권, 청구권 등의 용어는 이러한 기본권의 법적 유형을 나타낸다. 이와 비교해서 기본권의 법적 성격은 개별 기본권의 기능과 성격 등에 따라 파악하는 것을 말한다. 방어권, 급부청구권, 결정참가권, 법적 지위 등의 용어는 이러한 기본권의 법적 성격을 가리킨다. 기본권의 법적 성격은 기본권의 법적 유형과 무관한 것으로 예를 들어 자유권에 해당하는 개별 기본권에서도 그 법적 성격에 따라 방어권, 급부청구권, 결정참가권, 법적 지위 등이 전부 또는 일부 도출될 수 있다. 따라서 기본권의 법적 유형과 기본권의 법적 성격은 엄격하게 구분하여 논의하고 분류하여야 한다. 요컨대 기본권의 법적 유형은 기본권을 일정한 기준에 따라 분류한 것에 불과하다. 이를 통해서 기본권의 주요 내용이

10) 이에 관한 최근 논의로는 김해원, 「기본권의 잠정적 보호영역에 관한 연구」, 『헌법학연구』 제15권 제3호, 한국헌법학회, 2009, 279～320쪽; 윤정인, 「자유권 보호영역의 광협논쟁」, 『공법연구』 제41집 제3호, 한국공법학회, 2013, 137～166쪽; 같은 사람, 「자유권의 넓은 보호영역 이론」, 『공법연구』 제42집 제2호, 한국공법학회, 2013, 183～214쪽.

추정될 수는 있지만, 기본권의 구체적 내용이 분류 기준은 아니다. 기본권의 법적 성격은 개별 기본권 규정을 해석한 구체적 결과물로서 기본권의 구체적 내용에 해당한다. 결국, 기본권의 보호 대상은 개별 기본권 규정을 해석한 구체적 내용과 다름없다. 개별 기본권 규정은 전체 헌법 체계 속에서, 특히 다른 기본권 규정과 맺는 관계를 충분히 고려하여 해석되어야 한다. 이러한 점에서 기본권의 법적 성격을 검토할 때는 기본권의 법적 유형도 함께 고려하여야 할 것이다. 이때 기본권의 법적 유형은 기본권 규정 해석 방향을 제시해 줄 수 있다.

2. 기본권 주체

기본권은 인간의 존엄성을 보장하려고 개인의 자유와 권리를 보장한다. 따라서 기본권은 자연인인 개인을 전제한다. 그래서 개인이 배제된 기본권 관계는 있을 수 없다. '개인'은 국가를 비롯한 공동체나 집단에 속하지만, 끊임없이 이러한 공동체나 집단과 부딪히는 고유한 독자적 존재로서 공동체나 집단은 물론 다른 개인과 구별되는 다른 존재이다. 이러한 점에서 개인은 홀로 존재하는 것이 아니라 관계 속에서만 존재한다.

개인은 사람[11]과 인간(국민과 인민)[12]으로 구별할 수 있다. 여기서 개인은 전체에 파묻힌 개인이 아니라 전체 속에 더불어 살지만 다른 개인과 구별되는 개인이다. 그리고 기본권 관계에서 개인은 특정한 한 사람이 아니라 누구나 될 수 있는 개인이므로, 결국 국민 모두이다. 즉 기본권 관계에서 개인만의 기본권은 없고, 국민 누구에게도 귀속될 수 있는 기본권이 있을 뿐이다. 따라서 개인의 기본권이 공익, 즉 여러 사람의 권리나 이익보다 열위에 놓이지 않는다. 개인의 기본권과 공익은 형량 과정에서 대등한 관계에 있거나 국가의 기본권보장의무로 말미암아 개인의 기본권이 우위에 있는 관계에 있다.

기본권 보호를 요청할 수 있는 인간인 기본권 주체, 즉 기본권 권리자는 원

11) 사람이라는 말은 '살다'라는 동사에서 파생한 명사이다. 즉 사람은 '살아가는 존재'를 뜻한다. 산다는 것은 먼저 자기 생명을 보존하고 유지한다는 지극히 개인적인 의미가 있다. 이러한 맥락에서 사람이라는 말은 어떤 관계도 맺지 않은 고립된 존재를 1차적으로 가리킨다. 따라서 사람은 관계 밖에 있거나 관계 이전의 개인을 뜻한다.

12) 인간은 한자(人間)를 그대로 풀이하면, 사람 사이가 된다. 즉 그 의미 자체가 관계를 전제한다. 개인이 맺는 관계를 거칠지만 두 가지로 나누면, 사회 속에서 맺는 관계와 국가 속에서 맺는 관계가 있다. 사회 속에 있는 인간은 인민, 국가 속에 있는 인간은 국민이라고 부른다.

칙적으로 개개의 자연인이다. 그리고 기본권이 헌법 제정과 함께 국가를 통해서 보호되고 국민주권을 기초로 헌법을 제정하는 주체가 국민이라는 점에서 자연인 중에서도 국민이 본래의 기본권 주체이다. 하지만 헌법의 효력과 국가권력이 국민에게만 미치는 것이 아니라는 점에서 그리고 기본권이 인권에서 유래하였다는 점에서 기본권 주체는 국민에게만 국한되지 않고, 때에 따라서는 외국인과 무국적자도 기본권 주체가 될 수 있다. 그리고 자연인은 개별적으로만 활동하지 않는다. 즉 자연인은 법인과 그 밖의 단체를 설립하여 활동하기도 하므로 법인과 그 밖의 단체 형태로 하는 활동도 결국 인간의 활동양식 가운데 한 가지이고, 오늘날 법인과 그 밖의 단체는 자연인보다 더 활발하게 활동하고 더 큰 역할을 수행한다. 그리고 법인과 그 밖의 단체는 일종의 결사체로서 궁극적으로는 자연인의 이익에 봉사한다. 따라서 자연인이 개인적으로 영위하는 활동 양식과 마찬가지로 때에 따라서 기본권을 보호할 필요성이 있어서, 기본권의 성질이 허용하고 설립목적에 어긋나지 않으면 법인과 그 밖의 단체에도 해당 기본권의 주체성을 인정하여야 한다. 국민이 기본권 주체가 되는지를 판단할 때 권리를 행사하고 의무를 이행할 능력이 있는지는 따지지 않는다. 즉 기본권 행사능력 및 기본의무 수행능력과 상관없이 원칙적으로 국민은 기본권 주체가 될 수 있다. 다만, 기본권 행사능력이 없을 때 기본권을 어떻게 행사하고 기본권을 어떻게 보장할 것인지는 반드시 해결되어야 할 중요한 문제로 남는다.

헌법상 기본권을 통해서 설정되고 보장되는 기본권 주체의 지위는 실질적인 법적 지위, 즉 개인이건 국가권력이건 제한 없이 처분할 수 없는 구체적으로 확정된 내용이 있는 지위이다.[13] 이러한 지위로 말미암아 기본권 규범에서 도출되는, 기본권 주체가 행사하는 주관적 권리는 다른 헌법적 법익, 즉 이른바 공익과 충돌한다고 하여도 일단 보장된다. 국가가 이러한 기본권 행사를 제한하려면 반드시 헌법적 정당화가 있어야 한다. 따라서 기본권 규범에서 도출되는 주관적 권리는 보장이 먼저이고, 제한은 그다음 문제이다. 인간은 살아가면서 여러 지위를 가진다. 인간이 오로지 한 지위만 있는 때는 찾기 어렵다. 인간의 여러 지위는 서로 충돌하거나 보완되거나 강화하면서 해당 지위에 필요한 주체성이 흡수되거나 통합될 수도 있다. 그러나 인간의 여러 지위는 서로 공존하는 것이 일반적이다. 따라서 기본권 관계에서 개인의 지위도 하나일 수 있지만, 개인에게 여러 지위가

13) Konrad Hesse (Anm. 6), Rdnr. 280 [콘라드 헷세(주 6), 181쪽] 참조.

귀속될 수도 있다. 즉 기본권 관계에서 기본권 주체는 기본권 주체로 머물 수도 있지만, 동시에 다른 기본권 주체에 대한 침해자도 될 수 있고, 같거나 다른 기본권을 보장하는 협력자일 수도 있다.

주관적 측면에서는 기본권 주체는 구체적으로 특정되어야 한다. 권리를 행사할 주체가 누구인지가 명확하게 밝혀져야 하기 때문이다. 그러나 객관적 측면에서는 기본권 주체가 반드시 특정될 필요는 없다. 즉 객관적 측면에서 기본권 주체는 추상적으로 확인되는 것만으로 충분한 때도 있다. 기본권을 보호할 필요성이나 기본권 보호를 증진할 가능성만 확인되어도 국가 행위를 강제하는 데 충분하기 때문이다. 이러한 점에서 주관적 권리가 문제 되면 기본권 주체는 구체적 존재로 나타나지만, 주관적 권리가 문제 되지 않으면 기본권 주체는 추상적 존재로 나타날 수도 있다. 이로 말미암아 주관적 권리가 있을 때의 기본권 주체는 현실에 실제로 있는 존재로서 그가 놓인 구체적·특수한 상황도 고려하면서 기본권 문제를 해결하여야 한다. 그러나 주관적 권리가 없을 때의 기본권 주체는 있을 수 있는 가상의 존재일 수도 있으므로 기본권 문제 해결에서 일반적으로 보편적 상황만 고려할 수 있을 뿐이다. 헌법에서 기본권 주체는 일반적으로 추상적으로 규정된다. 즉 기본권 주체는 보통 국민으로 규정된다. 그러나 헌법 제33조가 기본권 주체를 근로자로 규정하는 것처럼 때에 따라서는 특정 범위로 한정되기도 한다. 기본권 주체 한정은 헌법에서 명문으로 규정할 수도 있고, 헌법 제32조의 근로자는 근로의사와 근로능력이 있는 국민으로 한정되는 것처럼 때에 따라서는 해석을 통해서 이루어지기도 한다.

3. 국가

기본권은 국가를 통해서 보장되고 실현되므로, 국가도 기본권 관계의 필수요소이다. 여기서 국가는 원칙적으로 헌법을 통해서 언제나 충분한 민주적 정당성이 있는 국가를 뜻한다. 민주적 법치국가에서는 충분한 민주적 정당성이 있는 국가만 국가권력을 정당하게 행사할 수 있기 때문이다. 국가는 권력을 독점하고 자력구제를 원칙적으로 배제한다. 이것은 국가가 개인의 기본권을 충분히 보장할 때 비로소 정당성을 인정받을 수 있다는 것을 뜻한다. 권력의 본질은 폭력이다. 권력이 단순한 폭력이 되지 않으려면, 권력은 정당성이 있어야 한다. 이러한 정당성을 국가는 헌법을 통해서 얻을 수 있다. 그리고 이러한 정당성을 당연히 주어지거나 추정되는 것이 아니므로, 국가 스스로 자기 권력의 정당성을 증명하여야 한다. 국가는 국민의 기본권을 보장하려고 헌법이 창설한 것으로서 절대 목적이 아니라 수단일 뿐이기 때문이다. 따라서 국민의 기본권 보장을 포기하거나 심지어 국민의 기본권을 침해하는 국가는 이미 국가의 실질을 잃어버려서 더는 국가권력을 행사할 수 없다. 이러한 국가가 행사하는 것은 권력이 아니라 폭력일 뿐이다.

국가의 고유한 목적은 국민의 기본권 보장이므로 국가가 원칙적으로 기본권의 보호자이다. 국가의 권력 독점은 기본권 보호의 확실성과 공정성을 담보하려는 것이다. 따라서 국가가 기본권 보호를 제대로 할 수 없으면 다른 개인이나 다른 나라, 국제기구 등도 기본권의 보호자가 될 수 있고, 피해자 본인도 자력구제를 할 수도 있다. 기본권의 보호자인 국가를 창설하고 유지하기 위해서 요구되는 것이 국민의 기본의무[14]이다. 따라서 기본의무 부과는 기본권 제한과는 명확하게 구별되어야 한다. 국가의 기본적 기능은 기본권 보호뿐 아니라 기본권을 적절히 제한하여 정서하는 것도 있다. 그리고 국가는 권력의 잘못된 행사로 말미암아 기본권 침해자가 될 수도 있다. 물론 국가가 기본권 침해자가 된다고 하여서 기본권 보호자라는 지위를 상실하는 것은 아니다. 따라서 국가는 자신이 기본권을 침해하는 것에 대비해서도 기본권을 보호할 수단을 마련하여야 한다. 그리고 국가가 기본권의 보호자라는 지위를 포기하면 국가는 더는 국가로서 존재할 수 없다. 이러한 때는 정상적인 기본권 관계가 사라진다.

국가의 기본권 보호자라는 지위와 기본권 침해자라는 이중적 지위는 국가권력을 하나의 국가기관이 통합하여 행사하는 것이 아니라 여러 국가기관에 나누어 행사함으로써 모순이나 충돌 없이 인정될 수 있다. 기본권 관계는 기본권 보호자라는 지위에 구속되어 기본권을 보장하기 위한 적극적 행위를 주저하거나 기본권 보장이라는 과제를 소극적으로 해석하여 적극적 행위를 회피하는 국가에 대해서 특별한 의미가 있다. 즉 기본권 관계는 기본권은 자연상태에서 당연히 보장되는 것이 아니라 국가를 전제로 적극적 행위를 통해서 보장되고, 이와 관련하여 국가가 하여야 할 셀 수 없이 다양한 행위가 기본권 보장의 필수적 요소이며, 이러한 행위는 국민이 국가에 요구하여야 하는 것이 아니라 국가 스스로 찾아서

14) 이에 관해서 자세한 것은 허완중, 『기본의무를 구체화하는 법률의 위헌심사기준』, 헌법재판소 헌법재판연구원, 2013 참조.

하여야 한다는 것을 명확하게 밝혀 준다. 국가의 적극적 기본권 보장을 통해서 나타날 수 있는, 기본권 주체인 개인이 소외될 가능성이나 기본권적 법익으로 고려되는 사익이 공익으로 변질할 가능성은 기존 기본권 논의에서 수없이 강조되었던 개인의 주관적 권리의 철저한 보장을 통해서 예방되고 제거될 수 있다.

4. 기본권 제약자

기본권 제약은 기본권 보호영역에 속하는 개인의 태도 전부나 일부를 저지하는 것을 말한다. 기본권 제약은 개별적으로(행정처분, 판결 등) 또는 일반적으로(법률, 명령, 규칙, 자치법규 등) 가능하다. 기본권 제약이 정당성을 부여받으면 기본권 제한이고, 기본권의 제약 한계를 넘으면 기본권 침해라고 한다. 즉 합법인 기본권 제약이 기본권 제한이고, 위법인 기본권 제약이 기본권 침해이다. 기본권 제약은 직접 이루어질 수도 있고 간접적으로 이루어질 수도 있다. 그리고 적극적 행위, 즉 작위를 통해서 기본권 제약이 발생할 수도 있고, 소극적 행위, 즉 부작위를 통해서 기본권 제약이 발생할 수도 있다.

기본권 제약자는 전통적으로 국가이다. 따라서 헌법이 기본권을 규정한 주된 목적은 국가의 침해에서 개인의 기본권을 보호하는 것이었다. 여기서는 국가권력의 한계가 문제 된다. 그리고 기본권 주체 스스로 자기 기본권을 제약할 수도 있다. 이러한 것을 자초위해[15]라고 한다. 이때는 기본권 주체가 국가의 침해에서 보호되는 것이 아니라 기본권적 보호법익이 기본권 주체 자신에게서 보호된다. 즉 자초위해에서는 국가가 기본권 주체의 의사에 어긋나게 기본권을 보호할 수 있는지가 문제 된다. 따라서 이때 기본권은 기본권 주체에 이바지하지 않고 기본권 주체를 지배한다. 여기서는 기본권 행사의 한계가 확정되어야 한다.

또한, 사회가 발전하고 복잡해짐에 따라 사회적 세력의 침해가 국가의 침해에 버금가는 것으로 등장하였다. 즉 사회적 세력의 기본권 침해가 빈번하고 치명적인 것으로 나타났다. 침해당하는 기본권 주체에게는 국가의 침해이건 사회적 세력의 침해이건 차이가 없다. 따라서 국가가 기본권을 침해하는 것과 마찬가지로 다른 사람, 즉 기본권 주체인 다른 개인, 사법인과 그 밖의 단체가 기본권을

15) 이에 관해서 자세한 것은 강태수, 「자기위해행위의 제한에 관한 헌법적 고찰」, 『경희법학』 제43권 제1호, 경희대학교 법학연구소, 2008, 17～44쪽; 허완중, 「자초위해와 기본권보호」, 『공법연구』 제40집 제4호, 한국공법학회, 2012, 133～158쪽 참조.

침해하는 것에 대해서도 방어할 필요가 있다. 이때는 기본권 주체와 기본권 제약자 모두 기본권 규범을 통해서 보호받는다는 것이 특색이다.

세계화로 대표되는 국제교류 활성화는 국가권력의 영향력을 국가 영역 안에 가두지 않고, 외국과 국제기구를 아우르는 국제법 주체가 국제사회에서 다양하고 활발하게 활동하면서 국가 영역 안까지 그 영향력을 미치게 되었으며, 개인은 더 많이 그리고 더 자주 국가 영역을 벗어나 생활한다. 그에 따라 국제법 주체의 기본권 침해와 국가 영역 밖에서 국민의 기본권을 어떻게 보장할 것인지가 중요한 문제로 대두한다. 국제법 주체는 헌법의 수범자가 아니라서 기본권 규범의 효력이 기본권 제약자인 국제법 주체에 직접 미치지 않는다는 점과 국가 영역을 벗어나서는 국가 권력을 일반적인 방식으로 관철하기 어렵다는 점이 특수하다.

끝으로 국가 성립 원인으로까지 거론되는 자연의 제약[16)]이 여전히, 특히 환경오염 및 전염병과 관련하여 더 큰 문제로 떠오른다. 여기서 자연에는 자연력과 생물 활동, 전염병이 속한다. 그러나 이러한 모든 것이 바로 자연에 속하는 것은 아니고, 개인이 통상적인 수단으로 예방하거나 복구할 수 없거나 어려운 것에 국한된다. 자연의 제약에 관해서는 위법 여부나 책임 부과를 따질 수 없다는 점과 보호 수단의 효율성이 어느 때보다 중요하다는 점이 특징적이다.

기본권 제약자는 홀로 기본권을 제약할 수도 있지만, 다른 기본권 제약자와 함께 또는 차례로 기본권을 제약할 수도 있다. 기본권 제약자가 특정되지 않아도 기본권 침해가 발생하거나 발생할 위험이 있으면 이러한 침해에 대해서 방어하여야 하므로, 기본권 제약자가 특정되지 않더라도 존재가 인정된다는 것만으로도 충분할 때가 있다.

5. 기본권 관련 법익

기본권 관련 법익은 기본권을 통해서 달성하려는 이익을 말한다. 기본권 관련 법익은 기본권을 보장함으로써 달성하려는 이익일 수도 있고, 기본권을 제약함으로써 얻어지는 이익일 수도 있다. 여기서 기본권을 보장함으로써 달성하려는 이익은 개별 기본권 규정에 포섭할 수 있는 모든 이익을 뜻하지 않는다. 개별

16) 자연이 기본권 제약자가 될 수 있는지에 관해서 의문을 제기할 수 있다. 그러나 기본권 제약자는 기본권 제약을 일으키는 원인이라고 이해한다면 자연도 기본권 제약자가 될 수 있다. 자연이 기본권보호의무의 제3자가 될 수 있는지에 관한 논의도 같은 맥락이다.

기본권 규정과 관련하여 밀접하게 관련되는 이익만 기본권을 보장함으로써 달성하려는 이익에 속한다. 그렇지 않으면 개별 기본권의 기본권 관련 법익이 감당할 수 없을 만큼 너무 넓어져서 개별 기본권 규정을 두는 의미가 사라질 수 있기 때문이다. 기본권을 제약함으로써 얻어지는 이익은 기본권 제약이 직접 영향을 미치는 이익에 국한된다. 이를 확인하는 데는 기본권을 제약하려는 목적이 중요한 기준이 될 것이다. 즉 기본권을 제약함으로써 얻어지는 이익은 원칙적으로 제약 목적의 사정거리 안에 있어야 한다. 기본권을 보장함으로써 달성하려는 이익은 일반적으로 사익으로 나타나고, 기본권을 제한함으로써 얻어지는 이익은 보통 공익으로 이해된다. 기본권 규범은 기본권을 보장하는 것을 목적으로 삼는다는 점에서 기본권을 보장함으로써 달성하려는 이익은 추정되어 적극적으로 그 부존재가 입증되지 않는 한 부정되지 않는다. 그러나 기본권을 제약함으로써 얻어지는 이익은 기본권 규범에 어긋나므로 그 존재가 적극적으로 입증되지 않는 한 인정되지 않는다. 기본권 관련 법익을 확정할 때 보호 목적과 관련한 법익 및 국가 행위와 관련한 법익이 아울러 고려되어야 한다. 예를 들어 국가가 의사의 영업 방식을 제한하면서 그 제한을 위반하면 의사면허를 박탈한다면, 의사의 영업 방식 제한과 관련한 기본권적 법익은 물론 의사면허 박탈과 관련한 기본권적 법익도 기본권 관련 법익으로 살펴보아야 한다.

6. 시간

기본권 규범을 포함한 헌법은 어느 특정한 시기에만 효력이 있는 것이 아니다. 즉 헌법이 개정되거나 폐지될 때까지 기본권 규범은 계속 효력을 미친다. 그런데 사회는 시간이 흐름에 따라 끊임없이 변화한다. 이에 따라서 기본권 규범이 규율하여야 하는 현실도 바뀐다. 기본권 규범도 이러한 현실에 맞게 계속 진화하여야 한다. 즉 기본권은 화석화한 헌법 조문 속에서가 아니라 국민의 삶 가운데서 구체화하여야 하고, 기존에 구체화한 기본권도 시대정신에 맞게 적응하여야 한다. 만약 기본권이 이러한 구체화와 적응에 실패하면 기본권은 정당성을 상실하여 그 효력을 잃을 것이다. 그래서 기본권 관계도 맺는 시간에 따라 내용이 달라질 수 있다. 예를 들어 인간다운 생활을 할 권리를 중심으로 한 기본권 관계는 국민의 생활 수준 및 국가의 재정적 능력과 밀접한 관련이 있어서 1948년에 형성되는 것과 현재 형성되는 것이 같은 내용일 수 없다. 그리고 기본권 규범 자체가 개정되거나 폐지되면 당연히 그에 따라 기본권 관계도 바뀔 수밖에 없다. 기본권 관계의 기준이 되는 규범 자체가 바뀌었기 때문이다. 그러므로 기본권 관계에서 시간도 대단히 중요한 요소이다. 이러한 점에서 기본권에 관한 해석은 기존 해석에 묻혀서는 아니 된다. 즉 기본권 해석은 현재를 기반으로 살아있어야 한다. 그래서 기본권 해석에서 헌법제정자의 의사보다는 기본권에 관한 현재 객관적 의사가 중요하다. 외국의 이론과 학설을 참고할 때 시간적 요소가 실질적 의미가 있다. 외국의 이론과 학설은 시간적 격차를 두고 국내에 소개되므로 현재의 것이 아니라 옛날의 것인 때가 드물지 않다. 이때 시대적 배경을 고려하여 현재에 적용할 수 있는지가 철저하게 검토되어야 한다. 그리고 기본권의 헌정사적 맥락을 살피는 것도 기본권 관계에서 시간적 요소가 문제 되는 대표적인 예이다. 헌정사적 맥락이 확인되는 기본권은 그렇지 않은 기본권보다 더 신중한 접근이 필요하고 헌정사적 맥락이 기본권 해석의 결정적 실마리를 제공하기도 하기 때문이다.

7. 장소

본래 기본권 관계는 국가 영역 안에서 문제가 되었다. 그러나 세계화가 진행됨에 따라 국민 생활은 더는 국가 영역에 국한하지 않고, 과거와 비교할 수 없을 정도로 급속하게 그리고 광범위하게 국가 영역 밖까지 확대되었다. 그리고 국가가 국제사회 일원으로서 다른 국제법 주체와 수많은 조약을 체결하고 서로 다양한 관계를 맺어감에 따라 다른 국제법 주체의 영향력이 국내에 이전보다 훨씬 더 많이 미친다. 기본권 주체가 어디에 있는지와 상관없이 국가는 기본권 주체에 대해서 기본권보장의무를 진다. 그러나 국가권력은 원칙적으로 국가 영역을 넘어 미칠 수 없고, 국제법 주체는 헌법의 수범자가 아니다. 그래서 국가 영역 밖에서는 국가권력이 직접 기본권을 보호할 수 없고 간접적인 수단에 의지할 수밖에 없는 때도 있다. 이러한 점에서 기본권 관계가 이루어지는 장소가 때로는 기본권 보호의 정도와 수단에 결정적 영향을 미칠 수 있다. 따라서 기본권 관계가 이루어지는 장소도 기본권 관계의 중요한 요소가 된다. 하지만 기본권 관계에서 장소가 특별히 문제가 되는 때는 기본권 보호가 국가 영역 밖에서 문제가 되거나 국제법 주체의 영향력이 국내에까지 미치는 때에 국한될 것이다.

8. 한국 헌법 기본권 규정의 특성

한국 헌법의 기본권 규정은 한국 헌정의 전통과 경험을 바탕으로 성립되고 바뀌었다. 한국에서 기본권 문제는 결국 실정법인 기본권 규정 해석을 기초로 해결될 수밖에 없다. 따라서 한국 헌법 기본권 규정에서 도출되는 다양한 특성이 기본권 관계를 이해하는 데 영향을 미치는 것은 당연하다. 그래서 기본권 관계에서 이러한 특성이 반드시 고려되고 반영되어야 한다. 먼저 1948년 헌법부터 기본권 목록이 거의 완벽하게 작성되었다. 즉 자유권과 평등권은 물론 참정권과 청구권 그리고 사회권까지 모든 종류의 권리가 헌법전에 수용되었다. 이것은 한국 헌법이 처음부터 국민의 기본권을 개별 성격에 따라서 충실하게 보장하려는 의도가 있음을 뜻한다. 이것은 헌법 제10조와 제37조 제1항을 통한 자연권적 성격 강조를 통해서 더욱더 명확하게 확인된다. 이에 따라서 기본권 보호가 국가의 기본과제이면서 의무임을 명시적으로 거듭 확인하면서 기본권 제한이 예외임을 강조한다. 그러므로 헌법은 기본권 제한에 관한 증명책임을 국가에 지운다. 즉 국가는 국민의 행위가 기본권의 보호 영역에 속하지 아니하다는 것이나 국민의 기본권을 제약할 정당한 사유를 입증하지 못하면 국민의 기본권을 제한하지 못한다. 게다가 헌법과 법률이 정한 법관에 의하여 법률에 의한 재판을 받을 권리를 보장하면서(헌법 제27조 제1항), 행정재판권까지 법원의 사법권에 포함하고(헌법 제107조 제2항), 명령·규칙의 위헌성과 위법성(헌법 제107조 제2항)은 물론 법률의 위헌성(헌법 제107조 제1항과 헌법 제111조 제1항 제1호)까지 심사할 수 있도록 하고, 헌법소원까지 도입함으로써(헌법 제111조 제1항 제5호) 완벽한 권리구제를 지향한다. 그러나 기본권 목록 작성과 기본권 보호 체계는 한국에서 자생적으로 생성되고 발전한 것이 아니다. 이것은 서구에서 형성된 것을 수용한 것이다. 이러한 점에서 한국 헌법 기본권 규정은 계수적 축적의 산물이다.[17] 권리를 위한 투쟁 없이 실정화한 기본권은 국민의 권리의식 부재와 관철 노력 부재 그리고 국가권력의 전근대성과 더불어 국가권력이 자신의 부족한 정당성을 권리의 실정화를 통해서 숨기려 하였던 불행한 헌법사[18]와 결합하여 실질화하는 데 오랜 투쟁과 희

---

17) 한국 헌법학이 미국 헌법학의 부분적인 영향과 함께 독일 헌법학의 직·간접적인 계수 아래 정립되었다는 것은 부정할 수 없는 사실이다. 현재 한국 헌법학도 이러한 계수법학 수준에서 옹글게(완벽하게) 벗어났다고 보기는 어렵다. 오히려 그 수입선이 독일과 미국을 벗어나 프랑스, 일본, 영국 등으로 다양해지는 경향마저 보인다.

18) 예를 들어 각각 군사쿠데타로 집권하였던 박정희 정권은 인간의 존엄과 가치(1962년 헌법

생이 필요하였고, 아직도 그러한 투쟁과 희생은 (최소한 부분적으로는) 계속되고 있다.[19] 기본권의 실정화가 기본권의 실질화에 앞섰다는 사실은 다른 측면에서 사회가 아직 성숙하지 못하였다는 것을 뜻한다. 따라서 기본권은 한국 헌정사에서 권리를 보장하는 측면보다는 권리를 보장하기 위한 조건, 즉 성숙한 국가질서 형성적 측면이 더 강조되었다.[20] 이러한 점으로 말미암아 국가, 특히 헌법재판소가 국민의 기본권을 적극적으로 확인하고 보장할 것이 강하게 요구된다.

Ⅳ. 기본권 관계 유형

1. 분류 기준

기본권은 실정권으로서 국가를 통해서 보호된다. 따라서 기본권 관계의 중심에는 국가가 있다. 국가의 목적이 기본권 보호이므로, 국가는 언제나 기본권보호자의 지위가 있다. 하지만 때에 따라서 국가는 가해자로 나타날 수도 있다. 기본권에 대한 국가의 보호의무는 다른 주체의 개입이 있다고 하여서 당연히 소멸하지는 않는다. 국가가 아닌 다른 주체가 보호의무를 대신 이행하여 보호의무의 목적이 달성되면 의무 이행 필요성이 있는지가 문제 될 뿐이다. 즉 다른 주체가 대신 이행하여 의무 이행 필요성이 사라지면 의무 불이행이라는 결과가 발생하지 않을 뿐이다. 예를 들어 자연재해를 입은 사람들을 사회단체가 구호하였다고 하여도 국가의 구제의무는 여전히 남는다. 그리고 국민이 성금을 모아 피해자에게 전달하여도 국가의 구조금 지급의무는 당연히 사라지는 것은 아니다. 또한, 기본권의 법적 성격에 따라서 국가 역할이 달라진다. 즉 기본권을 보호하기 위한 국가의 수단이 문제가 되는 기본권의 법적 성격에 따라서 달라진다. 국가는 언제나 기본권 관계의 한 요소이고 기본권 문제는 궁극적으로 국가, 즉 사법부가 해결하므로, 국가가 개입한다고 기본권 관계가 바로 공법 관계가 되는 것이 아니다. 기본권 관계가 공법 관계와 사법 관계 중 어디에 속하는지는 누가 기본권을 제약

제8조)를, 전두환 정권은 행복추구권(1980년 헌법 제9조)을 헌법전에 수용하였다.

19) 허완중, 「자유와 권리 그리고 기본적 인권」, 『성균관법학』 제20권 제3호, 성균관대학교 법학연구소, 2008, 537~538쪽.

20) 강태수, 「현대국가에서 기본권내용의 개방적 전개와 문제점」, 『공법연구』 제32집 제4호, 한국공법학회, 2004, 71쪽; 전광석, 「기본권의 객관적 성격과 헌법이론」, 『고시계』 제37권 제11호(통권 제429호), 고시계사, 1992. 10., 80쪽 참조.

하는지에 달렸다. 즉 제약이 어느 관계에서 발생하는지가 기준이 되어, 사인이 기본권을 제약하면 기본권 관계는 사법 관계이고, 그 밖의 기본권 관계는 공법 관계이다.

그리고 문제가 되는 기본권과 그 제약을 확정 짓는 기본권 주체는 기본권 관계의 필수적 요소이다. 그러나 기본권 주체는 기본권 관계의 고정요소이므로, 가변요소인 제약 주체가 기본권 관계의 유형을 가르는 데 매우 중요하다. 즉 제약 주체가 누구인지에 따라 기본권 관계는 다양하게 나누어진다. 또한, 기본권은 권리와 의무를 중심으로 그 내용이 결정되므로 기본권 관계는 그 중심이 되는, 즉 그 관계를 특징 지울 수 있는 권리의무 관계를 중심으로 분류할 수 있다. 예를 들어 주관적 권리 측면은 국가에 대한 개인의 관계이지만, 다른 측면에서 국가가 기본권에 구속됨을 전제로 한다는 점에서 개인에 대한 국가의 관계도 있다. 하지만 주관적 권리는 사인이 국가의 침해를 방어하는 측면에서 문제가 된 것이므로 이때 본질적인 측면은 국가에 대한 개인의 관계이다. 따라서 주관적 권리 측면은 국가에 대한 개인의 관계로 분류될 수 있다. 그러나 그렇다고 하여 개인에 대한 국가의 관계 측면이 무시될 수 있다는 것은 절대 아니다. 그리고 권리 주체나 의무 주체가 누구인지에 따라 기본권 효력의 강도나 방향이 결정되므로 권리의무 주체가 누구인지도 중요하다. 따라서 이것도 기본권 관계 분류의 중요한 기준이 된다.

끝으로 기본권의 성격에 따라 각 구성요소의 기능과 역할이 달라짐을 잊어서는 아니 된다. 즉 기본권이 자연권에서 직접 혹은 간접 유래한 헌법적 권리인지 그리고 기본권 규범에서 도출되는 구체적 내용이 무엇인지도 중요하다. 기본권 논의의 출발이 국가에 대한 개인의 기본권적 이익 보호라는 점에서 기본권의 주체나 객체로는 개인과 국가를 들 수 있다. 현대에 와서 기본권의 문제 상황이나 그 전제가 많이 바뀌어서 개인과 국가의 지위가 다양하게 바뀌기는 하였으나, 아직도 이들이 기본권 관계의 주체와 객체임은 변함이 없다. 따라서 기본권 관계는 국가에 대한 개인의 관계, 개인에 대한 국가의 관계, 개인에 대한 개인의 관계의 3가지로 분류할 수 있다. 개인에 대한 개인의 관계는 그 역의 관계도 원래 관계와 주체와 객체가 뒤바뀌기는 하나, 같은 개인이라는 점에서 차이가 없어 둘로 나누지 않는다. 그리고 기본권 관계가 공법 관계에 국한되는지 아니면 사법 관계인지 나아가 사법 관계와 공법 관계가 중첩된 것인지도 분류기준으로 삼을 수 있다. 또한, 기본권 관계가 일대일 관계인지, 일대다 관계인지, 다대다 관계인지도 기본권을 살피는 중요한 관점이 될 수 있다.

여기서는 기본권 관계를 국가에 대한 개인의 관계, 개인에 대한 국가의 관계, 개인에 대한 개인의 관계를 토대로 살펴보기로 한다.

2. 양극관계

(1) 양극관계의 의의

양극관계는 개인과 국가만으로 이루어지는 관계를 말한다. 여기서는 먼저 기본권 주체인 개인과 기본권 보호자인 국가라는 지위가 고정적 지위로 등장한다. 양극관계는 개인과 국가만 구성요소이므로, 개인이나 국가가 제약 주체로 나타난다. 따라서 한 주체가 2중적 지위에 있다는 특색이 있다. 양극관계는 가장 기본적인 기본권 관계인 전통적 관계(기본관계, 대국가적 관계)와 기본권구조관계로 나뉜다. 전통적 관계에서는 국가가 2중적 지위에 있고, 기본권구조관계에서는 개인의 2중적 지위가 문제 된다. 국민의 기본의무가 기본권 보장의 전제임을 부정할 수 없지만, 기본의무 이행 여부가 기본권 주체라는 개인의 지위에 영향을 주지 않는다. 즉 개인이 기본의무를 이행하지 않더라도 기본권을 행사하는 데 아무런 장애가 없다. 전통적으로 기본권 문제는 양극관계, 특히 대국가적 관계를 전제로 하므로 양극관계에서는 기본권 관계가 큰 의미가 없는 것처럼 보일 수 있다. 이러한 점에서 기본권 관계는 제한적인 의미가 있을 뿐이라는 비판이 제기될 수 있다. 그러나 기본권 관계는 양극관계에서도 여전히 의미가 있다. 특히 기본권 관계는 관련 법익을 찾아낼 때 의미가 있다. 예를 들어 과잉금지원칙 위반 여부와 관련하여 법익의 균형성을 심사할 때 기본권 관계는 관련되는 법익을 찾을 때 그 범위와 성격을 명확하게 밝히는 데 이바지할 수 있다. 특히 기본권 관계는 사익과 공익의 성격을 구별하여 사익은 기본권 보장에 들어맞아서 기본권 규정을 중심으로 추정되지만, 공익은 기본권 보장에 어긋나는 것으로 국가가 적극적으로 증명하여야 함을 보여준다. 특히 공익은 목적의 정당성에서 심사된 목적과 관련된 이익에 국한되어야 함을 기본권 관계는 드러낸다. 선행 심사인 목적의 정당성에서 심사된 목적만 공익을 정당화할 수 있기 때문이다. 따라서 사익과 공익은 그 증명책임의 주체와 정도가 다르다. 그리고 기본권 관계는 양극관계에서 비례성 심사를 할 때 하나의 기본권이 제약되는 때와 둘 이상의 기본권이 제약될 때를 구별할 수 있게 한다. 이로 말미암아 특히 법익의 균형성 심사에서 하나의 기본권이 문제 될 때보다 여러 기본권이 문제 될 때 과잉금지심사는 엄격해야 한다. 법익의 균형성에서 고려되어야 할 공익이, 그것도 헌법에서 가장 중요한 기본권적 법익이 하나일 때보다 둘 이상일 때 그 비중은 더 클 수밖에 없기 때문이다. 물론 여러 기본권 제약이 수반되더라도 일반-특별관계처럼 결국 하나의 기본권 제약으로 수렴할 때는 이러한 결과가 발생하지 않을 것이다.

(2) 전통적 관계

기본권은 본래 국가의 기본권 침해를 개인이 방어하는 것에서 비롯하였다. 따라서 기본권 관계는 국가의 기본권 침해를 물리치는 개인의 방어권에서 출발하였다. 따라서 전통적 관계는 국가에 대한 개인의 관계이다. 여기서 국가는 기본권 침해자이면서 기본권 보호자이다. 국가의 침해는 자유권처럼 적극적 행위일 수도 있고, 사회권처럼 소극적 행위일 수도 있다. 전통적 관계는 기본권 규범의 수범자인 국가와 기본권 주체인 개인이 대립하는 구조이므로 전통적 관계에서는 기본권의 최대 보장이라는 헌법 정신에 따라 개인의 기본권을 가능한 범위에서 넓게 보장해주는 방향으로 기본권 문제를 해결하여야 한다. 국가는 국민에 대한 관계에서 기본권적 보호를 받을 수 없다. 따라서 전통적 관계에서는 기본권 제약의 정당성을 심사하는 형량 과정에서 기본권 주체의 우위를 철저하게 관철하여야 한다. 즉 기본권의 부존재가 확인되지 않는 한 기본권 존재는 부정되어서는 아니 되고, 국가가 주장하는 기본권 제약 필요성과 제약수단의 최소제약성, 공익은 적극적으로 증명되지 않으면 부정되어야 하며, 사익은 추정되어 주장되거나 확인되면 부존재가 증명될 때만 부정되어야 하고, 사익과 공익의 우열이 명확하지 않으면 사익이 더 큰 것으로 보아야 할 것이다. 나아가 전통적 관계는 목적의 정당성 심사 실질화도 고민하도록 한다. 즉 문제가 되는 기본권에 비추어 지나치게 사소하거나 기본권 보장 의의에 정면으로 충돌하는 목적은 이미 정당성을 충족하지 않는 것으로 볼 여지를 고심하여야 한다. 그리고 기본권의 중요성에 비추어 이에 상응하는 입법목적의 차별화도 고민하게 한다. 즉 기본권의 중요성에 따라 합리적 목적, 중대한 목적, 월등하게 중요한 목적으로 요구되는 입법목적을 단계화할 가능성도 있다. 예를 들어 인간의 존엄과 관련되는 기본권을 제한하기 위한 입법목적은 경제 관련 기본권을 제한하기 위한 입법목적보다 일반적으로 더 중요성이 커야 할 것이다. 국가가 기본권 제약자이면서 기본권 보호자라는 모순은 국가권력이 다양한 국가기관을 통해서 행사된다는 점을 통해서 극복된다. 그러나 최소한 최종적 권리구제기관은 침해기관과 달라야 한다.

(3) 기본권구조관계

기본권 관계에서 국가가 전통적인 침해자로 나타나지만, 드물지 않게 기본권 주체인 개인 자신이 자기 기본권을 제약하기도 한다. 기본권 주체가 자기 기본권이 보호하는 법익을 스스로 제약하거나 제약할 가능성을 일으키는 것을 자초위해라고 한다. 따라서 국가가 기본권 주체 자신에게서 기본권을 구조하여야 할 때가 있다. 여기서 문제가 되는 기본권 관계를 기본권구조관계라고 한다. 개인의 모든 행위를 아우를 수 있을 정도로 기본권이 포괄적이어서 개인의 행위를 제약하는 모든 국가 개입은 거의 예외 없이 기본권 제약으로 나타난다. 그래서 기본권구조관계는 개인에 대한 국가의 관계이다. 기본권구조관계에서는 자기 기본권을 제약하는 개인의 기본권 행사에 국가가 개입할 범위가 어디까지인지가 문제된다. 따라서 여기서는 국가 개입을 어떻게 정당화할 것인지가 관건이다. 이러한 정당화는 기본권 주체인 개인 자신을 보호할 필요성이 있는지와 다른 헌법적 법익 보호 필요성이 있는지의 두 방향을 통해서 이루어질 수 있다. 이때 다른 헌법적 법익에는 기본권적 법익은 제외된다. 다른 기본권적 법익 보호 필요성이 있다면, 이것은 기본권구조관계가 아니고 기본권 3각관계이기 때문이다. 국가 개입 정당성은 국가 스스로 증명하여야 한다. 따라서 국가가 정당성을 적극적으로 밝혀내지 못하면 국가 개입은 기본권 침해가 된다. 국가 개입이 예외적으로 허용된다는 점이 비례성 심사에 투영되어야 한다. 따라서 국가 개입이 기본권적 법익 보호이므로 목적의 정당성은 이미 충족되어 심사할 필요가 없고, 수단의 적합성은 기본권적 법익을 보호하기에 충분한 수단임이 적극적으로 확인되어야 비로소 수단의 적합성은 충족될 것이며, 같은 효과를 내는 대체수단이 없음이 명확하게 밝혀져야 최소제약성을 통과할 수 있고, 사익보다 공익이 더 큼이 적극적으로 증명되어야 법익의 균형성이 충족될 것이다. 개인이 기본권 주체이면서 기본권 제약자라는 모순은 국가의 보호의무를 통해서 극복된다. 즉 국가가 지는 개인의 기본권을 보호할 의무는 개인이 자기 기본권적 법익을 포기하고 심지어 스스로 제약하는 때도 여전히 남아서 국가가 그 기본권적 법익을 보호하도록 강제한다. 따라서 기본권구조관계에서는 개인의 기본권 행사와 국가의 보호의무 사이의 충돌이 문제 된다.

3. 3각관계

3각관계에서는 기본권 주체인 개인과 기본권 보호자인 국가 이외에 기본권 제약자인 제3자가 등장한다. 즉 가해자와 피해자 그리고 보호자가 각각 다른 주체인 기본권 관계가 3각관계이다. 기본권 제약자는 문제가 되는 기본권 주체와 국가가 아니라면 누구인지는 따지지 않는다. 그리고 기본권 제약자는 한 명이 아니라 여러 명일 수도 있다. 국가가 기본권을 보호하려고 다른 기본권 주체를 제약하면 국가는 기본권 제약자의 지위도 있다. 그러나 이것은 보호 과정에서 따르는 부수적 지위에 불과하다. 따라서 이러한 지위는 기본권 관계에 직접 영향을 미치지 않는다.

(1) 기본권 3각관계

기본권 3각관계에서는 다른 기본권 주체가 기본권을 제약한다. 따라서 기본권 3각관계는 기본권 주체 둘과 국가 사이의 관계이다. 제약하는 기본권 주체의 행위도 기본권에 포섭될 수 있어서 기본권 3각관계에서는 기본권 충돌이 발생하는 것이 일반적이다. 기본권 충돌은 3가지 경우에 발생할 수 있다. 먼저 기본권 주체의 기본권 행사가 다른 기본권 주체의 기본권을 제약할 때이다. 이것은 기본권의 방사효와 관련되는 것으로 기본권의 대사인적 효력 문제이다. 다음으로 국가가 기본권보호의무를 이행하려고 다른 기본권 주체의 기본권을 제약할 때도 기본권 충돌이 발생한다. 끝으로 국가가 한정된 법익을 차별적으로 분배하여도 기본권 충돌이 발생할 수 있다.[21] 이것은 국가를 매개로 결합하는 전통적 관계 중첩으로서 기본권 주체 둘이 서로 직접 영향을 주고받는 기본권 3각관계에 포섭되지 않는다. 즉 전통적 관계가 중첩되는 때는 기본권 주체 사이에 직접 관련성이 없는데 특별한 상황에서 국가를 매개로 대립성이 생겨 비로소 경쟁관계가

21) 예를 들어 통신사업이나 방송사업을 몇 개 회사에만 허가할 때처럼 한정된 자원을 국가가 제한적으로 배분할 때.

발생하지만, 기본권 3각관계에서는 기본권 주체 사이에 제약을 주고받는 직접적인 관계가 있어서 국가 개입이 요구된다. 결국, 기본권의 대사인적 효력과 기본권보호의무로 말미암은 기본권 충돌만 기본권 3각관계와 관련된다.

기본권 3각관계에서는 가해자와 피해자 모두 기본권 주체이므로, 양자 사이의 우열관계는 없다. 따라서 전통적 관계와 같은 추정이나 증명책임의 차별적 분배가 없다. 즉 기본권 3각관계에서는 기본권을 조정하는 지위에 있는 국가 아래 두 기본권 주체가 대립하는 형국이므로 어느 일방의 기본권을 절대적으로 우선하거나 상대방의 기본권을 완벽하게 배제할 수 없다. 기본권 주체 사이의 관계에서 기본권이 일방에게 유리하게 작용하면 상대방에게는 부담되게 작용하여 두 기본권 주체의 기본권이 충돌하는 상황에서 어느 일방의 기본권을 처음부터 간과하는 판단은 받아들이기 곤란하다. 그러므로 양 당사자의 기본권을 최적으로 조화롭게 실현하는 균형점을 찾아야 한다. 기본권 3각관계에서 기본권 관계를 통한 위헌심사는 청구인이 누구인지에 따라 같은 문제를 다르게 볼 가능성을 제거할 수 있다. 기본권 3각관계를 기본권 관계를 통해서 보면, 제약받는 주체, 즉 피해자와 제약하는 주체, 즉 가해자라는 지위는 언제나 바뀌지 않는다. 따라서 피해자가 자기 기본권적 법익을 보호해달라고 국가에 요구하든지 가해자가 자기 기본권을 제약하지 말라고 국가에 방어권을 행사하든지 언제나 같은 관점에서 위헌심사가 이루어진다. 예를 들어 가해자가 청구인이면 과잉금지원칙으로 심사하고, 피해자가 청구하면 과소보호금지원칙으로 심사할 가능성[22]이 말끔하게 사라진다. 물론 이를 위해서는 먼저 기본권 3각관계에 적용할 심사 기준이 무엇인지가 해결되어야 한다. 기본권 3각관계는 사인 사이의 관계를 토대로 하므로 사법(私法) 관계이다. 따라서 기본권 3각관계에서 발생하는 문제는 먼저 사법(私法)을 통해서 해결되어야 한다. 기본권 3각관계에서 사법이 문제를 해결할 수 없거나 합리적 결론을 도출할 수 없을 때만 기본권이 개입할 수 있다. 이때 기본권은 사법(私法)을 수정하거나 보완하는 데 그친다. 이로 말미암아 기본권 3각관계에 기본권이라는 공법적 요소가 투입되어도 기본권 3각관계는 공법 관계로 변질하

22) 예를 들어 피해자가 청구한 교통사고처리특례법 사건(헌재 1997. 1. 16. 90헌마110등, 판례집 9-1, 90)이나 미국산 소고기수입의 위생조건에 관한 고시 사건(헌재 2008. 12. 26. 2008헌마419등, 판례집 20-2하, 960)에서는 과소보호금지원칙에 따라서 심사하였고, 가해자가 청구한 금연구역지정 사건(헌재 2004. 8. 26. 2003헌마457, 판례집 16-2상, 355)에서는 과잉금지원칙에 따라 심사하였다.

지 않고 사법 관계라는 기본속성을 유지한다.

(2) 국제적 기본권 관계

국제적 기본권 관계는 국가와 다른 국제법 주체 사이의 관계에서 형성되는 기본권 관계이다. 먼저 국제적 기본권 관계는 기본권 침해자가 한국 헌법의 수범자가 아닐 때 생긴다. 즉 한국 헌법에 구속되지 않는 다른 나라·국제기구·비정부간기구(NGO) 등의 국제법 주체가 기본권을 제약할 때 문제가 되는 기본권 관계가 국제적 기본권 관계이다. 그리고 국가 권력을 관철할 수 없거나 국가 권력 행사에 장애가 있는 국가 영역 밖에서 기본권 관계가 형성되어도 국제적 기본권 관계에 속한다. 또한, 국제법 주체의 영향력이 국가영역 안에 미칠 때도 국제적 기본권 관계가 발생할 수 있다. 국제적 기본권 관계에서는 국가의 국제적 보호의무[23]가 문제 된다. 이때는 기본권 침해자를 한국 헌법을 근거로 통제할 수 없어서 국가가 직접 기본권을 보호할 수 없거나 기본권을 직접 보호하는 데 국제법적 한계가 있다. 따라서 국제적 기본권 관계에서는 국가가 국민의 기본권을 보호하기 위해서 선택할 수 있는 수단이 무엇인지가 중요하다. 그리고 국제법 주체의 영향력을 어느 범위에서 인정하여야 하는지도 문제 된다. 이것은 특히 조약을 통한 기본권 제약에서 나타난다. 결국, 국제법적 한계와 영향력 속에서 국가가 국민의 기본권을 어떻게 보호할 것인지가 국제적 기본권 관계에서 주된 문제이다.

(3) 자연재해극복관계

자연이 일으키는 재난이 생명, 신체, 재산 등의 기본권적 법익에 돌이킬 수 없는 손해를 발생시킬 때 문제가 되는 기본권 관계가 자연재해극복관계이다. 자연재해극복관계에서는 국가의 자연재해방재의무[24]가 문제 된다. 이때 국가는 기본권 침해 발생에 직접적 책임이 없다. 그러나 기본권 주체 스스로 이러한 자연재해를 극복할 수 없고, 오로지 국가만 이러한 자연재해를 예방하고 복구할 조직적·기술적·사실적 힘이 있어서 국가가 이때 기본권을 보호할 의무를 진다. 여기서는 대상이 되는 자연재해가 무엇인지를 먼저 확정하여야 한다. 그러고 나서 이

23) 이에 관해서 자세한 것은 허완중, 「기본적 인권을 확인하고 보장할 국가의 의무」, 『저스티스』 제115호, 한국법학원, 2010. 2., 90~95쪽 참조.

24) 이에 관해서 자세한 것은 허완중(주 23), 96~100쪽 참조.

러한 자연재해에 대해서 어떠한 수단을 통해서 예방하고 복구할 것인지를 선택하여야 한다. 자연재해극복관계에서는 책임이 있는 주체가 없다는 점에 특색이 있다. 그리고 자연재해는 개인이 감당할 수 없는 것에 국한한다는 점에서 개인과 자연의 관계에서 개인은 너무나 미약한 존재로서 자연재해를 스스로 극복할 수 없거나 매우 어렵다는 점을 고려하여야 한다. 따라서 국가가 자연에서 개인을 보호할 최후의 보루라는 점이 드러나야 한다. 그래서 국가는 재해를 예방하고 극복할 수 있는 유효한 수단을 찾아야 한다. 이러한 점에서 일단 피해가 발생하는 국가는 이에 관해서 책임이 있다. 요컨대 자연재해극복관계에서는 국가가 선택한 보호수단이 충분한 효과를 내지 못하면 국가 책임 문제가 발생한다.

Chapter

03

기본권 3각관계

제3장 기본권 3각관계

Ⅰ. 기본권 3각관계의 의의

1. 기본권 3각관계의 개념

기본권 주체 둘과 국가의 관계가 기본권 3각관계이다. 기본권 3각관계는 한 기본권 주체가 다른 기본권 주체의 기본권을 제약함으로써 형성된다. 그래서 기본권 주체 둘 중 한쪽은 가해자이고, 다른 쪽은 피해자이다. 이때 국가는 피해자의 기본권을 보호하는 데 적절한 조치를 취하여야 한다. 이러한 점에서 기본권 3각관계는 피해자와 가해자의 관계와 피해자와 국가의 관계 그리고 가해자와 국가의 관계로 구성된다. 기본권 주체도 기본권의 상대방이나 수범자가 될 수 있다는 것이 기본권 3각관계의 특징이다.

기본권 3각관계는 국가가 한정된 법익을 차별적으로 분배할 때 발생하는 전통적 관계 중첩과 구별된다. 전통적 관계는 기본권 규범의 수범자인 국가와 기본권 주체인 개인이 대립하는 관계로서 여기서 국가는 기본권 제약자이면서 기본권 보호자이다(국가의 2중적 지위). 기본권 문제는 전통적 관계에서 시작되었고, 이것이 지금도 가장 기본적인 기본권 관계이다. 따라서 기본권 관계의 고갱이(핵심) 혹은 기초는 전통적 관계임을 잊지 말아야 한다. 전통적 관계가 아닌 다른 기본권 관계는 (당연히 기본권 3각관계도) 전통적 관계에 포섭되지 않는 것으로서 전통적 관계의 한계를 극복하려고 등장한 것이다. 전통적 관계 중첩은 일부만 누릴 수 있는 한정된 법익을 국가가 분배할 때 나타나는 기본권 관계이다. 전통적 관계 중첩에서 기본권 주체 서로 간에는 직접적인 관계가 없어서 가해자와 피해자의 관계가 형성되지 않지만, 국가가 분배하는 법익과 관련하여서 서로 경쟁 관계가 형성되어서 국가를 매개로 법익을 누리는 사람과 그렇지 못한 사람으로 갈릴 수밖에 없다. 따라서 전통적 관계 중첩도 기본권 주체 둘과 국가의 관계이기는 하지만, 가해자와 피해자의 관계가 성립하지 않고 기본권 주체들이 한정된 특정 법익과 관련하여 국가를 매개로 경쟁 관계에 있을 뿐이라는 점에서 기본권 3각관계와 구별된다.

기본권 3각관계는 기본권에 대한 다른 기본권 주체의 제약 가능성을 전제한다. 따라서 다른 기본권 주체가 제약할 수 있는 기본권에서만 기본권 3각관계가 형성될 수 있다. 다른 기본권 주체가 제약할 수 있다는 것은 제약할 대상이 있음을 전제한다. 이러한 기본권은 보호영역이 문제 되는 자유권(국가의 구속에서 벗어나기 위한 기본적 권리)뿐이다. 사인 사이의 관계에는 현실적 불평등이 그대로 투영되는 결과를 동반하는 사적 자치[1]가 지배하므로 평등권(정당하지 않은 차별을 받지 않을 기본적 권리)에서는 원칙적으로 기본권 3각관계가 문제 되지 않는다. 다만, 사적 자치의 전제조건이 충족되지 않거나 사인 사이의 관계 중 평등이 강제되는 영역에서는 평등권과 관련하여 기본권 3각관계가 형성될 수 있다. 국가의 보장 여부가 문제가 되어서 다른 기본권 주체가 개입할 여지가 없는 참정권(국가의사결정에 적극적으로 참여하는 기본적 권리), 청구권(권리구제를 위한 기본적 권리), 사회권(생활의 기본조건 마련을 위한 기본적 권리)에서는 기본권 3각관계가 문제 되지 않는다. 물론 참정권, 청구권 그리고 사회권에서도 다른 기본권 주체가 그 행사를 방해할 수도 있다. 그러나 그러한 행위는 기본권 주체의 행위나 의사 결정을 방해하는 것으로 결국 자유권 제약으로 귀속될 수 있다.

2. 기본권 3각관계의 성격

(1) 개인에 대한 개인의 관계

기본권 3각관계의 기초는 개인과 개인의 관계이다. 즉 기본권 3각관계는 기본권 주체인 개인이 다른 기본권 주체인 개인의 기본권을 제약하거나 제약할 가능성이 있다는 것에서 출발한다. 물론 여기서 개인은 자연인에 국한하는 것이 아니라 기본권 주체가 될 수 있다면 법인, 그 밖의 단체도 개인에 포함될 수 있다. 국가는 이러한 제약이나 그 가능성을 확인하고 이러한 제약이나 그 가능성을 제거하거나 감소시키는, 즉 개인 사이의 충돌이나 갈등을 해결하는 주체로 등장한다. 물론 국가는 때때로 이러한 가능성을 예측하고 예방하는 활동을 할 수도 있다. 즉 국가의 활동은 사전적일 수도 사후적일 수도 있다. 이러한 활동도 개인과 개인의 관계를 전제하고 이루어진다. 이러한 점에서 기본권 3각관계는 먼저 개인에 대한 개인의 관계로 보아야 할 것이다. 이것은 자력구제를 금지하고 국가가

1) 이에 관해서 자세한 내용은 제4장 Ⅱ. 5. (4) ③ 참조.

권력을 독점한다는 점에서 비롯한다. 개인에 대한 개인의 관계인 기본권 3각관계는 전통적 관계와 달리 양 주체 모두 보호대상이라는 점에 특색이 있다. 이것은 기본권 3각관계에서는 양 주체의 대등성이 중요시됨을 뜻한다. 이것은 비례성 심사에서 중요한 역할을 한다.

(2) 사법 관계

국내법은 공법과 사법으로 나뉜다. 양자를 구별하는 기준은 법이 규율하는 목적을 기준으로 하는 이익설(공익과 사익), 법적 관계 성질을 기준으로 하는 성질설[불평등관계(수직관계)와 평등관계(수평관계)], 법적 관계 주체를 기준으로 하는 주체설(국가와 공공단체 서로 간의 관계 그리고 이들과 개인의 관계와 개인 서로 간의 관계), 권리·의무의 귀속주체를 기준으로 하는 신주체설(국가와 다른 공권력 주체에 권리·의무를 귀속시킬 수 있는 법과 모든 권리 주체에 권리·의무를 귀속시킬 수 있는 법) 등이 있다.[2] 헌법은 어느 기준을 따르더라도 공법에 속한다는 점에 관해서는 이론이 없다. 즉 헌법은 공익을 추구하고, 불평등관계를 규율하며, 국가와 공공단체 서로 간의 관계와 이들과 개인의 관계를 다루고, 행정 주체에 권리·의무를 귀속시킬 수 있는 법이라는 점에서 공법에 해당한다. 따라서 헌법 일부인 기본권도 공법에 해당한다. 그러나 헌법이 공법이라고 하여서 그 개별 규정이 예외 없이 언제나 공법 규정인 것이 아니듯 기본권 관계가 언제나 사법 관계인 것은 아니다. 기본권 3각관계의 중심은 기본권 주체 서로 간의 관계이다. 따라서 기본권 3각관계는 개인 서로 간의 관계에 해당하고, 여기서는 사익을 어떻게 최적으로 실현하며, 평등관계를 어떻게 다루며, 모든 권리 주체에 권리·의무를 귀속시킬 수 있는 법이 문제 된다. 이러한 점에서 기본권 3각관계는 사법 관계로 볼 수밖에 없다. 이것은 기본권 3각관계가 대등한 기본권 주체 사이의 관계라는 점에서 비롯한다.

그러나 기본권 3각관계가 사법 관계이긴 하지만, 기본권 3각관계가 모든 사법 관계를 아우르는 것은 아니다. 둘 이상 사인인 기본권 주체 사이에서 일방이 상대방의 기본권을 제약할 때만 기본권 3각관계가 문제 되기 때문이다. 따라서

2) 곽윤직/김재형, 『민법총칙(제9판)』, 박영사, 2018, 3쪽; 김형배/김규완/김명숙, 『민법학강의[이론·판례·사례](제15판)』, 신조사, 2016, 4쪽; Klaus Stern, Das Staatsrecht der Bundesrepublik Deutschland, Bd. I, 2. Aufl., München 1984, S. 6 f. 참조.

예를 들어 물건을 정상적으로 사고파는 계약관계는 기본권 3각관계가 아니다. 이러한 점에서 기본권 3각관계가 아닌 사법 관계가 기본권 3각관계인 사법 관계보다 더 많다. 그리고 기본권 3각관계가 사법 관계라는 것이 기본권 3각관계가 반드시 사법적으로 해결되어야 하는 것을 뜻하지는 않는다. 즉 기본권 3각관계는 형법적으로나 행정법적으로도 다루어질 수도 있다.

Ⅱ. 기본권(규범)의 기본권 3각관계 개입 가능성

1. 사법 관계를 규율하는 사법 그리고 헌법 우위

기본권 3각관계는 사인 사이에서 성립하는 사법(私法) 관계이다. 따라서 먼저 사법이 기본권 3각관계에서 발생하는 문제를 해결한다. 여기서 사법은 민법과 상법을 비롯한 법률과 명령, 규칙 등을 아우르는, 사법 관계를 규율하는 모든 헌법하위법규범을 가리킨다. 그런데 "지속성과 안정성을 확보하려고 특별한 방식으로 형성된"[3] 기본질서인 헌법은 국가법(정확하게는 국내법) 중에서 최상위에 있다. 따라서 전체 국가 법질서의 시원적인 효력 근거와 다른 모든 법규범의 제정 근거는 헌법이다. 헌법이 모든 국가 권력을 조직하고 구성하고 제한하며, 그 과제와 절차, 권한을 규율한다는 것에서 이러한 헌법 우위가 도출된다.[4] 국가 법질서가 정의와 법적 평화 그리고 법적 안정성을 창설하여야 하는 자기 과제를 옹글게(완벽하게) 수행할 수 있는 것은 헌법 우위 때문이다. 다른 모든 국내 법규범과 모든 국가 행위는 헌법보다 효력적 측면에서 열위에 있다. 그리고 법률을 포함한 다른 법규범은 헌법을 개정하거나 폐지할 수 없다.[5] 그래서 헌법에 근거하거나 헌법 안에 있을 때만 모든 법규범과 국가기관 행위는 효력이 있다.[6] 그러므

3) Horst Dreier, Grenzen demokratischer Freiheit im Verfassungsstaat, in: JZ 1994, S. 742.

4) Josef Isensee, Verfassungsrecht als „politisches Recht", in: Josef Isensee/Paul Kirchhof (Hrsg.), HStR, Bd. Ⅶ, Heidelberg 1992, § 162 Rdnrn. 30, 37; Christian Starck, Vorrang der Verfassung und Verfassungsgerichtsbarkeit, in: Christian Starck/Albrecht Weber (Hrsg.), Verfassungsgerichtsbarkeit in Westeuropa, Teilband 1, Baden-Baden 1986, S. 24; ders., Die Verfassungsauslegung, in: Josef Isensee/Paul Kirchhof (Hrsg.), HStR, Bd. Ⅶ, Heidelberg 1992, § 164 Rdnr. 10.

5) Hans Hugo Klein, Verfassungsgerichtsbarkeit und Verfassungsstruktur - Vom Rechtsstaat zum Verfassungsstaat -, in: Paul Kirchhof/Klaus Offerhaus/Horst Schöberle (Hrsg.), Steuerrecht, Verfassungsrecht, Finanzpolitik: Festschrift für Franz Klein, Köln 1994, S. 512 참조.

로 헌법은 입법권을 포함한 모든 국가 권력을 구속한다.[7] 헌법 우위를 토대로 모든 국가 권력이 행사되면 권력 행사자의 주관적 자의가 제거될 수 있다.[8] 그리고 헌법 우위에 기초하여야 국가 법질서의 통일성은 형성되고 유지될 수 있다. 또한, 헌법이 법률적 질서와 그 관계에 따라서 해석되는 것이 아니라 헌법 자체에서 해석되어야 한다는 것이 헌법 우위에서 도출된다.[9] [10]

헌법 우위는 규범서열적 우위와 효력적 우위를 내포한다. 하지만 적용 우위는 헌법 우위의 내용이 아니다. 구체적 사안에서는 상위 법규범보다 하위 법규범이 먼저 적용된다. 하위 법규범 내용이 상위 법규범 내용보다 더 자세하고 구체적이기 때문이다. 하위 법규범이 해당 사안을 규율하지 않거나 하위 법규범의 합헌성이 의심받을 때 비로소 헌법 적용 여부가 문제 된다.[11] 따라서 헌법 우위 관철이 헌법이 사법 관계를 먼저 규율한다는 것을 뜻하지 않는다. 즉 헌법 우위가 인정되어도 헌법이 아닌 사법이 사법 관계를 먼저 규율하고, 사법이 규율하지 않는 사안이나 영역이 있거나 사법의 합헌성이 의심되어야 비로소 헌법이 적용될 수 있다. 그래서 많은 경우에 헌법이 문제 되지 않고(정확하게는 헌법이 언급되지

---

6) Josef Isensee (Anm. 4), § 162 Rdnr. 38; Christian Starck (Anm. 4, Vorrang der Verfassung und Verfassungsgerichtsbarkeit), S. 24 참조.

7) 헌재 1989. 7. 21. 89헌마38, 판례집 1, 131, 145; Peter Badura, Die Verfassung im Ganzen der Rechtsordnung und die Verfassungskonkretisierung durch Gesetz, in: Josef Isensee/Paul Kirchhof (Hrsg.), HStR, Bd. VII, Heidelberg 1992, § 163 Rdnr. 19; Konrad Hesse, Die Verfassung und ihre Eigenart, in: Ernst Benda (Hrsg.), Handbuch des Verfassungsrechts der Bundesrepublik Deutschland, Berlin 1984, S. 18; ders., Verfassung und Verfassungsrecht, in: Ernst Benda/Werner Maihofer/Hans-Jochen Vogel (Hrsg.), HVerfR, 2. Aufl., Berlin/NewYork 1994, § 1 Rdnr. 14; Ki-Cheol Lee, Schonung des Gesetzgebers bei Normenkontrollentscheidungen durch das Bundesverfassungsgericht - Eine verfassungstheoretische Betrachtung von Kompetenzstreitigkeiten -, Diss. jur. Göttingen, 1993, S. 100; Uk-Han Lee, Das Verfassungsgericht der Republik Korea - Überlegung zu Problemen koreanischer Verfassungsgerichtsbarkeit unter Berücksichtigkeit der deutschen Rechtslage -, Diss. jur. Bayreuth, 1991, S. 10; Christian Starck, Gewaltenteilung und Verfassungsgerichtsbarkeit, in: ders. (Hrsg.), Fortschritte der Verfassungsgerichtsbarkeit in der Welt - Teil I, Baden-Baden 2004, S. 118; Rainer Wahl, Der Vorrang der Verfassung, in: Der Staat 20 (1981), S. 485 f. 참조.

8) Dieter Grimm, Verfassung, in: ders., Die Zukunft der Verfassung, Frankfurt am Main 1991, S. 14.

9) Ernst-Wolfgang Böckenförde, Verfassungsgerichtsbarkeit: Strukturfragen, Organisation, Legitimation, in: NJW 1999, S. 12.

10) 이상 허완중, 「헌법재판의 한계」, 『사법』 제10호, 사법발전재단, 2009, 174~175쪽.

11) 강태수, 「헌법의 우위와 헌법유보」, 『법학논집』 제18집, 청주대학교 법학연구소, 2002, 8~9쪽.

않고) 사법 관계의 법적 문제가 해결될 수 있다.

기본권 3각관계도 사법 관계에 해당한다. 그러므로 기본권 3각관계에는 사법이 먼저 적용되고, 사법이 규율하지 않는 사안이나 영역이 있거나 사법적 해결이 헌법에 합치하지 않는다고(정확하게는 기본권을 충분히 보장하지 않는다고) 의심될 때만 헌법 일부인 기본권(규범)이 기본권 3각관계에 개입할 수 있다. 여기서 사법이 규율하지 않는 사안이나 영역이 있는 때는 명시적인 흠결에 해당한다. 사법 자체가 헌법에 어긋나서 효력을 상실할 때도 명시적인 흠결이 나타난다. 그리고 (사법 전체가 위헌이 아니라 일부) 사법적 해결이 헌법에 합치하지 않는다고 의심되면 은폐된 흠결이 문제 될 수 있다. 사법이 형식적 측면에서는 규율할 수 있는 사안이나 영역이지만, 그러한 사법에 따른 해결이 헌법에 합치되지 않는다는 것은 해당 법문이 본래 규율하고자 하는 사안이나 영역과 달리 취급하여야 할 사안이나 영역을 포함하여서 해당 사법을 그 목적에 맞게 축소하여 적용하여야 한다는 것(목적론적 축소)을 뜻한다. 또한, 헌법 제10조나 제37조 제1항에서 사법의 기본원리인 사적 자치[12]나 계약의 자유[13]를 도출할 수 있고, 사법의 일반법인 민법 재산법 부분(상속법 부분도 포함)과 상법은 헌법 제23조의 재산권과 제15조의 직업의 자유를 그리고 민법 친족법 부분은 헌법 제36조 제1항의 혼인과 가족생활을 구체화한 것이므로 사법 자체를 기본권 실현으로 볼 수 있다. 즉 사법은 헌법을 사적 생활 영역에서 구체화한 것으로서 헌법과 사법에는 같은 가치가 지배하지 서로 다른 가치가 추구되는 분리된 법영역이 아니다.

따라서 사법에 빈틈이 있을 때 헌법이 이를 메우는 것은 당연하다. 물론 그렇다고 헌법이 사법의 형성지침을 개별적이고 구체적으로 제시하는 것은 아니다. 이것은 법사학적으로 민법이 헌법보다 먼저 나타나고 발전하였다는 점에서

---

12) 헌재 1998. 8. 27. 96헌가22등, 판례집 10-2, 339, 355.

13) 헌재 1991. 6. 3. 89헌마204, 판례집 3, 268, 275-276; 헌재 1998. 5. 28. 96헌가5, 판례집 10-1, 541, 549; 헌재 1998. 10. 29. 97헌마345, 판례집 10-2, 621, 633; 헌재 1999. 5. 27. 97헌바66등, 판례집 11-1, 589, 602-603; 헌재 2006. 7. 27. 2005헌바19, 판례집 18-2, 125, 132-133. 계약에는 다양한 종류가 있어서 개별 기본권의 보호영역에서 그 헌법적 근거를 찾아야 한다고 하면서, 물권계약은 재산권(헌법 제23조), 혼인계약은 혼인과 가족에 관한 권리(헌법 제36조), 직업 관련 계약은 직업의 자유(제15조) 그리고 채권계약은 개별 기본권의 보호영역에서 찾기 어려우므로 보충적 기본권인 행복추구권(제10조)을 근거로 한다는 견해로는 장영철, 「기본권의 제3자적(대사인적) 효력에 관한 이론적 연구」, 『공법연구』 제37집 제3호, 한국공법학회, 2009, 42~43쪽.

비롯한다. 실질적으로 보면 헌법을 바탕으로 민법이 만들어진 것이 아니고 이미 형성된 민법을 나중에 만들어진 헌법이 승인한 것으로 보아야 할 것이다. 그래서 사법은 헌법에 대해서 여전히 독자성이 인정되고, 헌법도 그것을 존중하여야 한다.[14] 따라서 헌법 우위를 근거로 기본권(규범)이 사법 관계인 기본권 3각관계에 개입하여도 사법이 전면적으로 배제되거나 사법 질서가 무너지는 것이 아니라 사법이 수정되거나 보완되는 것에 불과하다. 특히 헌법이 사법 관계에 개입하는 것은 특수한 때만 인정되는 예외임을 잊지 말아야 한다.

이러한 점에서 기본권(규범)이라는 공법적 요소가 기본권 3각관계에 투입되어도 기본권 3각관계가 사법 관계라는 기본속성을 잃고 공법 관계로 변질하는 것이 아니라 여전히 사법 관계일 뿐이다. 그래서 기본권(규범)이 기본권 3각관계에 개입할 때는 기본권(규범)이 날 것 그대로, 즉 공법이라는 형태 그대로 직접 적용되는 것이 아니라 최대한 순화하여서, 즉 사법적으로 변형되어 사법에 스며들어야 한다. 그리고 그를 통해서 기본권(규범)은 사적 자치나 계약의 자유와 조화를 이루어야 한다. 기본권(규범)이 사인 서로 간의 관계인 기본권 3각관계에 본래 그대로 직접 적용된다면 기본권 주체를 기본권의 의무 주체로 전락시킬 것이다.[15] 기본권 주체가 기본권의 의무 주체로 변질하면 해당 기본권은 기본권 주체의 권리가 아니라 의무로 바뀌어 기본권 주체의 기본권을 제한하는 것이 아니라 기본권 주체에게 특정 행위를 강제하게 될 것이다. 이것은 기본권 보호 목적에 정면으로 어긋난다.

2. 기본권(규범)이 사법 관계에 개입하는 때

사법이 해당 사법 관계를 규율하지 않거나 규율하더라도 합리적인 결론을 도출할 수 없으면 공법인 기본권(규범)이 사법 관계에 개입할 수 있다.[16] 이는 기

14) 같은 견해: 전광석, 『한국헌법론(제15판)』, 집현재, 2020, 247쪽.

15) 정태호, 「기본권적 3각관계 그리고 과소(보호)금지원칙의 독자성」, 『고시연구』 제29권 제5호(통권 제338호), 고시연구사, 2002. 5., 16쪽 참조.

16) 이러한 점에서 법원이 기본권의 효력을 논증에 매개하지 아니하여도 민사법리 적용과 적절한 이익형량만으로 같은 결과에 도달할 수 있음을 거의 부정할 수 없다는 평가(김형석, 「사적 자치와 기본권의 효력」, 윤진수/권영준/김형석/이동진, 『헌법과 사법』, 박영사, 2018, 199쪽)는 동의하기 어렵다. 민사법리 적용과 적절한 이익형량만으로 문제를 해결할 수 있다면 기본권은 사법 관계에 개입할 수 없기 때문이다. 그래서 기본권이 사법 관계에 개입하는 것은 예외에 불과하다. 즉 사법 관계는 사법이 적용되어 해결하는 것이 원칙이다. 게다가

본권 규정을 포함한 헌법 우위가 효력 우위이지 적용 우위가 아니라는 점에서 비롯한다.

구체적으로 먼저 ① 사법이 규율하지 않는 사안이나 영역이 있을 때 이러한 사안이나 영역을 규율하려면 기본권(규범)이 개입할 수밖에 없다. 사법을 제정하면서 미처 예상하지 못하거나 간과하여 사법에 빈틈이 발생할 때(원시적 흠결)는 물론 사정 변경으로 말미암아 나중에 사법에 빈틈이 생긴 때(후발적 흠결)도 사법이 어떤 사안이나 영역을 규율하지 않는 때에 해당한다. 하지만 해당 사법 사안이나 사법 영역을 규율하는 사법 규정이 없더라도 (노동법, 사회보장법, 경제법 같은 사회법은 물론 공법적 법률 규정을 포함하여) 다른 헌법하위법규범이 규율하면 기본권(규범)은 사법 사안이나 사법 영역에 개입할 수 없다. 헌법 규범 일부인 기본권 규범이 사법의 빈틈을 메우는 것은 헌법 규범이 국민의 모든 생활 영역을 규율하는 생활 규범이라는 점에서 비롯한다.

다음으로 ② 사적 자치나 계약의 자유의 기본 전제가 충족되지 않으면 기본권(규범)이 사법 관계에 개입할 수 있다. 사적 자치나 계약의 자유의 전제 요건은 대등한 지위에 있는 양 당사자의 자유로운 의사 결정이다. 즉 법적 관계를 자기 의사에 따라 형성하는 것이 사적 자치나 계약의 자유에서 매우 중요하다. 그러므로 양 당사자가 대등한 지위에 있지 않거나 당사자가 의사를 자유롭게 결정할 수 없으면 사적 자치나 계약의 자유는 제대로 기능할 수 없다. 이때 기본권(규범)은 사적 자치나 계약의 자유를 수정하거나 보완하는 역할을 한다.[17] 다만, 이러한 기본 전제 결여 때문에 실제로 불합리한 결론이 도출되거나 도출될 가능성이

기본권 규정을 포함한 헌법을 기준으로 사법을 해석하는 것과 사법의 일반조항을 타고 들어가 사법 관계에 간접적으로 개입하는 것은 구별하기 쉽지 않다. 여기서 민사 재판에서 기본권 원용을 통해서 쉽게 논증하려는 시도를 차단할 필요성이 제기된다.

그리고 헌법이 사적인 법률관계를 헌법의 규율대상으로 바라보거나 헌법이 예외적으로 마련해준 일시적 자율공간이라고 생각하거나 헌법이 마음만 먹으면 언제든지 자치권의 특혜를 박탈해 버릴 수 있는 종속적 영역이라는 사고가 문제라는 지적(백경일, 「헌법규정이 사적 법률관계에서 고려될 수 있는 한계」, 『안암법학』 제43권, 안암법학회, 2014, 154～155쪽)은 헌법이 내린 몇몇 사법조항에 대한 위헌결정을 지나치게 과장한 것으로서 적용 우위가 아닌 효력 우위에 불과한 헌법 우위와 사법 관계에 대한 기본권의 보충적·예외적 적용, 그것도 사법 일반조항을 통한 간접 적용을 제대로 이해하지 못하거나 오해한 것이다.

17) 자유의지가 결여된 곳에서는 사적 자치가 상당한 정도로 후퇴하거나 정지되어야 한다는 견해로는 박규환, 「사적자치와 기본권의 제3자적 효력 - 기본권 방사효과의 이중적 성격에 관한 연구 -」, 『법학연구』 제25권 제3호, 연세대학교 법학연구소, 2015, 34쪽.

있어야 비로소 기본권(규범)이 사법 관계에 개입할 수 있다. 그리고 양 당사자의 대등성이나 당사자의 자유로운 의사 결정은 실질적 관점에서 판단되어야 한다.

끝으로 ③ 사법이 다른 사람의 기본권을 충분히 배려하지 않거나 배려할 수 없을 때나 구체적 사안에서 불합리한 결과가 생길 때도 기본권(규범)이 사법 관계에 개입할 수 있다. 이때 사법 규정이 기본권(규범)과 합치하지 않으면 기본권(규범)은 사법이 위헌인지를 판단하는 기준이 된다.[18] 즉 사법 규정이 기본권(규범)에 어긋나면 위헌이다. 그리고 사법 규정에 다양한 해석 가능성이 있으면, 기본권(규범)은 기본권친화적인 해석에 우선권을 부여하고 기본권적대적인 해석을 선택지에서 제거한다. 또한, 기본권(규범)은 입법자가 사법을 제정하거나 개정하는 기준으로 기능한다.

기본권(규범)이 사법 관계에 개입할 때 기본권(규범)은 사법을 부정하거나 배제하는 것이 아니라 사법을 긍정하고 수용하며 사법 적용 우위를 전제한다. 즉 기본권(규범)이 사법 관계에 개입할 때 그 개입은 공법 형식이 아니라 사법 형식으로 이루어지고, 구체적 해결도 민사소송절차를 통해서 이루어진다. 그래서 기본권(규범)은 사법을 대신하는 것이 아니라 사법을 보완하고 수정하는 형식으로, 즉 사법의 일반규정을 통해서 사법으로 변신하거나 개별 사법 규정을 해석할 때 영향을 미치는 형태로 사법 관계에 개입한다. 사법 관계에 대한 기본권(규범) 개입이 공사법이분론이나 사법의 독자성을 무너뜨리거나 훼손할 수 없는데, 이것은 공사법이분론이나 사법의 독자성을 침해하는 것은 헌법을 기초로 형성된 국가 법질서(정확하게는 국가 법질서의 한 축인 사법 질서) 붕괴를 뜻하기 때문이다. 게다가 사적 자치나 계약의 자유가 기본권으로 보장되는 이상 사법과 기본권(규범)의 충돌은 기본권 충돌로서 사법이 당연히 기본권보다 열위에 있거나 배제되는 것도 아니다.

18) 예를 들어 민법 제781조 제1항 본문(2005. 3. 31. 법률 제7427호로 개정되기 전의 것) 중 "자는 부의 성과 본을 따르고" 부분은 헌법에 합치되지 아니한다고 선언한 헌재 2005. 12. 22. 2003헌가5등, 판례집 17-2, 544.

Chapter

04

피해자와 가해자의 관계

제4장 피해자와 가해자의 관계

Ⅰ. 기본권 3각관계의 고갱이(핵심)로서 피해자와 가해자의 관계

피해자와 가해자의 관계는 기본권 3각관계가 문제 되는 원인이다. 그래서 기본권 3각관계에서는 피해자와 가해자의 관계가 고갱이(핵심)이다. 피해자와 국가의 관계 및 가해자와 국가의 관계는 피해자와 가해자의 관계를 전제한다. 즉 피해자와 국가의 관계에서는 피해자와 가해자의 관계에서 발생하는 문제를 해결하려고 국가가 하여야 할 것이 무엇인지를 문제 삼는다. 그리고 가해자와 국가의 관계에서는 피해자와 가해자의 관계에서 발생할 문제를 해결할 때 국가행위의 한계가 무엇인지를 다룬다. 그래서 기본권 3각관계에서는 피해자와 가해자의 관계를 가장 먼저 살펴보아야 한다.

피해자와 가해자의 관계는 사법(司法)에서는 물론 입법과 집행에서도 문제가 된다는 점에서 사법(司法)에 국한하여 논의되는 기본권의 대사인적 효력에 관한 일반적 논의보다 그 폭이 더 넓다. 기본권 3각관계에서 피해자와 가해자의 관계가 고갱이(핵심)라는 실질적 의미는 피해자와 가해자의 관계가 기본권 3각관계의 성격을 규정함으로써 기본권(규범)이 기본권 3각관계에 개입하는 방식과 형식을 확정한다는 것이다. 즉 기본권 3각관계는 사법(私法) 관계이므로 사법의 방식과 형식으로 다루어지고 해결되어야 한다.

전통적 관계에서는 기본권(규범)의 수범자인 국가와 기본권 주체인 개인이 대립하는 구조이다. 따라서 기본권의 최대 보장이라는 헌법 정신에 따라 개인의 기본권을 가능한 한 넓게 보장해주는 방향으로 전통적 관계에서 발생하는 기본권 문제를 해결하여야 한다. 즉 전통적 관계에서는 개인의 기본권을 보호하려면 국가 행위를 어떻게 어느 정도 제한할 것인지가 문제 된다. 국가는 국민에 대한 관계에서 기본권적 보호를 받을 수 없기 때문이다. 이에 반해서 기본권 3각관계에서는 기본권을 조정하는 국가 아래 두 기본권 주체가 대립하는 형국이다. 즉 기본권 3각관계에서는 가해자와 피해자 모두 기본권 주체이므로, 양자 사이에 우열관계가 없다. 그래서 양자의 기본권이 함께 보호되어야 한다. 기본권 주체 사이의 관계에서 기본권이 일방에 유리하게 작용하면, 상대방에는 부담으로 작용한다. 그래서 어느 일방의 기본권을 절대적으로 우선하거나 상대방의 기본권을 옹글게(완벽하게) 배제할 수 없다. 이러한 점에서 두 기본권 주체의 기본권이 부딪힐 때 어느 일방의 기본권을 처음부터 간과하는 판단은 받아들일 수 없다. 즉 기본권 3각관계에서는 전통적 관계와 같은 추정이나 증명책임의 차별적 분배는 없다. 그러므로 기본권 3각관계에서는 양 당사자의 기본권을 최적으로 조화롭게 실현하는 접점을 찾아야 한다. 즉 어느 한 기본권의 최대 보장이 아니라 (충돌하는) 두 기본권의 최적 보장이 기본권 3각관계에서 문제 된다. 이러한 이유로 기본권 3각관계에서 발생하는 문제를 해결할 때는 전통적 관계보다 더욱더 신중하게 접근하여야 한다.[1]

Ⅱ. 논의 전제로서 기본권의 대사인적 효력

1. 기본권의 대국가적 효력의 한계와 기본권의 대사인적 효력의 필요성

기존에 기본권의 효력 논의는 기본권의 대국가적 효력을 중심으로 이루어졌다. 기본권은 헌법과 국가의 존립 목적으로 인간의 생활 관계를 규율하여 공존질서를 유지하는 기준이다.[2] 인간이 맺고 있는 다양한 생활 관계는 크게 공동체에 대한 측면과 다른 인간(개인)에 대한 측면으로 구별할 수 있다. 이중 기본권의 대국가적 효력은 전자만을 대상으로 한다. 과거에는 국민이 생활 대부분을 국가에 의지하였고 군주로 대표되는 국가의 기본권 침해가 워낙 중대해서 이에 대한 방어로서 작용하는 기본권의 대국가적 효력이 주로 문제 되었다. 하지만 생활 관계가 갈수록 복잡하고 다양해지면서 다른 사람에 대한 측면이 공동체에 대한 측면 못지않게 중요한 의미가 있게 되었다. 그에 따라 기본권의 대국가적 효력은 인간의 다양한 생활 관계를 규율하는 것에 한계를 드러낼 수밖에 없다. 따라서 이러한 한계를 극복하고 기본권을 실현하기 위해서 기본권의 대사인적 효력이 필요하게 되었다.

1) 김선택, 「사법질서에 있어서 기본권의 효력」, 『고려법학』 제39호, 고려대학교 법학연구원, 2002, 156쪽 참조.
2) 장영수, 『헌법학(제12판)』, 홍문사, 2020, 8쪽 참조.

2. 기본권의 대사인적 효력 문제의 발생 배경

기본권을 주관적 권리로 인식한 것은, 그것을 처음 주장한 사람들이 시민 계급의 대변자라는 점에서 비롯한다. 그들은 교양과 재산이 있는 계급, 즉 유산 계급이었으므로 그들에게 절실한 것은 국가가 간섭하지 않는 것이었다. 그들은 사회에서 상위에 위치하여 다른 사람들이 그들의 권리를 침해하는 일이 거의 없어서 국가의 침해에 대한 방어가 그들의 주요한 관심 대상이었다. 따라서 기본권은 국가에 대한 국민의 기본권, 즉 군주로 대표되는 국가의 침해에 대항하기 위한 방어권으로 인식되었다.

그러나 시대가 바뀌어 자유와 권리가 보편화하면서 이러한 관점은 바뀔 수밖에 없었다. 교양과 재산이 없는 계급, 즉 무산 계급도 자유와 권리를 누려야 한다는 생각이 널리 퍼져 보편화하였다. 그러나 이들의 자유와 권리는 단순히 국가의 간섭을 배제하는 것만으로는 보장되지 않는다. 그들은 사회·경제·문화적으로 유산 계급에 많은 것을 의존하는 열등한 지위에 있었다. 따라서 그들은 유산 계급에 견주어 약자의 지위에 있을 수밖에 없어 상위 계층이 그들의 자유와 권리를 침해할 위험에 놓여 있었다. 이에 따라 기본권을 단순히 국가에 대한 방어권으로 인식하는 것만으로는 이들에 대한 충분한 보호가 이루어질 수 없었다.

게다가 20세기에 들어서면서 사회적 세력이 국가에 버금가는 기본권에 대한 위협 요소로 등장하였다. 즉 사회적 세력의 기본권 침해가 빈번하고 치명적인 것으로 나타났다. 이에 따라 기본권 보장을 요구하는 전형적인 기본권 침해 상황이 사인과 국가의 관계 이외에 사인 서로 간의 관계에서도 나타났다. 침해당하는 당사자 처지에서는 국가 침해이건 사회적 세력 침해이건 차이가 없다. 따라서 국가의 침해에 대해서 방어할 필요가 있는 것과 마찬가지로 사인, 법인, 그 밖의 단체가 기본권을 침해하는 것에 대해서도 방어하여야 비로소 기본권이 충실하게 보장될 수 있다. 이러한 이유로 종래 기본권의 대국가적 효력과 더불어 기본권의 대사인적 효력을 인정할 필요성이 생겼다.

3. 기본권의 대사인적 효력의 의의

(1) 기본권의 대사인적 효력의 개념

기본권의 효력은 기본권 규정의 구속력이 미치는 적용 범위를 말한다. 적용

범위에는 시간적 범위와 장소적 범위 그리고 대상적 범위가 있다. 기본권의 시간적 범위와 장소적 범위는 일반적인 헌법의 효력(적용 범위)과 같아서 특별히 문제가 되지 않는다. 그러나 대상적 범위에는 많은 논란이 있고, 더욱이 헌법 현실 변화[3]로 중요한 문제로 떠오르고 있다. 따라서 기본권의 효력이라고 하면 일반적으로 기본권의 대상적 범위를 가리킨다.

기본권의 대상적 범위는 기본권 관계에 따라 영역을 구별할 수 있다. 그중 개인의 개인에 대한 기본권 관계에서 기본권의 효력을 문제 삼는 것이 기본권의 제3자적 효력이다. 기본권의 제3자적 효력은 기본권이 사인 서로 간의 관계에서 작용하는 구속력을 말한다. 즉 사인과 사인의 관계에 기본권을 적용할 수 있는지, 적용할 수 있다면 어떠한 형식으로 적용하는지를 논의하는 것이 기본권의 제3자적 효력 문제이다. 이때 제3자는 개인(기본권 주체)과 국가 이외의 사인(기본권 주체)을 뜻한다. 즉 기본권의 제3자적 효력[4]이라는 용어는 기본권이 원래 국민(개인)과 국가라는 두 당사자 사이의 관계를 뜻하는 것과 비교하여, 이러한 사인의 사인에 대한 기본권 관계의 한 당사자인 국민과 제3자적 지위에 있는 다른 사인 사이에서 기본권의 효력이 문제 되는 것에 착안한 것이다. 그러나 기본권의 제3자적 효력은 사인이 기본권의 직접적 의무자가 된다는 것을 뜻하지 않는다. 기본권의 제3자적 효력은 사법이나 사법 질서에 대한 기본권의 구속력이나 영향을 가리킬 뿐이다.[5]

그리고 개인의 개인에 대한 기본권 관계에서 문제가 되는 기본권의 효력을 기본권의 대국가적 효력과 대비하여 기본권의 대사인적 효력이라는 이름으로 부른다. 또한, 기본권의 대국가적 효력이 상위에 있는 국가(공권력)와 하위에 있는 국민(개인) 사이에 미치는 것으로 수직적이지만, 기본권의 제3자적 효력은 대등한 관계인 국민(개인)과 국민(개인) 서로 간의 관계에 기본권이 효력을 미치는지를 묻는 것이므로 기본권의 수평적 효력이라고 부르기도 한다. 그 밖에 기본권의 효력은 대국가적인 것이 원칙인데 이것이 사인 서로 간의 관계로 확장하므로 '기본권효력의 확장(이론)'이라는 용어를 쓰기도 한다. 전통적으로 국민과 국가의 관

---

3) 인권이 보편화하여 무산 계급도 기본권 주체로 등장하고, 사회적 세력이 성장하여 기본권을 위협하는 주체로 나타나며 인권의 국제화를 논의하는 것 등의 변화가 일어났다.

4) 독일의 학설과 판례에서는 통상적으로 이 용어(Drittwirkung)를 사용한다.

5) 김대환, 「사법질서에서의 기본권의 효력」, 『헌법학연구』 제16권 제4호, 한국헌법학회, 2010, 154쪽.

계에 적용하여 온 기본권(규정)을 사인과 사인의 관계에서도 적용할 수 있는지에 관한 문제로서, 특히 사인 서로 간의 관계는 사적 자치를 원칙으로 하는 사법 질서가 지배하는 영역으로 원칙적으로 공법의 하나인 헌법(그리고 그 일부인 기본권 규정)을 적용하는 영역이 아니라는 것에 문제가 있다는 점을 가장 잘 드러낼 수 있는 '사법질서에서의 기본권의 효력'이라는 명칭을 사용하기도 한다.[6]

여기서는 사인과 사인의 관계, 즉 사법 관계에 기본권의 효력이 미친다는 점을 강조하는 의미에서 '기본권의 대사인적 효력'이라는 용어를 사용하고자 한다. 다만, 기본권의 대사인적 효력은 사인 사이의 관계, 즉 사법 관계에 기본권이 미치는지를 문제 삼지만, 실제 문제가 되는 영역은 사법(司法) 영역에 국한됨을 주의하여야 한다. 이는 헌법 규정인 기본권 규정의 우위가 효력상 우위이지 적용상 우위가 아니라는 점에서 비롯한다. 즉 사법 관계(私法關係)는 사법(私法)이 먼저 규율하고 사법이 적절하지 규율하지 못하거나 전혀 규율하지 않을 때 비로소 기본권 적용 여부가 문제 된다. 그러므로 법원이 사법의 빈틈을 어떻게 메우는지나 적절하지 않은 사법을 어떻게 수정할 것인지가 문제 될 뿐이지 사법(私法) 제정은 여기서 직접 문제가 되지 않는다.

(2) 기본권의 대사인적 효력 인정과 관련한 문제점

시대 상황이 바뀌면서 기본권의 대사인적 효력을 인정할 필요성이 있음을 부정할 수 없지만, 다음과 같은 이유로 곧바로 인정하기는 곤란하다. 따라서 별도 검토가 필요하다.

① 공·사법 이분론 붕괴(사법의 독자성 상실 - 사적 자치에 대한 위협)

사인 서로 간의 관계에 기본권 규정을 적용하면, 사인이 마치 국가와 같은 기본권보호의무를 지는 결과가 발생하여 사법의 기본원리인 사적 자치가 위태롭게 된다. 개인과 국가의 관계에서 기본권이 국가를 구속하는 것처럼 기본권이 사인을 일반적으로 구속하기는 어렵겠지만, 기본권이 사인을 한정적으로만 구속한다고 하더라도 사적 자치를 현저하게 제한한다. 즉 자기 스스로 책임을 지는 자유의 범위가 줄어드는 결과를 초래한다. 이로써 사법의 독자성, 즉 그 특성과 의의가 그만큼 바뀐다.[7],[8]

---

6) 김선택(주 1), 155쪽.

② 사법 관계에 대한 국가 간섭 용이와 증대

사법 관계에도 기본권을 적용할 수 있으면 국가는 기본권 보호의 이름 아래 사법 관계에 쉽게 간섭할 수 있으므로 국가 간섭이 증대할 것이다. 기본권보호의무를 지는 국가가 기본권을 적용하는 영역에 기본권 보호를 위해 개입할 수 있기 때문이다. 따라서 기본권의 효력 범위가 확대되면 자연히 국가가 개입할 수 있는 영역도 넓어질 것이다. 이는 국가 간섭을 배제하고 사인의 자유로운 결정과 책임 아래 이루어지는 사법 질서에 중대한 위협이며, 기본권 보호를 자칫 기본권 제한의 빌미를 제공하는 데 악용할 위험이 있다.

③ 사법 관계의 법적 명확성과 확실성 손상

최고규범인 헌법의 기본권 규정을 사법 질서에 적용할 때 그 규정의 의미를 확정하기는, 구체적이고 상세하게 규정하는 해당 사법 규정의 의미를 확정하기보다 어렵다. 기본권 규정은 간결성, 추상성, 불확정성, 다의성 등 때문에 그 의미를 확정하기가 매우 어렵기 때문이다. 이러한 기본권 규정은 사법 규정보다 우위에 있어서 심각한 문제가 생긴다.[9] 헌법의 기본권은 추상성이 강하지만, 민법의 청구권은 구체적 행사 요건을 마련한다는 차이점을 생각하면, 기본권을 사인 사이의 법관계에 주관적 사권으로 적용하는 것은 법적 안정성을 침해하기 때문이다.[10]

그리고 개인과 국가의 관계와는 달리 사인 서로 간의 관계에서는 쌍방 모두 기본권이 보호하는 기본권 주체이다. 이에 따라 일방의 기본권을 보호하면 상대방의 기본권을 침해하는 결과를 가져올 수 있다.[11] 즉 쌍방의 기본권이 충돌하는 것이 불가피하다. 따라서 개별 사건에서 법관은 충돌하는 기본권을 어떻게 형량하거나 조정하여 그 한계를 확정하여야 하는 어려운 문제에 봉착한다. 결국, 구체적 상황에 따라 다를 수밖에 없는 한계 확정은 사법(司法)에 대한 법치국가적

---

7) Konrad Hesse, Bestand und Bedeutung der Grundrechte in der Bundesrepublik Deutschland, in: ders., Peter Häberle und Alexander Hollerbach (Hrsg.), Ausgewählte Schriften, Heidelberg, 1984, S. 307 (콘라드 헷세, 계희열 옮김, 「기본권의 현황과 의의」, 『헌법의 기초이론』, 박영사, 2001, 190쪽).

8) 이러한 논리에서 사법 관계에서 사인의 기본권 구속을 인정하는 것은 사법의 자기결정과 자기책임을 내용으로 하는 사적 자치와 모순일 수밖에 없다는 견해도 있다(장영철, 「기본권의 제3자적 효력과 기본권보호의무」, 『공법연구』 제29집 제2호, 한국공법학회, 2001, 155쪽).

9) 이상 계희열, 『헌법학(중)(신정2판)』, 박영사, 2007, 101쪽.

10) 장영철(주 8), 3~4쪽.

11) Konrad Hesse (Anm. 7), S. 307 [콘라드 헷세(주 7), 190쪽].

요청과 부합하기 어렵다. 즉 사법(私法) 분야에서 원칙적으로 명확하고 구체적이며 확정적인 규정이 법적 관계를 형성하고 그러한 규정이 문제를 사법적(司法的)으로 해결하여야 한다는 요청과 어긋난다.[12)]

(3) 기본권의 대사인적 효력 문제 구조

기본권의 대국가적 효력은 기본권 관계 중 국가에 대한 개인의 관계에 해당한다. 이와 비교해서 기본권의 대사인적 효력은 개인에 대한 개인의 관계이다. 따라서 기본권의 대국가적 효력에서 국가는 기본권 의무자로서 기본권 관계의 직접적인 당사자로 나타난다. 하지만 기본권의 대사인적 효력에서는 국가가 개인과 개인의 관계를 조정하고 해결하는 보호자의 지위에 있다. 즉 기본권의 대국가적 효력 문제에서는 기본권 관계가 국민과 국가라는 양극 구조로 나타나지만, 기본권의 대사인적 효력에서는 사인과 사인의 양극 외에 국가까지 3각관계가 된다.[13)]

기본권의 대국가적 효력이 문제가 될 때는 기본권(규정)의 수범자인 국가와 기본권 주체인 개인이 대립하는 구조이므로 기본권의 최대 보장이라는 헌법 정신에 따라 국민의 기본권을 가능한 범위에서 넓게 보장해주는 방향으로 결정하여야 한다. 즉 국가는 국민에 대한 관계에서 기본권적 보호를 받을 수 없다.[14)] 이에 반해서 기본권의 대사인적 효력에서는 기본권을 조정하는 지위에 있는 국가 아래 두 기본권 주체가 대립하는 형국이므로 어느 일방의 기본권을 절대적으로 우선하거나 상대방의 기본권을 옹글게(완벽하게) 배제할 수 없다. 기본권 주체 사이의 관계에서 기본권이 일방에게 유리하게 작용하면, 상대방에게는 부담되게 작용한다. 따라서 두 기본권 주체의 기본권이 부딪히는 상황에서 어느 일방의 기본권을 처음부터 간과하는 판단은 받아들일 수 없다. 그러므로 양 당사자의 기본권을 최적으로 조화롭게 실현하는 접점을 찾아야 한다. 즉 어느 한 기본권의 최대 보장이 아니라 (충돌하는) 두 기본권의 최적 보장이 문제 된다. 이러한 이유로 기본권의 대사인적 효력 문제에서는 기본권의 대국가적 효력 문제와 달리 신중하게 접근할 필요가 있다.[15)]

---

12) 이상 계희열(주 9), 101～102쪽.

13) 김선택(주 1), 155～156쪽.

14) Konrad Hesse, Grundzüge des Verfassungsrechts der Bundesrepublik Deutschland, 20. Aufl., Heidelberg 1995, Rdnr. 354 (콘라드 헷세, 계희열 옮김, 『통일독일헌법원론』, 박영사, 2001, 227쪽).

그리고 기본권이 사인 서로 간의 관계에 직접 적용된다면 기본권 주체를 기본권의 의무 주체로 만들게 될 것이라는 점[16]을 명심하여야 한다. 이것은 기본권을 날 것 그대로 사법 관계에 적용할 수 없고, 최대한 순화하여서 사적 자치와 조화를 이룰 수 있도록 하여야 한다는 것을 뜻한다. 따라서 기본권의 대사인적 효력 문제를 해결할 때도 이러한 점을 무시할 수 없다.

4. 기본권의 대사인적 효력의 논의 범위

(1) 기본권의 대사인적 효력 논의가 필요한 영역

① 기본권을 사법 관계에 적용할 수 있는지가 불분명한 영역

기본권의 대사인적 효력은 기본권을 성질에 비추어 사법 관계에 직접 적용할 수 있는 영역과 기본권을 사법 관계에 적용할 여지가 없는 영역을 제외한 부분에서 논의한다.[17],[18] 즉 기본권을 사법 관계에 적용할 수 있는지가 분명하지

---

15) 김선택(주 1), 156쪽.

16) 같은 견해: 성태호, 「기본권적 3각관계 그리고 과소(보호)금지원칙의 독자성」, 『고시연구』 제29권 제5호(통권 제338호), 고시연구사, 2002. 5., 16쪽 참조.

17) 헌법이 명시적으로 기본권의 직접적 효력을 인정한 때도 기본권을 직접 적용할 수 있는 예로 드는 견해가 있다(권영성, 『헌법학원론(개정판)』, 법문사, 2010, 331쪽; 성낙인, 『헌법학(제20판)』, 법문사, 2020, 1009쪽). 하지만 이때는 성질에 비추어 기본권의 직접적 효력을 인정하는 때를 확인한 것에 불과하다. 성질에 비추어 기본권의 직접적 효력을 인정할 수 없으면 헌법이 명시적으로 직접적 효력을 인정하여도 이를 관철할 방법이 없기 때문이다. 독일 기본법 제9조 제3항이 단결권에 대하여 직접적 효력을 인정하지만, 이러한 규정이 없는 한국 헌법에서도 단결권에 대해 일반적으로 직접적 효력을 인정하는 것에서도 이것을 확인할 수 있다. 참고로 포르투갈 헌법 제18조 제1항은 "권리와 자유 그리고 그것을 보장하는 헌법 규정은 공·사조직체에 직접 적용하므로 구속력이 있다."라고 규정하고, 남아프리카공화국 헌법 제8조 제2항은 "기본권 목록의 규정은 기본권의 본질을 고려하여 적용할 수 있는 한 자연인과 법인을 구속한다."라고 규정하여 기본권의 대사인적 효력을 명문화하나, 이 역시 확인 규정으로 이 때문에 모든 기본권을 직접 적용할 수 있는 것은 아니다.

18) 같은 견해: 계희열, 「기본권의 효력」, 『법학논집』 제31집, 고려대학교 법학연구소, 1995, 8～9, 19～20쪽; 같은 사람, 「기본권의 대사인적 효력」, 『고시연구』 제23권 제11호(통권 제272호), 고시연구사, 1996. 11., 103, 115쪽; 같은 사람(주 9), 87～88, 100쪽; 김주환, 「기본권의 규범구조와 '제3자적 효력'」, 『사법행정』 통권 제491호, 한국사법행정학회, 2001. 11., 18쪽. 김기범 교수는 기본권의 대사인적 효력을 부인하는 학설을 취하더라도 근로자의 단결권·단체교섭권·단체행동권, 최저근로조건에 대한 권리, 여자와 소년의 근로에 관하여 보호를 받을 권리와 같이 그 성질에 비추어 당연히 사인 대 사인의 관계에서 보장하여야 할 기본권의 대사인적 효력은 인정한다고 하여 같은 취지로 보인다(김기범, 『한국헌법』, 교문사, 1974, 129쪽).

않을 때 기본권의 대사인적 효력 논의가 필요하다. 기본권을 직접 적용할 수 있는 영역에서는 기본권을 직접 적용하면 되고, 기본권의 적용 가능성이 없는 영역에서는 기본권의 대사인적 효력이 문제 될 여지가 없기 때문이다. 이러한 영역을 인정하는지는 기본권의 대사인적 효력을 논의하기 이전의 문제이다.[19] 기본권을 직접 적용할 수 있는 영역과 기본권 적용 가능성이 없는 영역을 인정하는 견해는 그러한 영역을 제외한 영역에 대한 기본권의 대사인적 효력의 인정 여부를 판단하고, 그러한 영역을 인정하지 않는 견해는 기본권의 대사인적 효력 인정 여부를 일반적으로 검토한다.

② 사인이 기본권을 침해할 수 있는 영역

공동체적 동물인 인간은 오로지 다른 사람과 결합한 사회 속에서만 인간답게 살 수 있다. 즉 인간은 끊임없이 다른 사람들과 관계를 맺으며 생활을 한다. 인간은 무인도의 로빈슨 크루소처럼 특수한 상황에 부닥치지 않는 이상 공동생활을 한다. 인간이 공동생활을 영위할 때, 충돌하는 이해관계 조정이라는 문제뿐 아니라 전체적으로 이해관계를 함께 하는 공통 과제 해결이라는 문제와 만난다.[20] 법은 이러한 관계를 규율하여 문제 해결을 시도한다. 따라서 법은 다른 사람과 맺는 관계를 어떻게 하면 잘 형성하고 조정할 수 있는지에 관한 대답이다. 다른 사람과 관계를 맺지 않고 이루어지는 것은 (가령 홀로 머릿속으로만 생각하는 것은) 법에서 아무런 의미가 없다.[21] [22] 그러한 때는 다른 사람에게 어떠한 침해도 발생하지 않아 법이 규율할 실익이 없기 때문이다. 기본권의 대사인적 효력 문제도 법에 관한 문제이므로 현실적으로 언제나 사인이 기본권을 침해할 수 있다는 것을 전제한다.[23] 그러한 가능성조차 없다면, 기본권 침해의 구제를 위한

---

19) 여기서 '기본권의 대사인적 효력을 논하기 이전'이란 '기본권의 대사인적 효력을 논의할 실익이 없는 것'이라는 의미이다. 즉 직접 적용할 수 있는 영역과 적용 가능성이 없는 영역에서는 기본권의 대사인적 효력이 확정되어 달리 논의할 실익이 없다.

20) 김선택, 「헌법이란 무엇인가」, 『고시계』 제44권 제9호(통권 제511호), 국가고시학회, 1999. 9., 79쪽; 이진우, 「사회 - 자유의 토대인가 아니면 구속의 그물인가」, 『우리말 철학사전 1』, 지식산업사, 2001, 65쪽 참조.

21) 같은 견해: 김형배, 「판례의 법형성적 기능」, 『민법학연구』, 박영사, 1986, 59쪽.

22) 이러한 것들은 절대적 기본권으로 논의한다. 절대적 기본권을 인정하는 이유는 이처럼 다른 사람에 대한 침해 가능성이 없기 때문이다. 따라서 절대적 기본권인지는 이것을 기준으로 판단하여야 한다.

23) 이러한 점에서 기본권의 대사인적 효력 문제를 기본권 침해 문제로 보려는 견해는 타당하

기본권의 대사인적 효력 문제를 논의할 실익이 없기 때문이다. 반면에 규범적·논리적으로 오히려 기본권의 대사인적 효력이 사인이 기본권을 침해할 수 있는 전제이다. 기본권의 대사인적 효력을 부정하여 사인이 기본권의 수범자가 아니라면, 규범적으로 그러한 사인은 다른 사람의 기본권과 관련하여 아무런 의무도 부담하지 않으므로 위법행위로 나타나는 기본권 침해란 인정할 수 없기 때문이다.[24)]

(2) 사법 관계에 직접 적용할 수 있는 기본권

① 인간의 존엄(헌법 제10조 제1문 전단)

(i) 주관적 권리성 인정 여부

헌법 제10조 제1문 전단 인간의 존엄성 규정에서 주관적 권리성을 인정할 수 있는지와 관련하여, 인간의 존엄성 규정은 구체적인 주관적 공권을 보장한 것이 아니라 다른 모든 기본권의 이념적 출발점이나 모든 기본권의 가치적 전제가 되는 객관적 헌법원리를 규범화한 것이라고 하여 존엄성 규정의 독자적 기본권성을 부정하는 견해[25)]와 인간의 존엄성과 행복 추구가 불가분의 긴밀한 관계에 있다고 하여 인간의 존엄성 규정과 행복추구권 규정을 통합하여 통일적인 기본권으로 보는 견해(주기본권설)[26)] 그리고 인간의 존엄성과 행복추구권 각

다(정재황, 『기본권연구 Ⅰ』, 길안사, 1999, 331～335쪽). 하지만 국가의 침해와 사인의 침해는 그 문제구조와 국가의 지위에서 차이가 있으므로 구별의 실익이 있다.

24) 같은 견해: 한병호, 「기본권의 대사인적 효력문제에 관한 일고찰 - 그 주제의 구성요소의 분석을 중심으로 -」, 『인문과학논총』 제4호, 한국해양대학교 인문사회과학대학, 1996, 252～253쪽.

25) 권영성(주 17), 378쪽; 박일경, 『제6공화국 신헌법』, 법경출판사, 1990, 219～220쪽; 안용교, 「인간으로서의 존엄·가치와 행복추구권」, 『월간고시』 제10권 제10호(통권 제117호), 법지사, 1983. 10., 32쪽; 같은 사람, 『한국헌법(제2전정판)』, 고시연구사, 1992, 330～331쪽; 장석권, 「인간으로서의 존엄과 가치·행복추구권」, 『법학논총』 제12집, 단국대학교 법학연구소, 1982, 38～39쪽; 허 영, 『한국헌법론(전정16판)』, 박영사, 2020, 349～351쪽. 간접적(제2차적)으로는 대국가적 방어권의 근거 규정의 성격도 있다는 견해도 있다[권영성(주 17), 379～380쪽].

26) 김철수, 『학설·판례 헌법학(상)』, 박영사, 2008, 507쪽. 이에 대해서는 제10조를 한편으로는 주기본권으로, 다른 한편으로 협의의 기본권으로 이해하는 것은 기본권 체계에 혼란을 가져올 우려가 있다는 비판이 있다[성낙인(주 17), 1082쪽]. 인격적 생존에 필요한 모든 것을 포함하는 포괄적 권리라고 하는 견해도 있다(구병삭, 『신헌법원론(제3전정판)』, 박영사, 1996, 400～401쪽).

각을 독자적인 보호영역이 있는 개별 기본권으로 파악하는 견해(개별기본권설)[27]가 있다.

헌법재판소는 "우리 헌법은 제10조에서 "모든 국민은 인간으로서의 존엄과 가치를 가지며, 행복을 추구할 권리를 가진다. 국가는 개인이 가지는 불가침의 기본적 인권을 확인하고 이를 보장할 의무를 진다."고 규정하고 있는데, 이 때 인간의 존엄성은 최고의 헌법적 가치이자 국가목표규범으로서 모든 국가기관을 구속하며, 그리하여 국가는 인간존엄성을 실현해야 할 의무와 과제를 안게 됨을 의미한다. 따라서 인간의 존엄성은 '국가 권력의 한계'로서 국가에 의한 침해로부터 보호받을 개인의 방어권일 뿐 아니라, '국가 권력의 과제'로서 국민이 제3자에 의하여 인간존엄성을 위협받을 때 국가는 이를 보호할 의무를 부담한다."라고 하여 인간 존엄성의 주관적 권리성을 인정한다.[28]

---

27) 계희열, 「헌법상 인간의 존엄과 가치」, 『법학논집』 제32집, 고려대학교 법학연구소, 1996, 321쪽; 같은 사람(주 9), 208쪽; 김선택, 「헌법 제9조 제1문 전단 인간으로서의 존엄의 의미와 법적 성격」, 고려대학교 법학석사학위논문, 1983, 80~93쪽; 같은 사람, 「"행복추구권"과 "헌법에 열거되지 아니한 권리"의 기본권체계적 해석」, 『안암법학』 창간호, 안암법학회, 1993, 189~196쪽; 김하열, 『헌법강의(제2판)』, 박영사, 2020, 299쪽; 김학성/최희수, 『헌법학원론(전정4판)』, 피앤씨미디어, 2020, 402~403쪽; 방승주, 「헌법 제10조」, 『헌법주석[Ⅰ]』, 박영사, 2013, 289쪽; 심경수, 『헌법(제2판)』, 법문사, 2020, 199쪽; 장영수(주 2), 569쪽; 정재황, 『신헌법입문(제10판)』, 박영사, 2020, 326쪽; 한수웅, 『헌법학(제10판)』, 법문사, 2020, 535~536쪽; 홍성방, 『헌법학(중)(제2판)』, 박영사, 2015, 17~24쪽. 인간으로서 가지는 존엄과 가치가 다른 모든 기본권의 이념적 출발점이며 기본권 보장의 목표임과 동시에 그 자체로서 기본권의 성격도 있고 이때의 기본권은 일반적 인격권으로 이해하는 견해도 있다[성낙인(주 17), 1080, 1082~1083쪽].

그리고 이념은 옳다고 전제하므로 끝없이 추구하여야 할 무엇이고, 이러한 속성 때문에 이념은 현실이 되는 순간 이념성을 잃게 되므로 현실은 이념일 수 없고, 이념인 인간으로서 가지는 존엄과 가치를 동시에 현실태인 기본권이라고 얘기하는 것이 논리적 모순이라고 할 수는 없더라도 인간의 존엄과 가치를 개별 기본권과 같다고 할 수 없다는 견해가 있다[홍성방, 「인간으로서의 존엄과 가치: 인간의 존엄에 대한 헌법적 고찰」, 『가톨릭사회과학연구』 제11집, 한국가톨릭사회과학연구회, 1999, 75~76쪽; 같은 사람(앞의 책), 17~18쪽]. 하지만 이 견해도 인간의 존엄과 가치가 구체적 기본권으로 보호할 수 없는 인간의 존엄 침해에 관해서 인간의 존엄을 보호하는 '포괄적 구성요건'을 그 내용으로 한다고 한다. 그리고 이 견해는 인간으로서 가지는 존엄과 가치의 이념성과 구체적 기본권성을 하나로 보려는 과정에서 나온 견해이므로 타당하지 않다. 이념인 인간으로서 가지는 존엄과 가치가 주관적 권리도 되는 것이 아니라 이념의 기능을 하는 인간으로서 가지는 존엄과 가치가 있고 주관적 권리인 인간으로서 가지는 존엄과 가치도 있으며, 이들을 모두 헌법 제10조가 아우르기 때문이다.

28) 헌재 2011. 8. 30. 2008헌마648, 판례집 23-2상, 417, 434.

인간의 존엄성은 개개 인간이 인격체로서 법공동체의 주체임을 인정받는다는 것을 말한다. 이러한 인간이 인격주체성이 있다면 스스로 인격주체성을 주장할 주관적 권리도 있어야 하는 것이 논리적인 귀결이다.[29] 인간의 존엄성 규정이 기본권의 성격이 있다고 하여 이 규정을 주기본권으로서 포괄적 권리로 보아야 하는 것은 아니다. 독일 기본법과는 달리 한국 헌법은 제10조 제1문 후단에서 행복추구권을 규정하고 제37조 제1항과 같은 포괄적 권리규정을 두기 때문이다. 개별 기본권인 인간의 존엄권으로 보호되는 내용에는 세 가지가 있다. 먼저 ⓐ 인간의 '인간임'이 보호되어야 한다(인간의 인간성이나 인격성). 따라서 인간으로서 격을 부정하는, 즉 인간을 동물이나 물건처럼 취급하거나 물적 재화의 가치를 인간의 가치보다 높이 평가하는 것을 배제해 달라고 요구할 권리가 있다. 다음으로 ⓑ 인간을 '주체'로, 즉 목적으로 보호하여야 한다(인간의 주체성). 따라서 인간을 국가적(사회적) 행위의 단순한 객체나 수단으로 전락시키는 것을 거부하거나 시정을 요구할 권리가 있다. 끝으로 ⓒ 특정 인간의 '자기 자신임'이 보호되어야 한다(인간의 고유성이나 정체성). 그러므로 인간은 독립한 개체로서 고유한 가치가 있음이 인정되어야 한다. 그래서 인간은 그가 누구이든 누군가로 대체할 수 없고, 언제나 '누군가'로 특정될 수 있는 존재로 대접받아야 한다. 그에 따라 인간은 그의 정체성을 훼손하는 행위를 금지해 달라고 요구할 권리가 있다.[30]

---

29) 계희열(주 9), 208쪽.

30) 이에 관해서 자세한 내용은 김선택(주 27, 헌법 제9조 제1문 전단 인간으로서의 존엄의 의미와 법적 성격), 80～101쪽; 같은 사람, 「헌법상 인격권의 보장체계와 보호법익」, 『헌법논총』 제19집, 헌법재판소, 2008, 498～499쪽 참조. 참고로 독일의 형법학자 힐겐도르프(Eric Hilgendorf)는 인간의 존엄에서 나타나는 주관적 권리의 범주로 7가지를 제시한다(Eric Hilgendorf, 김영환/홍승희 옮김, 「남용된 인간의 존엄 - 생명윤리논의의 예에서 본 인간의 존엄이라는 논증점의 문제점」, 『법철학연구』 제3권 제2호, 한국법철학회, 2000, 273쪽). ① 생존에 필요한 최소한의 재화(예를 들어 음식, 공기, 공간)를 개개인에게 제공하지 않는 것(물질적인 최소한의 생존 조건에 관한 권리), ② 최소한의 자유권을 개개인에게서 박탈하는 것(자율적인 자기실현의 권리), ③ 극심하고 오래 지속하는 (신체적이거나 정신적) 고통을 (작위나 부작위로) 다른 사람에게 부과하는 것(고통에서 벗어날 권리), ④ 다른 사람의 초개인적인 사생활 영역을 밝혀내거나 이에 관한 정보를 제3자가 수집할 수 있게 하는 것(사생활 영역의 보장권), ⑤ 마약이나 '세뇌'와 같은 어쩔 수 없는 수단을 이용하여 다른 사람의 의식을 지속해서 심하게 변경하는 것(정신적이고 심리적인 통합권), ⑥ 사람에게 법주체로서 가지는 지위를 인정하는 것을 거부하는 것(근본적인 법적 평등에 관한 권리), ⑦ 어떠한 인간을 위에서 언급한 ①에서 ⑥까지의 침해 형태를 초월해서 극단적인 방식으로 비하하거나 그 자신의 자존심을 침해하는 것(최소한의 자존에 관한 권리).

(ii) 사법 관계에 직접 적용 가능성

인간의 존엄성 규정은 전체 법질서의 객관적 요소로서 사인에 대해서도 효력이 있다는 견해가 있다.[31] 즉 사인 서로 간의 관계에서 존엄권을 개별 기본권이나 법률이 충분히 보장하지 못하면 존엄권을 사인에게도 직접 적용하거나 간접 적용하여 기본권이 사인을 구속한다는 것이다. 존엄권을 직접 적용하거나 간접 적용하는지의 문제는 구체적 상황에 따라 그때그때 존엄권의 임무와 기능을 고려하여 헌법 질서의 테두리 안에서 판단할 문제이지 획일적으로 정할 수 없는 문제라고 한다. 그리고 인간으로서 가지는 존엄과 가치에서 도출하는 인격권은 성질에 비추어 사법 질서에도 직접 적용하여야 하는 것은 아닌지 하는 의문이 있다는 견해도 있다.[32]

인간의 존엄은 인간의 주체성을 국가, 다른 개인이나 그 개인의 집단이 하는 모든 침해에서 절대적으로 보호함으로써 비로소 그 인간이 독자적 존재로 '있을 수 있게' 해주는 것이므로 헌법은 이를 제한할 수 없다.[33] 따라서 인간의 존엄을 제한하는 어떠한 것도 헌법은 정당화하지 않는다. 이때 인간의 존엄은 인간이면 누구나 존엄성이 있고 이러한 존엄성을 차별하지 않음을 포함한다. 즉 인간의 존엄은 합리적 차별이 가능한 상대적 평등 이전의 절대적 평등을 내포한다.[34] 그러므로 인간의 존엄에 관해서는 어떠한 차별도 인정할 수 없다. 그리고 인간의 존엄은 포기할 수 없으므로 개인이 국가나 사인에 대해서 자기의 존엄을 침해하도록 허용할 수 없다.[35] 따라서 사법 관계에서도 인간의 존엄을 침해하는 행위는 모두 헌법 위반이 된다. 이러한 까닭에 인간의 존엄은 사법 관계에 직접 적용할 수 있는 기본권이다.

② 행복추구권(헌법 제10조 제1문 전단)?

(i) 주관적 권리성 인정 여부

'행복'이라는 말은 법조문화할 성격의 개념이 아니라면서 기본권 형식의 실정헌법 규정을 무시한 채 구체적 규범성을 부인하거나[36] 행복추구권을 구체적인

31) 계희열(주 9), 213쪽; 같은 사람(주 27), 326쪽.
32) 김선택(주 1), 170~171쪽.
33) 김선택(주 27, 헌법 제9조 제1문 전단 인간으로서의 존엄의 의미와 법적 성격), 101쪽.
34) 김선택(주 27, 헌법 제9조 제1문 전단 인간으로서의 존엄의 의미와 법적 성격), 43쪽.
35) 김선택(주 27, 헌법 제9조 제1문 전단 인간으로서의 존엄의 의미와 법적 성격), 105쪽.

기본권이라고 할 수는 없다고 보고, 그것은 오히려 모든 자유권적 기본권의 이념과 가치로서 의의가 있어서 모든 자유권은 이 행복추구권의 정신적 기초 위에서 해석·적용되는 것이라는[37] 견해가 있다. 전자는 실정헌법 조문의 법규범성을 부정하는 것은 헌법 해석의 과제를 포기하는 것이므로 채택하기 어렵다. 그리고 후자는 인간으로서 가지는 존엄과 가치 이외에 또 다른 이념을 인정하는 것은 불필요한 중복일 뿐 아니라 이념 서로 간에 불필요한 갈등을 일으킬 수 있으므로 타당하지 않다.[38]

그리고 행복추구권을 다른 모든 기본권을 포괄하는 권리, 즉 다른 모든 기본권이 거기서 도출되어 나올 수 있는 일종의 모권으로 보는 견해[39]와 헌법 제10조 제1문 전단의 '인간의 존엄과 가치'와 후단의 '행복추구권'을 하나로 묶고, 이 묶음을 하나의 기본권으로 이해하는 견해[40]가 있다. 전자는 헌법에 제37조 제1항이 있다는 점에서 문제가 있다.[41] 그리고 후자는 인간으로서 가지는 존엄과 가치는 자기 보존에, 행복추구권은 자기 발현에 각각 상응하므로 서로 다른 개념이고,[42] 인간의 존엄과 행복 추구가 불가분의 관계에 있다고 하나 이것은 인간의 존엄과 그 밖의 기본권의 관계에서도 마찬가지이므로[43] 타당하지 않다.

---

36) 허 영(주 25), 355～356쪽.

37) 김운용, 「행복추구권의 해석」, 『고시연구』 제15권 제12호(통권 제177호), 고시연구사, 1988. 12., 59쪽; 박일경, 「행복을 추구할 권리」, 『고시연구』 제8권 제3호(통권 제84호), 고시연구사, 1981. 3., 36～40쪽; 같은 사람(주 25), 248쪽. 이 견해는 국가를 전제로 하지 않는 행복추구권의 자연법적 유래에 어긋난다.

38) 김선택, 「행복추구권」, 『고시연구』 제20권 제10호(통권 제235호), 고시연구사, 1993. 10., 352～353쪽; 같은 사람(주 27, "행복추구권"과 "헌법에 열거되지 아니한 권리"의 기본권체계적 해석), 183～184쪽.

39) 구병삭(주 26), 406쪽; 권영성(주 17), 384쪽; 김명규, 「현대헌법상의 행복추구권」, 『헌법학과 법학의 제문제』(효산 김계환교수 화갑기념논문집), 박영사, 1996, 56쪽; 김명식, 「행복추구권에 관한 연구」, 성균관대학교 법학박사학위논문, 2000, 145～146쪽; 문홍주, 『제6공화국 한국헌법』, 해암사, 1987, 219쪽; 성낙인(주 17), 1091쪽; 심경수(주 27), 202쪽; 안용교(주 25, 인간으로서의 존엄·가치와 행복추구권), 32쪽; 같은 사람(주 25, 한국헌법); 장석권(주 25), 39～40쪽; 장영수(주 2), 574～575쪽; 정재황(주 27), 342～343쪽.

40) 김철수(주 26), 507, 513～517쪽.

41) 김선택(주 38), 353쪽; 같은 사람(주 27, "행복추구권"과 "헌법에 열거되지 아니한 권리"의 기본권체계적 해석), 184쪽.

42) 김선택(주 27, "행복추구권"과 "헌법에 열거되지 아니한 권리"의 기본권체계적 해석), 98쪽.

43) 홍성방, 「행복추구권 - 특히 그 법적 성격과 내용을 중심으로 -」, 『헌법학연구』 제5권 제2호, 한국헌법학회, 1999, 207쪽; 같은 사람[주 27, 헌법학(중)], 45쪽.

헌법재판소는 행복추구권 침해를 인정하고 그를 이유로 헌법소원을 제기할 수 있음을 인정함으로써 행복추구권의 주관적 권리성을 인정한다.[44] 그리고 행복추구권의 포괄적 성격을 인정하되, 자유권적 성격의 보장만을 내용으로 한다는 점을 분명히 밝힌다.[45] 행복추구권 속에는 일반적 행동자유권과 개성의 자유로운 발현권이 함축되어 있다고 한다.[46]

일반적 행동자유권에는 적극적으로 자유롭게 행동을 하는 것은 물론 소극적으로 행동을 하지 않을 자유, 즉 부작위의 자유도 포함되는 것으로 보았다.[47] 이때 가치 있는 행동만 그 보호영역으로 하지 않는다고 한다.[48] 일반적 행동자유권의 구체적인 예로는 계약의 자유[49]를 들고, 그 밖에 일반적 행동자유권에 속하는 무정형적 행위로 소년이 당구를 통하여 자신의 소질과 취미를 살리는 것,[50] 18세 미만자의 노래연습장 출입,[51] 하기 싫은 일(음주측정에 응하는 일)을 강요당하지 아니할 권리,[52] 기부금품모집행위,[53] 부동산을 양수한 자가 소유권이전등기를 할 것인지를 결정할 자유,[54] 결혼식 하객에게 주류와 음식물을 대접하는 행위,[55] 무상 또는 일회적·일시적으로 가르치는 행위,[56] 자신의 행복 추구를 위하여 내키지 아니하는 일(법 위반 사실 공표)을 하지 아니할 일반적 행동자유권,[57] 위험한 스포츠를 즐길 권리와 같은 위험한 생활 방식으로 살아갈 권리,[58] 하기 싫은 일

---

44) 헌재 1989. 10. 27. 89헌마56, 판례집 1, 309, 317; 헌재 1997. 2. 20. 95헌마362, 판례집 9-1, 179, 183.

45) 헌재 1995. 7. 21. 93헌가14, 판례집 7-2, 1, 32; 헌재 1997. 11. 27. 97헌바10, 판례집 9-2, 651, 673.

46) 헌재 1991. 6. 3. 89헌마204, 판례집 3, 268, 275-276; 헌재 1998. 5. 28. 96헌가5, 판례집 10-1, 541, 549.

47) 헌재 1991. 6. 3. 89헌마204, 판례집 3, 268, 276.

48) 헌재 2003. 10. 30. 2002헌마518, 판례집 15-2하, 185, 199-200.

49) 헌재 1991. 6. 3. 89헌마204, 판례집 3, 268, 276; 헌재 1998. 5. 28. 96헌가5, 판례집 10-1, 541, 549; 헌재 2001. 2. 22. 99헌마365, 판례집 13-1, 301, 313-314; 헌재 2013. 12. 26. 2011헌바234, 판례집 25-2하, 649, 654.

50) 헌재 1993. 5. 13. 92헌마80, 판례집 5-1, 365, 383-384.

51) 헌재 1996. 2. 29. 94헌마13, 판례집 8-1, 126, 145.

52) 헌재 1997. 3. 27. 96헌가11, 판례집 9-1, 245, 264.

53) 헌재 1998. 5. 28. 96헌가5, 판례집 10-1, 541, 549.

54) 헌재 1998. 5. 28. 96헌바83, 판례집 10-1, 624, 634.

55) 헌재 1998. 10. 15. 98헌마168, 판례집 10-2, 586, 596.

56) 헌재 2000. 4. 27. 98헌가16등, 판례집 12-1, 427, 455.

57) 헌재 2002. 1. 31. 2001헌바43, 판례집 14-1, 49, 57.

(소변을 받아 제출하는 일)을 하지 않을 자유와 자기 신체 상태나 정보에 대하여 외부에 알리지 않을 자유,[59] 지역 방언을 자신의 언어로 선택하여 공적 또는 사적인 의사소통과 교육의 수단으로 사용하는 것,[60] 공원 탐방객이 자연공원 지역을 자유롭게 출입할 자유,[61] 개인의 생활방식과 취미에 관한 사항[62] 등을 든다.

개성의 자유로운 발현권은 일반적 행동자유권과 별개의 권리임을 이야기되지만,[63] 별도로 언급되지 않고, 일반적 행동자유권과 별도로 이것이 어떤 내용의 권리인지 구체적으로 설시된 예는 없다.[64] 헌법재판소는 인간의 존엄과 가치와 결합한 행복추구권의 내용으로서 자기결정권을 인정한다.[65] 그 밖에 헌법재판소는 행복추구권에서 사적자치권,[66] 자신이 마실 물을 선택할 자유와 수돗물 대신 먹는샘물을 음용수로 이용할 자유,[67] 휴식권[68] 등을 도출한다.

대법원은 행복추구권의 독자적 주관적 권리성을 인정하고,[69] 그 내용으로 만

58) 헌재 2003. 10. 30. 2002헌마518, 판례집 15-2하, 185, 200.

59) 헌재 2006. 7. 27. 2005헌마277, 판례집 18-2, 280, 286.

60) 헌재 2009. 5. 28. 2006헌마618, 판례집 21-1하, 746, 756-757.

61) 헌재 2012. 2. 23. 2010헌바99, 공보 185, 395, 397.

62) 헌재 2003. 10. 30. 2002헌마518, 판례집 15-2하, 185, 200; 헌재 2014. 4. 24. 2011헌마659등, 판례집 26-1하, 176, 190.

63) 헌재 1991. 6. 3. 89헌마204, 판례집 3, 268, 275-276; 헌재 1998. 5. 28. 96헌가5, 판례집 10-1, 541, 549.

64) 인격의 자유로운 발현권이라고도 한다(헌재 2012. 11. 29. 2011헌마827, 판례집 24-2하, 250, 260-261: "헌법 제10조에 의하여 보장되는 행복추구권은 일반적인 행동의 자유와 인격의 자유로운 발현권을 포함하는바, 학생은 교육을 받음에 있어서 자신의 인격, 특히 성향이나 능력을 자유롭게 발현할 수 있는 권리가 있다. 학생은 인격의 발전을 위하여 어느 정도는 부모와 학교의 교사 등 타인에 의한 결정을 필요로 하는 아직 성숙하지 못한 인격체이지만, 부모와 국가에 의한 교육의 단순한 대상이 아닌 독자적인 인격체이며, 그의 인격은 성인과 마찬가지로 보호되어야 하기 때문이다. 따라서 헌법은 국가의 교육권한과 부모의 교육권의 범주 내에서 학생에게도 자신의 교육에 관하여 스스로 결정할 권리, 즉 자유롭게 교육을 받을 권리를 부여하고(헌재 2000. 4. 27. 98헌가16, 판례집 12-1, 427, 455-456 참조), 학생은 국가의 간섭을 받지 아니하고 자신의 능력과 개성, 적성에 맞는 학교를 자유롭게 선택할 권리를 가진다.")

65) 헌재 1990. 9. 10. 89헌마82, 판례집 2, 306, 310; 헌재 1997. 7. 16. 95헌가6등, 판례집 9-2, 1, 16-17. 소비자가 자신의 의사에 따라 자유롭게 상품을 선택하는 소비자의 자기결정권도 행복추구권이 보호한다고 한다(헌재 2002. 10. 31. 99헌바76등, 판례집 14-2, 410, 429).

66) 헌재 2001. 5. 31. 99헌가18등, 판례집 13-1, 1017, 1084.

67) 헌재 1998. 12. 24. 98헌가1, 판례집 10-2, 819, 840.

68) 헌재 2001. 9. 27. 2000헌마159, 판례집 13-2, 353, 362.

69) 대법원 1983. 3. 22. 선고 82도2151 판결(집31-2, 20; 공1983, 771); 대법원 1999. 5. 14. 선고 97누19991 판결(공1999상, 1179); 대법원 1999. 6. 25. 선고 98도3927 판결(공1999하, 1553);

나고 싶은 사람을 만날 권리,[70] 자신이 먹고 싶은 음식이나 마시고 싶은 음료수를 자유롭게 선택할 수 있는 권리,[71] 기부금품을 자유로이 모집할 수 있는 권리[72] 등을 든다.

'행복추구권'이 '인간으로서의 존엄과 가치' 보장과 더불어 또 하나의 기본권 보장 이념으로서 객관법적 효력이 있는지를 먼저 문제 삼을 수 있다. 일단은 행복추구권이 인간으로서의 존엄과 가치와 함께 하나의 문장으로 동시에 기본권 목록의 제일 앞에 규정되고(외적-체계적 위치), 나아가 그 '행복 추구'라는 불확정적 개념 아래 광범한 생활영역을 포섭할 수 있는 것으로 비치므로 그것이 하나의 객관적 개념으로 기능할 수 있으리라는 점을 의심할 필요가 없는 듯이 보인다. 그러나 ① 행복추구권을 또 하나의 이념으로 인정하면 인간으로서의 존엄과 가치가 최고가치로서 갖는 이념적 작용이 약해질 우려가 있다. 그리고 ② 헌법 조문에서 이미 '권리'라고 규정한다. 그러한 점에서 행복추구권은 인간으로서의 존엄과 가치 이외의 또 다른 기본권 보장 이념으로 볼 수 없다. 따라서 행복추구권은 구체적 개별 기본권으로 보아야 한다.[73]

헌법 제10조 제1문 전단 '인간으로서의 존엄과 가치'와 제10조 제1문 후단 '행복추구권' 사이에 그 내용상 긴밀한 결합을 통해서 좁은 범위의 개인적 인격영역에 관계되는 일반적 인격권을 형성한다.[74] 이때 '인간으로서의 존엄과 가치'는 일반적 인격권을 인정할 때 그 보호영역에 한계를 그어주기 위한 보조적인

대법원 1999. 12. 10. 선고 98다36344 판결(공2000상, 158); 대법원 2001. 3. 9. 선고 99다13157 판결(집49-1, 203; 공2001상, 831); 대법원 2001. 10. 30. 선고 99두4860 판결(공2001하, 2610).

70) 대법원 1992. 5. 8. 선고 91누7552 판결(공1992, 1871); 대법원 1992. 5. 8.자 91부8 결정(공1992, 2151). 다만, 이 판례는 만나고 싶은 사람을 만날 수 있는 것은 인간의 가장 기본적인 자유 중 하나로서, 인간으로서 가지는 존엄과 가치와 행복추구권에 포함되어 헌법이 보호하는 기본권이라고 한다.

71) 대법원 1994. 3. 8. 선고 92누1728 판결(공1994상, 1195); 대법원 1995. 11. 14. 선고 92도496 판결(공1996상, 110).

72) 이는 헌법이 보호하는 행복추구권에서 파생하는 일반적 행동자유권에 속한다고 한다[대법원 1999. 7. 23. 선고 99두3690 판결(공1999하, 1809)].

73) 이상 김선택(주 38), 355쪽; 같은 사람(주 27, "행복추구권"과 "헌법에 열거되지 아니한 권리"의 기본권체계적 해석), 189~190쪽.

74) 헌재 2001. 10. 25. 2000헌바60, 판례집 13-2, 480, 485: "헌법 제10조에서 보장하는 개인의 인격권에는 개인의 자기운명결정권이 전제되는 것이고 이 자기운명결정권에는 성행위여부 및 그 상대방을 결정할 수 있는 성적 자기결정권이 포함되어 있으며, ……"

기준 역할을 할 수 있다. 따라서 단지 인격의 제한된 영역에 관련하여서만 일반적 인격권을 인정할 수 있다. 일반적 인격권은 인격이 발현되는 모든 관계를 포괄한다.[75] 그리고 행복추구권은 일반적 행동자유권으로서 '행복 추구'라는 개념에 포섭할 수 있는 무규정적이고 비정형적인 넓은 범위의 행동을 보호한다. 따라서 일반적 행동자유권을 보호하는 행복추구권은 인격의 자유로운 발현을 위한 더 넓은 영역을 포섭한다. 사항주제별 영역 설정이 가능하고 정형적인 범주를 형성하는 행동 유형은 헌법 제37조 제1항의 '헌법에 열거되지 아니한 권리'의 하나로서 보호된다. 이때 행복추구권은 포괄규범으로 객관법적 작용을 한다.[76), 77)]

---

75) 일반적 인격권으로 논의하는 내용은 헌법 제17조 사생활의 비밀과 자유의 내용과 겹치는 부분이 있다. 따라서 행복추구권에서 도출하는 일반적 인격권은 구체적 개별 기본권인 사생활의 비밀과 자유에서 보호하는 내용을 제외한 제한적인 내용으로 이해하여야 한다[김선택(주 27, 헌법 제9조 제1문 전단 인간으로서의 존엄의 의미와 법적 성격), 357쪽 주 16; 같은 사람(주 27, "행복추구권"과 "헌법에 열거되지 아니한 권리"의 기본권체계적 해석), 192쪽 주 33].

헌재 2005. 10. 27. 2002헌마425, 판례집 17-2, 311, 319-320: "헌법 제10조로부터 도출되는 일반적 인격권에는 개인의 명예에 관한 권리도 포함될 수 있으나(헌재 1999. 6. 24. 97헌마265, 판례집 11-1, 768, 774), 여기서 말하는 '명예'는 사람이나 그 인격에 대한 '사회적 평가', 즉 객관적·외부적 가치평가를 말하는 것이지 단순히 주관적·내면적인 명예감정은 포함하지 않는다고 보아야 한다. 그와 같은 주관적·내면적·정신적 사항은 객관성과 구체성이 미약한 것이므로 법적인 개념이나 이익으로 파악하는 데는 대단히 신중을 기하지 않을 수 없기 때문이다. 헌법이 인격권으로 보호하는 명예의 개념을 사회적·외부적 징표에 국한하지 않는다면 대단히 주관적이고 개별적인 내심의 명예감정까지 모두 여기에 포함되어 입법이나 공권력 작용은 물론 사인(私人)간의 생활관계에서도 전혀 의도하지도 않았고 예측할 수도 없었던 상황에서 명예권 침해의 주장이 제기되고 법적 분쟁화하는 것을 막을 수 없다. 명예권의 개념을 그와 같이 확장하여서는 오늘날 다양한 이해관계가 그물망처럼 얽혀 있는 복잡다단한 사회에서 명예분쟁이 어떤 양상으로 분출될지 조감하기 어려워 비단 입법자나 공권력 주체뿐만 아니라 언론의 자유나 학문의 자유 등의 기본권을 행사하는 사인들에게도 무수한 명예권 침해 항변에 맞닥뜨리도록 하는 부담을 안겨주게 될 것이다."

76) 이에 관해서 자세한 것은 계희열(주 9), 217~224쪽; 김선택(주 38), 354~360쪽; 같은 사람(주 27, "행복추구권"과 "헌법에 열거되지 아니한 권리"의 기본권체계적 해석), 189~196쪽 참조.

행복추구권의 구체적 내용을 넓은 뜻의 일반적 인격권으로 보고, 이것이 협의의 일반적 인격권과 인격발현권(일반적 행동의 자유)을 포함한다는 견해도 비슷한 견해로 보인다{홍성방(주 43), 214~215쪽; 같은 사람[주 27, 헌법학(중)], 55~56쪽}. 이 견해는 위 견해가 일반적 인격과 일반적 행동의 자유 이외에 생명권을 포함하는데, 이것은 행복추구권의 포괄규범성을 오해한 것으로 생명권의 헌법적 근거는 헌법 제37조 제1항이며 생명권 자체도 헌법에 열거되지 아니한 권리의 대표적인 예에 불과하다.

77) 이에 관해서 ① 행복추구권이 헌법 제37조 제1항의 헌법에 열거되지 아니한 권리를 인정하는 실질적 기준으로 기능을 하는 포괄규범성을 인정한 것은 행복추구권에 이념성을 인정한

(ii) 사법 관계에 직접 적용 가능성

행복추구권에 대국가적 효력과 대사인적 효력이 아울러 있어서 국가나 사인이 행복추구권을 침해하거나 방해하면 행복추구권 침해를 이유로 침해행위 배제 청구, 침해 예방 청구나 손해배상 청구를 할 수 있다는 견해가 있다.[78] 그리고 행복추구권은 전체 법질서의 객관적 요소로서 사인에 대해서도 효력이 있다는 견해가 있다.[79] 이 견해는 사인 사이에서 행복추구권 적용은 일반 법률이 행복 추구를 전혀 아니면 충분히 보장하지 못할 때만 국한한다. 그리고 사인 사이에 행복추구권을 적용하면 구체적 상황에 따라 그때그때 직접 적용하거나 간접 적용할 수 있다고 한다.

행복추구권은 자연법적 유래에 비추어 국가 이전의 자유권적 성격 보장에 국한하므로 국가를 전제로 하는 국가내적 보장인 사회권적 내용을 포함하지 않는다.[80] 행복추구권은 개별 기본권과 헌법 제37조 제1항이 보호하지 않는 기본권을 보충적으로 보장하는 자유권으로,[81] 다른 자유권적 기본권에 대해서 일반조항적인 성격이 있으므로 행복추구권은 다른 개별적인 자유권과 일반-특별관계에 있다.[82] 따라서 행복추구권은 다른 개별적인 기본권의 보호영역에 속하지

것이고, 구체적 기본권인 행복추구권이 헌법 제37조 제1항의 헌법에 열거되지 아니한 권리를 인정하는 실질적 기준이라는 결론을 유지하려면 그에 설득력 있는 논증이 따라야 하며, 더 나아가 ② 행복추구권은 인간으로서 가지는 존엄과 가치와 결합하여 좁은 범위의 개인적 인격 영역에 관계되는 일반적 인격권을 형성한다는 것은 인간으로서 가지는 존엄과 가치와 통합적으로 이해하는 견해의 결론을 받아들이는 결과에 이른다는 비판이 있다{홍성방(주 43), 210~211쪽; 같은 사람[주 27, 헌법학(중)], 47~48쪽}. 하지만 전자(①)는 포괄규범은 헌법에 열거되지 아니한 권리의 내용을 파악하는 기준으로 작용하는 것에 지나지 않으므로 이념이라고 보기 어렵고, 헌법 제10조 제1문 후단의 행복추구권이라는 규정이 구체적 권리성과 포괄규범성을 포함하는 것이고 구체적 권리인 행복추구권이 포괄규범도 되는 것은 아니므로 타당한 비판이 아니다. 그리고 후자(②)는 일반적 인격권은 행복추구권의 내용이고 인간으로서 가지는 존엄과 가치는 일반적 인격권의 보호영역에 한계를 그어주는 보조적 기준으로 작용하는 것에 그치므로 양자를 통합적으로 이해하는 것은 아니라는 점에서 적절한 비판이 아니다. 특히 인간으로서 가지는 존엄과 가치에서 도출하는 구체적 권리는 제한이 불가능하다는 점에서 행복추구권에서 도출하는 구체적 권리와 명백히 구별된다.

78) 권영성(주 17), 386쪽.

79) 계희열(주 9), 226쪽.

80) 김선택, 「헌법재판소판례에 비추어 본 행복추구권」, 『헌법논총』 제10집, 헌법재판소, 1998, 32쪽. 헌법재판소도 같은 견해이다(헌재 1995. 7. 21. 93헌가14, 판례집 7-2, 1, 32; 헌재 2000. 6. 1. 98헌마216, 판례집 12-1, 622, 648).

81) 같은 견해: 헌재 2000. 12. 14. 99헌마112등, 판례집 12-2, 399, 408.

82) 행복추구권이 모든 자유권을 포괄할 수 있는 기본권이기는 하지만, 특별법 우선의 원칙에

않아야 비로소 문제 된다. 행복추구권은 자유권적 기본권이므로 원칙적으로 국가를 상대로 주장할 수 있는 기본권이다. 그리고 보충적 의미의 자유권이므로 다른 개별적인 자유권과 다른 효력을 인정할 수 없다. 만일 행복추구권을 직접 적용할 수 있다면 다른 모든 개별 자유권도 직접 적용할 수 있어야 한다. 하지만 이는 대국가적 효력을 전제로 하는 자유권의 성격에 비추어 인정하기 곤란하다. 따라서 행복추구권은 다른 자유권과 마찬가지로, 성질에 비추어 직접 적용할 수 있는 기본권이라고 볼 수 없다.

③ 근로3권(단결권, 단체교섭권, 단체행동권 : 헌법 제33조)

노동 관련 사법 관계에는 근로기준법, '노동조합 및 노동관계조정법', '근로자참여 및 협력증진에 관한 법률' 등과 같은 노동법을 적용하여 분쟁을 해결한다는 점에서 근로3권은 사용자의 막강한 힘이 사법 질서에 발생시키는 폐해를 방지하기 위한 입법기관과 사법기관의 기본권보호의무를 강조한 것이라서 사법 관계에 기본권을 직접 적용하는 것을 가리키는 주관적 사권성 인정 여부와 구별하고 근로3권의 주관적 사권성도 부인하는 견해가 있다.[83)]

그리고 근로3권의 직접적 대사인적 효력을 인정한다고 하는 것은 결과적으로 '주관적 사권'성을 인정해서 근로3권을 근거로 한 사법의 권리가 생길 수 있으므로, 사인 사이에 체결하는 사법의 근로계약이라도 그것이 근로3권을 무시하고 체결한 것이면 마치 민법의 금지 규정을 어긴 법률행위처럼 당연히 무효가 된다는 결론에 이르나, 무효 주장만으로 무효가 되는 것이 아니고 그 판단 지표가 되므로 근로3권은 법률해석을 통해서 사용자에게도 그 효력이 미친다는 견해가 있다.[84)]

또한, 근로3권 보장은 본래 근로조건에 관한 노사의 자율적 협약과 관련하여

따라 헌법에서 열거한 자유권은 그 각각의 자유권으로, 헌법에 열거되지 않았으나 사항주제별 영역 설정이 가능하고 정형적인 범주를 형성하는 자유권은 (헌법 제10조 1문 후단의 '행복 추구'가 실질적 표지 기능을 하는) 헌법 제37조 제1항의 헌법에 열거되지 않은 권리로 각각 보호하고, 그 밖의 무규정적이고 비정형적인 넓은 범위의 행동이 일반적 행동의 자유로 행복추구권이 보호한다. 이에 관해서는 김선택(주 27, "행복추구권"과 "헌법에 열거되지 아니한 권리"의 기본권체계적 해석), 201~202쪽 참조.

83) 장영철, 「사법질서에 있어서 기본권의 의미」, 『새울법학』 제5권 제2호(통권 제6호), 대전대학교 법학연구소, 2002, 5쪽.

84) 허 영(주 25), 589~584쪽.

세력 관계의 균형을 도모하고 근로자가 국가 개입 없이 자유롭게 집단행동을 통해서 사용자와 협약할 가능성을 보장하는 것에 그 목적이 있으므로 사용자를 기본권에 직접 구속하려는 것이 아니고, 독일 기본법 제9조 제3항 제2문과 달리 헌법 제33조는 제3자에 대한 구속력을 명시하지 않으므로 간접 적용한다는 견해가 있다.[85)]

현행 헌법 제23조와 제119조 제1항은 사유재산권을 인정한다. 따라서 사용자는 기업을 사유(私有)할 수 있다. 그리고 기업에 대한 사유재산권에서 경영권, 인사권 그리고 이윤보유권이 파생한다. 근로자는 사용자의 기업에 노동력을 제공하고 임금을 받아 생활한다. 사용자와 근로자의 관계는 근로계약이라는 사법 계약을 통해서 형성되므로 노사 사이의 근로관계는 사인 사이의 계약관계로서 사법적 성격이 있다.[86)] 그런데 사용자는 사회경제적 지위가 근로자보다 우위에 있어 양자 사이에 대등한 교섭을 통한 근로계약 체결을 기대하기 어렵다. 이처럼 자본과 노동을 엄격히 분리한 가운데 노사관계라는 불균형한 사법 관계가 형성되는 것을 전제로 근로자를 위한 근로3권이 보장된다.

근로3권은 근로자들이 노동조합을 조직하고 단체교섭과 단체행동을 통해서 그들의 근로조건을 집단으로 개선하는 권리인데, 근로자들이 노동조합을 통해서 사용자에게서 쟁취할 수 있는 대상은 노동력 대가인 임금과 그 밖의 근로조건에 국한한다. 근로3권은 근로자들이 그들의 노동력을 통제하여 사용자에 대해서 실질적 자유와 평등을 확보하는 데 목적이 있다.[87)] 즉 근로자에게 근로3권을 보장함으로써 근로자는 사용자와 대등한 지위에서 근로조건을 결정할 수 있다.[88)] 이처럼 근로3권은 근로자들이 노동조합을 조직하여 단체행동이라는 실력을 배경으로 하여 사용자와 단체교섭을 할 수 있는 권리를 규정한 것이므로 원칙적으로 국가가 아닌 사용자에 대한 근로자의 권리를 인정한 것이다. 따라서 근로3권은

85) 김주환(주 18), 23～24쪽.

86) 같은 견해: 김선택(주 1), 170쪽.

87) 하경효, 「쟁의행위에 있어서 과잉침해금지의 적용」, 『노동법학』 제3호, 한국노동법학회, 1991, 81쪽.

88) 근로3권은 사용자와 근로자가 동등한 지위에서 근로조건을 결정할 수 있도록 보장하는 것이므로 근로계약의 내용에 관해서는 근로3권과 직접 관련이 없는 한 근로3권이 효력을 미칠 수 없다. 이때 관련되는 다른 기본권을 적용할 수 있는지가 문제 된다. 하경효, 「근로관계에 있어서 근로자의 양심의 자유와 자기책임」, 『노동법에 있어서 권리와 책임』(김형배교수화갑기념논문집), 박영사, 1994, 170～172쪽 참조.

성질에 비추어 사법 관계에 직접 적용된다.[89)]

대법원은 "사용자가 그 경영의 사업체를 폐업하고 이에 따라 소속 근로자를 해고하는 것은 그것이 노동조합의 단결권 등을 방해하기 위한 위장폐업이 아닌 한 원칙적으로 기업경영의 자유에 속하는 것으로서 유효"[90)]하다고 하여 근로3권을 사법 관계에 적용하나, 간접적으로 적용하는지 직접적으로 적용하는지는 분명하지 않다.

④ 언론의 자유(헌법 제21조 제4항)?

헌법 제21조 제4항은 "언론·출판은 타인의 명예나 권리 또는 공중도덕이나 사회윤리를 침해하여서는 아니된다. 언론·출판이 타인의 명예나 권리를 침해한 때에는 피해자는 이에 대한 피해의 배상을 청구할 수 있다."라고 규정한다. 이 제2문의 규정 내용에 착안하여, 언론·출판의 자유라는 기본권에 대해서만 특별히 직접적인 대사인적 효력을 헌법 스스로 인정한 것으로 보는 견해가 있다.[91)]

헌법 제21조 제4항은 기본권이 보호하는 2개의 개인적 이익이 충돌할 가능성과 하나의 이익을 다른 이익의 일방적 관철에서 보호하여야 할 필요성이 있음을 나타낸다.[92)] 그러나 헌법 제21조 제4항의 손해배상청구권 규정은 기본권 침해에 대한 구체적 구제 방법을 법률에 유보하는 현행 헌법의 기본권 제한 체계에 비추어 민법의 불법행위책임 규정을 염두에 두고 규정한 것이다. 따라서 이 조항은 언론·출판의 자유의 대사인적 효력을 인정한 조항이라고 볼 수는 없고,

---

89) 같은 견해: 계희열(주 9), 100, 787∼788쪽; 권영성(주 17), 331, 695쪽; 김철수(주 26), 1187∼1188쪽.

90) 대법원 1992. 5. 12. 선고 90누9421 판결(공1992, 1877); 대법원 1993. 6. 11. 선고 93다7457 판결(공1993하, 2016); 대법원 1992. 10. 12. 선고 94다52768 판결(공1995하, 3728).

91) 허 영(주 25), 281쪽: "민법상의 불법행위에 관한 규정(제750조 이하)만으로도 충분히 해결될 수 있는 사항을 헌법에 특별히 규정한 이유는 '언론·출판의 자유'가 현대사회에서 가지는 사회통합적·민주적 기능 때문에 이 기본권에 대해서 특별히 직접적 사인효력을 인정함으로써 언론의 사회적 책임을 강조하고 동화적 통합의 분위기조성을 촉진시키고자 하는 데 헌법상의 의의가 있다고 보아야 할 것 같다." 같은 견해: 김주환(주 18), 24∼25쪽; 윤세창, 『신헌법(전정판)』, 일조각, 1983, 106쪽. 이에 대해서 헌법 제21조 제4항은 현대사회에서 언론·출판의 중요성, 과제, 기능 등을 고려하면서 언론의 책임을 분명히 밝히는 것이어서, 이 규정은 언론·출판이 자신에게 주어진 커다란 힘을 사용하여 한계를 일탈하지 말 것과 한계를 일탈하였을 때의 결과를 헌법이 규정한 것으로 기본권의 대사인적 직접 효력을 근거 지운 규정으로 보는 것은 무리라고 하는 비판이 있다(홍성방, 『헌법학(상)(제3판)』, 현암사, 2016, 431쪽).

92) 정태호(주 16), 15쪽.

오히려 언론출판의 자유를 법률로 제한할 수 있는 별도의 근거 규정으로 보는 것이 타당하다. 즉 헌법 제37조 제2항의 일반적 법률유보 조항과 더불어 헌법 제21조 제4항 제2문은 언론·출판의 자유에 대한 제한적 법률유보 규정[93]이므로 민법의 불법행위에 근거한 손해배상청구권의 근거 규정으로 볼 수 있다.[94]

그리고 헌법 제21조 제4항의 내용은 1962년 헌법 제18조 제5항에서 제1문이 처음 헌법에 들어와서 1972년 헌법에서 삭제되었다. 그 후 1980년 헌법 제20조 제2항에서 현행 헌법과 같은 내용으로 다시 헌법에 들어와 현행 헌법까지 유지된다. 1962년 헌법 제18조 제1항은 언론·출판의 자유를 보장하면서 같은 조 제2항, 제3항, 제4항은 모두 언론·출판의 자유를 제한하는 내용을 담는다. 이러한 맥락에 비추어 같은 조 제5항도 언론·출판의 자유를 제한하는 내용을 담는다고 보아야 하고 실제 내용도 타인의 명예, 권리, 공중도덕이나 사회윤리를 언론·출판이 침해할 수 없다는 내용으로 언론·출판의 제한 근거로 볼 수 있다. 언론·출판이 타인의 명예, 권리, 공중도덕이나 사회윤리를 침해할 수 없으므로 이러한 것을 침해하는 언론·출판은 헌법에 어긋나서 금지되고, 이러한 행위는 사법상 불법행위가 되어 손해배상 청구의 근거가 된다. 따라서 1980년 헌법에서 추가한 제2문이 없어도 손해배상을 청구할 수 있으므로, 제2문은 이러한 내용을 확인한 것에 불과한 것으로 볼 수 있다. 그리고 내용에 비추어 타인의 명예, 권리, 공중도덕이나 사회윤리가 언론·출판의 자유를 제한하는 것이므로 오히려 이러한 것들을 직접 적용할 수 있다고 주장하는 것이 논리적이다.[95]

또한, 헌법 제21조 제4항의 "명예나 권리 또는 공중도덕이나 사회윤리"라는 개념은 추상적이고 불명확하여, 구체적인 민사사건을 결정하는 재판에서 직접 적용할 수 있는 심사 기준으로 보기는 무리이다. 따라서 민법의 불법행위로 말미

93) 헌법재판소는 제21조 제4항을 헌법유보로 보나(헌재 1989. 9. 4. 88헌마22, 판례집 1, 176, 190), 그렇게 보면 '타인의 명예나 권리 또는 공중도덕이나 사회윤리'라는 막연하고 추상적인 개념으로 직접 언론의 자유를 제한할 수 있어서 남용 위험성이 있을 뿐 아니라 구체화하지 않은 개념을 구체적 사건에 어떻게 적용할 수 있는지 하는 문제가 있어 타당하지 않다. 같은 견해: 계희열(주 9), 470쪽.

94) 김선택(주 1), 157쪽.

95) 같은 견해: 김학성/최희수(주 27), 346~347쪽; 정재황, 『기본권 총론』, 박영사, 2020, 155쪽; 한병호, 「한국에서의 기본권의 대사인적 효력이론에 대한 고찰 - 다수설에 대한 비판적 재검토를 중심으로 -」, 『헌법규범과 헌법현실』(권영성교수 정년기념논문집), 법문사, 1999, 936~940쪽.

암은 손해배상청구권에 관한 규정(민법 제750조 이하)을 직접 적용할 수 있다고 보는 것이 타당하다.[96] 다만, 헌법 제21조 제4항은 개인의 명예존중과 언론·출판의 사회적 책임을 강조하는 사법 제정과 그 해석의무를 국가기관에 부여하는 의미가 있다. 이를 달리 말하면 헌법 제21조 제4항은 국가기관이 언론·출판이 형성하는 객관적 질서의 한계를 직접 설정하였다는 의미가 있다.[97] 이것은 언론·출판사의 막강한 힘이 (사법 질서에서) 발생시키는 폐해를 방지하기 위한 입법과 사법기관의 보호의무를 강조한 것이므로 사법 관계에 기본권을 직접 적용하는 것을 가리키는 주관적 사권성 인정 여부와는 구별하여야 한다.[98]

⑤ 환경권(헌법 제35조)?

환경 관련 법률이 없거나 있더라도 환경권을 충분히 보장하지 못하면, 헌법의 환경권 규정을 사인 서로 간의 관계에도 직접 적용하거나 간접 적용하여 사인을 구속하고 환경권을 직접 적용하느냐 간접 적용하느냐의 문제는 구체적 상황에 따라 그때그때 환경권의 임무와 기능을 고려하여 헌법질서의 테두리 안에서 판단할 문제이며 획일적으로 정할 수 없는 문제라는 견해가 있다.[99]

그리고 환경권은 사권적인 면도 강하게 있고, 사권으로서 국민이 건강한 생활을 누릴 수 있는 권리를 보호하려는 인격권이며, 공해는 국민의 건강한 생활 자체를 파괴하고 배타적 성격이 있는 인격권을 침해하므로 사인도 이것의 배제청구의 소를 제기할 수 있다는 견해가 있다.[100]

또한, 헌법이 명문 규정으로 국민의 환경보전의무를 규정하는 이상 환경권을 사인 서로 간의 관계에도 직접 적용하여 사인이 더럽힌 환경으로 말미암아 건강을 침해당한 피해자는 국가에 대해서 오염된 환경을 배제하여 주도록 청구할 수 있고, 해당 사인에 대해서는 헌법 제35조 제1항을 근거로 오염 배제나 손해배상

96) 헌법 제21조가 기본권의 대사인적 효력을 직접 규정한다는 것(이나 직접 명시한다는 것)은 맞으나 그 직접 보호 대상은 인격권이고 언론·출판의 자유에서 보면 그 제한의 효력을 규정한 것이라는 견해로는 정재황(주 95), 155쪽.

97) 헌법재판소는 헌법 제21조 제4항을 언론·출판의 자유의 한계로 본다(헌재 1998. 4. 30. 95헌가16, 판례집 10-1, 327, 339).

98) 장영철(주 83), 4～5쪽.

99) 계희열(주 9), 100, 807쪽.

100) 김철수, 「환경권고」, 『헌법논총』 제6집, 헌법재판소, 1995, 94쪽. 같은 견해: 부산고법 1995. 5.18. 선고 95카합5 판결(하집1995-1, 50).

을 청구할 수 있다는 견해가 있다.[101] 이 견해는 공해를 유발한 가해자뿐 아니라 그 피해의 우려가 있는 지역 주민도 환경 오염 피해를 방지하기 위한 노력을 하지 않았다면, 피해에 대해서 양측이 공동으로 책임을 져야 할 때도 있을 수 있다고 한다.

그 밖에 기본권이 원칙적으로 대국가적 권리일 뿐 아니라 대사인적 권리이기도 하며, 국가만 아니라 사인도 환경권을 침해할 수 있는 원천이라는 것을 예상하고, 어느 방향에서 오는 것이든 모든 침해에 대해서 방어할 수 있는 권리를 부여하며, 헌법과 사법을 일원적으로 파악하여야 한다면 환경권도 사인에 대해서 주장할 수 있는 권리로, 즉 사인에 대해서 직접 효력이 있는 것으로 보아야 한다는 견해도 있다.[102]

국민에게 환경보전의무가 있다고 하여 바로 환경권이 직접적인 대사인적 효력이 있다고 결론짓기는 어렵다.[103] 재산권을 공공복리에 적합하게 행사할 의무(헌법 제23조 제2항)를 부담한다고 하여서 이것에 어긋난 재산권 행사가 다른 사람의 재산권을 침해할 때, 그 사실만으로 재산권에 직접적인 대사인적 효력이 있는 것은 아니기 때문이다. 그리고 환경보전의무가 있다고 하여 환경권이 사인 사이에도 직접 효력이 있다면, 다른 기본권에 대해서도 모든 국민은 적어도 다른 사람의 권리, 즉 기본권을 침해하지 않아야 할 의무가 있으므로, 그 한도에서는 사인 사이의 관계에서도 직접 효력이 있다고 보는 것이 논리적으로 일관적이기 때문이다. 따라서 기본권의 효력에 관해서 기본적으로 간접적 효력설을 취하고도 환경권에 관해서 직접적 대사인적 효력을 인정하려면 이러한 근거만으로는 부족하다. 그리고 환경권이 사법 관계에서 중요한 의미와 기능이 있다는 것은 사실이지만, 사권성이 한층 더 강한 재산권이나 가족과 혼인에 관한 권리 등을 직접 적용할 수 있다고 하지 않는 점에서 사권성을 환경권이 직접 적용될 수 있는 근거로 삼기 어렵다.

따라서 헌법이 환경권을 기본권의 하나로 규정하였다고 하여 곧바로 사인 서로 간에 사법적인 권리로서 작용하는 환경권을 직접 인정할 수는 없다. 하지만

---

101) 권영성(주 17), 708쪽. 같은 견해: 한병호(주 95), 940~942쪽.

102) 송기춘, 「환경권의 대사인적 효력」, 『공법연구』 제28집 제3호, 한국공법학회, 2000, 153~154쪽.

103) 같은 견해: 김연태, 「헌법상 환경권의 보호대상과 법적 효력」, 『판례연구』 제9집, 고려대학교 법학연구원, 1998, 217쪽.

사법 규정을 해석할 때 헌법이 환경권을 기본권으로 승인하는 취지를 최대한 고려하여야 하는 것은 당연하다.[104] 대법원도 환경권을 사법 관계에 직접 적용하는 것을 부정한다.[105]

(3) 사법 관계에 적용할 여지가 없는 기본권

사법 관계에 적용할 여지가 없는 기본권에 구체적으로 어떠한 기본권이 있는지에 관해서는 다양한 견해가 있다.

① 청구권[청원권(헌법 제26조), 재판청구권(헌법 제27조), 형사보상청구권(헌법 제28조), 국가배상청구권(헌법 제29조), 범죄피해자의 구조청구권(헌법 제30조) 등], 사법절차적 기본권[헌법 제12조의 고문을 받지 아니할 권리 및 불리한 진술거부권(제2항), 영장제시요구권(제3항), 체포·구속이유를 알 권리(제5항), 변호인의 도움을 받을 권리(제4항과 제5항), 구속적부심사청구권(제6항)과 헌법 제27조의 재판청구권 및 헌법 제28조의 형사보상청구권 등 그리고 관련되는 원칙으로 죄형법정원칙, 이중처벌금지원칙, 사전영장원칙, 연좌제 금지, 자백의 증거능력 제한, 무죄추정원칙 등], 참정권(선거권, 공무담임권, 국민투표권), 소급입법에 따른 참정권 제한과 재산권 박탈 금지(헌법 제13조 제2항) 등을 드는 견해[106],

② 국가배상청구권, 형사보상청구권 등을 드는 견해[107],

③ 청원권, 재판을 받을 권리 등을 드는 견해[108],

④ 대개 이른바 '사법절차적 권리'에 속하는 것이 이에 해당하고, 그 예로 실체적 권리인 생명권과 신체의 자유를 제한할 때 입법권자가 반드시 존중하여야 하는 헌법원리인 죄형법정원칙·이중처벌금지원칙·사전영장원칙·연좌제 금지·자백의 증거능력 제한·무죄추정원칙 등, 인신권 중에서도 명백히 사법절차에서 나타나는 헌법적 권리인 고문을 받지 아니할 권리 및 불리한 진술거부권(헌법 제12조 제2

104) 같은 견해: 윤진수, 「환경권 침해를 이유로 하는 유지청구의 허용 여부」, 『판례월보』 제315호, 판례월보사, 1996. 12., 40쪽.

105) 대법원 1995. 5. 23.자 선고 94마2218 결정(공1995하, 2236); 대법원 1995. 9. 15. 선고 95다23378 판결(공1995하, 399).

106) 계희열(주 9), 100쪽.

107) 김철수(주 26), 428쪽.

108) 한태연, 『헌법학: 근대헌법의 일반이론』, 법문사, 1983, 965쪽.

항), 영장제시요구권(헌법 제12조 제3항), 체포·구속이유를 알 권리(헌법 제12조 제5항), 변호인의 조력(도움)을 받을 권리(헌법 제12조 제4항·제5항), 구속적부심사청구권(헌법 제12조 제6항), 법관에 의하여 법률에 의한 재판을 받을 권리(헌법 제27조 제1항), 군사법원 재판의 거부권(헌법 제27조 제2항), 신속한 공개재판을 받을 권리(헌법 제27조 제3항), 형사보상청구권(헌법 제28조) 그리고 인신권과 관련된 사법절차에서 나타나는 권리는 아니지만, 수신인이 국가 권력일 수밖에 없는 것으로는 소급입법에 따른 참정권 제한과 재산권 박탈 금지(헌법 제13조 제2항), 청원권(헌법 제26조), 국가배상청구권(헌법 제29조), 범죄피해자의 구조청구권(헌법 제30조), 형사피해자의 재판진술권(헌법 제27조 제5항) 등을 들 수 있다는 견해[109]가 그것이다.

기본권의 성질에 비추어 국가만을 수범자로 하면 제3자는 기본권에 관여할 수 없다. 이러한 기본권은 사인에 대한 관계에서는 적용 가능성이 없으므로 기본권의 대사인적 효력을 인정할 수 없다. 국가를 상대방으로 하여서만 주장할 수 있는 기본권에는 사법절차적 기본권[헌법 제12조의 고문을 받지 아니할 권리와 불리한 진술거부권(제2항), 영장제시요구권(제3항), 체포·구속이유를 알 권리(제5항), 변호인의 조력(도움)을 받을 권리(제4항과 제5항), 구속적부심사청구권(제6항)과 헌법 제27조의 재판청구권, 형사피해자의 재판절차진술권과 헌법 제28조의 형사보상청구권 등], 청구권[청원권(헌법 제26조), 형사보상청구권(헌법 제28조), 국가배상청구권(헌법 제29조), 범죄피해자의 구조청구권(헌법 제30조) 등], 참정권[선거권(헌법 제24조), 공무담임권(헌법 제25조), 국민투표권(헌법 제72조, 제130조 제2항)], 소급입법에 따른 참정권 제한과 재산권 박탈 금지(헌법 제13조 제2항) 등을 들 수 있다.

물론 이러한 기본권 행사 여부에 관해서 사법계약을 맺을 가능성은 있다. 하지만 특별한 사유가 없는 이상[110] 이러한 계약이 있더라도 채무불이행에 따른 손해배상(민법 제390조)은 별론으로 하고 기본권 주체의 기본권 행사가 제한되지는 않는다. 즉 기본권 주체가 계약을 무시하고 기본권을 행사하여도 기본권의 효력은 발생한다. 그리고 이러한 기본권 행사 여부는 대부분 사적 자치의 적용 대상이 아니므로 계약 자체가 인정되지 않을 때[111]가 잦다.

---

109) 허 영(주 25), 281～282쪽.

110) 특별한 사유는 민사소송법 제390조 불항소 합의와 같이 명문 규정으로 계약의 효력을 인정하는 때와 부제소특약처럼 기본권의 인정 취지에 비추어 계약의 효력을 인정하는 것이 타당한 때이다.

111) 예를 들어 선거권 행사 여부 자체를 계약 대상으로 삼을 수 없다.

(4) 국고로 활동하는 국가가 당사자인 기본권 관계

① 사인의 범위와 사인과 같은 지위에서 활동하는 국가

기본권의 대사인적 효력은 사인인 기본권 주체와 다른 사인인 기본권 주체의 관계에서 문제 된다. 따라서 사인이 주체가 되는 것은 당연하다. 이때 사인은 자연인은 물론 사법인과 그 밖의 단체도 포함된다. 다만, 공무를 수행하는 공무수탁사인[112]의 행위는 공권력 행사이므로 여기서는 기본권의 대사인적 효력이 문제 되지 않는다. 외국인도 기본권 주체가 될 수 있으므로 사인의 범위에 포함된다.

따라서 국가는 이러한 사인의 범위에 포함될 수 없다. 그러나 국가[113]는 사법적 행위 형식을 취하여 활동할 수 있으므로 때때로 사인과 같은 지위에서 활동할 때가 있다. 이때 기본권이 국가의 활동을 구속한다면 이것이 기본권의 대사인적 효력의 문제 영역에 속하는지 문제 된다.

② 국가가 사인과 같은 지위에서 활동하는 영역

전통적인 견해는 행정 주체와 상대방인 국민의 관계인 행정작용법 관계를 공법 관계인 권력관계와 관리관계 그리고 사법 관계인 행정의 사법 관계(넓은 뜻의 국고관계)로 나눈다.[114],[115]

---

112) 공무수탁사인이란 공행정사무를 위임받아 자신의 이름으로 처리하는 권한이 있는 행정 주체인 사인을 말한다.

113) 이하에서는 행정 주체를 중심으로 논의한다. 국가가 사인으로 활동하는 때는 행정 주체의 활동이기 때문이다. 이러한 행정 주체의 의미는 기능적으로 이해하여야 한다. 즉 집행부가 아닌 입법부나 사법부도 입법행정이나 사법행정과 같은 영역에서는 행정 주체가 된다.

114) 이렇게 유형을 구분하는 것은 ① 해당 법관계에 적용할 법규나 법원리가 불확실하면 적용 법리를 결정하기 위해서, ② 행정소송은 민사소송과 다른 절차가 적용되므로 소송절차를 결정하기 위해서, ③ 행정의 의무 위반이나 그 불이행에 관해서는 대집행, 강제징수 등의 실력적 강제수단으로 그 의무 이행을 확보할 수 있는데 이러한 행정강제수단을 이용할 것인지를 결정하는 데 실익이 있다.

115) 내용에서 거의 같은 독일식 개념인 행정사법과 일본식 개념인 관리관계라는 용어를 서로 검토하지 않는 채 중복적으로 사용하여 행정사법과 관리관계는 실질 내용에서 서로 명확하게 구분할 수 없고 많은 점에서 유사한 것으로 이해하여야 한다는 견해가 있다(류지태/박종수, 『행정법신론(제17판)』, 박영사, 2019, 122～123, 392쪽). 양자를 구별하는 견해는 관리관계에 원칙적으로 사법을 적용하고 작용의 공공성으로 말미암아 사법 관계를 수정하는 특별한 규정을 두거나 법률 해석에서 특별히 다루어야 할 필요성을 인정할 때만 공법적 규율을 한다고 하여 관리관계에 사법을 원칙적으로 적용하므로 공법 관계로 보는 실

행정의 사법 관계는 행정 주체가 사법적인 행위 형식을 취하여 활동하는 법관계를 총칭하는 것으로 이러한 관계에서 행정 주체는 사인과 같은 지위에서 활동한다. 행정의 사법 관계는 (순수한) 국고관계와 행정사법을 포함한다.

(순수한) 국고관계는 국가가 직접적으로 공적 임무를 수행하는 것이 아니라, 일반적인 경제활동을 하거나 법적 행위를 하면서 공적 임무 수행에 필요한 전제를 실현하는 법관계를 말한다. (순수한) 국고관계는 다시 행정활동에 필요한 재화나 역무를 조달·지원하는 조달행정작용과 행정 주체가 국공영사업이나 기업체 사업 형식으로 영리를 목적으로 활동하는 영리작용으로 나뉜다.

행정사법이란 행정기관이 사법 형식으로 행정과업을 직접 수행하거나 공법적으로 설정한 과업을 수행하는 것을 이른다. 행정사법은 ① 사법 형식, ② 공적 임무 수행, ③ 공법적 규율을 특징으로 한다.

③ 행정의 사법 관계에 대한 기본권의 구속력

행정의 사법 관계에서 행정 주체는 사인과 같은 지위에서 활동한다. 이러한 활동의 특징 때문에 행정 주체가 사인과 마찬가지로 기본권의 구속에서 벗어날 수 있는지 문제 된다.

(ⅰ) 효력부정설

효력부정설은 같은 성질의 관계는 같은 법으로 규율하여야 한다는 점에서 행정의 사법 관계에는 사법을 적용한다고 한다. 그리고 "기본권은 단지 공권력의 주체인 국가만을 구속할 뿐이고, 국고로서 작용하는 국가를 구속하지는 않는다."라는 이른바 국고자유의 원칙을 근거로 하는 국고행정은 기본권에 구속되지 않는다고 주장한다. 따라서 효력부정설은 국고관계는 일반 사법 관계와 완전히 같게 보므로 공법 규정을 적용할 수 없고, (기본권의 대사인적 효력을 부정하는 이상) 기본권의 구속력도 부정한다.[116]

(ⅱ) 직접효력설

효력긍정설은 다음과 같은 근거를 제시하며 기본권이 행정의 사법 관계도

익이 없고, 관리관계의 예로 드는 것을 행정사법의 예와 구별하기 쉽지 않으므로 관리관계라는 개념을 부정하고 행정사법으로 통일하는 것이 타당하다.

116) 정하중, 「사법행정의 기본권기속」, 『고시연구』 제27권 제4호(통권 제313호), 고시연구사, 2000. 4., 19~20쪽; Walter Jellinek, Verwaltungsrecht, 3. Aufl., Offenburg, 1948, S. 25.

구속한다고 한다.

ⓐ 헌법 제10조는 국민의 기본권을 보장하는 것을 국가의무로 규정하고, 그 국가의무가 공법 영역과 관련된 것인지 아니면 사법 영역과도 관련된 것인지를 구분하지 않으므로 공법 영역뿐 아니라 사법 영역에도 기본권을 적용하여야 한다.[117)]

ⓑ 기본권이 원칙규범으로서(기본권의 객관적 성격) 모든 국가 권력을 구속하므로 행정의 사법 관계에도 그 구속이 미친다.[118)]

ⓒ 기본권의 대사인적 효력을 인정하면 사인 서로 간에도 기본권이 구속력이 있으므로 본래 기본권에 구속되는 국가가 국고로서 사인과 같은 지위에 있더라도 기본권에 구속되는 것은 당연하다.[119)]

ⓓ 헌법이 구성한 국가는 어떤 곳에서도 사인처럼 마음대로 할 권리가 없다. 따라서 사법 형식으로 하므로 헌법이 효력을 미치지 못하는 유보된 국가작용은 있을 수 없다. 그러므로 언제나 헌법이 모든 국가 권력을 구속한다.[120)]

ⓔ 국고를 고권적으로 활동하는 국가법인에서 독립하여 국가의 재산관계를 위탁받은 별도 법인으로 간주하는 종전 국고이론은 오늘날 극복되었고,[121)] 국가와 국고를 동일체로 간주할 수 있다. 따라서 국고도 국가와 같은 구속을 당한다. 다시 말하면 국가가 공권력적 행위를 전적으로 포기하고 사법적 행위 형식으로 활동하여도 공권력 담당자로서 가지는 특수한 구속성을 면할 수는 없다.[122)]

ⓕ 기본권이 비권력적 행위를 포함한 모든 행정작용에 적용되지 않으면, 행정권 발동 형식을 사법화(私法化)하는 이른바 '사법(私法)에의 도피' 방법이 남용되어 기본권 보장이 형식화할 수 있다.[123)]

---

117) 고문현, 『헌법학개론(제2판)』, 박영사, 2020, 86쪽; 권영성(주 17), 326쪽; 성낙인(주 17), 1004쪽; 정재황(주 27), 251쪽; 같은 사람(주 95), 141쪽; 홍정선, 『행정법원론(상)(제28판)』, 박영사, 2020, 577～578쪽.

118) 김학성/최희수(주 27), 337쪽; 이준일, 『헌법학강의(제7판)』, 홍문사, 2019, 365쪽; 허 영(주 25), 271～272쪽.

119) 고문현(주 117), 86쪽; 권영성(주 17), 326쪽; 김남진/김연태, 『행정법 I (제24판)』, 법문사, 2020, 437쪽; 성낙인(주 17), 1004쪽; 정재황(주 95), 141쪽.

120) 계희열(주 9), 85～86쪽; 장영수(주 2), 491쪽; Konrad Hesse (Anm. 14), Rdnr. 348 [콘라드 헷세(주 14), 221쪽].

121) 정하중(주 116), 16～18쪽 참조.

122) 고문현(주 117), 86쪽; 권영성, 『독일헌법론(상)』, 법문사, 1976, 120쪽; 같은 사람(주 17), 325～326쪽.

123) 이부하, 『헌법학(상)』, 법영사, 2019, 170쪽; 정재황(주 95), 141쪽; 이준일(주 118), 365쪽.

(iii) 유형구분설

사법 형식으로 공적 과제를 직접 수행할 때는 기본권이 공권력 주체를 구속하지만, (순수한) 국고관계에서는 기본권이 공권력 주체를 구속하지 않는다고 한다. 물론 (순수한) 국고관계에서도 국고행위를 공법 형식으로 하면 기본권을 침해할 수 있어 이를 회피하려고 사법 형식을 남용하면 기본권에 구속된다고 한다.[124)]

(iv) 사견

ⓐ 공법 형식을 취함으로써 받는 기본권 제한을 회피하려고 행정 주체가 '사법으로 도피할' 위험성이 있고, ⓑ 국가의 사법적 활동도 사인의 사법적 활동과는 달리 공적 과제를 수행하려는 수단이며,[125)] ⓒ 비록 국가의 일정한 임무 수행을 위해서 사법 형식을 이용하더라도 그것이 필요한 것일 수는 있으나, 기본권에서 벗어나는 자유를 뜻하지는 않는다. 그리고 ⓓ 국가나 공법인은 행정의 사법관계 영역에서도 일반 국민의 대리인이고, ⓔ 헌법이 구성한 국가기관이 헌법 밖에 있을 수 없으며, 어떠한 때라도 사인처럼 마음대로 할 권리는 없다. 또한, ⓕ 행정 과제를 적절하게 수행하기 위해서 자유권 구속에서 벗어날 수 있는 국고적 과제는 없다. 즉 행정에 필요한 유연성과 능률성은 국고행정이 기본권에 구속될 때도 충분히 충족할 수 있다.[126)]

효력부정설은 행정 주체에 평등권 구속 없이 사인과 계약을 체결할 수 있는 권리를 부여하려고 한다. 하지만 평등권은 행정에 필요한 모든 합리적 차별 가능성을 행정 주체에 부여하므로 이를 위해서 기본권의 효력을 부정하여야 할 이유는 없다.[127)]

---

124) 권영성(주 122), 119쪽; Konrad Hesse (Anm. 14), Rdnr. 347 [콘라드 헷세(주 14), 219～220쪽].

125) Michael Sachs, Verfassungsrecht Ⅱ Grundrechte, 3. Aufl., Berlin/Heudekberg 2017, S. 70 Rdnr. 14.

126) Konrad Hesse (Anm. 14), Rdnr. 347 [콘라드 헷세(주 14), 220～221쪽].

127) 국고관계에서 주로 문제 되는 평등권(그러나 '국가를 당사자로 하는 계약에 관한 법률' 제7조 등에서 국가의 사법계약 체결에 관해서 규율하므로 행정의 사법 관계에서 평등권이 문제 될 때는 거의 없다)은 본질적으로 같은 것을 합리적 이유 없이 다르게 다루는 것을 금지하는 것이지, 다른 것을 다르게 다루는 것은 허용한다. 즉 합리적 이유가 있으면 차별화를 허용한다. 합리적 이유는 일반적이거나 추상적으로가 아니라 구체적으로 수행할 임무와 개별적 상황에 따라 결정하여야 한다. 이러한 관점을 따르면 행정 주체의 활동 여지를 현저하게 넓히고, 우선순위의 다양한 설정을 가능하게 하며, 동시에 신속하고 효율적인 업

따라서 ⓐ 행정사법 영역에서 사법적 수단을 이용하기는 하지만, '공적 목적 달성을 위한 것이 분명하므로' 기본권의 구속력을 인정하여야 한다. (순수한) 국고관계 중 ⓑ 조달행정작용은 공적 목적과 관련되므로 기본권의 구속력이 미친다고 보아야 한다. 그러나 ⓒ 영리작용은 국가가 기업의 의사 결정을 지배하거나 실질적으로 영향을 미칠 정도로 기업활동에 참가할 때만 기본권의 구속력이 미친다고 보아야 한다.[128] 국가가 주주 지위에는 있으나 기업의 의사 결정에 영향을 미칠 수 없을 때[129]까지 기본권의 구속력이 미친다고 볼 수는 없다.[130] 다만, 국고의 기본권 구속은 관련인에게 다른 사인에게서 동일한 종류의 급부를 조달할 가능성이 없거나 기대하기 어려울 때 비로소 고려한다.[131] 즉 국고작용이 미치는 효과가 일정 수준 이상인 때만 문제 되고 소량의 물품 구매나 작은 규모의 청사 신축 등과 같이 파급효과가 미미하면 기본권 구속이 문제 되지 않는다.[132] 이러한 때까지 기본권에 구속된다면 행정의 효율성에 문제가 생기기 때문이다.

④ 행정의 사법 관계에 대한 기본권 구속력의 성질

행정의 사법 관계에서도 기본권이 행정 주체를 구속한다. 행정의 사법 관계에서 행정 주체가 사인과 같은 지위에 있다는 점 때문에 이러한 기본권 구속력의 근거가 기본권의 대사인적 효력에 근거를 둔 것인지 아니면 기본권의 대국가적 효력에 근거를 둔 것인지가 문제 된다.

(ⅰ) 기본권의 대사인적 효력으로 구성하는 견해

행정사법으로 수행하는 행정작용은 원천적으로 국가의 비권력적 행정작용이므로 비록 사법 관계이기는 하지만, 국민의 기본권을 직접 적용하고, 이때 국가는 사인과 동등한 지위이기는 하지만, 국가가 당사자가 된다는 점에서 직접적으로 혹은 간접적으로라도 일반적으로 기본권의 대사인적 효력 적용 대상이라고

무 수행을 함께 고려한다[정하중(주 116), 48쪽].

128) 같은 견해: 정하중(주 116), 58쪽; Thorsten Kingreen/Ralf Poscher, Grundrechte - Staatsrecht Ⅱ, 35. Aufl., Heidelberg 2019, Rdnr. 235.

129) 주로 의결권의 50% 이상을 점유하는 때가 기준이 될 수 있으나, 의결권의 50%를 점유하지 않아도 경영권을 장악할 수 있으므로 구체적 사안에 따라 판단할 수밖에 없다.

130) 이때는 아예 국가 작용이 아니라고 보는 견해가 있을 수도 있다.

131) 정하중(주 116), 24쪽.

132) 같은 견해: Klaus Stern, Das Staatsrecht der Bundesrepublik Deutschland, Bd. Ⅲ/1, München, 1988, S. 1421.

하는 견해가 있다.[133)]

그리고 (순수한) 국고관계에서는 국가가 형식적으로만이 아니라 실질적으로도 사법 주체로 활동하므로 일반 사인 사이의 기본권의 효력 문제와 달리 볼 이유가 없다는 견해가 있다.[134)] 특히 뒤리히(G. Dürig)는 기본권의 대사인적 효력과 관련하여 자신의 간접적 효력설을 순수한 국고행정의 주체로서 나타나는 국가와 사인의 관계에도 적용할 것을 주장하였다.[135)]

(ii) 기본권의 대사인적 효력과 구별하는 견해

행정은 국가 권력이므로 그 행위가 사법 형식을 통해서 이루어질 때도 그 활동의 근본적 동기가 공익 실현에 있는 한 원칙적으로 기본권 구속을 피할 수 없다는 점에서 행정의 사법적 활동을 사인의 사법적 활동과 같다고 할 수 없어서 '행정의 사법적 활동'에 대한 기본권의 구속력을 '기본권의 대사인적 효력'과 구별하여야 한다는 견해가 있다.[136)]

(iii) 사견(기본권의 대국가적 효력으로 구성)

행정의 사법 관계에서는 행정법상 처분[137)]으로 인정할 수 없고 공법 관계가 아니므로, 그 구제는 민사소송 형식을 취할 수밖에 없다.[138)] 따라서 민사법원 법관이 행정의 사법 관계에 관한 위법성을 판단할 때 기본권을 근거로 할 수 있는지가 문제 된다.

주로 문제가 되는 것은 국가의 수의계약에 따른 평등권 침해 여부이다. 이때 국가에 사인과 같은 지위를 인정한다면, 일반적으로 사인 사이의 계약에서 나타나듯 계약의 자유 중 상대방 결정의 자유에 따라서 누구를 계약 상대방으로 결

133) 김성수, 『일반행정법(제8판)』, 홍문사, 2018, 441쪽.

134) Walter Leisner, Grundrechte und Privatrecht, München 1960, S. 206 ff.; Günter Dürig, Grundrechte und Zivilrechtsprechung, in: Theodor Maunz (Hrsg.), Festschrift für H. Nawiasky, München 1956, S. 184 ff.

135) Günter Dürig (Anm. 134), S. 189 ff.

136) 김주환(주 18), 17~18쪽.

137) 처분이란 행정청이 하는 구체적 사실에 관한 법집행으로 공권력 행사, 그 거부와 그 밖에 이에 준하는 행정작용 그리고 행정심판에 관한 재결을 말한다(행정소송법 제2조 제1항 제1호).

138) 행정소송은 행정청의 위법한 처분, 그 밖의 공권력 행사·불행사 등으로 말미암은 국민의 권리나 이익 침해를 구제하고, 공법의 권리관계나 법적용에 관한 다툼을 적정하게 해결하는 데 목적이 있다(행정소송법 제1조).

정하여도 평등권 침해 문제가 발생하지 않아야 한다. 하지만 현실적으로 이러한 때에 평등권 침해를 인정할 수 있다. 국가는 헌법국가가 형성된 이후 사적 자치에 따라 활동하는 개인의 통일체가 아니라 이미 주어진 목적과 가치가 정당화하는 법적으로 구성된 공동체이기 때문이다. 헌법이 조직한 국가는 사인처럼 임의적인 자유가 없다. 국가는 활동의 기본적인 동기를 사적 효용성이 아니라 공익에서 찾고, 단지 그러한 근거에서만 대부분 고권적 수단으로 획득한 재정력을 사경제활동에 사용하는 것이 정당화한다.[139] 따라서 국가는 어떠한 때도 옹근(완벽한) 사인이 될 수 없다.

그리고 이때 국가는 기본권 의무자[140]로서 기본권 관계에서 당사자의 지위에 있는 것이지, 기본권 주체의 지위에 있는 것이 아니다. 즉 이때도 국가에 대한 개인의 관계가 문제 된다. 게다가 기본권의 대국가적 효력도 기본권의 대사인적 효력과 마찬가지로 직접 적용할 수 있을 뿐 아니라 간접 적용할 수도 있다. 결국, 국고적 효력에서 기본권이 국가를 구속하는 것은 기본권의 대사인적 효력이 아니라 기본권의 대국가적 효력 때문이다.

5. 논의의 이론적 토대

(1) 기본권의 성격 논의 변화와 사법의 헌법적 지위 - 기본권의 대사인적 효력의 헌법이론적 인정 근거

기본권은 전통적으로 주관적 권리로 이해되었다. 따라서 기본권은 개인(국민)과 국가의 관계에만 효력을 미치는 것으로 인식되었다. 즉 기본권이 공법 관계에만 효력을 미치는 것으로 보았다. 하지만 사회 상황이 바뀌어 기본권의 대사인적 효력이 대두함에 따라 기본권이 공법 관계에만 효력을 미쳐서는 기본권을 제대로 보장할 수 없는, 즉 기본권이 공법 관계뿐 아니라 사법 관계에도 효력을 미쳐야 기본권을 실질적으로 보장할 수 있는 상황이 초래되었다. 하지만 종래 주관적 권리성만 인정하는 기본권의 성격 논의는 이러한 현실을 제대로 반영할 수 없다. 따라서 주관적 권리 측면에 국한한 기존의 기본권 성격 논의가 바뀌어야 기본권의 대사인적 효력에 헌법이론적 근거를 제공할 수 있다.

---

139) Klaus Stern (Anm. 132), S. 1407.

140) 개인이 국가에 대해서 기본권 침해를 주장하는 것이 문제 되는 것이지, 국가가 개인에게 기본권 침해를 주장하는 것이 문제 되는 것이 아니다.

그리고 헌법을 법단계에서 최고규범으로 인정하므로 헌법의 최고규범성과 공사법이분론에 기초를 둔 사법의 독자성이 어떠한 관계에 있는지를 검토하여야 한다. 양자가 별개의 문제라면 기본권과 사법은 아무런 관련이 없어 기본권의 대사인적 효력을 인정할 근거가 사라지기 때문이다. 그리고 이와 함께 사법의 독자적 원리인 사적 자치가 헌법적으로 특히 기본권적으로 어떠한 위치에 있는지를 검토하는 것도 기본권과 사적 자치의 관계를 자리매김하는 이론적 바탕이 된다.

(2) 전통적 기본권 이해와 주관적 권리로 작용하는 기본권

① 대국가적 관계에서 주장하는 주관적 권리

개인의 천부적 자유는 전국가적이므로 국가가 침해할 수 없다는 자유주의 이념에 근거하여, 기본권은 국가 권력의 침해에서 개인의 자유를 방어하기 위한 것으로 이해되었다. 그리고 근대 여러 인권선언과 헌법은 이를 명문화하였다. 따라서 기본권은 소극적·방어적 성격을 띠게 되며 전통적으로 국가에 대한 방어권, 즉 주관적 권리로 이해되었다. 따라서 국민은 국가가 자신의 권리를 침해하지 말 것을 요구할 수 있고, 만약 국가가 권한 없이 국민의 권리에 개입하면 이를 배제할 권리가 있다.

현대에 민주주의와 법치국가원리가 정착하면서 국가가 국민의 기본권을 침해할 위험은 감소하였다. 하지만 민주주의도 인간에 대한 인간의 지배이고 이러한 지배는 남용의 유혹을 받는다. 그리고 국가 권력은 법치국가에서도 불법을 할 가능성이 있다.[141] 국가 권력의 오·남용은 언제나 있을 수 있다. 따라서 여전히 방어권은 필요하고 중요하다. 기본권은 방어권을 넘어 급부청구권[142], 결정참가권[143], 법적 지위[144], 보호청구권[145] 등으로 범위를 계속 넓혀 왔지만, 기본권이

141) Konrad Hesse (Anm. 14), Rdnr. 287 [콘라드 헷세(주 14), 186쪽].

142) 급부청구권은 그 권리자를 위해서 의무자에게 급부를 청구할 수 있는 권리이다.

143) 결정참가권은 권리자가 법적으로 중요한 행위를 하여 그 행위만으로 혹은 다른 사람의 행위와 함께 법효과를 발생시키는 권리이다.

144) 법적 지위는 사람에게 법적으로 기초가 되는 특성이나 상황에 대한 주관적인 기본권으로 다양한 다른 법관계에 관해서 지배적인 선결적 의미가 있다. 여기에는 특히 헌법이나 그 밖의 다른 법규범에 근거가 있을 수 있는 구성원 자격과 능력이 속한다.

145) 보호청구권은 국가의 보호의무에 상응하여 인정하는 것으로, 피해자인 사인이 제3자인 가해자가 자신의 기본권적 법익을 침해하지 않도록 국가가 배려할 것을 국가에 청구할 수 있는 권리를 말한다.

국가에 대한 주관적 권리라는 점은 거의 변하지 않았다.

개인의 주관적 권리로 작용하는 기본권은 기본권이라는 법규범이 국가를 구속한다는 점에 바탕을 둔다. 즉 객관적인 법규범은 법적 의무와 그에 상응하는 주관적 권리의 근거가 된다. 따라서 누군가에게 주관적 권리가 있으면 언제나 이 권리를 보장하는 기본권(규범)은 효력이 있다.[146]

② 주관적 권리 인정 실익

(ⅰ) 개인(국민)과 국가의 대등 관계 형성

근대 이전의 개인(국민)과 국가(군주)의 관계는 지배복종 관계에 불과하였다. 이러한 관계에서 개인은 국가 행위의 전유적 예속물과 객체에 지나지 않았다. 따라서 양자 사이에는 권리의무 관계가 발생할 수 없었다.

기본권은 역사적으로 국민의 자유를 국가의 침해에서 보장하려는 권리, 즉 주관적 권리로 이해되었다. 이러한 주관적 권리 인정은 국가 행위의 객체에 불과하던 국민을 권리 주체로 인정함으로써 국민을 국가와 대등한 지위에 올려놓는다.[147] 따라서 양자의 관계는 지배복종 관계에서 벗어나 권리의무 관계로 바뀐다. 즉 국민인 개인이 권리 주체로 인정됨에 따라 개인은 국가에 대해서 독립적으로 행동할 수 있고, 나아가 국가에 자신의 이익을 관철하기 위한 권리 내용 실현을 요구할 수 있게 되었다.[148]

(ⅱ) 기본권의 사법(司法)적 관철

기본권을 사법(司法)절차를 통해서 관철하는 것이 주관적 권리를 인정하는 궁극적 목적이다. 즉 주관적 권리는 단순히 권리자가 요구하는 것을 보호하는 데 그치지 않고 이를 관철할 수 있도록 사법(司法)적 구제수단을 이용할 수 있게 하는 데 목적이 있다. 이는 결국 기본권적 이익 실현을 뜻한다. 권리 내용을 단순히 주장할 수 있을 뿐이지 관철할 수 없다면, 그것은 진정한 권리가 아니고 국가의

146) Robert Alexy, Theorie der Grundrechte, Frankfurt 1994, S. 39.

147) 국가에 대해서 인권이나 기본권이라는 특별한 권리를 인정할 필요가 생긴 것은 국가와 국민이 대등하지 않았기 때문이다(김남진, 「공법상의 권리」, 『고시연구』 제11권 제4호(통권 제121호), 고시연구사, 1984. 4., 29쪽; 장영수, 「기본권의 대사인적 효력과 기본권의 충돌」, 『고려법학』 제38호, 고려대학교 법학연구원, 2002, 113쪽).

148) 도중대, 「주관적공권과 기본권의 관계에 관한 연구」, 『장안논총』 제6집, 장안실업전문대학, 1986, 502쪽.

자발적 이행에 따른 반사적 이익에 불과하다.

(iii) 기본권 제한에 헌법적 근거 요구

기본권이 국민에게 주관적 권리를 부여함에 따라 국가는 함부로 주관적 권리를 제한할 수 없게 되었다.[149] 주관적 권리는 개인에게 부여한 이익을 권리자가 지키고 실행할 힘이 있도록 하는 데 목적이 있기 때문이다. 이에 따라 국가가 이러한 국민의 주관적 권리를 제한할 때는 법적 근거가 필요하다.[150] 즉 예를 들어 헌법 제37조 제2항처럼 헌법 스스로 인정하여 헌법적으로 정당화하는 제약만을 허용한다.

(3) 기본권의 객관적 성격

① 기본권의 객관적 성격 발견

사회경제구조 변화 때문에 개인은 국가와 같은 공적 형태이든 기업체와 같은 사적 형태이든 공동체 속에서만 생활을 영위할 수 있게 되었다. 이러한 새로운 시대적 상황에서 기본권이 이미 형성된 개인의 지위만을 보호하는 것에 그친다면, 기본권을 제대로 보장하지 못하여 기본권은 텅 빈 권리에 지나지 않게 된다. 자유롭고 자율적인 생활 형성은 개인이 어느 정도밖에 때로는 전혀 어찌할 수 없는 전제 조건에 달려 있다. 이러한 전제 조건은 국가가 해결할 수밖에 없다.[151] 이러한 이유로 국가가 적극적으로 개인의 권리 실현에 봉사하지 않으면 기본권을 제대로 실현할 수 없으므로 현대 국가는 사회국가가 되어야 한다.[152]

국가 간섭이 없다면 개인의 자유는 저절로 보호될 것이라는 자유주의적 가정은 국가 개입을 특징으로 하는 사회국가적 현실에서는 더는 관철할 수 없다. 주관적 방어권으로 기본권을 바라보던 시민적 법치국가에서 사회적 법치국가로 변모함으로써 국가와 국가 질서 형성의 목적인 기본권의 성격 파악도 바뀔 수밖에 없다. 인간의 자유와 권리는 국가가 개인의 생활 영역에 간섭하지 않는 것에

149) Konrad Hesse (Anm. 7), S. 293 [콘라드 헷세(주 7), 170~171쪽] 참조.

150) 홍정선, 「주관적 공권의 관념에 관하여」, 『사회과학논집』 제8집, 이화여자대학교 법정대학, 1988, 107쪽.

151) Konrad Hesse (Anm. 7), S. 290 [콘라드 헷세(주 7), 166쪽].

152) 전광석, 「기본권의 객관적 성격과 헌법이론」, 『고시계』 제37권 제11호(통권 제429호), 국가고시학회, 1992. 11., 79쪽.

만 달린 것이 아니라 오히려 국가의 광범위한 활동에 달려 있기 때문이다.153)

그리고 생활 관계가 다양하고 복잡해짐에 따라 한 사람의 기본권은 다른 사람의 기본권과 충돌할 위험성이 커진다. 이에 따라 각자의 기본권 영역을 한정하고 제한하며 정서할 필요성이 증대하고, 이러한 것은 국가의 임무가 되었다. 또한, 법치국가원리가 실질화하면서 기본권이 집행과 사법뿐 아니라 입법도 구속하는 것으로 보았다.

이러한 변화에 따라 헌법과 국가의 기초로 작용하는 기본권은 종래 주관적 권리라는 소극적 성격에서 벗어나 국가에 목표를 제시하고, 제시한 목표를 달성할 의무를 부과하며, 의무에 따른 국가의 활동을 통제할 필요성이 생겼다. 따라서 기본권은 주관적 권리의 성격뿐 아니라 국가의 모든 행위에 방향을 제시하고 모든 법질서의 적용과 해석 기준이 된다는 객관적 원리나 질서의 성격도 있는 것으로 보게 되었다.

② 기본권의 객관적 성격의 의의

기본권은 기본권 의무자를 구속하는 객관적 법규범이다. 기본권은 객관적 법규범 중에서도 가장 우위에 있는 헌법 규범이라서 헌법을 중심으로 형성되는 국가 질서를 지배한다. 따라서 기본권은 행정법과 형법 같은 공법 영역은 물론 민법과 상법을 비롯한 사법 영역에도 효력을 미친다. 이러한 헌법의 객관적 측면은 알렉시(Robert Alexy)의 규칙/원칙 모델(Das Regel/Prinzipien-Modell)154)을 따르면 원칙(Prinzip)에 해당한다. 원칙은 최적화명령(Optimierungsgebot)으로 어떠한 것을 사실적·법적으로 가능한 범위 안에서 가급적 높은 정도로 실현하라는 명령규범을 뜻한다.

원칙적 성격이 있는 규범은 일견 타당한 근거로서 존재하는 다른 원리와 충돌하면 후퇴할 수 있다. 따라서 원칙은 성질에 비추어 비례성원칙과 밀접한 관련이 있고, 그것을 적용할 때 형량 과정이 중심에 선다. 형량을 통해서 적용되므로 원칙은 불확정적이고, 유동적이며, 동태적인 성격이 있다. 따라서 기본권의 객관적 성

153) Konrad Hesse (Anm. 7), S. 290 [콘라드 헷세(주 7), 166～167쪽].

154) 원칙(Prinzip)은 어떠한 것을 법적 가능성과 사실적 가능성에 따라 상대적으로 가능한 한 높은 정도로 실현하도록 명령하는 규범(최적화명령)이고, 규칙(Regel)은 법적 가능성과 사실적 가능성의 범위 안에서 언제나 실현할 수 있거나 실현할 수 없는 규범이다. 이에 관해서 자세한 것은 Robert Alexy (Anm. 146), S. 71 ff. (특히 117 ff.).

격은 개방성과 불확정성을 특징으로 한다. 그리고 권리 주체, 의무 주체 그리고 권리나 의무의 내용 3가지 측면에서 추상화하는 현상을 보여준다.[155] 이러한 기본권의 객관적 성격은 다양한 규범적 내용을 수용할 수 있을 정도로 높은 탄력성이 있고, 기본권적 자유의 환경 변화에 동태적으로 적응할 수 있게 한다.[156]

기본권의 객관적 성격을 발견함으로써 기본권의 내용을 질적으로 보강하고, 그 인적 범위를 확장하며, 새로운 기본권의 내용을 실현하기 위한 절차, 조직 혹은 제도적 장치를 기본권이 보장하는 것 등의 헌법적 효과가 발생한다.[157]

③ 기본권의 객관적 기능

(i) 소극적 권한규범

기본권은 국가의 행위나 결정 여지를 제한하는 법규범으로 작용한다. 즉 국가는 입법권, 집행권, 사법권을 마음대로 행사할 수 있는 것이 아니라 기본권이 허용하는 범위에서만 행사할 수 있다. 따라서 기본권은 국가 권한에 대한 한계나 부정으로 나타나고, 그러한 범위에서 소극적 권한규범이다.[158] 이것은 기본권의 소극적 방어권에 대응한다.[159]

(ii) 법의 해석, 형성과 보충 기준

기본권은 기본권합치적 해석명령을 통해서 사법권과 집행권이 하는 헌법하위법규범의 해석과 적용에 영향을 미친다. 헌법하위법규범의 어떠한 규정에 다양한 해석 가능성이 있으면 그리고 일반조항 및 불확정적 법개념과 관련하여 해석 여지가 있으면 기본권에 정향된 해석을 선택하여야 한다. 이러한 해석은 기본권을 관철하고 하위법규범을 기본권우호적으로 해석하는 것이어야 한다. 하지만 이런 해석을 통해서 법규정의 규범내용을 근본적으로 새롭게 확정할 수는 없다.

기본권은 입법자가 헌법하위법규범을 형성할 때도 객관적 법규범으로 작용한다. 입법자는 기본권을 존중하고 실현하는 방향으로 입법을 하여야 한다. 즉

155) Robert Alexy (Anm. 146), S. 477 ff.

156) 정태호, 「기본권보호의무」, 『인권과 정의』 제252호, 대한변호사협회, 1997. 8., 97쪽.

157) 전광석(주 152), 77쪽.

158) Konrad Hesse (Anm. 14), Rdnr. 291 [콘라드 헷세(주 14), 189쪽]; Thorsten Kingreen/Ralf Poscher (Anm. 128), Rdnr. 108.

159) 장영수, 『민주헌법과 국가질서 - 헌법입문 -』, 홍문사, 1997, 61쪽.

입법자가 기본권에 일정한 제약을 가하거나 권한을 일정하게 사용하는 것을 금지하고, 아직 개인에게 상당하는 주관적 권리를 주지 않은 때도 입법자에게 기본권을 보호할 의무를 지운다. 그리고 국가의 조직, 급부, 절차에 관한 기본권적 규준을 존중하여야 할 의무를 부과한다.

그리고 사법부가 재판할 때 헌법하위법규범이 없으면[160] 객관적 법규범으로 작용하는 기본권이 그러한 틈을 메우는 기준으로 작용한다. 헌법하위법규범이 없어도 사법부는 재판을 거부할 수 없다. 이러한 상황에서 재판하여야 하는 사법부는 헌법하위법규범의 흠결을 보충하여 재판을 진행할 수밖에 없다. 이때 사법부는 마음대로 보충을 할 수 있는 것이 아니라 기본권이라는 객관적 규범을 기준으로 하여 흠결을 보충하여야 한다.

④ 기본권의 대사인적 효력 전제로서 기능하는 기본권의 객관적 성격

주관적 권리 측면에서 이해하는 기본권은 오로지 국가만을 상대방으로 하는 권리이다. 주관적 권리로 작용하는 기본권은 대국가적 방어권으로 '공권'일 수는 있지만, 사인에 대한 '사권'일 수는 없다. 따라서 주관적 권리로 작용하는 기본권에서는 기본권의 대사인적 효력을 도출할 수 없다. 그리고 기본권이 보장한 주관적 권리에서 기본권의 대사인적 효력을 도출할 수 있다면, 간접적 효력설에서는 기본권이 '직접' 보장한 '주관적 사권'이 사인 사이의 법적 관계에 '간접적인' 효력을 미치는 논리적 모순이 생긴다.[161]

기본권은 주관적 권리 측면 이외에 객관적 법규범 측면이 있다. 즉 기본권은 공동체의 객관적 질서의 기본요소이기도 하다. 이것은 1차적으로 개인의 주관적 권리를 포함하지 않거나 개인의 주관적 권리를 전혀 보장하지 않으면서 기본권 목록에 수록된 보장에 인정된다.[162] 하지만 1차적으로 주관적 권리로 형성된 기본권도 객관적 법규범성이 있다.[163]

160) 법률 흠결은 어떠한 구체적인 사건을 포섭할 수 있는 법규가 없거나 해당 법규가 있더라도 그 법규를 그대로 적용하는 것을 평가적 관점에서 용납할 수 없거나 어떤 사건이 일정한 법규를 적용하는 사건과 비슷하기는 하나 문제가 된 사건까지 그 법규를 직접 적용하는 것이 그 법규의 내재적 성질에 비추어 타당하지 않을 때 생긴다(김형배, 「법률의 해석과 흠결의 보충 - 민사법을 중심으로 -」, 『민법학연구』, 박영사, 1986, 4쪽).

161) 김주환(주 18), 20쪽.

162) 주로 제도보장으로 논의하는 것이 해당할 것이다.

163) Konrad Hesse (Anm. 14), Rdnr. 279 [콘라드 헷세(주 14), 180쪽].

객관적 법규범으로 작용하는 기본권은 모든 법 영역에 효력을 미친다. 이렇게 기본권 규정이 모든 법영역에 대한 명령의 의미로 작용하여야 한다는 영향력을 방사효(Ausstrahlungswirkung)라 한다. 공권력을 행사하는 기관이 법의 해석과 적용에 재량이 있다면 그 범위에서 전체 법질서에 방사하는 기본권을 적용하여야 한다.[164] 만약 기본권을 주관적 권리로만 본다면 기본권은 국가의 객관적 의사라고 볼 수 있는 입법행위의 산물인 법률의 적용과 해석에 영향을 미칠 수 없다. 그리고 개인과 국가의 관계가 아닌 개인과 개인의 법관계에도 영향을 미칠 수 없다. 따라서 기본권이 사법(私法)의 적용과 해석 그리고 사법 관계에 영향을 미칠 수 있는지는 기본권의 객관적 성격을 인정하고 나서 비로소 문제가 될 수 있다.[165]

(4) 헌법의 최고규범성과 사법의 독자성

① 법단계에서 사법의 독자성

법단계설을 따르면 헌법은 다른 모든 법보다 우위에 있는 최고규범이다. 이러한 헌법의 최고규범성은 헌법이 공동체의 법적 기본질서로 작용할 수 있는 전제이다. 법률도 당연히 헌법의 하위에 놓이고 법률은 헌법을 폐지하거나 변경할 수 없을 뿐 아니라 헌법에 어긋나는 법률은 그 적용이 배제된다. 사법(私法)은 법률 이하의 법단계에 위치하므로 사법도 헌법의 최고규범성을 존중하여야 한다. 하지만 사법은 사적 자치라는 기본원리를 기초로 하여 독자적인 법체계를 오랫동안 형성해 왔다. 따라서 헌법을 최고규범으로 하는 법단계에서 사법의 독자성이 어떠한 의미가 있는지를 검토하여야 한다. 법단계에서 사법의 독자성이 아무런 의미나 효력이 없다면 헌법 일부인 기본권이 사법 관계에 효력이 있다는

---

164) Michael Sachs (Anm. 125), S. 58.

165) 같은 견해: 계희열, 「메피스토-클라우스 만 결정」, 『판례연구』 제2집, 고려대학교 법학연구소, 1983, 34~35쪽; 같은 사람(주 18, 기본권의 효력), 9쪽; 같은 사람(주 18, 기본권의 대사인적 효력), 103쪽; 같은 사람(주 9), 88쪽; 김선택(주 1), 168쪽; 이준일(주 118), 366쪽; Konrad Hesse (Anm. 14), Rdnr. 352 [콘라드 헷세(주 14), 225쪽]. 기본권의 이중성 문제는 기본권 자체의 본질 문제로서 권리만의 기본권인지 객관적 질서성도 내포한 것인지에 관한 문제이고, 기본권의 대사인적 효력 문제는 기본권의 '효력' 문제라서 기본권의 '효력' 문제를 다루는 기본권의 대사인적 효력 문제에서 기본권 자체의 성격 문제로서 객관적 질서성을 내세워야 하는 것은 아니라는 견해도 있다[정재황(주 95), 161~162쪽]. 하지만 이 견해는 주관적 권리가 기본권 규정에서 도출된다는 점을 간과한 것으로서 자연권인 인권과 실정권인 기본권의 차이를 무시한다는 점에서 따르기 어렵다.

것은 당연하기 때문이다.

② 헌법과 사법의 관계

(ⅰ) 기본권의 대사인적 효력 논의 터전

기본권이 사법 관계에도 효력을 미칠 수 있는지를 살펴보려면 먼저 기본권을 포함한 헌법과 사법의 관계를 살펴볼 필요가 있다. 양자의 관계가 옹글게(완벽하게) 나누어진 것이라면 기본권의 대사인적 효력을 논의할 터전 자체를 상실할 것이기 때문이다.

(ⅱ) 가능한 견해

기본권을 포함한 헌법과 사법의 관계에 관해서는 다음 세 가지 견해가 있을 수 있다.[166]

먼저 ⓐ 헌법과 사법 양자가 아무런 관계없이 독립적으로 존재한다는 견해가 있을 수 있다. 즉 개인 대 국가의 관계는 공법 영역, 개인 대 개인의 관계는 사법 영역이고, 헌법은 공법 영역에만 적용되므로 헌법이 보장하는 기본권을 사법 영역에 적용할 여지가 없다는 견해이다.

다음으로 ⓑ 사법을 헌법의 구체화로 보는 견해가 있을 수 있다. 즉 민법 등의 사법은 헌법이 설정하는 재산권·경제질서 등의 한계 안에서 비로소 그 내용을 구체적으로 형성하는 법으로 본다. 예를 들어 헌법 제23조 제1항에서 말하는 재산권의 '내용'을 정하는 '법률' 중 대표적인 것이 바로 민법을 위시한 사법이라고 보는 것이나, 헌법 제10조 제1문의 인간으로서 가지는 존엄과 가치와 행복추구권을 사법에서 구체화한 것이 인격권 개념이라고 보는 것 등의 이해 방식을 들 수 있다.

끝으로 ⓒ 사법도 헌법의 일정한 영향 아래에 있는 것을 인정하지만, 사법의 독자성과 정체성을 강조하는 견해가 있을 수 있다. 이 견해는 민법이야말로 국가 이전에 인간의 생존 양식을 규율하는 법이라고 본다. 아울러 민법은 '사회의 기본법'이고, 그 밑바탕에는 개인의 인격 존중과 사적 자치, 즉 각 개인이 스스로 '좋은 것'이라고 믿는 삶의 방식을 자신의 의사로 결정하고 자신의 의지로 실현

166) 권영설, 「헌법과 사법의 관계」, 『법학논총』 제12집, 숭실대학교, 2000, 40～41쪽; 같은 사람, 「헌법과 사법의 관계에 관한 서설」, 『공법연구』 제28집 제3호, 한국공법학회, 2000, 71～72쪽 참조.

하며 다른 사람이나 공동체가 그러한 결정과 실현을 방해하여서는 안 된다는 이른바 '자유의 이념'이 깔려 있다고 한다. 따라서 인격·계약·소유권 등 각종의 기본적 사법제도를 헌법도 당연히 존중하여야 한다는, 이른바 '헌법의 민법화'를 주장하기에 이른다.

학설 중에는 "(인격, 소유권, 계약, 그리고 가족과 같은) '기본생존양상'의 법적 존재형식을 민법이 정한다는 의미에서 민법은 국가의 기본법(constitution d'État) 즉 헌법과는 다른 관점에서 역시 하나의 기본법 말하자면 사회의 기본법(constitution sociale)인 것이다. … 한 걸음 더 나아가 생각하면, 굳이 사회와 국가와의 분리를 이론적 전제로 하지 않더라도, 헌법이 자유의 헌장인 이상에는 그것은 민법이 자유로운 개인 사이의 법형식으로 오랜 기간에 걸쳐 조탁되어 온 인격, 계약, 소유권 등 각종의 기본적 사법제도를 헌법도 존중하지 않을 수 없고, 과격하게 말하면 개인의 자유와 안전을 보장하는 것이 국가의 존재이유인 것과 같이 국가의 기본법인 헌법의 존재이유도 결국은 위와 같은 사법적 개념·제도를 옹호하는 데서 찾을 수 있다고 하는 생각은 지나친 것일까"고 하며, "오히려 위와 같은 헌법의 민법화(civilisation)야말로 가령 켈젠류의 법단계론을 벗어나서 헌법의 의미에 대한 새로운 조명을 가능하게 하는 것일는지도 모른다."[167]라는 견해까지 발견할 수 있다.

(iii) 사견

ⓐ는 먼저 헌법이 모든 법질서의 기본이나 기초를 이루는 최고법이라는 점을 간과한다. 즉 국민의 법질서에 대한 기본적인 합의가 헌법이므로 이에 따라 모든 법질서를 형성하여야 한다는 것을 무시한다. 그리고 민법에 많은 공법적 규정을 삽입하여 사법 질서를 형성하고 보장하는 데 이바지하는 현실에도 들어맞지 않는다. 특히 헌법재판소가 사법(私法)에 대한 위헌심사 기준으로 헌법을 사용하는 현실과 부합하지 않는다. 따라서 현행 법질서에서는 따르기 힘든 견해이다.

ⓒ는 헌법과 사법이 충돌한다는 점에서 출발하는 것이 문제이다. 법의 목적이 공존 질서를 형성하여 인간의 자유의지를 실현하는 것이라고 볼 때 모든 법은 이것에 이바지한다. 헌법과 사법도 그러한 목적을 향해서 나간다. 그 목적에

167) 양창수, 「헌법과 민법 - 민법의 관점에서 -」, 『법학』 제39권 제4호(통권 제109호), 서울대학교 법학연구소, 1999, 73~75쪽.

기본 틀을 형성하는 것이 헌법이고 이것을 구체적으로 규정하는 것이 사법이다. 이것이 헌법이 아닌 다른 법을 개별법이라고 부르는 이유이다. 이러한 점에서 헌법은 사법의 기본원리인 사적 자치를 비롯한 사법 일반을 보호하며 헌법이 이를 제한하더라도 이것은 언제나 마음대로 제한할 수는 없다. 즉 헌법이 정당화할 수 있을 때만 헌법이 사법에 개입할 수 있다. 따라서 이 견해도 수긍하기 어렵다.[168]

따라서 헌법을 정점으로 한 법단계를 인정한다면 ⓑ를 따를 수밖에 없다. 이것이 헌법재판소의 실무에도 들어맞는다. 하지만 사법이 헌법의 구체화라고 하여 기본권의 대사인적 효력을 자동으로 인정하여야 하는 것은 아니다. 사법 영역에는 사적 자치라는 기본원리가 있어서 국가 개입을 원칙적으로 부정하는 영역이기 때문이다. 그리고 그러한 영역을 인정하는 것이 헌법이고, 헌법은 그러한 영역을 보호하는 방향으로 사법에 영향을 미친다. 따라서 기본권이 직접적으로나 간접적으로 사법 영역에 당연히 효력이 미친다고 할 수는 없다. 결국 이에 관해서는 별도 논의가 필요하다.

다만, 헌법은 사적 자치 실현을 위해서 어느 정도 사법 영역에 간섭할 수 있다. 즉 헌법은 사법의 사적 자치를 올바르게 실현할 수 있는 기초를 형성하고 문제점을 제기할 수 있다. 따라서 헌법이 사법과 사적 자치를 단순히 보호하는 것에 그치지 않고 적극적으로 간섭할 수도 있다. 다만, 기본권을 그러한 근거로 사용할 수 있는지가 분명하지 않다.

③ 기본권이 보장하는 사적 자치

(ⅰ) 기본권의 대사인적 효력과 사적 자치의 관계

기본권이 사법 관계에 효력을 미치는지와 관련하여 먼저 문제 되는 것은, 사법 관계는 공법 관계와 달리 사적 자치라는 독자적인 원리가 규율한다는 점이다. 기본권의 대사인적 효력을 사적 자치라는 사법의 기본원리를 무시하거나 침해하는 방향으로 일방적으로 적용하면 사법에 독자적인 원리를 인정하는 취지와 사

168) '헌법의 민법화'는 자유민주주의 헌법은 사회의 자율 영역을 존중하는 전제 위에 기초를 두어서, 이러한 사회의 자율 영역을 규율하는 민법 등의 사법은 단순한 헌법의 부속법률이라기보다는 헌법 정신의 핵을 담고 있다는 의미로 사용한다면 지극히 타당하나, 민법의 원리와 이념이 헌법의 이념과 원리를 구속하여야 한다는 의미로 사용한 것이라면 다소 수긍하기 어렵다는 견해가 있다[권영설(주 166, 헌법과 사법의 관계), 42쪽 주 8; 같은 사람(주 166, 헌법과 사법의 관계에 관한 서설), 73쪽 주 8].

법을 공법과 구별하는 이유 등이 무시될 수 있다. 따라서 기본권의 대사인적 효력이 사법 관계에 미치는지와 관련하여 사적 자치를 헌법적으로 어떻게 보장하는지가 문제 된다. 이것을 해결하려면 사적 자치가 헌법적으로, 특히 기본권적으로 어떠한 지위에 있는지를 먼저 살펴보아야 한다. 그리고 무엇을 보장하여야 하는지와 관련하여 사적 자치의 내용을 검토할 필요가 있다.

(ii) 사적 자치의 의의

사적 자치란 인간의 자기결정과 자기책임의 원칙에서 비롯한 것으로 개인이 법질서의 한계 안에서 자기 의사로 법관계를 형성할 수 있다는 원칙, 즉 개인이 법질서의 제한에 부딪히지 않는 한 국가의 간섭이나 도움 없이 자유로운 자기결정으로 법관계를 규율할 수 있다는 원칙이다.[169] 이때의 의사 표시는 정당하고 적법한 것이어야 하고 위법한 의사 표시를 포함하지 않는다. 따라서 사적 자치는 정당하고 적법한 의사 표시에 따른 자기결정의 원칙이지 위법한 의사표시에 따른 자기결정에까지 적용하는 원칙은 아니다.[170] 사적 자치의 주체는 법률행위능력이 있는 사인이고, 이는 자연인뿐 아니라 법인, 그 밖의 단체를 아우른다. 사적 자치는 당사자 사이의 평등을 전제로 한다.

사적 자치의 장점으로는 ⓐ 당사자가 자신의 법관계를 스스로 규율하여서 자연스럽고 융통성이 있으며 국가 개입이 필요하지 않은 점, ⓑ 사적 자치에 따른 형성은 강행법, 제3자(공증인, 경제감사인), 법원(등기)이나 행정관청(경제 감독)의 협력과 같은 고권적인 요소를 통해서 이를 규제함으로써, 잘못된 결과를 추가로 시정할 길이 다양하게 있는 점, ⓒ 사적 자치에 따른 형성의 법적 정당성은 전체적으로 보아 절대 고권적인 형성에 뒤지지 않고, 오히려 그것을 훨씬 능가할 수 있다는 점, ⓓ 사적 자치에 따른 형성에서 법률행위 대부분은 그 행위의 법적 측면을 전혀 생각해 보지 않고, 단지 서로 신뢰하면서 형성하고 소멸하는 것에 견주어 법은 최후의 수단으로 다툼이 있을 때만 모습을 드러낸다는 점, ⓔ 사적 자치에 따른 형성은 상상할 수 없을 정도로 국가 부담을 경감하고, 가장 위험한

169) 송덕수, 「사적 자치에 대하여」, 『사회과학논집』 제11집, 이화여자대학교 법정대학, 1991, 37~38쪽; 같은 사람, 곽윤직 편집대표, 『민법주해[Ⅱ] - 총칙(2)』, 박영사, 1992, 103쪽; 같은 사람, 「우리 민법과 사적 자치」, 『민사법학』 제88권, 한국민사법학회, 2019, 5쪽.

170) 김상용, 「사적자치원칙의 향후과제」, 『고시연구』 제17권 제10호(통권 제199호), 고시연구사, 1990. 10., 85쪽.

권력 집중을 막아주는 점, ⓕ 사적 자치에 따른 형성은 거대조직의 관료제 문제 해결을 쉽게 한다는 점 등이 있다.[171)]

(ⅲ) 사적 자치의 헌법적 근거

행복추구권의 내용 중 자유롭게 행동하거나 행동하지 아니할 권리인 일반적 행동자유권은 '행복 추구'라는 개념에 포섭할 수 있는 무규정적이고 비정형적인 넓은 범위의 행동을 보호한다. 이러한 행복추구권에서 자기결정권을 도출하려는 시도가 있다.[172)] 자기결정권은 개인이 자기의 사적 사안[173)]에 관해서 다른 사람의 간섭 없이 스스로 결정하고 그 결정에 따라 행동할 수 있는 권리를 말한다. 하지만 자기결정권은 행동 측면을 강조하는 일반적 행동자유권과 달리 결정 측면을 강조하는 것에 불과하다. 결정한 것을 행동하지 못하면 그러한 자기결정권은 공허한 것이고, 자기결정에 따른 행동이 아니라면 그러한 행동은 아무런 의미가 없다. 결국, 자기결정권과 일반적 행동자유권은 동전의 양면과 같이 같은 권리를 다른 측면에서 바라보는 것에 불과하다.[174)] 따라서 행복추구권에서 자기결정권을 일반적 행동자유권과 별도로 도출할 실익은 없다. 결론적으로 일반적 행동자유권과 자기결정권은 자신의 문제를 자기 스스로 자신의 의사에 따라 결정하고 그에 따라 다른 사람 간섭 없이 자유롭게 행동할 수 있는 권리로서 양자는 같다.

자기결정권을 인격적 생존의 핵심 영역이나 인격 발전에 관계되는 행위와 관련된 영역에 한정하여 일반적 행동자유권과 구별하려는 견해가 있다.[175)] 그러

171) 이에 관해서 자세한 것은 Fritz Rittner, 권오승 옮김, 「사법과 사적자치」, 『경희법학』 제21권 제1호, 경희법학연구소, 1986, 71쪽; 권오승, 「사적자치의 우선」, 『고시계』 제31권 제9호(통권 제355호), 국가고시학회, 1986. 10., 89～91쪽; 같은 사람, 「사적 자치의 기초이론」, 『민사법과 환경법의 제문제』(송헌 안이준박사 화갑기념논문집), 박영사, 1986, 10쪽 참조.

172) 구병삭(주 26), 410쪽; 안용교(주 25, 인간으로서의 존엄·가치와 행복추구권), 37쪽; 헌재 1990. 9. 10. 89헌마82, 판례집 2, 306, 310; 헌재 1996. 12. 26. 96헌가18, 판례집 8-2, 680, 691-692. 인간으로서 가지는 존엄과 가치와 행복추구권을 통합적으로 보고 여기서 자기결정권을 도출하는 견해도 있다[김철수(주 26), 519쪽].

173) 사적 사항에는 ① 결혼, 이혼, 출산, 낙태 등 인생의 전반에 걸친 설계에 관한 사항, ② 생명 연장 거부, 안락사, 자살, 장기이식 등 삶과 죽음에 관한 사항, ③ 머리 모양, 장식, 등산, 수영, 흡연, 음주 등 개인의 생활 방식이나 취미에 관한 사항, ④ 혼전성교, 혼외성교, 동성애 등 성인 사이에 합의한 성적 행동에 관한 사항 등이 있다(김주현, 「자기결정권과 그 제한」, 『헌법논총』 제7집, 헌법재판소, 1996, 30쪽).

174) 김주현(주 173), 32～33쪽.

나 이 견해는 자기결정권을 일반적 인격권에서 도출하려는 견해로 헌법 제10조 제1항 후문은 독일 기본법 제2조 제1항과 달리 인격 발현에 한정하지 않으므로 자기결정권을 너무 좁게 보는 이러한 견해는 타당하지 않다. 자기결정권을 좁게 봄으로써 기본권을 보장하는 영역을 좁힌다는 중대한 결함이 있기 때문이다. 그리고 인격적 이익과 그 밖의 것의 구별이 불분명하고 어려워 헌법이 보호하는 기본권이 무엇인지 판단하기 곤란하다는 문제도 있다.[176)]

사적 자치는 당사자에게 법관계 형성을 백지위임할 뿐이지 무엇을 하라는 내용적 지시성이 없다. 민법을 비롯한 사법 규정은 대부분 임의규정으로 채워져 있어 당사자가 자율적으로 정하지 못한 부분을 보충하여 옹근(완벽한) 것으로 만들기 위해서 당사자의 의사를 보충하는 기능을 할 뿐이다. 그리고 강행규정도 형사법과 달리 어느 선택이든 적법한, 어떠한 법적 효과를 얻으려면 필수적으로 따라야 하는 반강제적인 행위규범에 지나지 않는다.[177)] 게다가 민법을 비롯한 사법 규정은 원칙적으로 당사자의 결정에 구속력을 부여하는 데 그 목적이 있다.

따라서 사적 자치에서는 정형적인 행위 형태가 없다. 즉 사적 자치는 사법 영역에서 개인이 자기결정에 따라 자유롭게 행위를 할 수 있는 무규정적이고 비정형적인 넓은 범위의 행동을 보호한다. 이러한 것은 행복추구권 중 일반적 행동자유권이 사법 영역에 드러난 것에 지나지 않는다.[178)] 즉 일반적 행동자유권 중 사적 관계를 자유롭게 결정하고 그에 따라 행동할 수 있다는 것이 사적 자치이다. 따라서 사적 자치는 행복추구권의 일반적 행동자유권에서 도출되어[179)] 일반적 행동자유권의 내용으로 보장된다. 따라서 사적 자치는 헌법에서 기본권적 지위에 있다.

사적 자치를 헌법 제10조의 인간의 존엄에서 도출하는 견해도 있다.[180)] 즉

175) 김주현(주 173), 46～48쪽.

176) 김주현(주 173), 50～53쪽.

177) 이은영, 「계약에 관한 법철학적 고찰」, 『외법논집』 제1집, 한국외국어대학교 법학연구소, 1994, 100～102쪽.

178) 같은 견해: 구병삭, 「헌법상 “자기결정권”의 문제」, 『월간고시』 제17권 제2호(통권 제193호), 법지사, 1990. 2., 24쪽.

179) 같은 견해: 곽윤직, 『채권각론(제6판)』, 박영사, 2004, 9쪽; 송덕수(주 169, 민법주해[Ⅱ]), 103～104쪽. 헌법재판소도 “헌법 제10조는 국민의 행복추구권과 여기서 파생된 일반적 행동자유권 및 사적자치권을 보장”한다고 하여 행복추구권에서 사적 자치를 도출한다(헌재 1998. 8. 27. 96헌가22, 판례집 10-2, 339, 355; 헌재 2001. 5. 31. 99헌가18등, 판례집 13-1, 1017, 1084).

헌법 제10조를 인간 존엄의 '불가침성'이라고 소극적으로 파악하는 것에서 한 걸음 더 나아가 이것을 동적·적극적으로 파악할 필요가 있고, 여기서 개인은 인격과 의사를 매개로 자기결정·자기책임·자기지배가 자기의 권리와 의무를 스스로 형성하는 원칙을 도출한다. 그러나 인간 존엄의 불가침성은 절대적인 것으로 아무도 침해할 수 없다는 점에서 제한할 수 있는 사적 자치를 여기서 직접 도출할 수는 없으므로 이 견해는 타당하지 않다.

(iv) 사적 자치의 내용

ⓐ 개인의 생활 관계 형성에 대한 국가 개입 포기

사적 자치는 먼저 국가가 개인의 생활 관계 형성에 개입하는 것을 포기한다는 것을 뜻한다. 따라서 국가는 개인이 자유롭게 사법 관계를 형성할 수 있도록 행동의 자유를 보장한다. 그리고 국가는 당사자가 형성하는 사법 관계를 법적 구속력이 있는 것으로 인정하고, 여기에 법원이 법적으로 보호할 뜻이 있음을 표명한다. 다만, 모든 개인의 생활 관계를 당사자가 자유로이 결정할 수 있는 것은 아니므로 사적 자치에도 한계가 있다.[181)]

ⓑ 자기책임의 원칙 - 과실책임주의

사적 자치는 개인이 자기 의사로 법관계를 형성한다는 원칙이다. 하지만 동시에 자신이 형성한 법관계에 대해서 스스로 책임을 져야 하므로 자기책임의 원칙을 수반한다. 따라서 사적 자치란 사법적 법관계에서 나타나는 자기지배의 원칙이다.[182)]

다만, 자기 의사로 법률행위를 할 수 있어도 그로 말미암아 발생하는 손해를 모두 배상하여야 한다면 사적 자치를 제대로 실행할 수 없을 것이다. 즉 모든 범위의 손해배상을 염두에 두어야 한다면 자신의 행위 결과에 예측 가능성이 없어 자신의 의사대로 법관계를 형성할 수 없을 것이다. 따라서 사적 자치에는 자신의

180) 이영준, 「민법의 지도원리로서의 사적자치」, 『법조』 제49권 제8호(통권 제527호), 법조협회, 2000. 8., 34~36쪽. 같은 견해: 이주흥, 「계약자유의 헌법적 의미」, 『민사판례연구[XⅢ]』, 박영사, 1997, 399~400쪽. 사적 자치의 헌법적 근거를 헌법 제10조 인간의 존엄에서 나오는 자기결정권에서 찾는 견해도 있다(이부하, 「사법에 대한 기본권의 영향 - 독일의 법이론을 중심으로 -」, 『법과 정책연구』 제9집 제1호, 한국법정책학회, 2009, 465).

181) 같은 견해: 하경효(주 88), 177~178쪽.

182) 김상용(주 170), 85쪽.

귀책사유가 있을 때만, 즉 고의·과실이 있을 때만 책임을 진다는 과실책임주의가 적용된다.

ⓒ 사적 자치의 발현 형식

사적 자치의 발현 형식에는 계약의 자유, 단체(결성)의 자유, 유언의 자유, 권리 행사의 자유가 있다.[183]

계약의 자유[184]는 넓은 뜻으로는 당사자가 합의로 법관계를 형성할 때 대상이 되는 영역을 불문한다. 좁은 뜻으로는 채권계약의 자유를 말한다. 계약의 자유는 한편으로는 각 개인이 다른 사람과 계약을 체결하는 것이 원칙적으로 자유라는 것을 뜻하고, 다른 한편으로는 모든 인간은 다른 사람과 마찬가지로 평등하게 계약을 체결할 수 있다는 것을 가리킨다.[185] 계약의 자유는 체결의 자유, 상대방 선택의 자유, 내용 결정의 자유, 방식의 자유를 내용으로 한다. 체결의 자유, 상대방 선택의 자유, 방식의 자유는 채권계약뿐 아니라 물권계약·가족법의 계약에서도 일반적으로 인정된다. 하지만 내용 결정의 자유는 채권계약에서는 넓게 인정되지만, 그 밖의 계약에서는 좁은 범위에서만 인정될 뿐이다.

단체(결성)의 자유는 법질서가 단체 설립을 허용하고 설립자가 설정한 목적을 구속적인 것으로 승인하는 것을 말한다. 단체 설립의 자유는 성립 단계에서 나타나는 설립의 자유와 성립 후 단계에서 나타나는 단체와 그 구성원 사이의 법관계 형성의 자유로 세분된다.

유언의 자유는 개인이 누구에게 자신의 재산을 남겨줄 것인지를 유언의 방법으로 의사에 따라 자유로이 결정할 수 있고, 법질서가 이 결정을 승인하는 것을 말한다. 여기서 유언의 정당성은 문제 되지 않는다.

권리 행사의 자유는 권리가 있는 사람이 자신의 자유로운 의사로 그것을 행사할 권능이 있는 것을 말한다. 다만, 모든 권리 행사가 사적 자치 영역에 해당하는 것이 아니라 사적 자치에 따른 규율, 즉 의사표시 방법으로 행사될 때만 권리 행사가 사적 자치 영역에 해당한다.

---

183) 이에 관해서 자세한 것은 송덕수(주 168, 사적 자치에 대하여」, 40~43쪽; 같은 사람(주 168, 민법주해[Ⅱ]), 105~108쪽.

184) 헌법재판소는 계약의 자유가 일반적 행동자유권에서 파생한다고 한다(헌재 1991. 6. 3. 89헌마204, 판례집 3, 268, 276; 헌재 1998. 5. 28. 96헌가5, 판례집 10-1, 541, 549; 헌재 1998. 10. 29. 97헌마345, 판례집 10-2, 621, 633).

185) 권오승(주 171, 사적 자치의 기초이론), 5쪽.

법질서는 그 밖에도 많은 영역에서 자유활동을 허용한다. 영업의 자유, 경쟁의 자유, 의사발표의 자유, 정보의 자유, 더욱 근본적인 것으로 일반적 행동자유권 등이 그 예이다. 그러나 이들은 사적 자치 영역에 속하지 않는다. 사적 자치의 현저한 특징은 법질서가 자기결정만을 보장하는 것에 있는 것이 아니고, 자유롭게 자기 스스로 결정한 것에 법적 구속성을 부여하는 것에 있다. 그런데 법질서는 계약의 자유, 단체 결성의 자유, 유언의 자유, 권리 행사의 자유 영역에서만 법적으로 구속력 있는 규율을 허용하고, 그 밖의 단순히 자유로운 활동 영역에서는 그렇지 않다. 예를 들어 법질서는 자유로운 영업활동이나 경제활동, 자유로운 의사 표명이나 자유로운 산책을 허용하되, 그러한 활동에는 법적 구속성을 부여하지 않는 방식으로 허용한다. 그러나 권리 행사에도 권리의 단순한 사실적인 행사에서는 자기결정에 따른 법적 구속력 있는 규율을 하지 않는다. 그러한 범위에서 이러한 행사도 본래 의미의 사적 자치에 해당하지 않는다.[186]

ⓓ 사석 사치의 실현수단

의사표시 내용대로 법률효과가 발생하는 법률요건은 법률행위뿐이다. 사적 자치는 자신의 의사에 따라서 법률관계를 창조적으로 규율하는 것이므로, 법률행위 이외의 사적 자치 실현수단을 상정하는 것은 적절하지도 않고 특별한 의미도 없다. 따라서 법률행위는 사적 자치를 실현하는 '유일한 수단'이다.[187]

이에 대해서 법률행위 이외에도 의사 표시가 필요한 부분에는 사적 자치의 원칙을 적용한다고 하여 법률행위만 사적 자치의 실현수단이라고 볼 수 없다는 견해가 있다.[188] 하지만 법률행위는 의사표시를 불가결의 요소로 하고 의사표시의 내용대로 법률효과가 발생하는 것을 법질서가 승인한 법률요건이다.[189] 따라서 모든 법률행위는 적어도 하나의 의사표시를 포함하여야 하고, 예외는 인정되지 않는다.[190] 그러므로 법률행위는 채권계약·물권적 합의·가족법의 계약 등은 물론 단독행위도 모두 포괄하는 추상적 개념이다. 이러한 개념을 따르면 의사 표

186) 김학동, 「사적자치원칙의 의의와 이의 제한」, 『고시계』 제38권 제3호(통권 제433호), 국가고시학회, 1993. 3., 118~119쪽; 송덕수(주 168, 사적 자치에 대하여), 43쪽.

187) 송덕수(주 168, 사적 자치에 대하여), 43~44쪽; 같은 사람(주 168, 민법주해[Ⅱ]), 109쪽.

188) 김상용(주 170), 86쪽.

189) 송덕수, 「법률행위의 의의」, 『고시연구』 제18권 제9호(통권 제210호), 고시연구사, 1991. 9., 147쪽.

190) 송덕수(주 189) 152쪽.

시를 요소로 하여 그 의사 내용대로 법률효과가 발생하는 것을 법률행위 이외에 상정할 수 없다. 그러므로 법률행위는 사적 자치를 실현하는 유일한 수단이다.

사적 자치에 따른 법률관계 형성행위인 법률행위에서 행위자의 의사대로 법률효과가 발생하는 것은 행위자가 법률효과를 의욕하고 그것을 법질서가 인정하기 때문이다. 즉 법률행위의 효력 근거는 제1차적으로는 법률행위(당사자의 의사)에서 찾아야 한다. 사적 자치를 인정하는 범위에서 법률행위의 효과는 법률행위 내용대로 발생하기 때문이다. 그렇지만 그러한 결과는 법질서가 시인하여서 가능하다. 즉 사적 자치에 따른 규율은 사인 자신이 아니라 이미 설정한 법 때문에 법적 구속성이 있다. 따라서 법질서는 그 형식과 내용에서 법관계의 사적 자치에 따른 형성을 결정한다. 개인은 사적 자치 영역에서 사적 자치에 따른 형성행위, 즉 법률행위를 할 수 있지만, 법질서가 허용한 유형의 것만을 승인된 방식으로 하여야 한다.[191]

6. 학설과 판례

(1) 학설과 판례 검토의 유용성

기본권의 대사인적 효력은 근래에 들어 비로소 등장한 문제가 아니다. 이전부터 존재한 문제가 사회 변화에 따라 중요한 문제로 떠오른 것이다. 그리고 그동안 이 문제를 해결하려고 학설과 판례가 계속 노력하였다. 이러한 학설과 판례를 검토함으로써 기본권의 대사인적 효력 문제를 바라보는 다양한 관점을 이해하고 해결하여야 하는 문제점을 확인할 수 있다. 그리고 그러한 문제점에 관한 기존 해결책을 살펴봄으로써 가장 적절하거나 한층 더 나은 해결책을 발견할 수 있는 계기가 될 수 있다. 따라서 여기서는 기존의 학설과 판례를 개관해 보고 이에 관한 검토를 해보고자 한다. 본 논문은 한국에서 문제 되는 기본권의 대사인적 효력 해결책을 찾는 것이므로 한국 논의를 먼저 검토하여야 하나, 한국 논의는 독일 논의를 계수하여 전개되므로 검토 편의를 위해서 독일 논의를 먼저 살핀다.

191) 송덕수(주 168, 사적 자치에 대하여), 44～45쪽.

(2) 독일의 학설과 판례

① 학설

(ⅰ) 효력부정설

독일의 전통적 이론은 기본권의 대사인적 효력을 원칙적으로 인정하지 않았다. 즉 사인 서로 간의 법관계에는 기본권의 효력이 원칙적으로 미치지 않는다고 보았다. 그 근거는 다음과 같다.[192] ⓐ 기본권의 대사인적 효력은 기본권의 일반적 전통과 개념에 어긋난다. 본질적으로 대국가적 방어권인 기본권은 국가 권력만을 구속한다. ⓑ 기본권의 대사인적 효력을 인정하더라도 독일 기본법 제9조 제3항과 같은 명문 규정이 있어야 한다. ⓒ 헌법제정자는 사인 사이의 법관계에 관한 규율권이 없다. ⓓ 헌법제정자는 명시적으로 기본권의 대사인적 효력을 인정하지 않았다. ⓔ 독일 기본법 제19조 제4항은 단지 공권력의 권리 침해만을 말한다. ⓕ 독일 기본법 제1조 제3항은 입법권, 집행권과 사법권을 구속한다고 명시적으로 규정할 뿐이지 사인을 구속한다고 규정하지 않았다. ⓖ 기본권을 사법관계에 적용하면 사법이 붕괴한다.

(ⅱ) 직접적 효력설

니퍼다이(Hans Carl Nipperdey)는 헌법의 최고규범성이 관철된 오늘날 모든 법은 오로지 헌법의 기초 위에서, 헌법의 테두리 안에서만 타당하며, 그 점에서 사법도 예외가 아니라고 한다.[193] 따라서 사적 자치의 원칙에 따라 체결한 사법적 계약도 헌법의 기본권을 침해하면 무효인 법률행위가 된다고 한다.

이 견해를 따르면 기본권은 사인 서로 간에 절대적이거나 직접적 효력이 있다. 즉 기본권은 사법에서 단지 지침이나 해석원칙으로 작용할 뿐 아니라 직접 규범적 효력을 발휘한다.[194] 직접적인 규범적 효력이란 기본권이 사법 질서에서 효력이 있기 위해서 일반조항과 같은 매개 수단이나 침투 창구가 필요하지 않다는 말이고, 기존 사법 규범을 (그것이 금지, 명령 등 어떤 규정이든 상관없이) 변형하거나 새롭게 창조한다는 것을 말한다고 한다.[195] 기본권에서 파생한 주관적 사권

---

192) Ingo von Münch, Staatsrecht Ⅱ, 5. Aufl., Stuttgart/Berlin/Köln/Kohlhammer 2002, S. 110 f.; Walter Leisner (Anm. 134), S. 311 f. 참조.

193) Hans Carl Nipperdey, Grundrechte und Privatrecht, Krefeld, 1961, S. 15, 17 참조.

194) Hans Carl Nipperdey (Anm. 193), S. 15.

은 그 밖의 권리로서 독일 민법 제823조[196] 손해배상 청구와 객관법 위반적 침해나 임박한 위험에 대한 방어나 중지 청구의 근거가 될 수 있다고 한다.[197] 따라서 개인은 때에 따라서 사법 관계에서 직접 기본권을 주장하고, 다른 사람에 대해서 이를 관철할 수 있다고 한다. 즉 기본권은 국가뿐 아니라 사법 주체인 개인도 직접 구속한다고 한다. 결론적으로 기본권은 전체 법질서의 질서원칙이나 기본원칙 규범으로 설명되고, 기본권 실현을 위해서 입법자가 제정하는 법률에 우선적인 근거가 없어도 사법 관계를 직접 구속한다고 한다.[198]

그러나 기본권의 직접적인 대사인적 효력을 인정하여도 모든 기본권이 사법관계에 효력을 미쳐야 한다는 것을 뜻하지는 않는다고 한다. 헌법의 명문 규정이나 기본권의 성질에 따라 사인 서로 간에 직접 적용할 수 있는 기본권만 직접 효력이 있다고 한다. 따라서 어떠한 기본권이 효력이 있는지의 문제는 기본권의 구체적 내용, 본질 그리고 기능을 고려하면서 개별적으로 신중하게 검토하여야 한다고 한다.[199] 그리고 사인 서로 간의 관계에 기본권을 적용하면 개인과 국가의 수직적 관계에서와 같은 강도로 적용하는 것도 아니라고 한다. 그리고 개인의 기본권을 자율적으로 제한할 수 있다는 점을 인정한다. 그러나 그러한 자율적 제한은 실제로 대등한 당사자 사이의 자유의사에 기초를 두어야 하고, 제한의 한계[옹근(완벽한) 포기 금지, 본질적 내용 침해 금지]는 지켜야 한다고 한다.[200]

라이스너(Walter Leisner)는 기본권이 모든 방향에 대한 지향성을 가지고 발생한다고 한다.[201] 즉 기본권 가치의 불가분성은 기본권을 모든 방향에서 똑같이 보호하여야 한다고 한다. 이러한 기본권은 가장 높은 가치로 작용하는 인간 존엄의 중요가치에 대한 방사효과를 구체화한다고 한다.[202] 그리고 기본권에서 인간

195) Hans Carl Nipperdey (Anm. 193), S. 17 f. 참조.

196) "① 고의나 과실로 다른 사람의 생명, 신체, 건강, 자유, 소유권이나 그 밖의 권리를 위법하게 침해한 사람은, 그 타인에 대해서 이로 말미암아 발생하는 손해를 배상할 의무를 진다. ② 다른 사람 보호를 목적으로 하는 법률을 위반한 사람도 같은 의무를 진다. 그 법률이 과책 없이도 그에 어긋날 수 있다고 정하면, 과책 있는 때만 배상의무가 발생한다."

197) Hans Carl Nipperdey (Anm. 193), S. 15.

198) Hans Carl Nipperdey (Anm. 193), S. 14.

199) Hans Carl Nipperdey, Boykott und freie Meinungsäußerung, DBVI 1958, S. 447 f.; ders. (Anm. 193), S. 12, 20 f.

200) Hans Carl Nipperdey (Anm. 193), S. 19 f.

201) Walter Leisner (Anm. 134), S. 3, 특히 S. 22 ff.

202) Walter Leisner (Anm. 134), S. 332 f.

존엄의 내용을 국가 강제에 대해서 불가침적으로 보호할 수 없으나, 사법에서 옹글게(완벽히) 배제할 수 없는 것이라고 한다.[203] 인간 존엄의 가치에 대한 '침해 불가능성'과 '양도 불가능성'은 이것들이 개인의 처분에 있지 않고, 동시에 기본권의 대사인적 효력을 원칙적으로 규정함을 뜻한다는 것을 명백히 밝힌다고 한다.[204]

그는 제3자에 지향한 기본권 적용 모습에서 먼저 종속적인 근로계약과 같이 일방 당사자가 상대방 당사자보다 우월한 지위에 있으면 사적 권력은 공권력 주체는 아니지만, 조직과 기능에서 국가와 비슷하므로 기본권이 직접 효력을 미친다고 한다. 그리고 대등한 사적 당사자 사이의 관계는 계약관계와 비계약관계로 나눈다.[205] 계약관계에서는 일반 법률유보의 범위 안에서만 계약이 가능하고, 이러한 범위에서 기본권 보호의 광범위한 포기 가능성이 있다고 한다.[206] 그리고 비계약관계에서는 결국 기본권 충돌이 문제 되며, 이에는 이익 충돌이 전면에 등장하고, 이것은 법률유보의 다양한 강약에 관한 고려를 통해서 해결할 수 있다고 한다. 일반적으로 법률유보가 붙은 기본권은 법률유보가 붙지 않은 기본권에, 일반적 법률유보가 붙은 기본권은 한정적 법률유보가 붙은 기본권에, 일반적 기본권은 특별한 기본권에 각각 열등하다고 한다. 그리고 동등·동종의 기본권은 양자의 중간에서 그 균형을 구하여야 한다고 한다. 이때 법률유보가 붙지 않은 기본권 사이의 충돌은 본질내용 충돌과 마찬가지로 제외한다고 한다.[207]

뮌히(Ingo von Münch)는 다음과 같은 이유로 직접적 효력설이 타당하다고 한다.[208] ⓐ 독일 기본법 제1조 제2항을 따르면 (국가기관뿐 아니라) 독일 국민에게 (국민과 국가의 관계뿐 아니라) 모든 인간 공동체의 기초로서 침해할 수 없고 양도할 수 없는 인권이 있다는 것을 인정한다. ⓑ 기본권은 자유로운 삶이 가능한 최소한을 형성하는 자유 영역을 보장하는데, 자유는 국가뿐 아니라 사인도 위협할 수 있다. ⓒ 기본권은 역사를 보존하는 것이 아니라 자유를 지키는 것이므로 역사적인 기본권 침해 방향은 오늘날 더는 결정적인 것이 아니다. ⓓ 사적 자치(특히 계약자유)는 독일 기본법 제2조 제1항이 보호하므로 직접적 효력설이 사적 자

203) Walter Leisner (Anm. 134), S. 143 ff., 150 f.
204) Walter Leisner (Anm. 134), S. 149, 151.
205) Walter Leisner (Anm. 134), S. 379 ff.
206) Walter Leisner (Anm. 134), S. 384 ff.
207) Walter Leisner (Anm. 134), S. 391 ff.
208) Ingo von Münch (Anm. 192), S. 111 f.

치를 파괴하는 위험은 없다.

(iii) 간접적 효력설

뒤리히(Günter Dürig)는 독일 기본법 제1조 제1항에서 법질서에서 가장 상위에 있는 헌법원리와 사법에 미치는 기본권 효력의 출발점을 찾는다.[209] 모든 국가 권력은 고유한 (국가적) 행위를 할 때 인간의 존엄을 존중할 의무를 질 뿐 아니라 인간의 존엄에 따라서 제3자의 모든 행위에 대한 보호의무를 진다고 한다.[210] 그리고 기본권은 국가에 지향한 주관적 권리일 뿐 아니라 모든 가능한 침해자에 지향한 권리라고 한다.[211] 따라서 그는 기본권의 대사인적 효력을 인정하지만, 독일 기본법이 보호한 사적 자치를 강하게 제한할 수 있으므로 직접적 효력을 인정하는 것은 반대한다.[212]

그는 전체 법질서의 통일성을 강조하면서 헌법이 규정한 기본권적 가치 체계는 사법을 해석할 때 고려되어야 한다고 한다. 그러나 사인 사이의 사적인 법관계를 규율하는 것은 먼저 사법이고, 사법 영역에서는 강행규정이 지배하는 공법 영역과는 달리 사인 사이의 자유로운 의사 합치를 먼저 존중하는 사적 자치의 원칙이 지배하므로, 공법인 헌법의 기본권 규정을 사법 관계에 직접 적용하면 사법의 고유성이나 사법의 독자성을 잃어버릴 우려가 있다고 본다. 따라서 기본권은 사법의 일반조항을 매개수단으로 하여 일반조항의 해석 기준으로 작용할 때만 간접적으로 사인 서로 간에도 적용할 수 있다고 한다.[213] 즉 기본권의 절대적 효력이 사적 자치와 자기책임을 위하여 제3자에 대해서 상대화한다고 본다.[214] 그는 이원적 구조에서 출발하여 기본권에서 국가에 대한 주관적 공권을 찾지만, 제3자에게는 독립적인 사법이 효력을 미친다고 한다.[215]

이 학설을 따르면 기본권은 1차적으로는 국가 권력에 대한 국민의 방어적 권리로서 주관적 공권이지만, 그와 더불어 공동생활의 기초가 되는 원칙규범이

---

209) Günter Dürig (Anm. 134), S. 163.

210) Günter Dürig, Maunz/Dürig/Herzog/Scholz (Hrsg.), GG-Kommentar, 8. Aufl., München 2001, Art. 1 Abs. Ⅲ Rdnrn. 102, 131.

211) Günter Dürig (Anm. 210), Rdnr. 102.

212) Günter Dürig (Anm. 134), S. 164, 168.

213) Günter Dürig (Anm. 134), S. 164, 176 ff., 183; ders., (Anm. 210), Rdnr. 131.

214) Günter Dürig (Anm. 134), S. 176.

215) Günter Dürig (Anm. 134), S. 164.

나 객관적인 질서의 요소도 된다. 이러한 원칙규범적 성격이나 객관적 질서 요소의 성격에서 기본권은 공·사를 불문하고 모든 생활 영역에 효과를 미치는 이른바 방사효과가 있다고 한다. 기본권의 방사효과 때문에 사법의 일반조항을 해석할 때 그 내용을 기본권적 가치로 채워서 사인 서로 간의 법관계에 적용하여야 한다고 한다.[216] 이렇게 기본권이 사법 규정 적용에 단지 간접적으로만 효력을 미쳐서 오직 국가 권력만 기본권 의무자가 된다고 한다.

(iv) 방어권설

슈바베(Jürgen Schwabe)는 기본권을 원칙적으로 국가에 대한 방어권으로 보면서도 이러한 기본권의 기능을 기초로 하여 기본권의 대사인적 효력을 인정한다. 독일 기본법 제1조 제3항에서 기본권을 오로지 국가에 대한 주관적 공권으로 이해하고, 공법과 사법에 미치는 기본권의 효력을 구별하는 것을 반대한다고 한다.[217]

사법 관계에 미치는 기본권의 효력도 공권력의 기본권 구속에서 도출하고,[218] 사인이 다른 사인의 권리 영역에 간섭할 수 있는 모든 권리는 국가 법질서에 근거를 둔다고 한다.[219] 그러면서 사인 사이 계약을 통한 사적 자치는 국가가 사인에게 위임하고 남용 제한을 통해서 한계 지우는 자연적 행동의 자유에 근거를 둔다는 견해에 반대한다.[220]

사인 사이에 체결한 계약도 법질서가 부여한 법효과가 발생하기 위한 전제에 불과하다고 한다.[221] 따라서 계약의 구속력은 오직 실정법 규범에만 근거를 둔다고 한다.[222] 민법 질서는 사인 서로 간의 권리 영역을 구분하여 사인은 다른 사인이 인용할 것을 청구할 수 있는 권리를 포함한 행동의 자유가 있고, 이것이 미칠 수 없는 영역에서 다른 사인의 방어청구권과 중지청구권이 발생한다고 한다.[223] 양자의 구분된 권리 영역은 기본권을 넓게 보호하고, 이러한 기본권적 보호는 상응하는 법질서가 확정한 사권으로 이루어진다고 한다. 즉 사인의 권한 없

216) Günter Dürig (Anm. 134), S. 176 ff.
217) Jürgen Schwabe, Die sogenannte Drittwirkung der Grundrechte, München 1971, S. 154 ff.
218) Jürgen Schwabe (Anm. 217), S. 154 ff.
219) Jürgen Schwabe (Anm. 217), S. 16 f., 154.
220) Jürgen Schwabe (Anm. 217), S. 19.
221) Jürgen Schwabe (Anm. 217), S. 19 ff., 67 ff.
222) Jürgen Schwabe (Anm. 217), S. 20.
223) Jürgen Schwabe (Anm. 217), S. 56 ff.

는 침해는 주관적 사적 방어권이 보호하고, 민법의 간섭권에 근거를 둔 침해에는 기본권이 효력을 미친다고 한다. 사인이 법질서가 허용한 행위를 함으로써 다른 사람의 권리 영역을 침해한다면, 이것은 국가 권력을 통한 기본권 침해가 된다고 한다.[224] 따라서 국가가 기본권침해적으로 설정한 민법의 권리 영역은 독일 기본법 제1조 제3항에 따라 기본권을 통해서 직접 심사된다고 한다.

그는 사인이 유발하고 감수하는 사인의 권리 영역에 대한 침해는 법질서가 부여하고 필요하면 국가의 집행권이 이를 관철함으로써 의미가 있다고 한다.[225] 그리고 기본권이 사인을 구속하는 것은 독일 기본법 제1조 제3항에 따라 공권력의 기본권 구속에서 직접 도출된다고 한다. 기본권이 직접적으로 주관적 공권 중 방어권으로 작용하여 미치는 효력은 기본권의 대사인적 효력에 관한 문제가 아니라고 한다. 기본권의 대사인적 효력이란 국가 권력이 기본권에 구속되어 매개한 것에 지나지 않는다고 한다. 결과적으로 (직접적 효력설처럼) 그는 기본권이 사법 관계에 직접 효력을 미친다고 한다. 이것은 기본권의 수평적 효력이 아니라 시민과 국가의 관계에서 기본권의 수직적 효력에 근거를 둔다. 따라서 기본권의 대사인적 효력이란 사이비문제라고 한다.[226] [227]

(v) 3측면 모델

알렉시(Robert Alexy)[228]는 기존의 간접적 효력설, 직접적 효력설, 방어권설이 사법부와 관련된 구성 방식이라는 점에서 결과적으로 등가치이고, 이들 중 하나만 올바른 구성 방식이라는 식으로 논쟁이 이루어진 것은 잘못된 것이라고 한다. 그는 이 세 가지 구성 방식 모두 대사인적 효력 문제의 특징인 복잡한 법관계의 몇 가지 측면을 적절하게 강조하지만, 그러한 구성 방식은 각각의 구성방식이 파악하는 측면을 완벽한 해결책으로 간주함으로써 부적절한 것이 되었다고 한다.

---

224) Jürgen Schwabe (Anm. 217), S. 58 ff.

225) Jürgen Schwabe (Anm. 217), S. 16 f.

226) Jürgen Schwabe (Anm. 217), S. 157. 이러한 이유로 슈바베(Jürgen Schwabe)는 자신의 책 제목을 "이른바 기본권의 제3자적 효력(Die sogenannte Drittwirkung der Grundrechte)"이라고 하였다.

227) 방어권설은 사인이 기본권의 수범자가 아니라는 점에서 효력부정설로 볼 수 있으나, 국가 권력을 매개로 기본권을 사법 관계에 적용한다는 점에서 직접효력설로 볼 수도 있다.

228) Robert Alexy (Anm. 146), S. 484 ff. 알렉시(Robert Alexy)의 이론을 기초로 하여 이론을 전개하는 국내논문으로는 이준일, 「기본권으로서 보호권과 기본권의 제3자효」, 『저스티스』 제65호, 한국법학원, 2002. 2., 77～83쪽.

따라서 적절한 해결책을 제시하는 완벽한 모델은 오로지 모든 측면을 파악하는 모델이라고 한다.

이러한 모델은 국가의 의무 측면, 국가에 대한 권리 측면 그리고 사법 주체 서로 간의 법적 관계 측면의 세 가지로 구분된다고 한다. 이러한 측면 사이에는 단계적 관계가 아니라 상호내포적 관계가 있다고 한다.

첫째 측면에 국가의 의무 측면이 자리 잡는다고 한다. 기본권 규범이 객관적 원칙으로 법의 모든 영역에 효력이 있다는 사실은 국가가 민사입법뿐 아니라 민사사법(民事司法)에서도 기본권 규범을 존중하여야 할 의무가 있다는 점을 포함한다고 한다. 따라서 국가는 사법을 제정하고 해석·적용할 때 기본권을 존중하여야 하는 의무를 진다고 한다. 간접적 효력설은 법관의 기본권존중의무를 가장 잘 설명한다고 한다.

둘째 측면은 국가에 대한 권리 측면이라고 한다. 법관이 민사법 규범을 해석하고 적용할 때 기본권적 가치질서를 존중하여야 하는 의무를 진다고 해서 곧바로 법관이 이러한 의무를 위반하면 주관적 권리 형태의 기본권을 침해하는 것이라고 말할 수는 없다고 한다. 그러나 기본권과 기본권 규범이 사법에 미치는 효과에 관해서 일관성을 유지하려면 의무와 권리 사이에 이러한 관련성이 있어야만 한다고 한다. 즉 국민에게 국가의 의무에 상응하는 권리가 있어야 한다고 한다. 권리는 오로지 권리 상대방만 침해할 수 있으므로, 민사법원이 그 판결 내용에 따라서 국민의 기본권을 침해할 수 있다면 침해된 기본권에서 문제 되는 것은 사법부에 대한, 즉 국가에 대한 국민의 권리이어야 한다고 한다.

이러한 권리가 국가에 대한 방어권이라고 주장하는 것이 방어권설이라고 한다. 즉 사법부가 국민의 기본권에 대해서 명령하거나 금지하는 판결을 내렸다면, 그것은 원칙적으로 기본권을 제한하는 것이므로 기본권 주체는 사법부에 대해서 기본권 제한을 포함하는 판결을 중지하도록 요구하는 방어권을 주장할 수 있다고 한다. 그러나 방어권설을 적용할 수 있는 때는 단지 명령과 금지가 문제 되는 때뿐이다. 기본권 주체가 다른 기본권 주체를 수범자로 하는 명시적이거나 묵시적인 허용[229]이 있으면, 즉 국가가 기본권 주체 일방이 다른 기본권 주체와 맺는

229) '허용'은 주체가 반드시 하여야만 하도록(명령) 또는 하지 않도록(금지) 강제하지 않은 규범적 상태를 말한다. '명령'과 '금지'를 포괄하는 개념이 '의무'이므로 '허용'은 '의무'의 반대 개념이다. '허용'은 적극적 행위(작위)와 소극적 행위(부작위)의 허용이라는 내용이 있다(이준일, 「기본권의 기능과 제한 및 정당화의 세 가지 유형」, 『공법연구』 제29집 제1호, 한국

관계에서 일정한 행위를 명령하거나 금지하지 않아 일정한 행위를 할 수 있을 때 상대방이 국가에 소극적인 행위를 주장할 수 있는 데 지나지 않는 방어권을 주장할 수 없으므로 방어권설은 국가에 대한 국민의 권리를 설명하기에 충분하지 않다고 한다. 따라서 이러한 때까지 옹글게(완벽하게) 설명하려면 방어권적 구성 방식을 국가에 적극적 행위를 요구할 수 있는 급부청구권이나 보호청구권 구성 방식으로 보완하여야 한다고 한다.

그러나 이들을 단순히 결합하여서는 양 구성 방식의 차이점 때문에 통일적 구성 방식이 나오지 않는다고 한다. 따라서 민사법원이 국민이 주장하는 지위를 정당화하는 기본권 원칙을 명령받은 정도만큼 고려하도록, 청구하는 국민의 민사법원에 대한 권리를 인정하는 사법부 관련적 구성 방식을 요구한다고 한다.230) 이러한 구성 방식에서 권리는 원칙으로서 잠정적 지위로 보장되고 비례성원칙의 형량을 거치고 나서 비로소 확정적 지위를 보장받는다고 한다. 이러한 권리를 침해할 때 그때그때 문제가 되는 기본권 원칙이 속하는 기본권을 침해하는 것이라고 한다. 사법적 관련적 구성 방식은 기본권의 대사인적 효력 사안에서 언제나 중요한 문제와 관련되고 방어권적 구성 방식과 보호청구권적 구성 방식을 배제하지 않으며 거기에 근거를 둔다는 점에 장점이 있다고 한다.

셋째 측면에서 문제가 되는 것은 사법 주체 서로 간의 법적 관계에 대한 기본권적 효과에 관한 것이라고 한다. 여기서 직접적 대사인적 효력 문제가 제기된다고 한다. 직접적 대사인적 효력은 국민에 대한 국민의 권리를 뜻하는 것으로 대국가적 효력과는 개념에서 구별되므로 국가에 대한 국민의 권리가 동시에 국민에 대한 국민의 권리이기도 하다는 것을 뜻할 수 없다고 한다. 그리고 대국가적 효력과는 문제 되는 기본권 관계가 개념에서 다르다는 점과 기본권 규범이 국민 대 국민의 관계에서 양 당사자가 기본권 주체이므로 국민 대 국가의 관계에서와는 다른 효력 강도가 있다는 점에서 국가에 대한 국민의 권리에서 단지 상대방이 바뀌는 것만으로는 직접적 대사인적 효력이 생기지도 않는다고 한다. 사인이 사인에 대해서 직접 기본권을 주장할 수 있다는 것은 기본권이 있어서 비로소 사인 대 사인의 관계에서 생겨난 기본권적 지위(권리, 자유, 권한)를 주장

공법학회, 2000, 70～71쪽).

230) 따라서 사법부 관련적 구성방식은 사법부가 내리는 결론이 모든 측면에서 기본권에 적합하도록 요구하는 권리를 개인에게 부여하지 않고, 사법부가 내리는 결론이 전적으로 올바르도록 요구하는 권리를 개인에게 부여하지도 않는다고 한다.

할 수 있다는 뜻이라고 한다. 즉 기본권이 없다면 사인과 사인의 사법적 관계에서 그러한 기본권적 지위를 주장할 수 없는 것이라고 한다.

② 판례

(ⅰ) 연방민형사최고법원

연방민형사최고법원(Bundesgerichtshof)은 현재까지 기본권의 대사인적 효력의 어떤 이론도 명확하게 채택하지 않는다.[231] 심지어 몇몇 판결에서 명백하게 논란의 여지를 남긴다. 연방민형사최고법원은 기본권의 대사인적 효력의 '적용 방법'에 관한 문제를 단지 불완전하게 결정하는 것으로 부분적인 해결을 한다.[232]

연방민형사최고법원은 많은 판결에서 사법 주체의 기본권존중의무 가능성을 인정하는 것을 사실상 암시하므로 직접적 효력설에 기울고 있는 것을 확인할 수 있다. 특히 일반적 인격권에 관한 판결에서 그러하다.[233]

그러나 다른 판결에서는 간접적 효력설에 따르는 것으로 보인다. 즉 연방민형사최고법원은 연방헌법재판소의 용어를 사용하고 해당 판결을 적시하면서 민법이 독일 기본법의 가치 결정을 고려하여야 하고, 헌법제정자의 가치 결정에 따라 민법의 일반규성을 보충하여야 한다는 것을 확인한다.[234] 그리고 특히 기본권에도 내재하는 독일 기본법의 가치질서에서 불명확한 법개념을 해석하는 중요한 기준을 찾는다.[235]

결론적으로 연방민형사최고법원은 몇몇 판결에서 다른 기본권 주체에 대한 권리와 의무를 직접 기본권에서 도출하지만, 다른 판결에서는 사법 관계에서 사

231) BGHZ 36, 91 (95); 62, 284 (287) 참조.

232) Klaus Stern (Anm. 132), S. 1547 f. 특히 Anm. 227.

233) 연방민형사최고법원은 "이 권리가 다른 사람의 권리를 침해하지 않거나 헌법합치적 질서나 관습법을 침해하지 않는 한(독일 기본법 제2조), 이제 독일 기본법은 존엄 존중에 대한 인간의 권리(독일 기본법 제1조)와 자유로운 인격발현권을 모든 사람이 인정하는 사인의 권리로 인정하고 나서, 일반적 인격권은 헌법합치적으로 보장한 기본권으로 인정하여야 한다."(BGHZ 13, 334 [338])라고 하거나 "권리와 함께 그것(헌법재판소)은 독일 기본법 제1조와 제2조… 의 규정은 단지 국가와 국가의 기관에 지향하여 있을 뿐 아니라 모든 사람에 대한 사법 관계에 효력이 있는 기본권을 보장한다는 것을 끌어낸다."(BGHZ 24, 72 [76 f.])라고 한다.

234) BGHZ 35, 363 (367 f.); 39, 124 (131); 50, 133 (138); 70, 313 (324); 80, 25 (28); 92, 213 (219).

235) 예를 들어 BGHZ 70, 313 (324) 참조.

법 규범이 매개하는 기본권의 효력을 인정한다.

(ii) 연방노동최고법원

연방노동최고법원(Bundesarbeitsgericht)은 동 법원의 법원장이던 니퍼다이(Hans Carl Nipperdey)의 견해를 채택하여 사법 관계에도 기본권의 직접적 효력을 인정하였다.[236] 예를 들어 연방노동최고법원은 독일 기본법 제1조 및 제2조와 마찬가지로 사상의 자유, 직업의 자유, 평등대우원칙과 침해 금지, 결혼과 가족에 대한 보호의 직접적인 사법적 효력을 인정하였다.[237] 그리고 인간의 존엄과 인격의 자유로운 발현권에 대한 존중의 권리는 모든 사람이 사법 관계에서 존중하는 기본권이라고 한다.[238] 그리고 계약의 자유도 실정헌법 질서에 구속된다고 본다.[239]

그러나 연방노동최고법원은 오늘날 수많은 판결에서 사법 규범에 파급하는 기본권의 효력에 명백하게 근거를 둔다.[240] 이것은 명백하게 기본권의 간접적 대사인적 효력을 인정한 결과이다.[241] 예를 들어 연방노동최고법원은 독일 민법 제315조 제1항[242]을 해석·적용할 때 양심의 자유(독일 기본법 제4조 제1항)를 고려하여야 한다고 판결하였다.[243] 물론 연방노동최고법원은 독일 기본법 제4조 제1항을 직접 적용할 가능성을 부정하지 않을 뿐 아니라 이전처럼 일반적으로 제4조를 원용할 필요는 없다고 하였다.[244] 그리고 연방노동최고법원은 더욱 명확하게

236) BAGE 1, 185 (193): "모든 것은 아니나, 일련의 중요한 헌법의 기본권은 국가 권력에 대해서 자유권을 보장할 뿐 아니라 오히려 기본권에서 더욱더 발전할 수 있는 범위에서 시민 서로 간의 개인적 법관계에 대해서도 직접적인 의미가 있는, 사회적 생활의 질서원칙이다. … 그러한 기본권은 또 국가에 대한 개별 시민의 관계뿐 아니라 서로 간의 법동료들(Rechtgenossen)로서 이 국가에 대한 시민의 관계에도 근거를 둔다. 그리고 독일 기본법과 다른 법률의 해석에 대해서 기본적 의미가 있는, 사회적 법치국가(독일 기본법 제20조, 제28조)에 대한 기본법의 규범적인 인식은 자유적이고 사회적인 사회에서 법동료 서로 간의 관계에 필수적인, 기본권 규정의 직접적인 사법적 효력을 말한다."

237) BAGE 1, 185 (193, 196); 1, 258 (260); 4, 274 (276 ff., 284); 7, 256 (260); 13, 168 (174 ff., Ls. 1); 16, 95 (100).

238) BAGE 4, 274 (282).

239) BAGE 4, 274 (278).

240) BAGE 3, 296 (301).

241) BAGE 47, 363 (373 f.).

242) "급부를 계약당사자의 일방이 정할 때, 지정이 의심스러우면 공평한 재량에 좇아서 하여야 한다."

243) 예를 들어 BAGE 62, 59 (67 f.).

244) BAGE 47, 363 (374).

독일 기본법 제10조에 따라 사신, 우편 그리고 전신전화통신비밀이 사인 서로 간의 법관계에 직접적 효력을 미치지 않는다고 한다.[245] 또한, 이전에 독일 기본법 제1조와 제2조가 보호하던 근로자의 취업청구권(Beschäftigungsanspruch)[246]을 독일 민법 제242조[247]에 따른 사용자의 신뢰의무(Treupflicht)에서 도출한다.[248]

결론적으로 연방노동최고법원은 오늘날 판결을 내릴 때 가능하면 사법 규범이 매개한 기본권의 효력에 근거를 두려는 것으로 보인다. 그러나 이전 판례는 적절한 사법 규범이 주어지지 않으면 사법 관계에 직접적인 기본권의 효력을 인정한다는 것을 암시한다.[249] 더불어 연방노동최고법원은 다양한 기본권에서 직접적인 기본권 효력을 인정한 이전 판례를 현재까지 명확하게 포기하지 않는다.

(iii) 연방헌법재판소

ⓐ 일반적인 대사인적 효력 개념

연방헌법재판소는 뤼트(Lüth) 판결[250] 이래로 사법 관계에서 기본권의 간접적인 대사인적 효력을 인정하였다. 오늘날까지 이 판례가 형성한 지도적 의미에 근거를 두어 기본권의 대사인적 효력 문제의 본질적인 해결이 이루어진다.[251]

245) BAGE 52, 89 (97 f.).
246) 예를 들어 BAGE 2, 221 (224 f.) 참조.
247) “채무자는 거래 관행을 고려한 신의성실이 요구하는 대로 급부를 실행할 의무를 부담한다.”
248) BAGE 48, 122 (138 f.).
249) BAGE 61, 151 (161); 61, 209 (213); 64, 308 (313); 66, 264.
250) BVerfGE 7, 198.
251) BVerfGE 7, 198 (204 ff.): “기본권은 당연히 공권력 침해에서 개인의 자유 영역을 보호하기 위해서 먼저 확정된다. 기본권은 국가에 대한 시민의 방어권이다. … 그러나 마찬가지로 가치중립적인 질서일 수 없는 기본법은 기본권장(基本權章)에서도 객관적 가치질서를 확립하였고, 즉시 이 점에서 기본권의 영향력에 관한 원칙적인 강화를 표현한다는 것은 옳다. 기본권의 핵심이 사회공동체 안에서 인격을 자유롭게 발현하고 인간의 존엄을 발견하는 것으로서, 이러한 가치 체계는 헌법적 근본결단으로서 법의 모든 영역에 효력이 있다. 입법, 집행과 사법은 거기서 지침과 자극을 받는다. 그래서 그것은 또 스스로 명백하게 민법에 영향을 미친다. 어떠한 민법 규정도 모두 그러한 정신에서 해석하는 것을 반대하지 않는다.
객관적 규범으로 작용하는 기본권의 규범 내용은 사법에서 이러한 법영역의 매개를 통해서 직접 결정적인 규정으로 작용한다. … 그러한 기본권이 영향을 주는 민법의 행동규범에서 도출되는 권리와 의무에 관한 사인 사이의 다툼은 실질적으로 그리고 절차적으로 민법적 분쟁이다. 민법 해석도 공법, 즉 헌법을 준수하여야 할 때, 민법이 해석되고 적용된다. 강제적 법을 포함하여서 일반적 질서의 (넓은 뜻에서) 일부를 형성하는, 즉 공공복리의 기초에서 개개인 사이의 법관계 형성에 구속력이 있어야 하므로 사적 의사 지배를 도출할 뤼트 판결에서 연방헌법재판소는 기본권의 제3자적 효력 종류를 명확하게 개방하여 두었다.[252] 이후 판결에서는 단지 기본권의 간접적 대사인적 효력만을 받아들이고 기본권의 사인에 대한 직접적 구속을 거부하였다.[253] 기본권의 대사인적 효력은 '객관적 가치', '헌법적 근본결단', '방사효'나 '가치결정적 기본원칙'과 같은 기본권의 객관법적 내용에 근거를 둔다. 연방헌법재판소는 오로지 법관이 법을 형성할 때만 기본권의 기준에 따른 직접적 심사를 인정하였다.[254] 기본권의 규범 내용은 사법적 규정, 특히 일반적 규정과 해석이 가능하고 필요한 개념의 매개를 통해서 효력을 미쳐야 한다고 한다.[255] 이미 뤼트 판결에서 연방헌법재판소는 그에 대해서 기본권이 보호하는 대립적인 사적 이익에 대한 법익 형량 필요성을 확인하였다.[256]

ⓑ 계약법에서 대사인적 효력

연방헌법재판소는 계약 해석에서 독일 민법 제133조[257]와 제157조[258] 적용

수 있는 원리인 기본권적 가치규범의 영향은 무엇보다도 사법의 그 규정에 효력을 미친다. … 판례는 무엇보다 그 영향 실현을 위해서 법외적인 기준에 따른 인간의 행동 결정에 대한 독일 민법 제826조("선량한 풍속에 위반하여 다른 사람에게 고의로 손해를 입힌 사람은 그에게 손해를 배상할 의무를 진다.") 선량한 풍속과 같은 것을 가리키는 일반규정을 제공한다. … 그래서 당연히 일반규정은 민법에 대한 기본권의 침투창구로 지칭된다. 판사는 적용하는 실질적인 민법 규정에 표현 방식에서 기본권이 영향을 주었는지를 헌법명령에 따라서 심사하여야 한다. 그 심사를 통과하면, 그는 여기서 도출하는 사법 변형을 이 규정의 해석과 적용에서 고려하여야 한다. 이것은 또 기본권에서 사법 구속의 의미이다(독일 기본법 제1조 제3항). 기본권 규범(객관적 규범으로서)의 내용을 오해하여 그가 이 기준을 등한시하고 사법 규범에 대한 헌법적 영향을 소홀히 하여 판결을 내린다면, 그는 오히려 공권력 행사자로서 자신의 판결로 시민이 사법적 공권력을 통해서 기본권 존중에 대한 실정헌법적 청구를 하는 기본권을 침해한다. … 그러한 판결을 연방헌법재판소에 헌법소원의 방법으로 제소할 수 있다."

252) BVerfGE 7, 198 (204).

253) BVerfGE 73, 261 (269).

254) BVerfGE 65, 182 (190 ff.); 73, 261 (269).

255) BVerfGE 73, 261 (269) 참조.

256) BVerfGE 7, 198 (211): "그러나 자유로운 의사 표현의 자유도 사법 관계에 영향을 미치고 자유로운 의사 표현의 자유의 중요성이 사법 관계에서 의사 표현 허용을 위해서도 각각의 동료시민에 영향을 미친다면, 다른 면에서도 높은 법익을 보호하는 것이 명확한 상황에서 기본권을 제한하는 사법적 규범의 반작용을 고려하여야 한다."

257) "의사 표시를 해석할 때 실제 의사를 탐구하여야 하고, 표현의 문자적 의미에 구애되어서는 아니 된다."

258) "계약은 거래 관행을 고려한 신의성실이 요구하는 대로 해석하여야 한다."

에 대한 기본권의 대사인적 효력을 고려한다.[259] 연방헌법재판소는 사법 주체가 계약으로 형성한 법관계에 기본권의 효력이 광범위하게 미친다고 한다. 예를 들어 대리상이 상대방과 맺은 계약에 따라서 지는 경업금지의무에 근거하여 법원이 내린 보상 없는 2년의 경업금지 판결에 대해서 대리상이 헌법소원심판을 청구한 사안에서, 이 판결이 실질적으로 직업 변경을 강요하여서 연방헌법재판소는 법원이 부과한 경업금지의무가 자유로운 직업 행사를 침해한다고 하였다.[260] 연방헌법재판소는 계약 체결과 관련하여 계약당사자가 사적 자치에 근거를 두어 자신의 법관계를 자기책임 아래 형성한다는 것을 강조한다.[261] 그러나 연방헌법재판소는 기본권을 구속하는 사적 자치를 유효한 법률 범위에서 인정한다고 한다.[262]

입법자는 특정한 생활 영역에 대해서 강제적인 계약법을 제정하는 것을 제외하면, 과잉금지원칙이 작용하는 보충적인 사법적 일반조항을 통해서 기본권의 대사인적 효력 문제에 관여한다. 연방헌법재판소는 이러한 사법적 일반조항으로 독일 민법 제138조[263]와 제242조[264] 그리고 제315조[265]를 든다. 헌법에 합당한

259) BVerfGE 73, 261 (269).

260) BVerfGE 81, 242 (253).

261) BVerfGE 81, 242 (254): "그것(사적 자치)은 그의 대립하는 이익이 적절하게 조화하기 위한 방법을 스스로 결정하고, 그와 더불어 기본권이 보호한 지위에 대해서 국가적 강제 없이 처분한다. 국가는 사적 자치 영역과 관련한 규율을 원칙적으로 존중하여야 한다."

262) BVerfGE 81, 242 (254 f.): "사적 자치는 자기결정의 원리에 근거를 두므로 그러한 한계는 필수적이고, 사실에 비추어 자유로운 자기 결정의 구속이 있다는 것을 전제한다. 계약당사자 일방이 계약적 규율을 사실에 비추어 일방적으로 할 수 있는 우월적 지위에 있다면, 그것은 다른 계약당사자에게는 타인결정이다. 계약당사자의 비슷한 힘의 균형이 부족한 곳에, 계약법을 통해서 사정에 맞는 이익 조정은 보장되지 않는다. 기본권이 보장한 지위에 대해서 그러한 개별적 상황에서 처리된다면, 국가적 규율은 기본권 보호를 보장하기 위해서 보충적으로 개입하여야 한다(Konrad Hesse, Verfassungsrecht und Privatrecht, Heidelberg 1988, S. 37 f. 참조). 사회적 그리고 경제적 불균형을 제거하기 위한 법률 규정이 이러한 경우에 기본권장(基本權章)의 객관적 기본 결정과 함께 기본법적 사회국가원리를 실현한다."

263) "① 선량한 풍속에 어긋나는 법률행위는 무효이다.
② 특히 다른 사람의 궁박, 무경험, 판단능력 결여나 현저한 의지박약을 이용하여 어떠한 급부의 대가로 자신에게나 제3자에게 그 급부와 현저히 불균형한 재산적 이익을 약속하게 하거나 공여하게 하는 법률행위는 무효이다."

264) "채무자는 거래 관행을 고려한 신의성실이 요구하는 대로 급부를 실행할 의무를 부담한다."

265) "① 급부를 계약당사자 일방이 정할 때, 지정이 의심스러우면 공평한 재량에 좇아서 하여야 한다.
② 지정은 상대방에 대한 의사표시로 한다.
③ 지정을 공평한 재량에 좇아 이루어져야 할 때, 이루어진 지정은 그것이 공평에 맞는 때

보호의무를 민법 효력이 계약 평등을 침해할 때 기본권의 객관적 기본 결정을 관철하여야 하는 법관에게 부과한다.[266]

(3) 미국의 국가행위의제이론

미국에서는 사정부이론 관점에서 사인의 특정한 행위를 국가행위로 간주하여 헌법 규정(수정 제14조의 평등 보호 조항)을 사법 관계에 직접 적용하는 이론 구성을 한다. 이것을 국가유사이론이나 국가행위의제이론(state action doctrine)이라고 한다.[267] 따라서 어떠한 때에 사인의 행위를 국가나 정부의 행위로 의제할 수 있는지가 관건인데, 대표적인 몇 가지만 구체적으로 살펴보면 다음과 같다.[268]

① 공적 목적에 사용되는 사적 재산(Private Property Used For Public Purposes)

사적 재산이라도 공공 목적을 위해서 사용될 때 사인이 그 재산(시설)을 이용하여 개인의 기본권을 침해하면 그 침해 행위를 국가 행위와 동일시하여 기본권 규정을 적용하자는 견해이다.[269]

만 상대방에 대해서 구속력이 있다. 그것이 공평에 맞지 아니하면, 지정은 판결에 따라서 이루어진다. 지정이 지연될 때도 마찬가지이다."

266) BVerfGE 81, 242 (255 f.).

267) 미국의 국가행위의제이론을 소개한 국내문헌으로는 김기영, 「기본권의 제3자적 효력 - 미국의 경우를 중심으로 -」, 『고시연구』 제25권 제11호(통권 제296호), 1998. 11., 50∼60쪽; 나용식, 「기본적인권과 사법관계」, 『법학연구』 제8집, 원광대학교 법과대학, 1986. 2., 31∼48쪽; 이노홍, 「미국연방헌법상 국가행위이론에 관한 연구」, 이화여자대학교 법학박사학위논문, 2002; 이용우, 「미국에 있어서의 State Action이론」, 『인하대법정대학보』 제4권, 인하대학교 법정대학, 1985, 61∼74쪽; 조한창, 「기본권의 대사인적 효력과 민사재판」, 『헌법문제와 재판(하)』(재판자료 제77집), 법원도서관, 1997, 691∼759쪽(특히 720∼735쪽); 한병호, 「기본권의 대사인적 효력 - 미국 연방헌법상의 국가행위이론을 중심으로 -」, 『사회과학연구논총』 제2호, 한국해양대학교 사회과학대학, 1995, 293∼323쪽; 공적 기능(Public Function)론과 견련관계(Nexus)론으로 대별하여 국가행위이론을 설명·소개하는 문헌으로는 도회근, 「State Action 이론과 기본권의 제3자적 효력」, 『사회과학논집』 제6권 제2호, 울산대학교, 1996, 161∼177쪽; 같은 사람, 「미국의 State Action 이론」, 『고시연구』 제27권 제9호(통권 제318호), 고시연구사, 2000. 8., 14∼23쪽; 조규범, 「미국헌법의 국가행위론에서의 공공기능분석에 관한 연구」, 『성균관법학』 제13권 제2호, 성균관대학교 비교법연구소, 2001, 219∼243쪽 참조. 미국 판례는 문홍주, 『미국헌법과 기본적 인권』, 유풍출판사, 2002 참조.

268) 김선택(주 1), 165∼167쪽.

269) Evans v. Newton, 382 U. S. 296(1966); Amalgamated Food Union Local 590 v. Logan Valley Plaza, Inc., 391 U. S. 308(1968); LLoyd Corp. v. Tanner, 407 U. S. 551(1972); Hudgens v. National Labor Relation Board, 424 U. S. 507(1976).

② 국가 지원(Government Subsidies)

국가에서 재정적인 원조 등 공적 지원을 받는 사인의 행위를 국가 행위와 동일시하여 기본권 규정을 적용하자는 견해이다.[270)]

③ 공적 기능(Public Functions)

정당이나 사립대학 등이 실질적으로 국가나 정부의 기능을 수행할 때 이들의 기본권 침해행위를 국가 행위로 의제하여 기본권 규정을 적용하자는 견해이다.[271)]

④ 사법 집행 행위(Judicial Enforcement Actions)

사인의 기본권 침해 행위가 쟁송 대상이 되어 법원이 개입하고 그것이 사법적(司法的)으로 집행될 때, 그 집행 행위를 기본권을 침해하는 국가 행위로 의제하는 이론이다. 대표적인 판례로서 셀리 대 크래머(Shelly v. Kraemer) 사건에서 일정 지역 주민이 그 지역 토지에 대해서 흑인에 대한 매매를 금지하는 계약을 체결하였을 때, 법원이 이것을 합법적인 것으로 인정하여 동 계약 내용을 사법적(司法的)으로 관철하려 하면, 이것은 사법적 집행에 따른 기본권 침해(인종 차별)가 된다는 것이다.[272)]

⑤ 국가 규제(Governmental Regulation)

국가에서 특별한 권한을 부여받고 그 한도 안에서 국가의 광범한 규제를 받는 것 등 국가와 밀접한 관계가 있는 사인의 행위를 국가 행위와 동일시하여 기본권 규정을 적용하자는 견해이다.[273)]

⑥ 평가

미국의 국가행위이론은 사인 서로 간의 순수한 관계에서 나타나는 기본권 효력을 문제 삼는 것이 아니라 어느 일방 사인의 기본권을 침해한 상대방 사인

---

270) Norwood v. Harrison, 413 U. S. 455(1973); Rendell-Baker v. Kohn, 475 U. S. 8302(1982); Blum v. Yaretsky, 457 U. S. 991(1982).

271) Marsh v. Alablma, 326 U. S. 501(1946); Jackson v. Metropolitan Edison Co., 419 U. S. 345(1974); Terry v. Adams, 345 U. S. 461(1953).

272) Shelly v. Kraemer, 334 U. S. 1(1948).

273) Burton v. Wilmington Parking Authority, 365 U. S. 715(1961); Moose Lodge No. 107 v. Irvis, 407 U. S. 163(1972); American Manufacturers Mutual Insurance Co., v. Sullivan, 526 U. S. 40(1999).

의 행위가 공적 기능을 하거나 정부기관과 모종의 견련관계에 있을 때만 이것을 국가 행위로 의제하여 기본권을 적용하는 이론 구성을 취한다. 즉 사인과 사인 서로 간의 기본권 충돌을 전제로 하는 전형적인 사법 질서에서 나타나는 기본권 효력 문제는 다루지 않고, 국가 대 국민의 전형적인 기본권의 대국가적 효력의 구조를 유지함으로써 사법 질서에서 나타나는 기본권 효력 문제의 핵심을 비껴가는 셈이다. 이론 구성 외형만을 기준으로 형식적으로 판단하면, 미국의 국가행위의제이론은 독일의 기본권 효력부정설과 다를 바 없다. 따라서 국가 행위로 의제할 연결고리를 찾지 못하면, 사인의 행위는 국가 행위로 의제할 수 없고, 그것이 다른 사인의 기본권을 침해하여 기본권 효력 여부를 문의하여야 할 상황이더라도 문제 제기조차 할 수 없는 이상한 상태에 빠지게 될 때도 논리적으로 배제할 수 없다. 결국, 국가행위의제이론이 사법 질서에서 나타나는 기본권 효력 문제를 해결하는 이론이 되기에는 매우 불충분하다.

(4) 한국의 학설과 판례

① 학설

(ⅰ) 효력부정설

ⓐ 기본권은 국가와 국민의 법관계에서 발생하는 것이므로 기본권은 이러한 관계에서만 효력이 미치고 제3자인 사인은 반사적 지위에 있을 따름이고, ⓑ 법관계 혼동을 방지하려고 공법과 사법의 체계를 옹글게(완벽하게) 분리하며, ⓒ 국가형 기업가나 독점자본가의 폐해는 사법의 대원칙(선량한 풍속과 사회질서의 원칙, 신의성실의 원칙, 권리남용금지의 원칙)이 시정하여야 하고 국가의 안전보장, 질서유지와 공공복리를 위한 입법이나 기본권 행사의 반사적 이익으로 얼마든지 시정할 수 있다고 하면서 기본권의 대사인적 효력을 부정하는 견해가 있다.[274] 다만, 이 견해는 헌법 제20조 제2항(현행 헌법 제21조 제4항)을 기본권의 대사인적 효력을 인정한 유일한 예외로 볼 수 있다고 한다.

기본권은 그 유래나 정신사적 배경을 따르면 본질적으로 국가에 대한 공권이므로 기본권 규정은 사법 관계에 적용되지 않는다는 견해도 있다.[275] 다만, 이

274) 윤세창(주 91), 105~106쪽.
275) 문홍주(주 39), 209~211쪽.

견해는 ⓐ 헌법이 특별히 사법 관계에 대해서도 보장하거나 금지하는 규정은 제도보장 규정으로 사법 분야에도 적용되고, ⓑ 법률로 국가와 같은 정도로 사인에 대해서 기본권을 보장하는 때가 있으며, ⓒ 헌법은 국가의 기본법이므로 민법 일반규정의 해석 기준이 된다는 것을 유의하여야 한다고 한다. 그러면서 민법 일반규정 해석에 헌법의 기본권 규정 취지가 기준이 된다는 말과 헌법의 기본권 규정을 민법 일반규정을 통해서 간접적으로 적용한다는 말이 결국 같으므로 효력부정설과 간접적 효력설은 같다고 한다.[276]

(ii) 직접적 효력설

ⓐ 기존 견해

기본권을 보장하기 위해서는 국가에 대한 공권만으로는 불충분하므로 헌법의 기본권 조항 중 제도적 보장과 원칙규범으로 작용하는 의미내용이 있는 조항의 효력 범위를 확대하여 사인 사이에도 효력을 미쳐야 한다는 견해가 있다.[277]

그리고 (가) 국가와 사회의 융합현상으로 국가 질서와 사회 질서를 옹글게(완벽하게) 분리할 수 없으므로 사회의 기본질서도 국가의 기본질서법인 헌법이 규율하여야 하고, (나) 기본권은 국가에 대한 관계에서만 보장받는 것으로 부족하며, (다) 기본권은 자연법상 권리로서 국가의 실정헌법이 비로소 보장하는 것이 아니고, (라) 국민은 인간으로서 가지는 존엄과 가치가 있는데 헌법 제8조 후단(현행 헌법 제10조 제2문)에 따라서 국가도 이를 보장할 의무를 지며, (마) 국가권력에 못지않은 사회의 집단세력의 기본권 침해 위협이 있으므로 직접적 효력설이 타당하다는 견해가 있다.[278]

또한, (가) 기본권은 대국가성에 미치지 않지만 제3자지향성이 있고, (나) 헌법은 공법과 사법을 아우르는 근본법이며, (다) 사인이 기본권적 법익을 침해할 수 있다면 그러한 침해에 대해서 방어하고 구제하는 것도 인정하여야 한다면서 직접적 효력설을 주장하는 견해도 있다.[279]

---

276) 이 견해는 간접적 효력설과 효력부정설을 같다고 보므로 간접적 효력설로 볼 여지도 있으나, 일반조항의 해석기준으로 작용하는 데 그친다고 보므로 효력부정설로 분류하였다.

277) 한동섭, 『헌법(수정판)』, 박영사, 1971, 125~126쪽.

278) 김기범(주 18), 129~131쪽.

279) 송기춘, 「국가의 기본권보호의무에 관한 연구」, 서울대학교 법학박사학위논문, 1999, 166~174쪽; 같은 사람(주 102), 148~153쪽.

ⓑ 새로운 견해

헌법의 기본권 규정이 보호하는 법익은 국가 영역(국가와 사인 사이의 행위 영역)에서든 사회 영역(사인 서로 간의 행위 영역)에서든 관철되어야 할 기본적 법익이고, 헌법은 바로 그러한 법익을 공법 질서와 사법 질서를 막론하고 법질서 전체의 기본적인 핵심 내용으로 보호하므로 기본권에는 헌법의 명문 규정과 관계없이 대사인적 효력이 있다고 보는 견해가 있다.[280] 즉 헌법에서 수범자로서 나타나는 사인(과 나아가 그 규범 내용)을 명시 여부와 상관없이, 기본권의 성질에 비추어 사인 서로 간의 관계를 처음부터 전제한 것으로 보든 그렇지 않든 상관없이, 심지어 기본권이 대국가적 권리에 불과한 것으로 이해하는 때조차, 기본권의 대사인적 효력을 긍정하여야 한다고 한다. 다만, 대사인적 효력 유무라는 상황 자체가 문제 되지 않는, 사인의 기본권 침해 문제가 현실적으로 전혀 제기되지 않는 때만 기본권의 대사인적 효력을 부정할 수밖에 없다고 한다. 대사인적 효력이 문제 되는 기본권의 규범 내용은 문제 되는 기본권뿐 아니라 그 기본권이 구속하는 사인의 기본권과 사적 자치의 원칙 그리고 이에 따른 자신의 기본권을 처분할 수 있는 자유, 나아가 공익 관점에서 사적 자치의 한계를 설정하는 헌법 규범 등을 종합적으로 고려하여 헌법의 체계적 통일성이 유지되도록 합리적 헌법 해석 방법을 통하여 밝혀내야 한다고 한다. 그리고 그러한 과정에서는 그 규율 대상인 구체적 사실관계(기본권 제약을 초래하는 사인 서로 간의 행위 유형과 그 결과)도 고려하여야 한다고 한다. 따라서 기본권의 대사인적 효력은 개별 기본권에 따라 다르게 나타날 수 있다고 한다. 하지만 이렇게 해서 기본권의 제3자적 효력이 있는 기본권의 규범 내용을 밝혀낸다고 하더라도 그 위반에 대한 제재나 시정 방법으로 나타나는 법적 효과는 헌법에 특별한 규정이 없는 한 위헌이라는 판단에 그치게 되고, 여타의 법적 효과(예를 들어 무효, 손해배상책임)는 헌법에서는 미지수라고 한다. 그것뿐 아니라 기본권의 대사인적 효력을 기본권의 규범 내용으로 헌법 해석을 통해서 헌법 자체에서 인식할 수 있는 것은 대개는 다양한 구체적 사실관계를 전면적으로 타당성 있게 규율하기에 극히 한정적인 기본적 내용에 그칠 수밖에 없고, 그나마도 그러한 해석이 객관적이고 공정한 해석으로 평가받기는 쉽지 않을 것이라고 한다.

280) 한병호(주 95), 970쪽.

그것은 헌법 자체의 특성 때문이지만, 바로 그러한 이유로 헌법에서 인식한 대사인적 효력이 있는 기본권의 규범 내용을 구체화하고 보충함으로써 법적 명확성을 확보할 입법권자의 책임을 강조할 수밖에 없는 것이라고 한다. 여기서 입법권자는 기본권의 대사인적 효력이 있는 기본권의 규범 내용을 단지 그 법적 명확성을 위해서 구체화·보충하는 것만 아니라 그것을 보호·실현하기 위한 추가적인 입법을 할 수 있으므로 기본권의 대사인적 효력은 입법권자가 그 효력 범위를 확장할 수 있다고 한다.[281)]

문제 되는 구체적 법률관계를 규율할 법률 규정이 있으면, 입법자와 사법기관의 관계를 고려해 볼 때, 그 법률 규정의 합헌성 여부를 판단하여 그것이 위헌이 아닌 한 그 법률 규정을 해석·적용한다고 한다. 문제의 구체적 사실관계에 적용할 법률 규정이 전혀 없으면, 헌법 해석에서 대사인적 효력이 있는 것으로 인식된 기본권의 규범 내용을 적용하여야 한다고 한다. 이때 헌법이 보호하는 기본권의 규범 내용만으로 미흡하면 관련 법률 규정과 결합하여 해결하거나 관련 법률 규정에서 유추하는 방식으로 나머지 문제를 해결한다고 한다.[282)]

그 밖에 법사회학적 관점에서 기본권을 '생성 중인 권리'로 보고, 기본권의 대사인적 효력도 생성 중인 권리라는 측면에서 파악하여,[283)] (가) 입법론적 측면(입법부에 대한 구속)에서는 제3자적 관계에서도 기본권을 실현할 의무를 입법자에게 부과하는 프로그램 규정이나 추상적 권리라고 할 수 있고, (나) 해석론적 측면(사법부에 대한 구속)에서는 법적 확신과 실정화 정도에 따라 사법부도 구속하는 현실적이고 구체적인 권리가 된 것도 있고 아직은 프로그램 규정이나 추상적 권리에 불과한 것도 있다는 견해도 있다.[284)]

---

281) 한병호(주 95), 970~972쪽.

282) 한병호(주 95), 972~974쪽.

283) 최대권, 「기본권의 제3자적 효력 - 법사회학적 접근의 시도 -」, 『공법연구』 제11집, 한국공법학회, 1983, 59쪽. 특히 같은 사람, 「기본권의 제3자적 효력」, 『헌법학 - 법사회학적 접근』, 박영사, 1994, 187쪽: "헌법상의 기본권은 거대사조직에 대한 관계에 있어서, 헌법명문상 또는 기본권의 성질상 직접 적용되는 것을 포함하여, 결국 입법 및 사법과정을 통하여 그리고 예컨대 정당이나 노동조합과 같은 단체에서의 관행이나 실행의 발달을 통하여 아직도 생성중인 권리이다."

284) 최대권[주 283, 기본권의 제3자적 효력(공법연구)], 63쪽. 이 견해는 먼저 '생성 중인 권리'라는 것이 무엇을 말하는지 불분명하다. 기본권 목록은 본래 문제 되는 영역마다 추가되어 시대에 따라 바뀌고 그 내용도 시대 상황에 맞게 다르게 이해되는 것인데 과연 생성 중인 권리가 이러한 사실을 지적하는 것 이외에 어떠한 의미가 있는지 의문이다. 개별 기본권마

(iii) 간접적 효력설

ⓐ 원칙적 간접적용설

헌법 제10조 제2문에 따라 기본권을 모든 법관계에서 존중하여야 하므로 그 성질에 비추어 사인 사이에 적용할 수 없는 것을 제외하고는 원칙적으로 사법의 일반조항을 통해서 간접적으로 사인 사이에 효력을 미치는 것이지만, 직접 효력을 인정하는 명문 규정이 있거나 성질에 비추어 직접 적용할 수 있는 기본권은 사인 사이에도 직접 효력을 미친다는 견해가 있다.[285] 사인 사이에도 직접 적용

다 각각의 내용과 효력을 개별적으로 검토하여야 하는 것은 당연하므로, 이러한 내용을 가리킨다면 이 개념의 실익을 찾기 어렵다. 기본권의 내용과 효력이 끊임없이 변한다는 것을 지적한다면 기본권을 적용할 때는 기본권의 내용과 효력을 확정하여야 하므로 이러한 기본권은 확정된 것이지 생성 중이라고 말할 수 없지 않을까 의심스럽다. 그리고 헌법 내용 중 변화하지 않고 영구적으로 유지되는 것이 있지 않다는 점에서 이러한 용어가 어떠한 특별한 내용을 말하는 것으로 보기 어렵다. 이 견해는 기본권을 생성 중인 권리로 보는 실익으로 ① 생성 중인 권리에 대한 실정화나 구체화의 지침으로 효력이 있다는 점에서 신생법 분야의 입법에 관한 지침이 된다는 점, ② 법의 단순한 인식작용만이 아니고 법해석과 적용을 통한 사법부의 법창조적 기능을 승인한다면 이러한 법창조적 기능과 관련하여 법해석 기준으로 작용하는 기본권을 생각할 수 있다는 점, ③ 생성이라고 하는 동적 과정에서 문제를 보는 것은 민주주의 성장이라는 거시적 관점과 일치하는 태도라는 점을 들고 있다{최대권[주 283, 기본권의 제3자적 효력(공법연구)], 59쪽; 같은 사람[주 283, 기본권의 제3자적 효력(박영사)], 160～161쪽}. ①은 기본권의 대사인적 효력 문제 영역을 혼동한 것으로 보인다. 기본권의 대사인적 효력은 원칙적으로 사법이 해결하지 못하거나 적절한 해결책을 제시하지 못할 때 문제 된다. 물론 입법부가 법률을 제정하여 종국적 해결을 하는 것이 바람직하고, 이때 기본권의 대사인적 효력을 고려하여야 하는 것은 당연하지만, 이것은 오히려 기본권보호의무가 직접 문제 되는 영역이다. ②는 법원이 법해석을 할 때 단순히 법조문만을 문리적으로 해석하는 것이 아니라 그 밖의 모든 사정을 고려하여 종합적으로 해석하는 점에 비추어 당연한 것을 말하는 것에 불과하여 실익이라고 보기 어렵다. ③은 기본권의 내용과 효력이 시대에 따라 바뀌어 온 점에 비추어 특별한 실익이라고 볼 수 없다. 그리고 직접적 효력설과 간접적 효력설 그리고 효력부정설의 차이를 부정하는 것은{최대권[주 283, 기본권의 제3자적 효력(공법연구)], 62～65쪽; 같은 사람[주 283, 기본권의 제3자적 효력(박영사)], 163～166쪽} 대사인적 효력 문제와 헌법합치적 해석을 혼동하고, 간접 적용을 주장하는 이유를 제대로 파악하지 못한 데서 오는 오해로 보인다. 또한, 이 견해는 신생법 분야에 집중하는 모습을 보이는데, 이러한 분야는 기존 사법이 해결하지 못하는 분야로서 기본권의 대사인적 효력 문제를 직접 그리고 많이 제기하는 영역이다. 하지만 이런 분야가 사법의 대부분을 차지하는 것이 아니라 일부에 지나지 않는다. 따라서 이러한 분야에서 기본권의 효력이 미쳐야 할 필요가 있다는 이유로 기본권을 모든 사법 영역에 적용한다는 것은 지나친 비약으로 보인다.

285) 고문현(주 117), 90쪽; 권영성(주 17), 330쪽; 김철수(주 26), 427～429쪽; 김학성/최희수(주 27), 345～350쪽; 석인선, 『헌법총론』, 세창출판사, 2014, 288쪽; 성낙인(주 17), 1008～1009쪽; 안용교(주 25, 한국헌법), 298～299쪽; 정만희, 『헌법학개론』, 피앤씨미디어, 2020, 204

하는 기본권으로 근로3권을 들거나[286] 근로3권, 언론·출판의 자유, 협의의 인간의 존엄과 가치·행복추구권, 참정권을 들거나[287] 사회권(대표적으로 근로자의 단결권), 종교의 자유, 언론·출판·집회·결사의 자유를 들거나[288] 평등권, 언론·출판의 자유, 사생활의 비밀과 자유, 통신의 자유를 들거나[289] 환경권, 인간의 존엄권, 근로3권을 든다.[290] 독일에서 기본권은 오로지 자유권을 뜻한다고 하면서 기본권의 대사인적 효력은 자유권에 제한되는 것이고, 근로 영역처럼 사법 규정만으로는 사인 사이의 관계에서 다른 사람의 침해에서 사인의 기본권을 효과적으로 보호할 수 없다고 판단될 때만 직접적인 제3자효가 인정될 수 있다는 견해도 있다.[291]

이에 대해서 직접 적용할 수 있는 기본권 범위를 확대하는 것에 반대하고, 언론·출판의 자유가 현대사회에서 가지는 사회통합적·민주적 기능의 중요성을 고려하여 현행 헌법이 제21조 제4항에서 언론·출판의 자유의 직접적인 대사인적 효력을 인정한다는 견해가 있다.[292] 그 밖의 기본권은 모두 사법의 일반조항을 통해서 간접적으로만 사인 사이에 적용할 수 있을 뿐이라고 한다. 다만, 기본권 규정의 성질에 비추어 사인 서로 간의 관계에 전혀 영향을 미칠 수 없는 것은 대사인적 효력의 고찰 대상이 아님이 자명하다고 한다.

그리고 헌법에서 명문으로 사법 관계에 기본권 규정을 적용하는 것으로 규정한 때 이외에는 기본권은 원칙적으로 사인 사이의 법률관계를 규율하는 일반 사법 규정을 통해서 간접적으로만 효력을 미친다는 견해가 있다.[293] 이 견해는 근거로 (가) 민주국가의 기본적 구성원리는 인간으로서 가지는 존엄과 가치의 존중이고, 이 원리는 모든 국법, 즉 헌법을 비롯한 공법과 사법을 동시에 지배하므로 사법 관계 내용도 이 기본원리가 제약하며,[294] (나) 공법과 사법의 2원적인

쪽; 한태연(주 108), 962～967쪽.

286) 권영성(주 17), 331쪽.

287) 김철수(주 26), 428쪽; 석인선(주 285), 288쪽.

288) 한태연(주 108), 966쪽.

289) 정만희(주 285), 204쪽.

290) 김학성/최희수(주 27), 346～347쪽.

291) 한수웅(주 27), 421～427쪽.

292) 허 영(주 25), 280～282쪽.

293) 구병삭(주 26), 362～365쪽; 박일경(주 25), 208～210쪽; 정연주, 「기본권의 대사인적 효력」, 『고시계』 제36권 제7호(통권 제413호), 국가고시학회, 1991. 7., 75～77쪽; 같은 사람, 『헌법학원론』, 법영사, 2020, 104～108쪽.

294) 박일경(주 25), 209～210쪽.

법원리를 혼란하게 하지 아니하고,[295] (다) 사적 자치의 원리를 기반으로 그 내용에 기본권 존중 정신을 도입하여 법질서의 전 조직 체계를 기본권 존중 사상에 따라서 통합할 수 있으며,[296] (라) 기본권의 대사인적 효력을 인정하면 상대방 기본권을 침해하거나 제한하므로 양 당사자의 기본권을 비교 형량하는 것이 필요한데, 이는 직접 헌법 규정 그 자체로는 불가능하고 해당 사법 규정의 제정이나 해당 규정의 해석과 적용을 통해서만 가능하다는 것[297]을 든다.

그 밖에 헌법은 국내법에서 최고법규로서 국가와 국민을 구속하는 효력이 있고 공법 관계와 사법 관계를 모두 구속하므로 사법 관계에서도 구속력이 있지만, 사인 서로 간에는 사적 자치가 인정되고 헌법의 기본권 보장도 사적 자치의 최대 보장을 위해서 규정되어 법률을 통해서만 사적 자치를 제한할 수 있으므로 헌법(기본권)은 사적 자치를 제한하는 법률의 근거는 되나 직접 적용되지는 않으므로 간접적 효력설이 타당하다는 견해[298]와 사적 자치에 대한 일반적 제한 규정을 적절히 운용하여 일면으로는 사적 자치의 원칙을 존중하면서도, 타면으로는 기본권 사이의 적절한 사정을 도모하는 간접적 효력설이 타당하다는 견해[299]도 있다.

ⓑ 구체적 판단설

이 견해는 먼저 성질에 비추어 사인 사이에 적용할 수 없는 기본권과 사인 서로 간에 적용하는 것을 전제로 하는 기본권은 아무런 문제가 안 되고 여기에 해당하지 않는 기본권이 문제 된다고 한다.[300] 그리고 명문 규정이 없는 현행 헌법에서 기본권의 대사인적 효력에 대한 문제는 헌법 질서의 테두리 안에서 기본권의 과제와 기능에 따라 그때그때 판단할 수밖에 없다고 한다. 구체적 상황에

295) 구병삭(주 26), 365쪽.

296) 구병삭(주 26), 365쪽.

297) 정연주(주 293, 기본권의 대사인적 효력), 75～76쪽.

298) 이동과, 「기본권의 효력」, 『법학논집』 창간호, 청주대학교 법학연구소, 1986, 22～24쪽.

299) 고영한, 「기본권의 상충관계와 그 해결방안」, 『판례실무연구[Ⅱ]』, 박영사, 1998, 87쪽. 이 견해는 사적 자치와 계약의 자유를 너무 중시하면 기본권 보호에 관한 배려가 효력부정설을 취하는 때와 같아질 우려가 있으므로 그 운용에 주의를 요구한다고 지적한다.

300) 계희열(주 18, 기본권의 효력), 20쪽; 같은 사람(주 18, 기본권의 대사인적 효력), 115쪽; 같은 사람(주 9), 100～101쪽. 이에 동조하는 견해도 있다[홍성방(주 91), 431쪽]. 이 견해는 사인 사이의 관계에서 근로3권을 제외한 기본권은 원칙적으로 간접 적용되지만, 직접 적용되는 예외가 있다고 한다.

따라 같은 기본권을 직접 적용하거나 간접 적용할 수 있으므로[301] 개별 기본권에 따라 사인 사이의 관계에서 직접 적용할 수 있는 기본권과 간접 적용할 수 있는 기본권을 구별하는 것은 의미가 없다고 한다. 다만, 사법 질서의 독자성과 고유법칙성을 고려하여 가급적 간접 적용하는 것이 바람직할 뿐이라고 한다. 사법 질서에 기본권을 적용하는 것은 기본권이 일반 법률에 따라서 전혀 아니면 충분히 보장되지 못할 때에 국한한다고 한다. 즉 법률이 기본권을 충분히 보장하면 기본권은 객관적 질서의 요소라는 점을 내세워 법률에 우선하여 적용할 수는 없다고 한다.

이 견해는 구체적 판단을 통해서 직접 적용하거나 간접 적용한다고 하여 간접적 효력설과 직접적 효력설을 절충한 독자적 견해로 볼 수도 있다. 하지만 가급적 간접 적용하는 것이 바람직하다고 하므로 원칙적으로는 간접적 효력설로 보인다. 이 견해는 기본권을 구체적 상황에 따라 직접 적용하거나 간접 적용한다고 하는데, 이때 직접 적용이나 간접 적용의 차이는 구체적 상황에 따른 기본권의 효력 강도 차이로 보인다. 그러나 간접적 효력설도 개별 상황에 따라 기본권의 효력이 달라질 수밖에 없으므로 이 견해는 간접적 효력설의 구체적 적용 모습과 비슷한 것으로 보인다. 따라서 간접적 효력설과 실질적인 차이가 없는 것으로 볼 수 있다. 다만, 개별적 상황에 따라 기본권의 대사인적 효력에 차이가 있다는 점을 강조한 것은 의미가 있다.

ⓒ 원칙적 부정설

사적 영역에서 기본권의 효력은 사인에 대해서 미치지 않지만, 예외적으로 사적 영역에서 행위 주체인 사인이 실질적으로 국가의 기능이나 역할을 할 때만 이러한 사인에 대해서 기본권을 주장할 수 있다는 견해도 있다.[302]

② 판례

대법원은 영업의 자유를 제한하는 약정의 효력에 관한 판시에서 "…… 본건 공약이라 함은 피고가 사단법인 대한환경위생협회 서울지부 미용분과위원회에

301) 가령 같은 기본권이라도 개인의 침해냐 거대한 경제적 혹은 사회적 권력의 침해냐에 따라 직접 적용하거나 간접 적용하는 것은 의미 있는 구별이라고 한다. 계희열(주 9), 101쪽 주 71; Konrad Hesse (Anm. 14), Rdnr. 356 f., [콘라드 헷세(주 14), 228～229쪽] 참조.

302) 정종섭, 『헌법학원론(제12판)』, 박영사, 2018, 348～351쪽.

서 협정한 요금 및 공휴일을 준수함과 동시에 종업원의 유인고용을 하지 않을 것을 약정하고, 위 사항을 위반할 때에는 위약금 10000원을 원고에게 지급한다는 내용으로 그 약정내용이 피고의 영업상 자유의 제한에 관한 약정을 무기한 허용함은 피고의 법률상 지위에 중대한 제한을 부과하는 것으로서 이와 같은 약정은 제한을 받는 자가 언제든지 일방적으로 해약할 수 있다고 해석함이 타당하다."라고 해서 헌법상 직업선택의 자유와 관련하여서 약정(계약)의 내용을 수정하는 해석을 한 바 있다.[303] 그리고 대법원은 "헌법상의 기본권은 제1차적으로 개인의 자유로운 영역을 공권력의 침해로부터 보호하기 위한 방어적 권리이지만 다른 한편으로 헌법의 기본적인 결단인 객관적인 가치질서를 구체화한 것으로서, 사법(사법)을 포함한 모든 법 영역에 그 영향을 미치는 것이므로 사인간의 사적인 법률관계도 헌법상의 기본권 규정에 적합하게 규율되어야 한다. 다만 기본권 규정은 그 성질상 사법 관계에 직접 적용될 수 있는 예외적인 것을 제외하고는 사법상의 일반원칙을 규정한 민법 제2조, 제103조, 제750조, 제751조 등의 내용을 형성하고 그 해석기준이 되어 간접적으로 사법 관계에 효력을 미치게 된다. 종교의 자유라는 기본권의 침해와 관련한 불법행위의 성립 여부도 위와 같은 일반규정을 통하여 사법상으로 보호되는 종교에 관한 인격적 법익침해 등의 형태로 구체화되어 논하여져야 한다."[304]라고 하였다.

(5) 학설에 대한 비판

① 효력부정설 비판

효력부정설은 다음과 같은 문제점이 있어 타당하지 않다.

(ⅰ) 사인 사이의 합의에 따라 기본권을 제한할 수 있다. 하지만 이미 민법 등의 사법에서 나타나는 많은 사적 자치 제한 규정에서 볼 수 있듯이 이러한 제한을 무제한으로 인정하는 것은 아니다. 따라서 일정한 한계가 있고, 이러한 한계 설정에서 헌법의 가장 중요한 가치인 기본권이 중요한 기능을 할 수밖에 없다.

(ⅱ) 사인 서로 간의 관계에서 발생하는 기본권 침해가 날로 증가하여 중대한 현실적 문제가 되었다. 따라서 이것을 외면하고서는 기본권을 충분히 보장할

---

303) 대법원 1964. 5. 19. 선고 63다915 판결.
304) 대법원 2010. 4. 22. 선고 2008다38288 전원합의체 판결(공2010상, 897).

수 없다.[305] 기본권을 사법 관계에 적용할 수 있는지가 문제 될 때는 개별 사법 규정이 충분한 기본권 보장을 하지 않을 때이다. 그런데 효력부정설은 이러한 문제 해결을 외면한다.

(iii) 헌법 제10조 제2문이 그 수범자로 국가를 명시한다. 그러나 이 조항은 다른 수범자가 있을 가능성을 배제하지 않는다. 즉 사인이 수범자가 될 가능성은 여전히 남아있다. 따라서 이 조항만으로 사인에 대한 기본권의 효력을 부정한다고 해석할 수는 없다.

(iv) 효력부정설은 공사법이분론에 근거를 둔다. 하지만 공법 질서와 사법 질서는 하나의 헌법 질서에 포섭된다.[306] 공법 질서와 사법 질서는 모두 헌법이 형성하고 유지한다. 따라서 헌법 일부인 기본권도 공법 질서는 물론 사법 질서를 구속하므로 기본권도 사법 관계에 적용된다. 결국, 공사법이분론을 사법 질서에 기본권이 적용되지 않는 근거로 삼을 수 없다.

(v) 기본권이 구속하는 입법자는 자신에게 주어지는 권한 범위 안에서 기본권 구속을 고려하여야 한다. 따라서 입법자는 사인 사이의 법률행위와 그 밖의 사인 서로 간의 사법적 법률관계를 포함하는 사법 규정이 헌법과 기본권의 요구를 충족하도록 하여야 한다.[307] 이러한 점에서 기본권은 사법 관계에 효력을 미칠 수 있다.

(vi) 기본권이 대국가적이라는 것은 군주, 즉 국가가 기본권을 위협하는 가장 큰 존재였고 이를 주장하는 사람들이 시민 계층이었다는 역사적인 이유에 근거를 둔다. 역사적 상황이 바뀌면 그에 상응하여 기본권의 성격도 바뀌므로 기본권 개념에 대국가성이 필연적인 것은 아니다. 따라서 기본권의 대국가성이 기본권을 사법 관계에 적용할 수 없다는 근거가 될 수 없다.

(vii) 기본권을 사법 관계에 적용하는 것은 사적 자치가 개별 상황에서 제3자의 특정 기본권을 보장하기 위해서 물러서야 한다는 판단이 내려진 때에 국한한다.[308] 따라서 기본권을 사법 관계에 적용한다고 하여 사적 자치에 전적으로 맡겨진 문제에도 기본권을 적용한다는 것은 아니다. 사적 자치로 해결할 수 없거나

305) 같은 견해: 계희열(주 9), 93~94쪽.

306) 같은 견해: 권영성(주 17), 328쪽.

307) BVerfGE 31, 58; 81, 242.

308) BVerfGE 7, 198; 25, 256; 30, 173; 34, 269 참조.

수인할 수 없는 결과가 발생하는 때만 기본권이 사법 관계에 적용된다. 그러므로 효력부정설이 경계하는 사법의 독자성을 침해할 가능성은 그리 큰 것이 아니다.

② 직접적 효력설 비판

직접적 효력설은 다음과 같은 이유로 채택하기 곤란하다.

(i) 기본권 관계 차이

기본권의 대사인적 효력이 문제 되는 가장 큰 이유는 사회적 세력이 국가에 버금가는 침해를 하기 때문이다. 하지만 사회적 세력의 침해가 아무리 크더라도 국가적 강제력을 바탕으로 한 국가의 침해보다 클 수는 없다.[309] 그리고 사인의 지위는 국가처럼 침해자의 지위에 있기는 하나, 국가와 달리 원칙적으로 기본권이 제한하여야 하는 존재가 아니라 보호하여야 할 존재이다. 이 지위는 사인이 기본권의 침해자로 나타나도 박탈할 수 없는 지위이다. 게다가 사회적 권력이 아무리 다른 사적 주체에 대해서 우위에 있다고 하여도 그의 행위는 사법적 성질이 있을 뿐이지 공법적 행위로 바뀌지 않는다.[310]

따라서 기본권 관계 중 사인에 대한 사인의 관계는 국가에 대한 사인의 관계와는 본질적으로 다를 수밖에 없다. 여기서 기본권이 직접 국가를 구속하듯 사인을 직접 구속할 수 있다는 직접적 효력설 문제가 드러난다. 직접적 효력설은 사인 서로 간의 법관계는 원칙적으로 대등한 기본권 주체 사이의 법관계라서 국민과 국가의 법관계처럼 어느 일방만의 기본권이 다른 사람을 옹글게(완벽하게) 구속할 수 있는 관계가 아니라는 것을 간과한다.[311]

(ii) 공법과 사법의 기본원리 차이

사법 관계는 개인의 자유로운 책임과 권리 주체 사이의 대등성에 의지한다. 따라서 사법에서 사적 주체는 사적 자치에 기초를 두어 자신의 법관계를 원칙적으로 자기결정과 자기책임으로 형성할 수 있다. 즉 사법은 계속하여 다양한 사적 주체의 모순되는 이익 사이에서 타협을 찾는 기능을 한다.

---

309) 물론 경제관계 등을 이유로 한 사회적 세력의 강제력이 국가와 다를 바 없을 때도 있을 수 있다. 하지만 이것은 어디까지나 사실적인 구속이지 법적인 구속이 아니라는 점[같은 견해: 장영수(주 7), 114쪽]에서 공권력을 바탕으로 한 국가의 구속력과는 차이가 있다.

310) Klaus Stern (Anm. 132), S. 1591; 장영철(주 8), 160쪽 참조.

311) 허 영, 『헌법이론과 헌법(신8판)』, 박영사, 2017, 438쪽.

공법의 권리인 기본권을 원칙적으로 공공복리를 위해서 제한할 수 있다. 그러나 사법의 권리는 개인의 자유로운 처분과 합의로 제한할 수 있고, 다만 예외적으로 공공복리를 심하게 침해할 때 이를 이유로 제한할 수 있다. 이러한 까닭에 기본권을 공법 의미 그대로 사법 영역에 적용하면 사법의 기본원리를 파괴하여 사법 질서 혼란을 일으킬 수 있다. 그러므로 기본권을 사법 영역에 적용하더라도 이것은 당사자의 의사를 고려하지 않는 공법의 기본권이 아닌 사적 자치를 기본원리로 하는 사법 질서에 적응한 기본권이어야 한다. 즉 사법 질서를 존중하면서 다만 기본권 보호의 의미를 올바르게 살릴 수 있는 범위에서 사법 질서를 제한하고 기본권 내용을 관철하여야 한다. 만약 사법 관계에 기본권 규정이 직접 효력을 미친다면 사인 사이의 자유로운 합의를 통해서 이루어지는 사법적 형성의 자유가 제거된다. 따라서 사법 관계에서 기본권의 직접적 효력설은 그 자체가 기본권이 보호하는 사법의 존립을 위협할 뿐 아니라 나아가 사법의 독자적인 가치를 무시한다.[312]

(iii) 역사적 발전

사법 질서에서 기본권이 절대적 효력이 있다는 논리는 기본권의 발전사를 무시한다. 이념사적으로 기본권과 사법 질서는 각각 다른 측면에서 발전하였다. 기본권은 '국민' 대 '원칙적으로 그의 상위에 있는 국가 권력'의 관계에서, 사법 질서는 '개인 서로 간'의 대등한 질서에서 각각 문제 되었다. 이러한 개인 서로 간의 대등한 지위는 기본권이 보호하는 법익의 두 주체가 대립하는 갈등을 초래한다. 사법에서 기본권의 효력은 각기 다른 사법 주체의 기본권과 충돌함으로써 '상대화한다'.[313] 따라서 사법 관계에서는 공법 관계와 같은 방식으로 기본권을 적용할 수 없다. 결론적으로 사법 질서에서 기본권의 효력은 그 구조적 특성 때문에 공법 관계에서와 같은 직접 적용을 그대로 주장할 수 없다.[314]

(iv) 기본권 실현의 한 모습

사법은 개인의 자유와 사회적 구속 사이에서 양자를 잘 형량한 체계를 발전시켰다. 사법은 개인의 자유로운 책임과 권리 주체 사이의 대등성이 지탱한다.

312) 같은 견해: 김선택(주 1), 161쪽.

313) Klaus Stern (Anm. 132), S. 1553 f.

314) 김선택(주 1), 161쪽.

사법 존립은 그 자체로 기본권적 자유의 한 측면으로 이해된다. 사법은 본질적으로 법률행위, 특히 계약의 자유, 결사의 자유, 재산권 행사(재산 사용·수익·처분)의 자유, 유언의 자유 속에서 표현되는 사적 자치를 기초로 한다. 이러한 사적 자치는 헌법 제10조 제1문 후단(행복추구권)과 더불어 제10조 제1문 전단(인간으로서 가지는 존엄과 가치), 제15조(직업의 자유), 제23조(재산권)와 같은 개별적 기본권에서 헌법이 보장한다. 기본권을 사법 질서에서 절대적 권리로 직접 적용하려는 것은 이미 헌법이 사법을 통하여 보장하려고 한 개인의 자유의 한 측면에 대한 제약을 초래한다.[315]

(v) 기본권 약화

사법의 권리는 일반적으로 다른 사적 주체의 의무를 수반한다.[316] 이에 따라 다른 사적 주체는 기본권적 자유 행사를 일부 제약당한다.[317] 즉 이러한 사법적 의무 부과는 헌법이 보장한 일반적 행동자유권을 제한한다. 기본권을 직접 적용하면 기본권은 다른 사적 주체에게 직접 의무를 부여한다.[318] 따라서 사법 관계에 관여하는 사적 주체는 각각 기본권 주체이므로 당사자의 기본권 보호는 동시에 다른 권리자의 기본권적 자유 약화를 뜻한다.

③ 간접적 효력설과 효력부정설을 똑같이 보는 견해에 대한 비판

간접적 효력설과 효력부정설을 똑같이 보는 견해에 대해서는 기본권이 객관적 법규범의 성질을 바탕으로 하는 '기본권의 대사인적 효력' 문제와 헌법의 최고규범성을 바탕으로 하는 '합헌적 법률 해석' 문제를 엄격히 구별하지 않는다는 비판이 있다.[319] 하지만 간접적 효력설에서 기본권은 사법의 매개를 통해서 해석

---

315) 그러나 이러한 사법의 독자성이나 사법이 개인의 자유에 대해서 가지는 고유한 가치는 헌법 질서의 통일적 체계에서는 헌법적 보장을 전제로 주장하여야 한다. 즉 사법은 헌법이 보장하는 범위에서 독자성이나 고유성이 있다. 따라서 헌법에 어긋나면 이것을 인정할 수 없다.

316) 그러나 예를 들어 유언과 같은 상대방 없는 단독행위에는 의무를 수반하지 않는다.

317) 김선택(주 1), 162쪽.

318) 같은 견해: 정태호(주 16), 16쪽.

319) 허 영(주 311), 444~446쪽. 여기서 헌법의 최고규범성 수신인이 입법권을 비롯한 국가권력이지 국민이 아니라는 말에는 동의할 수 없다. 헌법이 국가의 질서를 형성하는 최고규범이므로 그 질서 속에서 살아가는 국민이 이것에 구속되지 않을 수 없기 때문이다. 그리고 헌법의 최고규범성이 기본권의 대사인적 효력과 직접적인 연관성이 없다는 점도 수긍하기 어렵다. 상위 규범이 하위 규범에 그에 저촉하는 규정이 있거나 공백이 있을 때 효력

지침과 구체화 기준으로 효력이 발생하여 본질에서 합헌적 해석이 불가피하므로 이러한 비판은 타당하지 않다.[320]

간접적 효력설에서는 형식적으로 사법의 일반조항을 적용하지만, 실질적으로 기본권의 내용을 적용하고 실현한다.[321] 즉 기본권을 사법 관계에 적용하지만, 사법의 고유한 기능과 가치를 보호하려고 일반조항을 통해서 수정하여 간접적으로 적용한다. 따라서 간접적 효력설은 실질적으로 기본권을 사법 관계에 적용한다는 견해이다. 이에 반하여 효력부정설에서 기본권은 사법 관계에 적용되고 실현되지 않는다. 합헌적 법률 해석과 관련해서 기본권을 적용하는 것같이 보이지만 기본권은 사법 규정을 해석하는 기준으로 작용할 뿐이다. 이때도 헌법 규정의 일반성·추상성 때문에 실질적 기준이 되지 못하고 사법 규정의 한계를 설정하는 것에 그친다. 합헌적 해석은 기본권의 실현과 적용에 간접적으로 이바지할 수는 있어도 직접적으로는 사법 규정 해석일 뿐이다. 이렇게 간접적 효력설과 효력부정설은 구별되므로 양자를 동일시할 수 없다.

④ 방어권설 비판

(ⅰ) 사법을 제정하는 입법자와 사법을 적용하는 법관이 헌법 조항에 따라 기본권에 직접 구속된다거나, 기본권을 보호할 의무를 직접 부담한다고 하여, 그것만으로 이미 기본권이 사법 질서에 미치는 효력의 결정적인 문제, 즉 사법 주체가 다른 사법 주체와 맺는 관계에서도 기본권을 원용할 수 있는지의 문제에 대답한 것은 아니다.[322]

(ⅱ) 사인 서로 간의 법적 관계를 법관이 판결할 때 기본권을 어느 정도나 고려할 수 있는지가 기본권의 대사인적 효력에서 가장 중요한 문제이다. 이러한 문제는 기본권의 국가 관련성으로는 해결되지 않는다. 여기서는 다른 상대방의 기본권이 특정인의 기본권을 제한하는지, 만약 제한한다면 어느 정도 제한하는지가 문제 되므로 기본권을 방어권으로 보는 기본권 이론은 대사인적 효력 문제에 적용하기 어렵다.[323]

이 있는 것은 당연하기 때문이다.

320) Klaus Stern (Anm. 132), S. 1556 f., 1583.

321) 계희열(주 9), 97쪽 주 60.

322) Klaus Stern (Anm. 132), S. 1551.

323) Albert Bleckmann, Neue Aspekte der Drittwirkung der Grundrechte, DVBl 1988, S. 939.

(iii) 어떤 행위를 허용함으로써, 더 정확히 말하면 금지하지 않음으로써 사인인 제3자의 모든 기본권 침해를 국가의 침해로 볼 수 있는지 의심스럽다.[324] 사인인 제3자의 침해 행위에 대해서 국가가 공동으로 책임을 져야 한다는 논리가 가능해지려면 국가가 사인의 침해에서 다른 사인을 보호하여야 할 일정한 '의무'가 있다는 것을 전제로 한다. 그러한 의무가 없으면 금지하지 않은 것, 즉 허용한 것에서 직접 그 침해에 대한 국가의 참여와 공동책임을 말할 수는 없다.

(iv) 수인의무 측면에서 보면, 국가가 사인 서로 간의 관계에서 일방에게 어떤 행위를 금지하지 않아 그 행위를 허용할 때 상대방은 일방에게 그 행위를 하지 말 것을 청구할 수 없다(무권리: Nicht-Recht). 하지만 이것이 상대방에게 발생하는 침해를 국가에 귀속시킬 수 없다.[325] 다만, 국가는 국민을 무권리로 방치함으로써 보호하여야 할 의무를 어긴 것뿐이다. 한편 상대방 처지에서 볼 때 허용으로 말미암아 '보강된 권리'가 생기고, 국가가 이러한 권리 보장을 하였다고 하더라도 국민이 보장된 권리를 행사함으로써 발생한 침해에 대해서 국가에 책임이 있다고 말할 수는 없다. 이때도 마찬가지로 국가에 보호의무가 있다면 그러한 의무를 다하지 않았을 때 국가에 책임이 귀속된다.

(v) 사법 관계에서 발생하는 기본권 침해는 직접적으로는 사인의 자율적인 결정에 따른 것일 뿐이고, 국가는 그러한 자율적 결정에 따른 행위를 용인함으로써 단지 간접적으로만 관계할 뿐이다.[326] 따라서 국가가 사법에 간섭할 권한이 있으면 국가는 공법에 간섭할 권한이 있는 때처럼 자신이 달성하여야 하는 이익 때문에 개인의 자유와 대립하는 것이 아니라 단지 사적 자치의 중재자로서 개입할 뿐이다. 그리고 사법 규범의 내용인 사적 자치나 계약의 자유는 공법에서 나타나는 규범적 명령과는 달리 거의 백지상태일 정도로 일반적이고 포괄적이므로, 사법에서 나타나는 기본권 구속 정도는 공법에서 나타나는 것과 다르다.[327]

(vi) 기본권의 대사인적 효력 문제를 법원의 기본권 구속으로 해결하려는 것은 소송법 관계와 실체법 관계를 혼동한 것이다.[328] 이른바 기본권의 대사인적

---

324) Robert Alexy (Anm. 146), S. 410 ff. 참조.

325) Robert Alexy (Anm. 146), S. 418 참조.

326) Klaus Stern (Anm. 132), S. 1551.

327) Walter Leisner, die Buchbesprechung zur Literatur von Jürgen Schwabe, Die sogenannte Drittwirkung der Grundrechte, JZ 1971, S. 187 f.

328) Klaus Stern (Anm. 132), S. 1551.

효력 문제는 사인 서로 간의 관계를 규율할 법규범이 무엇인지에 관한 실체법 관계 문제이지만, 법원의 기본권 침해는 그러한 실체법 관계를 전제로 하여 법규범 적용 잘못에서 발생하는 소송법 관계 문제이다. 따라서 기본권의 대사인적 효력 문제를 법원의 기본권 구속으로 해결하려고 하는 것은 옳지 않다.

(vii) 사인의 침해를 국가에 귀속시키는 방어권적 구성은 국가의 지나친 간섭을 정당화할 위험성이 있다. 국가가 사인의 침해에 대해서 책임을 지므로 국가는 이것을 방지할 의무가 있다. 이러한 의무를 빌미로 국가는 사적 생활 관계에 자유롭게 간섭할 가능성이 있다. 따라서 사인의 침해를 방지하고자 하는 방어권설이 오히려 국가의 침해를 정당화할 위험성이 있다.

따라서 기본권의 대사인적 효력을 방어권으로 구성하는 것은 타당하지 않다. 다만, 이러한 구성에서 사인의 침해도 일정한 범위에서 국가가 책임을 진다는 것을 확인할 수는 있다. 물론 이때의 책임은 방어권으로 구성하는 견해와 같이 공동책임이 아니라 기본권이 요구하는 보호의무 위반에 대한 책임으로 보아야 한다.[329] 방어권설은 사법제정자의 기본권 구속성을 지적함으로써 사법 관계에서 기본권보호의무가 작용하여야 함을 지적한 점에서 의의를 찾아볼 수 있다.[330]

⑤ 3측면 모델 비판

알렉시(Robert Alexy)의 3측면 모델은 기본권의 대사인적 효력 문제 영역을 3측면으로 구별하여 세밀한 검토가 가능한 장점이 있다. 특히 그의 3측면은 기본권 관계의 3가지 분류와 일치하는 것으로 3가지 기본권 관계의 차이점에 비추어 적절하고 의미 있는 구별이다.

하지만 그는 기본권의 대사인적 효력 문제 영역을 오해하여 기본권의 대사인적 효력과 기본권의 대국가적 효력 그리고 기본권보호의무를 구별 없이 함께 기본권의 대사인적 효력 문제로 논의하는 잘못을 범한다. 즉 첫째 측면과 둘째 측면 중 방어권적 구성 부분은 기본권의 대국가적 효력 문제이고, 둘째 측면 중 보호청구권적 구성 부분은 기본권보호의무 문제이며, 셋째 측면만 진정한 기본권의 대사인적 효력 문제 영역이다. 게다가 그의 검토 내용은 간접적 효력설과 특별히 구별하기 어려워 전통적인 견해와 새로운 차이점을 인정하기 어렵다.[331]

329) 이준일(주 228), 76쪽.
330) 장영철(주 8), 160쪽.

7. 사견

(1) 기본권의 대사인적 효력 문제 해결 기준

기본권의 대사인적 효력 문제 해결 기준은 먼저 현재 기본권에서 제기되는 문제를 해결할 수 있어야 한다. 따라서 이러한 문제를 외면하는 효력부정설은 취할 수 없다. 그리고 기본권의 대사인적 효력 문제는 기존 사법 규정으로 해결할 수 없다는 것을 전제하므로 기존 사법 규정이 헌법에 합치하는 해결을 할 수 있다면 기본권은 사법 관계에 개입하여서는 안 된다. 따라서 기본권의 대사인적 효력 문제를 해결하는 기준은 기존 사법 규정 해결을 존중하면서 그것이 해결하지 못하는 문제를 해결할 수 있어야 한다. 이러한 기준은 결국 기존 사법 규정을 보충하거나 수정하는 것이다. 또한, 사법은 공법과 달리 사적 자치라는 기본원리가 있어 독자성이 있다. 따라서 기본권이 사법 관계에 효력을 미친다고 하여도 이러한 사법의 독자성을 침해하여서는 아니 된다. 이러한 점에 비추어 사법의 독자성과 조화를 이룰 수 있는 기준을 제시하여야 한다. 끝으로 기본권의 대사인적 효력이 문제 되는 때는 다양하므로 각각의 경우에 기본권의 의미와 효력 강도도 달라야 한다. 따라서 기본권의 대사인적 효력을 해결하는 기준도 이러한 상황에 맞게 기본권의 효력을 결정할 수 있어야 한다.

(2) 기본권의 대사인적 효력을 인정하여야 하는 이유

① 헌법의 최고규범성

헌법은 국가의 기본법으로 다른 모든 법의 존립, 내용 그리고 효력의 근거이다. 즉 국가 법질서는 헌법이 형성한다.[332] 어떠한 법규정이나 국가 행위도 헌법을 위반할 수 없다. 헌법은 모든 국가 권력, 즉 집행권과 사법권은 물론 입법권도 구속한다. 이러한 헌법의 최고규범성[333]은 헌법이 국가의 기본법으로 작용할 수 있는 전제이다.

---

331) 같은 견해: Klaus Stern (Anm. 132), S. 1559.

332) 헌재 1989. 7. 21. 89헌마38, 판례집 1, 131, 145 참조.

333) 헌법은 직접 헌법의 최고규범성을 규정하지는 않지만, 헌법개정절차를 특별히 어렵게 하는 점(제128조, 제129조, 제130조)과 위헌법률심사제를 두는 점(제107조 제1항, 제111조 제1항)에 비추어 헌법의 최고규범성을 간접적이지만 명백히 인정한다.

헌법이 형성하는 국가 법질서는 사법 질서와 공법 질서로 나뉜다. 즉 사법 질서도 헌법이 형성하는 국가 법질서 일부이다. 따라서 헌법은 사법 질서도 공법 질서와 마찬가지로 구속한다. 기본권도 헌법 일부이므로 기본권은 사법 질서도 구속한다. 헌법의 최고규범성에서 비롯한 기본권의 최고규범성은 공법 질서뿐 아니라 사법 질서에서도 관철된다.[334] 따라서 기본권은 사법 질서, 즉 사법 관계에도 효력을 미친다.[335]

② 기본권의 역사적 제3자지향성

근대 인권선언 일반에서 인권을 국가에 대한 방어권으로 인식하던 것은 본질적인 특색이라고 할 수 있다. 하지만 인권이 전적으로 방어권의 성격만 있는 것은 아니었다. 버지니아 권리장전(1776년) 전문에서 "… 모든 권리는 정치조직의 기초로서 인민과 그 자손에게 속한다."라고 하였고, 프랑스 '인간과 시민의 인권선언'(1789년) 전문에서 "… 하나의 엄숙한 선언을 통하여 인간에게 자연적이고 불가양이며 신성한 모든 권리를 밝히려 결의하거니와, 그 의도하는 바는 공동체의 모든 구성원이 언제나 이 선언에 준하여 부단히 그들의 권리와 의무를 생각하게 하며 입법권과 집행권의 모든 행위가 수시로 모든 정치제도의 목적과 비교하여 한층 더 존중되게 하기 위해서 …" 실정화한 것이라고 하였다. 즉 인권은 새로운 국가를 정당화하는 기초이고 새로운 국가에 질서를 부여하는 포괄적인 사상이기도 하였다.[336]

---

334) 그런데 헌법은 사법 질서에 관해서 단지 사적 자치를 허용하는 근본결단만 내리고, 사적 자치의 형식과 한계를 정하는 것은 사법에 맡긴다. 그러나 이것이 사법을 아무런 제약 없이 제정할 수 있다는 의미는 아니다. 사법의 입법자는 사적 자치 허용이라는 헌법의 근본결단을 존중하여야 하되, 헌법에 어긋나지 않는 범위에서 사적 자치를 법률로 제한할 수 있다. 다만, 사적 자치도 헌법 제37조 제2항의 일반적 법률유보에 놓이기는 하나, 사적 자치를 인정하는 취지에 비추어 다른 기본권과 달리 공공복리의 현저한 요구가 있을 때만 제한할 수 있다[송덕수(주 168, 사적 자치에 대하여), 39～40쪽].

335) 기본권 부분을 앞세우는 독일 기본법은 공법과 사법 모두를 아우르는 보편적 규범질서를 정립하였지만, 헌법총론을 앞에 두는 한국 헌법은 국가주의적 색채나 공법적 색채가 강하다고 하면서 한국 헌법은 사법을 지도할 수 없다는 견해(백경일, 「헌법규정이 사적 법률관계에서 고려될 수 있는 한계」, 『안암법학』 제43권, 안암법학회, 2014, 151～196쪽)는 나치라는 역사적 경험 때문에 기본권 부분을 앞세울 수밖에 없었던 독일의 특수성을 고려하지 않고, 이러한 헌법 구성 차이가 헌법의 최고규범성과 아무런 관련이 없다는 점을 무시한 것으로서 타당성이 없다.

336) Walter Leisner (Anm. 134), S. 22 ff.

그리고 "모든 사람은 양심이 명하는 바에 따라 자유로이 종교를 믿는 평등한 권리가 있다. 서로 다른 사람에 대해서 기독교적 인내·애정과 자비를 베푸는 것은 모든 사람의 의무이다."라는 버지니아 권리장전 제16조 후단, "자유는 다른 사람에게 해롭지 않은 모든 것을 할 수 있는 것이다. 그러므로 각자의 자연권 행사는 사회의 다른 구성원에게 같은 권리의 향유를 보장하는 이외의 제약을 당하지 아니한다."라는 '인간과 시민의 권리선언' 제4조 전단과 "법은 사회에 해로운 행위가 아니면 금지할 권리가 없다. 법이 금지하지 않은 것은 어떤 것이라도 방해할 수 없고, 아무도 법이 명하지 않은 것을 하도록 강제될 수 없다."라는 '인간과 시민의 권리선언' 제5조는 인권이 다른 사람의 권리를 침해할 수 없고, 이와 관련하여 의무를 진다고 함으로써 인권이 사인 사이에도 효력을 미침을 분명히 밝힌다.

바이마르 공화국 당시 독일에서도 국가, 특히 입법자는 국민의 자유 영역을 사법(私法)에서도 보호하여야 한다고 보았다. 예를 들어 당시 영향력 있는 국가학사전에서는 "국가가 그 구성원(국민)의 자유권을 스스로 침해하지 않는다고 하더라도 국가는 구성원을 상호작용 속에서도 서로 위협적일 수 있다는 것에서 여전히 보호하여야 한다. 그에 따라 '현명한 법과 그것의 신중한 집행을 통해서' 국가는 그 밖의 시민이 아직도 누군가를 언제나 위협하는 자유 제한, 특히 본질적으로 똑같이 자유에 대한 위법적 위험인 가정이나 가문·지방·교회 등에서 나타나는 사적 권력과 사회 권력의 남용을 저지하여야 한다."[337]라고 언급한다.

헌법재판소도 "개인의 성적 자기결정권도 국가적·사회적 공동생활의 테두리 안에서 타인의 권리·공중도덕·사회윤리·공공복리 등의 존중에 의한 내재적 한계가 있는 것"이라고 하여 이러한 역사적 제3자지향성을 확인한다.[338] 이처럼 기본권은 역사적으로 사인과 사인 사이의 관계에서 다른 사람의 권리가 기본권을 제약할 수 있음을 인정하였다. 따라서 기본권을 사법 관계에 적용한다는 것은 역사적으로도 인정된다.

337) Artikel Freiheit, in: Rotteck-Wecker, Staatslexikon, 2. Aufl., 1847, Bd. V, S. 186 (Klaus Stern [Anm. 132], S. 1516; Christian Starck, Human Rights and Private Law in German Constitutional Development, in: D. Friedmann and D. Barak-Erenz (eds.), Human Rights in Private Law, Oxford and Portland Oregon, Hart Publishing, 2001, p.98에서 재인용).

338) 헌재 1990. 9. 10. 89헌마82, 판례집 2, 306, 310.

③ 사회적·국가적 상황 변화

기본권은 전통적으로 국민이 국가(군주)의 압제에서 자신을 지키기 위한 수단으로 이해되었다. 주로 국가가 기본권을 침해하는 사회적·국가적 상황에서 기본권은 그렇게 이해되었다. 하지만 사회가 발전함에 따라 국가뿐 아니라 다른 사인, 법인, 그 밖의 단체가 국가 못지않은 기본권의 침해자로 등장하였다.[339] 이러한 사회적 세력의 침해는 사칙에 따른 결혼퇴직, 동일시간·동일노동을 하는 남녀 사원 사이의 임금 차별과 같이 '사적 자치'를 빌미로 외형적으로는 합법적인 모습을 띤다는 점에서 국가의 침해보다 더 치명적일 수 있다. 따라서 이러한 침해에서 기본권을 보호하지 못하면 기본권을 제대로 보호할 수 없는 상황이다.

그리고 사적 자치의 원칙은 사적 관계 당사자의 동등한 지위를 전제한다. 하지만 사회 변화에 따라 사적 관계 당사자의 대등성은 파괴되었다. 정치적·경제적·사회적·문화적 지위의 우열에 따라 실질적이든 형식적이든 당사자 사이의 우열이 생겼고, 이에 따라 사적 자치가 추구하는 자유로운 의사에 따른 사적 관계 형성은 우월한 지위에 있는 사람이 열등한 지위에 있는 사람에게 자신의 의사를 강요하는 모습으로 변질하였다.[340] 예를 들어 대량 생산하는 기업이 독점적으로 가격을 결정하는 현상을 들 수 있는데, 이때 소비자는 그 가격에 따르지 않을 수 없다. 이렇게 당사자의 대등성은 기본권이 열등한 지위에 있는 사람을 보호하고, 우월한 지위에 있는 사람의 권리를 제한하는 기준으로 작용하여 회복될 수 있다. 즉 국가는 기본권을 근거로 당사자의 대등성이 파괴되면 기본권 보장을 위해서 조정적으로 개입할 수 있다.[341]

물론 사법 영역은 굳이 헌법의 기본권 침해 여부를 살펴보지 않더라도 공서양속, 반사회성 등과 같은 사법 독자의 기준에 따라서 권리 침해 여부를 검토할 수 있다.[342] 그러나 이러한 사법의 독자적 기준은 현대 사회에서 한계를 드러낸다. 노사관계, 환경문제 등과 같은 새로운 현대 사회 문제가 등장함에 따라 종래 사법이 제시하는 기준으로는 이것을 평가하거나 문제 해결을 할 수 없는 상황에

339) 예를 들어 사용자와 근로자의 관계에서 사용자가 그의 우월한 지위를 이용하여 근로자의 권리를 침해하는 때 대기업과 중소기업이 대립하는 때, 언론매체가 사인의 명예를 훼손하는 때 등을 들 수 있다.

340) 같은 취지의 견해로는 장영수(주 7), 114쪽.

341) 같은 견해: 하경효(주 88), 178쪽.

342) 이에 관해서 자세한 것은 장영수(주 7), 110～113쪽.

직면한다. 따라서 이러한 문제를 해결하기 위해서 기본권 침해 여부를 검토하지 않을 수 없다.

이러한 사회적·국가적 상황 변화는 기본권을 사법 관계에 적용할 수밖에 없는 상황을 야기하였다. 따라서 이러한 상황에 적응하여 기본권을 실질적으로 보장하려면 기본권이 사법 관계에 영향을 미쳐야 한다.

④ 사회국가원리

사람들이 똑같이 기본권 주체로 살아가도 각자가 처한 현실과 사회적 지위에 따라 기본권을 행사하여 실현하는 데 차이가 있다. 즉 더 나은 현실이나 우월한 지위에 있는 사람이 그렇지 못한 사람보다 더 많은 자유와 권리를 누린다. 이러한 현실은 사적 자치를 적용하는 사법 관계에서 분명하게 나타난다. 즉 각자의 사회적 지위가 다름에 따라 열위에 있는 사람은 사법 관계를 설정할 때 불리할 수밖에 없다. 이러한 불합리한 사법 관계 설정을 시정하려면 기본권 주체인 사인 각자에게 최소한의 기본권 내용 실현을 보장할 필요가 있다. 이러한 목적이 있는 헌법원리가 사회국가원리이다.[343] 사회국가원리의 등장과 인정은 기본권이 종래 소극적 기능에서 벗어나 적극적으로 작용할 것을 요구하므로 기본권을 사법 관계에서 관철하여야 하는 근거가 된다.[344]

그리고 이러한 사회국가원리 등장은 국가와 사회의 구별을 불분명하게 하여 기본권의 대사인적 효력의 근거가 된다.[345] 과거 기본권이 사인 서로 간의 관계에 적용되지 않는다고 보던 것은 국가와 사회의 엄격한 구별을 전제로 기본권은 국가 영역에서만 작용하는 것으로 보았기 때문이다.[346] 그러나 이러한 국가와 사회의 엄격한 구별은 국가가 사회국가화하면서 인정되기 어렵다.[347]

343) 한국 헌법이 사회국가원리를 수용한다는 것에 관해서는 헌재 1998. 5. 29. 96헌가4등, 판례집 10-1, 522, 533-534 참조.

344) 기본권의 대사인적 효력의 이런 측면을 프랑스에서는 분배 문제로 본다[정재황(주 23), 336～337쪽].

345) 같은 견해: 김대환, 「기본권의 대사인적 효력 - 독일과 한국의 이론을 중심으로 -」, 서울대학교 법학석사학위논문, 1990, 21～23쪽.

346) Konrad Hesse, Bemerkungen zur heutigen und Problematik Tragweite der Unterscheidung von Staat und Gesellschaft, in: ders., Peter Häberle/Alexander Hollerbach (Hrsg.), Ausgewählte Schriften, Heidelberg 1984, S. 46 f. (콘라드 헷세, 계희열 옮김, 「국가와 사회의 구별이 갖는 현대적 문제점과 의의에 관한 몇 가지 소견」, 『헌법의 기초이론』, 박영사, 2001, 37～38쪽).

347) Konrad Hesse (Anm. 346), S. 48 ff. [콘라드 헷세(주 346), 39～42쪽].

⑤ 불분명한 사법과 공법 구별

과거 공법과 사법의 구별[348]을 전제로 하여 공법 영역에 적용하는 기본권은 공권으로 작용하므로 사적 자치를 적용하는 사법 영역에는 적용할 수 없다고 인식되었다. 하지만 현재 공법과 사법의 구별에 관한 명확한 기준은 없다.[349] 게다가 노동법과 경제법을 비롯한 사회법 영역이라는 공법과 사법의 중간영역이 등장함에 따라 이들의 구별이 더더욱 모호해진다. 따라서 이러한 구별을 전제로 하는 기본권의 대사인적 효력 부정은 그 존립 근거를 상실하거나 그 존립 기반이 약해졌다.

⑥ 사법(私法)의 기본권실현수단성

사법 규정도 헌법이 규정한 기본권을 구체화한다는 점에서 공법 규정과 마찬가지로 기본권을 실현하는 수단으로 작용한다. 예를 들어 민법 중 재산법 관련 규정들은 헌법 제23조의 재산권을 구체화하고, 민법 중 가족법 관련 규정들은 헌법 제36조 제1항의 혼인과 가족생활보호를 구체화한다. 따라서 기본권을 실현하는 수단인 사법 규정이 기본권에서 벗어날 수는 없고, 기본권이 사법 규정에도 영향을 미칠 수밖에 없다. 그리고 기본권 실현에 어긋나는 사법 관계는 기본권 규정, 즉 헌법에 어긋나서 인정할 수 없다. 이러한 까닭에 기본권이 사법 관계에 효력을 미친다.

(3) 간접적 효력설의 타당성

① 간접적 효력설에 관한 비판 검토

(i) 뒤리히(Günter Dürig)의 '기본권의 가치체계'이론에서 출발한다는 점에서 벌써 불안정한 견해라고 볼 여지가 있다고 한다. 다양하게 서로 대립하는 다수의

348) 공법과 사법의 구별은 불법 판단 기준이 다르다는 점에 실익이 있다. 어떤 국가의 행위가 공법 영역에서 불법이라고 인정되더라도 사인이 사법 영역에서 같은 행위를 할 때 적법할 수 있다. 따라서 공법과 사법은 적법과 불법에서 독자적이다[Günter Dürig (Anm. 134), S. 173]. 그러나 공·사법 구별론의 근거와 공·사법 구별의 필요성에 의문을 제기하는 견해도 있다(최영규, 「공·사법 구별론의 재검토(I)」, 『경남법학』 제14집, 1998, 96~102쪽).

349) 이것은 공법과 사법을 구별하여 입법한 것이 아니라 법률을 제정하고 나서 이것을 공법과 사법으로 구별하려고 한 사실에서 기인한다. 프랑스에서 논의하는 공사법이분론에 대한 반론에 관해서는 정재황(주 23), 338~341쪽 참조.

기본권 주체가 주장하는 다수 기본권적 가치의 방사효로 말미암아 다수 기본권의 가치 충돌이 얼마든지 일어날 수 있기 때문이라고 한다.[350] 그러나 다수 기본권의 가치 충돌은 기본권 충돌의 해결 방법이 해결할 수 있어서 큰 문제가 되지 않는다. 명확한 해결 기준이 예측 가능성을 보장하므로 법적 안정성을 보장하기 때문이다.

(ii) 기본권적으로 채워질 수 있는 것이 왜 사법의 일반조항에 국한하는지가 문제 된다. 뒤리히(Günter Dürig)는 '가치로 채워질 수 있고 가치로 채워져야 할 필요가 있는 개념과 일반조항'[351]이라는 표현을 사용한 바 있는데, 이것을 너무 좁게 이해하여서는 안 될 것이라고 한다. 해석하여야 할 사법 조항이 불확정 법개념에 국한할 수는 없고, 사법의 확정적인 구성요건과 법개념도 원칙적으로 해석이 불가능한 것이 아니므로 합헌적 해석 방식으로 기본권적으로 구체화할 수 있는 것이라고 한다.[352] 하지만 이것은 합헌적 해석과 기본권의 대사인적 효력을 혼동한 비판으로 보인다.

(iii) 매개조항 구실을 하여야 할 사법 조항이 없다면 직접 기본권 규정에 소급할 필요가 있다고 한다.[353] 간접적 효력설은 기본권의 대사인적 효력 매개 조항으로 사법의 일반조항을 드는바, 사법의 일반조항이 없는 때를 가정하면 무용지물일 것이라고 한다.[354] 물론 사법이 헌법(기본권 규정)보다 더 오랜 역사가 있고 현재로서는 사법의 일반조항이 있기는 하지만, 사법의 일반조항이 없는 때를 가정하는 것은 논리적으로 충분히 가능하다고 한다. 나아가 설사 사법의 일반조항이 있어도 일반조항에 내포한 불확정 개념 자체의 해석에는 일정한 개념의 한계가 있을 수밖에 없는데, 그렇다면 사인 서로 간의 관계에서 효력을 미치는 기

---

350) 이상 김선택(주 1), 164쪽; Klaus Stern (Anm. 132), S. 1557. 이즌제(Josef Isensee)는 가치이론이 너무 비법학적이고 산만하다는 비판을 한다(ders., Das Grundrecht auf Sicherheit, Berlin 1983, S. 27 f.).

351) Günter Dürig (Anm. 210), Rdnr. 132; ders. (Anm. 134), S. 176 ff.: "wertausfüllungsfähige und wertausfüllungsbedürftige Begriffe und Generalklauseln".

352) Klaus Stern (Anm. 132), S. 1558.

353) 이러한 문제점을 지적하는 Klaus Stern (Anm. 132), S. 1558 참조. 그러나 이러한 문제점을 비껴갈 수 없는 것이더라도 이것을 해결하기 위한 구체적인 방안을 함께 제시하지는 못한다[김선택(주 1), 165쪽 주 26].

354) 간접적 효력설은 일반조항이 없을 때 기본권이 사법에 영향을 미치는지와 어느 범위까지 미치는지를 말하지 않는다(Christian Starck [Anm. 337], p.98).

본권의 규범 내용으로 일반조항의 불확정 개념에 포섭할 수 없는 부분이 있을 가능성도 있다고 한다.[355] 하지만 민법 제2조가 있는 현행법에 일반조항이 없는 때가 없고, 설사 있다고 않더라도 이러한 때는 일반조항의 존재 목적에 비추어 법률 자체가 불완전한 입법으로 헌법의 구체화를 제대로 하지 못한 때에 해당한다. 따라서 이러한 때는 기본권이 예외적으로 직접 적용될 수 있다. 다만, 이론적으로는 기본권이 입법자가 만들지 않은 일반조항을 (법관의 법관법 형성을 통해서) 대신하는 것이지 기본권이 사법 관계에 직접 적용되는 것은 아니다. 그리고 가치충전이 필요한 일반조항에 확정된 개념적 한계가 있을지 의문이고, 설사 있더라도 헌법 질서가 이러한 일반조항도 구속한다는 점에서 헌법의 최고가치인 기본권이 일반조항의 개념적 한계에서 벗어날 수 있을지 의문이다.

(ⅳ) 사인 서로 간의 관계를 규율하는 법률 규정으로는 민법 외에도 민법의 특별법이 얼마든지 있고, 그중에는 민법의 일반조항보다 우선적 효력이 있는 특별법 규정이 있을 수 있고, 포괄적 사항을 규율하는 일반조항과 달리 더 구체적인 사항을 규율하는 구체적·개별적 법률 규정이 있을 수 있다고 한다. 따라서 기본권의 대사인적 효력을 규율하는 법률 조항으로 단지 사법의 일반조항만을 언급하는 것은 부적절하다고 한다.[356] 그러나 그러한 특별법 규정이나 구체적·개별적 법률 규정으로 문제를 해결할 수 있다면 기본권의 대사인적 효력이 문제되지 않고, 해결할 수 없으면 일반-특별법 관계에 따라 결국 다시 사법의 일반조항으로 돌아가 문제를 해결할 수밖에 없다. 그리고 민법은 일반 사법이므로 민법의 일반조항이 사법 관계를 해결하는 최종적인 기준이어야 한다.

(ⅴ) 사인 서로 간의 관계에 효력을 미치는 기본권의 규범 내용이 헌법의 기본권 규정 자체에서 인식하는 것이라면, 헌법의 기본권 규정에서 인식한 규범 내용이 사법의 일반조항을 거치면서 내용 변질 없이 단지 그 외양만 사법적 법률 형태로 사인 서로 간의 관계를 규율하는 것으로 본다고 한다. 이때 간접적 효력설은 공사법이원체계 논리에 부응하기 위해서 사법의 일반조항을 통한 간접효력이라는 기교를 부리지만, 사실은 직접적 효력설에 불과하다고 한다. 그리고 이때 사인 서로 간의 관계를 규율하기 위해서 헌법의 기본권 규정 자체에서 인식한 같은 규범 내용이 왜 사법의 일반조항을 통해서만 적용하여야 하는지를 이해할

355) 이상 한병호(주 95), 957~958쪽.
356) 이상 한병호(주 95), 956~957쪽.

수 없다고 한다.[357] 그러나 기본권 내용을 사법 관계에 그대로 관철할 수 있는 것이 아니라 사법에 맞게 수정하여야 하고, 그 관철이 사법적 수단으로 이루어진다는 점에서 사법의 일반조항을 통해서 매개되어야 한다. 단지 직접 적용한다면 왜 사법 규정을 존중하여야 하는지 그리고 왜 기본권을 사법적 수단으로 관철하여야 하는지를 설명할 수 없다.

(vi) 사법의 일반조항을 해석하는 과정에서 비로소 기본권을 인식한다면 사법의 일반조항을 해석하여 인식한 규범 내용이 헌법의 기본권 규정을 기준으로 합헌성 심사를 거쳐 사인 서로 간의 관계를 규율한다거나 헌법의 기본권 규정을 해석 지침으로 삼아 사법의 일반조항에서 인식한 규범 내용이 사인 서로 간의 관계를 규율하는 것이라고 한다. 이때 기본권의 대사인적 효력 문제는 헌법 해석 차원이 아닌 법률 해석(그것도 사법의 일반조항 해석) 차원에서 다루는 결과가 된다고 한다. 그리고 그 결과는 효력부정설과 다르지 않다고 한다. 그런데 이때도 사법의 일반조항에 대한 합헌성 심사 기준으로든 해석 지침으로든 사인 서로 간의 관계를 규율할 수 있는 최소한의 규범 내용을 헌법의 기본권 규정에서 인식할 수 있다면, 왜 그것이 사법의 일반조항을 통해서만 적용하여야 하는지도 의문이라고 한다.[358] 그러나 이러한 비판은 합헌적 해석과 기본권의 대사인적 효력 문제를 혼동한 비판으로 보인다.

(vii) 사법의 일반조항에 내포한 강행법규에 어긋나지 않는 한 사인의 기본권 제약 행위의 법효과를 시인할 수밖에 없으므로 사인을 구속하는 기본권의 효력 범위(즉 사인의 침해에서 구제하는 기본권 범위)는 사적 자치를 제한하는 사법 일반조항의 효력 범위를 벗어날 수 없다고 한다. 그리하여 간접적 효력설이 헌법 해석 차원에서 기본권의 대사인적 효력 범위를 사법의 일반조항에서 인식한 규범 내용에 맞추어 해석하려 한다면 법률합치적 헌법해석이라는 오류를 범할 것이라고 한다. 반면에 간접적 효력설이 사법의 일반조항 수용 한계를 무시한 채 기본권의 대사인적 효력 내용을 관철하려 한다면, 그것은 합헌적 법률 해석의 원칙을 비롯한 합리적인 법해석 방법을 벗어날 것이라고 한다. 그렇게 되지 않으려면 간접적 효력설은 사법 일반조항의 해석 과정에서 합헌성의 심사 기준으로 그리고 해석 지침으로 헌법의 기본권 규범을 충분히 고려하여야 한다는 것에 지나지 않

357) 이상 한병호(주 95), 959쪽.
358) 이상 한병호(주 95), 959쪽.

는다고 한다.[359] 그러나 이러한 비판은 일반조항에 확정된 개념적 한계가 있다는 전제에서 비롯한 것인데 과연 일반조항에 확정된 개념적 한계가 있는지 의문이고, 만약 그러한 한계가 있더라도 기본권 실현을 위해서 규정한 일반조항이 헌법의 최고가치인 기본권적 가치를 수용할 수 없는 때가 있을 수 있는지 의문이다. 만약 이러한 때가 있다면 오히려 일반조항의 규정 취지에 어긋날 것이다.

(viii) 사인 서로 간의 관계를 규율할 기본권의 규범 내용을 헌법 해석을 통하여 인식하려면, 대국가적 관계와 달리 사인 서로 간의 관계에서 (현실적으로 평등하거나 불평등한) 두 기본권 주체가 대립하고 그 서로 간에는 이익 충돌(진정한 기본권 충돌이거나 부진정한 기본권 충돌) 양상이 나타나며 아울러 기본권 주체의 기본권(사적 자치)과 공익의 긴장관계도 있다는 점을 고려하여야 한다고 한다. 따라서 기본권의 제3자적 직접효력을 인정하더라도 헌법에서 직접 인식할 수 있는, 대사인적 관계에서 도출되는 기본권의 규범 내용은 합리적 헌법 해석 방법을 따른다면 절대 대국가적 관계에서 나타나는 기본권의 규범 내용과 같을 수 없다고 한다. 그리하여 기본권의 대사인적 효력 문제에서 기본권 규범을 사적 자치의 원칙과 잘 어울리게 하는 조화로운 헌법 해석을 거쳐서 인식한다면, 그러한 기본권의 규범 내용에 대해서 제3자적 직접효력을 인정할 때 사적 자치의 원칙을 파괴하리라는 것은 단순한 기우에 지나지 않을 것이라고 한다. 물론 그러한 헌법 해석을 실천하는 과정이 현실적으로 어렵고 그리하여 개별적으로는 불합리한 헌법 해석 결과를 초래할 위험성을 전적으로 배제할 수 없다고 한다. 그러나 그것이 이러한 헌법 해석을 불가능하다고 보거나 포기하여야 할 이유는 되지 못한다고 한다.[360] 하지만 이러한 견해는 사적 자치의 의미를 잘못 파악한 것으로 보인다. 사적 자치는 기본권적으로 보장되고, 기본권의 직접 적용은 이러한 사적 자치 제한을 뜻한다. 기본권을 사법 관계에 제한 없이 적용하면 예를 들어 평등권 때문에 계약 상대방과 내용을 자유롭게 정하지 못하게 되면 사적 자치를 심하게 제한하는 결과가 발생한다. 그리고 만약 사적 자치를 예외적으로 제한하는 기준으로만 기본권이 효력을 미친다면 직접적 효력설의 인정 실익이 무엇인지 의심스럽다.

(ix) 기본권이 사적 자치의 원칙과 조화를 이루어야 하는 점을 고려하여야

359) 이상 한병호(주 95), 959~960쪽.
360) 이상 한병호(주 95), 965~966쪽.

할 때는 기본권 주체와 사인 서로 간의 계약에 따른 기본권 제약뿐이라고 한다. 계약과 같이 쌍방 합의가 기본권을 제약하는 때가 아니라 기본권 주체 동의 없이 다른 사람의 일방적 의사가 기본권 제약을 초래할 때도 있다고 한다. 사회현실에서 이루어지는 기본권 침해는 이때가 더 통상적인 때에 속할 것이고, 이때 기본권을 제약하고자 하는 사인(기본권 주체가 아닌 상대방)은 사적 자치의 원칙을 이유로 내세울 수 없고, 단지 독자적인 법적 권원이 있음을 내세울 수 있을 뿐이라고 한다.[361] 그러나 이 견해는 사적 자치의 원칙이 권리 행사의 자유를 내용으로 한다는 점을 간과한 것으로 보인다. 즉 자신의 권리를 자유롭게 행사할 수 있는 것도 사적 자치의 내용이어서 상대방은 자신의 기본권을 자유롭게 행사할 수 없다는 것을 이유로 자신의 사적 자치가 침해되었음을 주장할 수 있다.

(x) 기본권에서 객관적 법규범의 성격만을 강조함으로써 기본권을 사법의 해석 지침으로만 파악하고 주관적 권리의 성격을 간과한다는 비판이 있다.[362] 하지만 기본권의 주관적 권리로 인정하는 내용도 객관적 법규범으로 작용할 수 있어서 이러한 비판은 적절하지 않다. 즉 객관적 법규범의 성격과 주관적 권리의 성격은 서로 대립적인 것이 아니고 서로 관련을 맺는다는 점에서 한쪽의 강조가 다른 쪽의 간과를 뜻하지 않는다.

(xi) 사법의 일반조항 내용이 기본권적 가치로 채워진다는 논증은 공서양속과 신의성실 등의 독자성과 특수성을 오인한 것이고, 신의성실·공서양속 등의 백지규범을 기본권과 결부하여 이들 개념이 사생활 영역에서 수행하는 독자적인 생활규율적 기능마저도 위태롭게 한다고 한다.[363] 그러나 기본권의 대사인적 효력이 문제 되는 때는 사법 규정이 없거나 적절한 해결책을 제시하지 못하는 때에 한한다. 따라서 이러한 비판은 기우에 지나지 않는다.

② 간접적 효력설의 타당 근거

기본권은 헌법 규범으로 공동체 생활에서 존중하여야 할 최상위의 법규범이다. 따라서 모든 생활 영역에서 기본권을 준수하여야 하고, 이러한 영역에는 국가적 생활 영역은 물론 개인의 사회적 생활 영역도 포함된다. 만약 기본권을 개

361) 이상 한병호(주 95), 962~963쪽.

362) Claus-Wilhehlm Canaris, Grundrechte und Privatrecht, AcP 1984, S. 224 f.

363) Walter Leisner (Anm. 134), S. 365 ff.

인과 국가의 관계에만 적용한다면, 그래서 사인과 사인의 관계에서는 우월한 지위에 있는 사적 주체가 일방적으로 기본권을 무시하는 내용의 법관계를 형성하고 그 관철을 국가가 보장한다면, 기본권의 실효성뿐 아니라 그것의 존립 근거 자체를 의심받을 수 있다. 따라서 기본권은 사법 질서를 포함한 모든 인간의 생활 영역에서 관철되어야 한다.

반면에 공법과 사법을 구별하는 실익을 인정한다면, 공법과 구별되는 사법의 고유한 기능과 독자적 가치를 전적으로 무시할 수는 없다. 물론 인간의 존엄이 국가 자체의 존립 근거와 국가 질서가 지향하는 이념인 점에서 공법과 사법은 모두 궁극적으로 인간의 존엄에 봉사한다는 점에는 구별이 있을 수 없다. 그러나 공법 관계는 국가 공권력을 일방 당사자로 한다는 점에서 처음부터 강행법규가 그 활동의 가능한 범위를 제약하지 않을 수 없다. 그에 반해서 사법 관계는 기본권 주체인 사인 서로 간의 관계로 쌍방 모두 기본권 주체로서 서로 간의 의사합치로 법관계를 형성할 수 있는 사적 자치가 보장되고, 국가는 그들의 의사가 불분명하여 해석에 다툼이 있을 때 해석 기준을 제시하거나 합의한 내용을 준수하지 않을 때 그 관철을 보장하는 것에 그쳐야 한다. 법관계를 형성하는 개인의 자유는 사법 관계에서 매우 중요한 가치이다. 헌법도 제10조 제1문 후단의 행복추구권이 사적 자치를 헌법적 가치인 기본권으로 보장한다.[364] 구체적으로 재산관계는 헌법 제23조에서, 가족 관계는 헌법 제36조 제1항에서 각각 보장한다. 이처럼 헌법 스스로 사법 영역에서 이루어지는 사적 자치를 기본권적으로 보장하는 한, 기본권 규정이 사법 관계에 무한정으로 직접 관여할 수는 없다.

따라서 기본권 보호의 실효성에 대한 요청과 사법의 독자성 및 고유한 가치를 보전하라는 요청 사이의 조화를 찾아야 한다. 결론적으로 사인 서로 간의 사법 관계에는 먼저 사법 규정을 적용한다는 원칙을 고수하면서, 사법의 매개수단을 통해서 기본권이 사법 관계에 영향을 미친다고 보는 간접적 효력설을 채택할 수밖에 없다. 그리고 간접적 효력설은 기본권이 일반조항을 매개로 사법 관계에 효력을 미친다고 봄으로써 일반조항의 보충성을 근거로 사법 규정을 먼저 사법 관계에 적용하고, 그것이 흠결되거나 적절한 해결을 할 수 없어야 비로소 기본권을 사법 관계에 적용하여야 한다는 것을 설명할 수 있다. 또한, 간접적 효력설은

364) 헌재 1998. 8. 27. 96헌가22, 판례집 10-2, 339, 355; 헌재 2001. 5. 31. 99헌가18등, 판례집 13-1, 1017, 1084.

일반규정 내용을 확정하는 과정에서 기본권 내용을 사법 관계에 맞게 수정할 가능성을 열어준다.[365] 게다가 기본권이 사법의 일반규정을 통해서 사법 내용이 되므로 기본권 실현에 사법적 구제수단을 이용할 근거를 제공한다. 따라서 사법 관계에서 기본권과 충돌하는 부분이 있을 때, 사법 안에 있는 매개수단, 즉 일반조항이나 불확정 개념을 통해서 기본권의 효력을 미치게 하는 간접적 효력설을 채택하여야 한다.[366]

(4) 기본권의 사법 관계 적용을 매개하는 규정

① 모든 사법 규정을 매개로 한 기본권의 대사인적 효력 인정?

모든 사법 규정 내용이 기본권의 가치 체계나 객관적 법규범으로 작용하는 기본권 규범에 근거하여야 하는 한, 기본권 규범의 의미 내용이 사법의 일반조항이나 불확정 개념을 통해서만 사인 사이의 관계에 효력을 미치는 것은 아니라는 견해가 있다.[367] 오히려 모든 사법 규정을 매개로 하여 효력을 미친다고 한다. 따라서 기본권의 가치 체계나 객관적 법규범에서 나오는 헌법적 차원의 규범 내용이 사법에 스며들면, 사법 해석은 계속해서 이 기본권 규범이 결정한다고 한다.

그리고 간접적 효력설이 일반조항과 불확정 개념만을 매개로 기본권을 적용한다고 주장하는 것은 확정된 구성요건이 있는 사법 규정 해석에도 기본권의 효력을 적용하여야 한다는 점에서 타당하지 않다는 견해도 있다.[368]

기본권 제한에 관한 헌법 제37조 제2항은 국가, 특히 법률을 만드는 입법자에 지향한다. 국가는 1차적으로 법률을 통해서 사법 질서를 형성할 수밖에 없으므로 헌법 제37조 제2항은 사법 관계에 영향을 미칠 수밖에 없다. 즉 사법을 제정하면서 사인 서로 간의 관계를 규정할 수밖에 없고, 이것을 규정하면서 어느 한쪽이나 양쪽의 사적 권리를 제한하는 법률을 제정할 수 있다. 사인은 이러한

---

365) 법적용자가 개인과 제도적 힘의 대결이 배후에 있는 민사사건을 판단할 때 대사인적 효력이라는 관점에서 제기되는 보호 과제를 형량요소로서 적극적으로 고려할 요청을 받는다는 뜻에서만 간접적 효력설을 말할 수 있다는 주장(김형석, 「사적 자치와 기본권의 효력」, 윤진수/권영준/김형석/이동진, 『헌법과 사법』, 박영사, 2018, 208쪽)은 일반조항을 통한 기본권의 사법적 변형을 강조한 것으로 보인다.

366) 같은 견해: 김선택(주 1), 169~170쪽.

367) Klaus Stern (Anm. 132), S. 1556 ff.; 김주환(주 18), 20~21쪽.

368) 장영철(주 8), 160쪽.

법률이 자신의 사적 권리를 제한하는 것은 헌법 제37조 제2항에 합치하지 않는다고 주장하여 다툴 수 있다. 그리고 입법자가 공법 규정을 통해서든 사법 규정을 통해서든 (특정한 행위를 사인에게 명령하거나 금지함으로써) 사인(국민)에게 특정한 행위의무를 지운다면 이러한 규정은 헌법 제10조에 따라서 기본권에 구속된다. 그러므로 국가가 사법을 제정하여 사법 관계에 관여하면 이것은 주관적 권리로 나타나는 기본권의 기능을 침해할 수 있다.[369] 이때는 본질적으로 국가에 대한 개인의 관계 문제로 기본권의 대국가적 효력이 문제 된다.[370] 국가의 입법권이 자신의 (사적) 권리를 침해하였다고 주장하여 자신의 권리를 보호하는 방어권 문제이다.

물론 그 배후에는 사인과 사인 서로 간의 관계에서 이익 형량을 제대로 하지 못하였다는 사인의 사인에 대한 관계가 있다. 하지만 이것은 국가가 개인의 권리를 제한한 것이 정당한 것인지를 판단하는 비례성을 심사하는 단계에서 고려할 수 있는 부차적인 문제에 불과하다. 즉 구체적 법률[371]을 제정하여 사법 질서를 규율할 때 먼저 기본권의 대국가적 효력이 문제 되고, 기본권의 대사인적 효력은 비례성 심사에서 간접적으로 고려된다.

따라서 기본권의 대사인적 효력이 문제 되는 때는 사안에 관한 구체적 사법 규정이 없거나 적절한 해결책을 제시하지 못하는 때이다. 즉 구체적인 사법 규정이 있으면 사법의 일반적인 해석과 적용을 통해서 해결되므로 기본권의 대사인적 효력은 문제 되지 않는다.

헌법재판소도 "양심표명의 강제이고 인격권의 제한임에 틀림없는 사죄광고제도가 명예훼손을 당한 피해자의 명예회복 즉 그 인격권보호와의 상관관계에서 헌법 제37조 제2항의 규정에 의하여 정당화될 수 있는 제한이라고 할 것인가를 …… 살핀다."[372]라고 하여 같은 견해로 보인다.

따라서 간접적 효력설은 사인 서로 간의 사법 관계에는 먼저 구체적인 사법

---

369) Heinz-Gerd Suelmann, Die Horizontalwirkung des Art. 3 Ⅱ GG, Baden-Baden 1994, S. 97.

370) 같은 견해: 김일환, 「우리나라 헌법상 "기본권의 대사인적 효력"논의의 비판적 고찰」, 『헌법학연구』 제6집 제2호, 한국헌법학회, 2000, 80쪽; Klaus Stern (Anm. 132), S. 1563. 그 밖에 헌재 1997. 7. 16. 95헌가6등, 판례집 9-2, 1, 16-18. 참조. 다만, 이때 사법에 적용하는 기본권 효력은 공법보다 완화한다. 같은 견해: 김문현, 「기본권의 대국가적 효력」, 『고시계』 제36권 제7호(통권 413호), 국가고시학회, 1991. 7., 66쪽.

371) 법률이 위임한다면 명령, 조례 등도 가능하다.

372) 헌재 1991. 4. 1. 89헌마160, 판례집 3, 149, 155.

규정을 적용하여야 하고, 헌법의 기본권 규정은 구체적인 사법 규정이 사법 관계에서 기본권 보호를 충분히 할 수 없을 때 사법의 일반조항을 통해서 간접적으로 적용할 수밖에 없다고 한다. 그러면 이러한 매개기능을 맡을 수 있는 사법의 일반조항에는 무엇이 있는지 문제 된다. 이때 일반조항이란 규범 맥락과 맺는 관계에서 일반적이고/이거나 불확정적인 개념을 포함하거나, 일반적인 구성요건이 있거나 추상적인 법조문으로 이해할 수 있다.[373] 일반조항 대부분은 특정 개념으로 유형화할 수 없는 법적 사태를 포괄하기 위해서 사용되므로, 일반조항이라고 부르는 개념은 추상적이고 모호할 뿐 아니라 가치 충전이 필요하다.[374] 따라서 일반조항의 구체적 내용은 개개의 경우에 집행 작용이나 사법 작용을 통해서 실현된다. 이를 통해서 일반조항은 사회 생활 필요와 사상 변천에 언제나 일치할 수 있으므로, 시대의 정의관과 관련하여 탄력성과 영속성이 있는 부단한 진화 속에서 '살아 있는 법'을 찾아낼 수 있다.

다음에서는 사법의 일반조항에서도 보편적으로 적용하는 민법 제2조, 제103조, 제104조, 제750조, 제751조만을 살펴본다.[375] 그 밖에도 예를 들어 민법 764조를 비롯한 기본권을 매개할 수 있는 일반조항이 사법(私法) 곳곳에 있다. 그러나 이것들은 그 수가 너무 많고 특정한 사안에 대해서만 적용할 수 있으므로 여기서는 논외로 한다.

② 민법 제2조(신의칙)

민법 제2조 제1항은 "권리의 행사와 의무의 이행은 신의를 좇아 성실히 하여야 한다."라고, 동조 제2항은 "권리는 남용하지 못한다."라고 규정한다. 이 조항은 '신의·성실', '권리 남용'이라는 가치 충전이 가능하고 필요한 불확정 개념을

373) 강희원, 「이른바 "일반조항"에 관한 기초법학적 이해」, 『고황법학』 창간호, 고황법학교수회, 1994, 245쪽; 심헌섭, 「일반조항 소고」, 『분석과 비판의 법철학』, 법문사, 2001, 236쪽.

374) 김영환, 「개념법학적 사유형태와 일반조항에로의 도피」, 『응용법철학』, 아카넷, 2002, 37쪽.

375) 대법원 2010. 4. 22. 선고 2008다38288 전원합의체 판결(공2010상, 897); 대법원 2011. 1. 27. 선고 2009다19864 판결(공2011상, 396): "헌법상의 기본권은 제1차적으로 개인의 자유로운 영역을 공권력의 침해로부터 보호하기 위한 방어적 권리이지만 다른 한편으로 헌법의 기본적인 결단인 객관적인 가치질서를 구체화한 것으로서, 사법(사법)을 포함한 모든 법영역에 그 영향을 미치는 것이므로 사인간의 사적인 법률관계도 헌법상의 기본권 규정에 적합하게 규율되어야 한다. 다만 기본권규정은 그 성질상 사법관계에 직접 적용될 수 있는 예외적인 것을 제외하고는 사법상의 일반원칙을 규정한 민법 제2조, 제103조, 제750조, 제751조 등의 내용을 형성하고 그 해석기준이 되어 간접적으로 사법관계에 효력을 미치게 된다."

내포하므로 일반조항에 속한다.

민법 제2조 제1항의 '신의를 좇아 성실하게'나 동조 제2항의 '권리 남용'이 무엇을 지시하는지 명확하지 않다. 그러므로 어떠한 특정한 행태가 신의성실원칙에 적합한 것인지를 판단하려면 먼저 그 판단 기준을 해당 사안 판단에 필요한 만큼 보충하지 않으면 안 된다. 신의성실원칙을 적용할 때 요구하는 가치 충전이나 보충은 법질서 전체가 이미 받아들이는 가치 기준과 충돌하여서는 아니 될 뿐 아니라, 그것을 구체적인 경우에 더욱 발전시켜 발현하는 것이어야 한다. 이때 법질서가 이미 받아들이는 가치 기준은 헌법에 기초를 두는 가치여야 하므로 헌법 일부인 기본권이 이러한 가치 기준으로 작용한다.[376] 민법 제2조 제1항은 특히 계약 내용을 기본권에 합치하게 수정하거나 채무자의 채무 내용을 판단하는 것 등 계약을 해석할 때 계약의 자유와 관련하여 중요한 기준으로 작용한다. 그리고 민법 제2조 제2항은 특히 권리 행사의 자유와 관련하여 중요한 기준으로 기능한다.

③ 민법 제103조(공서양속)

민법 제103조는 "선량한 풍속 기타 사회질서에 위반한 사항을 내용으로 하는 법률행위는 무효로 한다."라고 규정한다. 이 조항은 '선량한 풍속 기타 사회질서'라는 가치 충전이 가능하고 필요한 불확정 개념을 내포하여 일반조항에 속한다. 민법 제103조를 일반조항으로 규정한 것은 일반 사회 관념이나 사회 통념에 따라 탄력적으로 선량한 풍속과 그 밖의 사회질서를 이해하여 적절한 내용을 구체적으로 형성할 것을 기대하기 때문이다.[377]

아무런 합리적 이유 없이 국민의 기본권을 침해하는 일이 생기면 그것은 사회 정의에 어긋난다. 그렇다면 민법의 사회 정의 구현 조항인 민법 제103조를 적용할 때 헌법의 기본권 규정을 고려하여 그 정신을 반영함으로써 국민의 기본권을 부당하게 침해하는 일을 막아야 한다. 그리고 그 결과 헌법의 기본권 규정은 민법 제103조를 통하여 사법 관계에서도 간접적으로 그 효력을 발휘할 수 있다.[378] 이때 기본권은 '선량한 풍속 기타 사회질서'가 무엇인지를 확정할 때 그 기준으로 작용한다. 민법 제103조 위반은 법률행위를 무효로 만드므로 이 조항

376) 같은 견해: 양창수, 곽윤직 편집대표, 『민법주해[Ⅰ] - 총칙(1)』, 박영사, 1992, 93~95쪽.
377) 이재화, 주재황/김증한 편집대표, 『주석 민법총칙(하)』, 한국사법행정학회, 1994, 105쪽.
378) 민일영, 곽윤직 편집대표, 『민법주해[Ⅱ] - 총칙(2)』, 박영사, 1992, 215~216쪽.

은 제한적으로 적용하여야 한다. 따라서 먼저 민법 제2조에 따라 법률행위의 효력을 유지할 수 있으면,[379] 민법 제103조는 적용되지 않고 효력 유지가 불가능한 중대한 때만 민법 제103조를 적용하여야 한다. 민법 제103조를 적용할 때도 일부무효로 충분한 때인지를 고려하여야 한다.

④ 민법 제104조(불공정한 법률행위)

민법 제104조는 "당사자의 궁박, 경솔 또는 무경험으로 인하여 현저하게 공정을 잃은 법률행위는 무효로 한다."라고 규정한다. 이 조항은 '공정'이라는 가치충전이 가능하고 필요한 불확정개념을 내포하여 일반조항에 해당한다.

민법 제104조의 불공정한 법률행위는 민법 제103조의 공서양속에 어긋나는 행위의 한 예이다. 즉 민법 제104조는 민법 제103조가 무효로 하는 법률행위 중 일부를 골라 특히 무효로 하는데 지나지 않는다.[380] 따라서 민법 제103조와 같은 이유로 해당 법률행위가 '공정'한 것인지를 판단할 때 헌법이 보장한 기본권(적 가치)을 원용할 수 있다.

⑤ 민법 제750조와 제751조 제1항(불법행위)

민법 제750조는 "고의 또는 과실로 인한 위법행위로 타인에게 손해를 가한 자는 그 손해를 배상할 책임이 있다."라고 규정한다. 이 조항은 불법행위책임을 규정하면서 구체적인 경우를 나누어 규정하지 않고 불법행위를 일반적·추상적으로 규정한다. 이 조항은 아무도 다른 사람을 가해할 수 없다는 절대적 가해금지원칙을 포괄적인 요건으로 구성한다.[381] 이러한 점에서 이 조항은 불법행위에 관한 일반조항이다. 불법행위에서는 가해자와 피해자 사이의 손해전보를 둘러싼 이해 조절이 문제일 뿐 아니라 당사자 사이에서 자치적으로 해결하지 못할 때 재판 기준을 정하는 것에 그쳐서 각종 유형을 구체적으로 드는 것은 오히려 복잡한 현실 요구에 대응할 수 없어서 불법행위를 일반조항으로 규율한다.

위법행위에서 위법성이라는 것은 행위가 법질서에 어긋나는 성질, 즉 규범과 행위의 충돌을 뜻한다. 위법성은 어떠한 행위에 정당성을 인정할 수 없다는 부정

379) 예를 들어 계약 내용 수정, 법률행위 전환 등이 있다.

380) 민일영(주 378), 243쪽.

381) 이종복, 「일반조항 불법행위법에 의한 손해배상책임의 제한」, 『사법행정』 제29집 제10호(통권 제334호), 한국사법행정학회, 1988. 10., 20쪽.

적 가치 판단으로 위법성 유무 판단은 사실 인정 문제가 아니라 가치 판단 문제이다. 이때 위법은 실질적 위법을 말하는 것으로 실정법 위반은 말할 것도 없고, 구체적인 실정법에 어긋나지 않더라도 선량한 풍속, 그 밖의 사회질서 위반도 위법하다고 하여야 한다.[382] 따라서 위법성 판단 기준은 실정법 질서와 사회 질서를 포함한다.[383] 이러한 실정법 질서와 사회 질서는 결국 헌법이 형성한 법질서를 가리킨다. 따라서 헌법 일부인 기본권을 실정법으로 구체화할 때는 물론이고 실정법으로 구체화하지 않은 때도 기본권은 위법성 판단 기준이다.

그리고 '손해' 여부를 판단할 때도 헌법이 보장한 기본권을 원용할 수 있다. 여기서 손해는 가해행위가 피해자에게 발생시키는 법익에 대한 불이익을 말한다. 이때 피해자의 법익이 무엇인지를 판단하는 것과 관련하여 기본권(적 법익)을 고려할 수 있다. 피해자의 법익은 현행 법질서가 보호하는 법익을 말하는바, 이것은 결국 헌법이 보호하는 법익이므로 헌법 일부인 기본권이 보호하는 법익도 이러한 피해자의 법익에 포함된다.

민법 제751조 제1항은 "타인의 신체, 자유 또는 명예를 해하거나 기타 정신상 고통을 가한 자는 재산 이외의 손해에 대하여도 배상할 책임이 있다."라고 규정한다. 이것은 정신적 손해에 대한 손해배상책임을 규정한 조항인데, 민법 제750조의 손해에는 재산적 손해는 물론 정신적 손해도 포함하므로 이 조항은 주의적이거나 예시적 규정에 불과하다.[384] 하지만 이 조항은 정신적 손해를 판단할 때 일정한 기준을 제시하여 제750조를 구체화하는 면을 부정할 수 없으므로 이 조항을 해석하는 것은 의미 있는 일이다. 이 조항에서 '신체', '자유', '명예', '기타 정신상 고통', '재산 이외의 손해'가 무엇인지 명확하지 않다. 따라서 이것들의 해석에 가치 충전을 통한 내용 확정을 요구하므로 이 조항도 일반조항에 해당한다.

헌법의 기본권은 다양한 법익을 보호한다. 이것에는 재산적 법익도 있지만,

---

382) 침해 행위 유형의 하나로 사회 질서 위반을 든다(권용우, 『불법행위론』, 신양사, 1998, 79쪽; 박영식, 박준서 편집대표, 『주석 민법[채권각칙(6)](제3판)』, 한국사법행정학회, 2000, 122쪽).

383) 김상용, 『불법행위법』, 법문사, 1997, 79쪽.

384) 곽윤직(주 179), 408쪽; 김상용(주 383), 138~139쪽. 판례도 같은 견해이다[대법원 1967. 6. 27. 선고 66다1592 판결(집15-2, 민108); 대법원 1972. 9. 25. 선고 73다1100 판결; 대법원 1967. 8. 29. 선고 67다1414 판결]. 이와 달리 제751조를 제750조를 보충하는 규정으로 보는 견해도 있다(서광민, 박준서 편집대표, 『주석 민법[채권각칙(8)](제3판)』, 한국사법행정학회, 2000, 269~271쪽).

재산 이외의 법익도 포함한다. 민법은 기본적으로 재산법 질서를 형성하는 것으로 재산적 법익에 치중한다. 하지만 사법 관계에서 재산적 법익 이외의 법익도 보호하여야 하고, 이것을 확인하는 일반조항이 민법 제751조 제1항이다. 민법이 이러한 재산 이외의 법익을 판단할 수 있는 어떠한 기준도 제시하지 않으므로, 다른 구체적 법률에 따라서 기준을 도출할 수 없으면 헌법의 기본권이 보호하는 법익 내용을 살펴 재산 이외의 법익을 확정하여야 한다.[385] 즉 민법 제751조 제1항의 '신체', '자유', '명예', '기타 정신상 손해' 그리고 '재산 이외의 손해'에 관해서 민법이 무엇인지 밝혀주지 않으므로 헌법이 보호하는 기본권의 인정 취지, 보호법익 그리고 내용을 살펴서 확정하여야 한다. 예를 들어 '신체'는 헌법이 보호하는 신체의 자유와 신체를 훼손당하지 않을 권리의 내용을 살펴서 이들이 보호하는 법익을 침해하면 이것을 민법 제751조 제1항의 손해라고 보아야 한다.

(5) 구체적인 적용 모습

① 구체적 적용 모습 결정

간접적 효력설을 취하여 사법의 일반규정을 매개로 하여 기본권을 사법 관계에 적용한다고 할 때, 기본권을 사법 관계에 적용하는 모습은 사법의 일반규정이 사법 관계에서 작용하는 모습을 따를 수밖에 없다. 일반규정을 통해 매개하는 이상 형식적으로 적용하는 것은 일반규정이어서 일반규정이 작용하는 모습과 다르게 기본권이 사법 관계에 나타날 수는 없기 때문이다.

기본권을 매개하는 일반규정으로는 앞에서 본 것처럼 민법 제2조, 제103조, 제104조, 제750조, 제751조 제1항 등이 있다. 이 중 민법 제2조는 권리를 발생시키거나 변경시키거나 소멸시키는 것으로 사법 관계에 작용하고, 민법 제103조와 제104조는 법률행위를 무효로 만들며, 민법 제750조와 제751조 제1항은 불법행위를 성립시켜 손해배상청구권을 발생시킨다. 따라서 기본권은 사법 관계에서 기본적으로 법률행위 무효, 권리 발생·변경·소멸, 불법행위 성립에 따른 손해배상청구권 발생이라는 3가지 모습으로 나타난다.

385) 그 밖의 정신적인 손해 예로 정조 침해와 부부관계 침해, 사생활의 비밀을 부당하게 공개당한 때, 초상권을 침해당한 때, 성희롱으로 말미암아 정신적 손해를 입은 때, 부당 해고, 생활 침해 등을 거론하는데 이들 대부분 헌법의 기본권 침해에 해당한다. 서광민(주 384), 277~298쪽 참조.

즉 기본권이 사법 관계에서 침해될 때 먼저 기본권을 중대하게 침해하면 기본권은 민법 제103조와 제104조를 매개로 하여 그러한 법률행위를 무효로 만든다. 침해가 그러한 정도에 이르지 않으면 민법 제2조에 따라서 권리를 발생시키거나 변경시키거나 소멸시킨다. 마지막으로 기본권 침해로 발생한 손해는 민법 제750조와 제751조 제1항에 따라서 배상하게 한다. 이러한 과정에서 기본권을 지나치게 강조하는 것은 자칫 사법 질서의 독자성을 파괴할 수 있으므로 신중한 고려를 요구한다.

② 법률행위 무효

사법 관계에서 인정하는 사적 자치는 사인의 기본권 실현이다. 그러므로 사적 자치의 결과가 오히려 기본권을 침해하는 방향으로 이루어진다면 그러한 법률행위는 사적 자치의 본질에 어긋나므로 인정할 수 없다. 특히 사적 자치로 말미암아 발생한 결과가 기본권을 형해화하면 그러한 법률행위는 무효가 된다. 즉 이러한 법률행위는 민법 제103조의 선량한 풍속 그 밖의 사회 질서에 어긋나는 법률행위이거나 민법 제104조의 불공정한 행위가 된다.[386]

이러한 법률행위인지를 가리는 기준은 헌법 제37조 제2항의 '기본권의 본질적 내용'에 해당하는지가 된다.[387] 예를 들어 헌법 제36조 제1항의 일부일처제에 어긋나는 첩계약은 무효가 된다. 대법원도 "정처 있는 남자가 타의 부녀자와 정교를 맺고 이것을 유지한다는 계약 즉 소위 첩계약은 정처의 동의 유무를 불문하고 공서양속에 반하는 사항을 목적으로 하는 무효의 법률행위"[388]라고 하여 헌법 제36조 제1항을 언급하지 않으나 첩계약은 공서양속에 어긋나서 무효라고 한다. 그리고 대법원은 "청구인이 1968. 3. 26 어떠한 일이 있어도 피청구인과 이혼하지 아니하겠다는 취지의 각서를 피청구인에게 써 준 일이 있었다 하더라도 그와 같은 의사표시는 신분행위의 의사 결정을 구속하는 것으로서, 공서양속에 위배하여 무효"[389]라고 하여 역시 헌법 제36조 제1항을 언급하지는 않으나 혼인

386) 계약법 영역에서 기본권 충돌과 관련한 구체적 사례 검토는 임건면, 「민법의 해석과 적용에 있어서의 기본권의 영향」, 『성균관법학』 제25권 제2호, 성균관대학교 법학연구소, 2013, 14～19쪽.

387) 기본권의 본질적 내용이 사법 관계에서 한계설정적 기능을 한다는 견해는 이와 같은 견해로 보인다(김대환, 『기본권제한의 한계』, 법영사, 2001, 310～314쪽).

388) 대법원 1960. 9. 29. 선고 4293민상302 판결(집8, 민149); 대법원 1967. 10. 6. 선고 67다1134 판결(집15-3, 민195).

유지를 강제하는 것은 공서양속에 어긋나는 것으로 본다. 혼인의 성립과 유지는 당사자의 자유로운 의사를 전제로 한다는 점에서 이것에 관한 자유로운 결정은 혼인의 자유의 본질적 내용에 해당하므로 이러한 대법원 판결은 타당하다.

하지만 자신의 기본권을 자기 스스로 처분한다는 점에서 국가의 기본권 침해와 달리 사법 관계에서 이루어지는 기본권 침해를 판단할 때는 완화한 기준을 적용한다. 즉 명예권이나 재산권처럼 전적으로 기본권 주체에게 처분할 수 있는 권리를 부여할 때는 국가가 기본권을 제한할 때 제한할 수 없는 기본권의 본질적 내용으로 보는 것을 제한하여도 그러한 법률행위가 무효가 되지 않을 수 있다. 이러한 때는 기본권 주체에게 그러한 처분권이 있는 것 자체가 기본권의 본질적 내용이다.

그리고 인간의 존엄과 근로3권처럼 사법 관계에 직접 적용하는 기본권은 이러한 영역에서는 사적 자치가 배제되어서 이러한 기본권 내용을 제한하는 법률행위는 무효가 된다. 예를 들어 인신매매계약, 노예계약, 매춘계약, 장기매매계약, 상업목적으로 이루어진 아동입양계약, 키메라(chimera)나 하이브리드(hybrid)를 만드는 것에 필요한 정자나 난자의 제공계약 등은 인간의 존엄을 침해하는 것으로 무효가 되고, 노동조합을 설립하지 않겠다거나 쟁의행위를 하지 않겠다는 각서 등은 근로3권을 제한하는 것으로 무효가 된다. 다만, 당사자가 근로3권을 자의로 제한하는 계약을 체결할 때 그것을 자유로운 의사결정에 따라 결정하면 유효로 볼 수도 있다. 하지만 그에 관한 판단은 엄격하게 하여야 한다. 대법원도 "사용자가 그 경영의 사업체를 폐업하고 이에 따라 소속 근로자를 해고하는 것은 그것이 노동조합의 단결권 등을 방해하기 위한 위장폐업이 아닌 한 원칙적으로 기업경영의 자유에 속하는 것으로서 유효"[390]라고 하여 노동조합의 단결권을 침해하는 사업체 폐업과 소속 근로자 해고를 무효로 할 가능성을 인정한다.

법률행위에 따른 기본권 침해는 법률행위 당사자의 기본권 침해뿐 아니라 그러한 법률행위로 말미암은 제3자의 기본권 침해도 포함한다. 따라서 어떠한 법률행위가 당사자의 기본권을 침해하지 않더라도 그로 말미암아 제3자의 기본권을 침해하면 민법 제103조에 따라서 무효가 될 수 있다. 서울지방법원도 한국

389) 대법원 1969. 8. 19. 선고 69므18 판결(집17-3, 민28).

390) 대법원 1992. 5. 12. 선고 90누9421 판결(공1992, 1877); 대법원 1992. 10. 12. 선고 94다52768 판결(공1995하, 3728); 대법원 1993. 6. 11. 선고 93다7457 판결(공1993하, 2016).

야구위원회규약의 지명권제도가 야구선수의 직업선택의 자유를 제한한 사안에서 "헌법이 보장하는 직업선택의 자유에는 직업을 결정할 자유뿐만 아니라 직업수행의 자유도 포함되며, 그 직업수행의 자유에는 개인의 직업적 활동을 하는 장소 즉, 직장을 선택할 자유도 포함되는 것인바, 신청인은 피신청인의 이 사건 1차 지명권 행사에 의하여 직접 그 지명구단인 피신청인과 선수계약을 체결할 의무는 없다 하더라도, 피신청인과의 선수계약체결을 거부할 경우 영구히 국내는 물론 일본에서조차도 피신청인 이외의 다른 구단에서는 신청인과 선수계약체결을 위한 교섭에 응해주지 않게 됨으로써 사실상 신청인은 자기의 의사에 반하여 영구히 프로야구선수로서 활동하지 못하게 되는바, 아무리 위 지명권제도가 신인선수를 발굴할 수 있는 시장이 빈약한 우리 야구계의 현실 여건하에서 구단 상호간의 과격한 신인선수 쟁탈전을 방지하고, 무분별한 국제 스카우트전에서 국내 선수시장을 확보하며, 우수한 신인선수를 골고루 선발 보유할 수 있게 함으로써 각 구단의 전력을 평준화하여 프로야구의 균형 있는 발전에 기여하는 장점이 있고, 또 각 구단들도 자율에 의하여 어느 특정선수와 선수계약체결을 교섭하지 아니하거나 이에 응하지 아니할 계약거절의 자유권이 있다 할지라도, 국내에서 독점적으로 프로야구단 흥행사업을 영위하는 지위에 있는 구단들이 공동으로 그들의 일방적 의사만에 의하여 이와 같은 지명권제도를 합의한 야구규약은 신청인의 헌법상 보장된 직업선택의 자유를 지나치게 제한하는 것으로서 이는 선량한 풍속 기타 사회질서에 위반한 사항을 내용으로 하는 법률행위가 되어 무효라 할 것이다."[391]라고 하여 8개 프로야구단 사이의 조합적 집합계약인 한국야구위원회규약이 제3자인 야구선수의 직업선택의 자유를 침해하면 민법 제103조를 위반하여 무효라고 하였다.

③ 권리 창설·변경·소멸

(ⅰ) 권리 창설

민법 제2조의 신의성실원칙은 급부의무나 명시적으로 규정한 종된 의무에 작용하여 이것을 확장함으로써 부수의무를 성립시키고 이것에 상응하는 권리를 창설한다. 이때 신의성실원칙은 주요한 의무에 관한 규범을 직접적으로 보완하고 확장하거나 급부의무 이행을 간접적으로 준비하고 보장하며 지원한다.[392] 이

---

391) 서울지법 남부지원 1995. 12. 28.자 95카합4466 결정(하집1995-2, 4).

때 기본권은 부수의무가 발생하는 기준이므로 민법 제2조를 매개로 하여 권리를 창설한다.

사법이 기본권을 보장하려고 규정한 권리가 불충분하면 기본권은 민법 제2조를 매개로 하여 그 부족한 부분을 보충하여 새로운 권리를 창설할 수 있다. 이것은 사회 상황 변화나 새로운 문제 제기 등으로 입법자가 미리 대처하지 못한 때나 입법자가 어떠한 기본권 보장을 간과한 때에 발생한다. 하지만 이러한 때에 새로운 권리 보장은 원칙적으로 입법자가 하여야 하므로 기본권 보장에 필요한 최소한의 권리만 인정하여야 한다.

그리고 충분한 권리 보장을 위해서 기본권이 새로운 권리를 보충할 때도 사법이 인정하는 권리가 아닌 전혀 새로운 권리를 창설할 수 없다. 즉 기존에 인정하는 권리를 민법 제2조를 통해서 확장함으로써 권리를 창설할 수 있을 뿐이다. 예를 들어 민법 제23조의 재산권이 민법 제2조를 매개로 하여 민법 제217조에서 생활방해(Immission) 피해에 대한 보상청구권을 창출하거나,[393] 진료행위와 관련하여 헌법 제10조의 행복추구권에서 보장하는 환자 치료에 관한 자기결정권을 보장하려고 민법 제2조를 매개로 하여 의사에게 설명의무를 부과하여 환자에게 설명청구권을 부여한다.[394] 민법 제750조가 손해배상청구권을 일반적으로 인정하는 사법 체계에 비추어 이때 창설되는 권리는 사전적 구제수단이나 금전배상을 제외한 현재 침해를 제거하는 청구권이다.

대법원은 인격권 보장을 위해서 불법행위만을 인정하는 민법 태도와 관련하여 "인격권은 그 성질상 일단 침해된 후의 구제수단(금전배상이나 명예회복처분 등)만으로는 그 피해의 완전한 회복이 어렵고 손해전보의 실효성을 기대하기 어려우므로, 인격권 침해에 대하여는 사전(예방적)구제수단으로 침해행위 정지·방지 등의 금지청구권도 인정된다."[395]라고 하여 인격권의 특성에 비추어 불법행위에 따르는 손해배상청구권만으로 충분한 보장이 이루어지지 않는다면서 사전

392) 이영준, 주재황/김증한 편집대표, 『주석 민법총칙(상)』, 한국사법행정학회, 1994, 98쪽.

393) 이에 관해서 자세한 검토는 안법영, 『교통소음 Immission과 민사책임』, 법문사, 2001, 75~82쪽.

394) 같은 견해: 안법영, 「의료사고의 불법행위책임」, 『법학논집』 제33집, 고려대학교 법학연구소, 1997, 276~277, 327~330쪽.

395) 대법원 1996. 4. 12. 선고 93다40614 판결(공1996상, 1486); 대법원 1997. 10. 24. 선고 96다17851 판결(공1997하, 3574).

구제수단인 금지청구권을 인정한다. 이러한 금지청구권은 인격권이 민법 제2조를 통해서 상대방에게 법률행위를 할 때 인격권을 침해하지 않을 의무를 부과하고, 민법 제214조의 소유물방해제거청구권과 소유물방해예방청구권에 인격권이 민법 제2조를 통해서 작용함으로써 창설된다.

그리고 대법원은 "헌법상의 기본권으로서의 환경권에 관한 위 규정만으로서는 그 보호대상인 환경의 내용과 범위, 권리의 주체가 되는 권리자의 범위 등이 명확하지 못하여 이 규정이 개개의 국민에게 직접으로 구체적인 사법상의 권리를 부여한 것이라고 보기는 어렵고, 또 사법적 권리인 환경권을 인정하면 그 상대방의 활동의 자유와 권리를 불가피하게 제약할 수밖에 없는 것이므로, 사법상의 권리로서의 환경권이 인정되려면 그에 관한 명문의 법률규정이 있거나 관계 법령의 규정취지나 조리에 비추어 권리의 주체, 대상, 내용, 행사방법 등이 구체적으로 정립될 수 있어야 할 것이다."[396]라고 하여 헌법의 환경권 규정에서 직접 사법의 권리를 도출하는 것을 부정하고, "피신청인이 건축하는 이 사건 아파트가 24층까지 완공되는 경우 신청인 산하 부산대학교 구내의 그 판시 첨단과학관에서의 교육 및 연구활동에 커다란 지장이 초래되고, 위 첨단과학관 옥상에 설치된 자동기상관측장비 등의 본래의 기능 및 활용성이 극도로 저하되며, 위 부산대학교의 대학교로서의 경관, 조망이 훼손되고, 조용하고 쾌적한 교육환경이 저해되며, 소음의 증가 등으로 교육 및 연구활동이 방해받게 된다면, 위 부산대학교의 부지 및 건물을 교육 및 연구시설로서 활용하는 것을 방해받게 되는 그 소유자인 신청인으로서는 위와 같은 방해가 사회통념상 일반적으로 수인할 정도를 넘어선다고 인정되는 한 그것이 민법 제217조 제1항 소정의 매연, 열기체, 액체, 음향, 진동 기타 이에 유사한 것에 해당하는지 여부를 떠나 그 소유권에 기하여 그 방해의 제거나 예방을 청구할 수 있다."[397]라고 하여 소유권(민법 제214조)에서 방해배제청구권 근거를 찾는다.

이 판결에서 대법원은 환경권을 판단 기준으로 삼지 않으려는 의도를 명백히 드러낸다. 하지만 대법원은 사법의 권리로서 환경권이 인정되려면 '조리'[398]

---

396) 대법원 1995. 5. 23.자 선고 94마2218 결정(공1995하, 2236). 동지 판례: 대법원 1995. 9. 15. 선고 95다23378 판결(공1995하, 3399).

397) 대법원 1995. 9. 15. 선고 95다23378 판결(공1995하, 3399).

398) 조리는 본질적 법칙이나 사물의 도리이며, 사람의 이성으로 생각되는 규범으로서 일반 사회인이 보통 인정한다고 생각되는 객관적인 원리나 법칙인데, 사회통념·사회적 타당성·신

에 비추어 보아야 한다고 하는데, 헌법과 기본권은 법질서의 근본을 정한 법으로서 법의 일반원칙 혹은 원리인 조리를 이해하거나 파악하는 기초로 작용한다. 따라서 기본권은 조리의 인식과 관련하여 사법에 개입할 수 있다. 그리고 대법원은 "부산대학교의 대학교로서의 경관, 조망이 훼손되고, 조용하고 쾌적한 교육환경이 저해되며"라고 하여 환경권을 사실상 민법 제214조 해석 기준으로 삼는다. 그러므로 대법원은 환경권을 적극적으로 판단 기준으로 삼아서 환경권 내용을 면밀히 검토하였어야 한다. 그렇게 하였으면 훨씬 정밀한 판단을 할 수 있었을 것이다. 그러나 환경 침해는 계속된 침해라는 특질이 있고 환경 침해가 한 번 발생하면 원상회복이 매우 어려우므로 방해제거청구권이나 방해예방청구권을 인정하는 것이 매우 중요하므로[399] 방해배제청구권을 인정한 것은 타당하다.

(ii) 권리 변경

법률행위는 어떠한 상황을 전제로 성립하는 때가 잦은데, 이러한 상황이 처음부터 있지 아니하였거나 있었더라도 후에 그 상황이 변경되거나 소멸하면 그 상황 존재를 전제로 한 내용 그대로 법률행위의 효력을 관철하는 것은 부당한 결과를 발생시킨다. 이러한 부당한 결과를 방지하려고 민법 제2조는 채권자의 이익을 고려하여 채무자의 의무를 강화하고 채무자의 이익을 위해서 채무자의 의무를 제한하고 변경시킨다. 즉 신의성실원칙은 이러한 때에 계약 내용을 수정하거나 계약을 해제·해지할 수 있게 한다(사정변경원칙).[400] 이때 기본권은 이러한 상황 유무를 판단하고 변경 내용을 결정하는 기준으로 작용한다.

의성실·사회질서·형평·정의·이성·법의 체계적 조화, 법의 일반원칙 등의 이름으로 표현되기도 한다(곽윤직/김재형, 『민법총칙(제9판)』, 박영사, 2018, 28쪽). 그러나 이들 개념을 엄밀히 검토하면 나름의 의미가 있을 뿐 아니라 그 각각에 대해서도 상이한 이해가 가능하고, 특히 전자의 사물의 본성류와 후자의 정의류 사이에는 엄연한 차이가 있으므로 막연히 이들 추상개념을 나열하고 모두 하나로 묶는 것은 타당하지 않다(최병조, 곽윤직 편집대표, 『민법주해[Ⅰ] - 총칙(1)』, 박영사, 1992, 53~54쪽 참조). 따라서 현행법의 의미 맥락과 조리 개념의 역사적 맥락을 추적하여 문명국이 승인한 법의 일반원칙 혹은 원리로서 헌법 및 법률과 조화를 이루어야 하는 판단기준이라고 봄이 타당하다[최병조(앞의 책), 54쪽; 김형배(주 21), 60쪽]. 이때 법의 일반원칙으로 나타나는 조리는 민법 제1조 취지로 미루어 성문법과 관습법이 아닌 모든 법인식 자료라고 넓게 이해하여야 한다[최병조(앞의 책), 54~55쪽].

399) 전경운, 박준서 편집대표, 『주석 민법[채권각칙(8)](제3판)』, 한국사법행정학회, 2000, 44~45쪽.

400) 곽윤직/김재형(주 398), 79쪽; 이영준(주 392), 100쪽.

당사자가 스스로 법률행위를 통해서 자신의 기본권을 제한하는 때라도 당사자가 그 법률행위의 의미를 제대로 이해하지 못하였거나 알 수 없던 때이거나 그 밖의 사정 변화로 말미암아 법률행위 내용을 관철할 때 기본권 침해가 발생한다면 그러한 법률행위는 무효가 될 수 있다. 하지만 그러한 법률행위를 유지하여야 할 특별한 이유가 있거나 법률행위 수정을 통하여 본래 목적을 달성할 수 있다면 그것의 효력을 유지하는 것이 당사자의 이익에 합치한다. 따라서 이러한 때는 기본권이 민법 제2조를 통해서 법률행위를 수정한다.

대법원도 아파트의 전입주자가 체납한 관리비가 아파트 관리규약에 정함에 따라 그 특별승계인에게 승계하는지에 관한 판단에서 “이 사건 관리규약의 해석에 관하여 체납관리비를 승계되는 것으로 하지 않으면 이에 대한 처리가 불가능한 것이라고 할 수도 없을 뿐만 아니라 승계인으로 하여금 전 입주자의 관리비 체납사실을 미리 알 수 있도록 하는 아무런 제도적 장치도 없고 승계되는 체납관리비의 액수의 한도도 없는 상황에서, 승계인의 의사 여하 또는 그 선의, 악의를 불문하고 전 입주자의 체납관리비를 승계하도록 하여 승계인에게 불측의 재산상 손해를 입게 할 수 있는 이 사건 관리규약 제13조 제1항의 규정은, 관리비의 원활한 징수를 통한 공동주택의 효율적 관리 및 대다수 입주자들의 이익 보호라는 목적을 이루기 위한 수단으로서의 적정성을 갖추지 못하였을 뿐만 아니라 피해의 최소성원칙에도 어긋나 헌법상 기본권 제한의 한계로서의 비례의 원칙을 일탈하여 승계인의 재산권의 본질적 내용을 침해하는 것이다. 또한, 위 규약 제6조 및 제13조 제1항이 전 입주자의 사용·수익과 관련하여 발생한 체납관리비까지도 새로운 입주자의 의사에 반하여 입주자 전체의 집단 의사로 승계시킬 수 있다고 해석되는 것이라면, 이는 당사자의 승낙 없이 타인의 채무를 강제로 인수시키는 결과가 되는 반면, 일정 목적물의 점유 또는 소유에 의하여 공동체가 구성되고 특정 구성원이 그 소유 목적물의 사용·수익으로 인한 채무를 불이행함으로써 그 공동체 구성원 전체에게 귀속되어야 할 손해에 대하여 그 특정 구성원의 채무와 관계없이 단순히 그 목적물만을 취득한 자에게 그 특정 구성원의 채무를 부담시키는 것이 공공의 이익을 실현하는 것이라고 볼 수도 없으므로, 위 규정은 사적 자치의 원칙에 반하거나 사회적 타당성을 잃은 것이라 할 것이다. 결국, 위 관리규약은 헌법상 요구되는 비례의 원칙에 위반하여 승계인의 재산권을 과도하게 침해할 뿐만 아니라 사적 자치의 원칙에 반하거나 사회적 타당성을 잃은 것이기 때문에, 민법 제103조 소정의 선량한 풍속 기타 사회질서에 위반되어 그 효력이 없다"라고 하여 승계인의 재산권을 과도하게 침해하는 관리규약은 민법 제103조에 위반되어 효력이 없다고 하면서도 "(집합건물법 제18조는) 집합건물의 공용부분은 전체 공유자의 이익에 공여하는 것이어서 공동으로 유지·관리해야 하고 그에 대한 적정한 유지·관리를 도모하기 위하여는 소요되는 경비에 대한 공유자간의 채권은 이를 특히 보장할 필요가 있어 공유자의 특별승계인에게 그 승계의사의 유무에 관계없이 청구할 수 있도록 특별규정을 둔 것으로서, 이는 구분소유권을 타인에게 매각하는 등의 행위를 통해 공용부분에 대한 책임을 회피하는 것을 방지하면서도 다른 한편, 공용부분에 대한 비용과 관계없는 전 소유자의 전유부분에 대한 체납관리비에 대해서까지 이를 제3자에게 승계시키는 것은 특별승계인에게 지나친 손해를 입게 하는 것이 되므로 그 조화를 꾀하고, 집합건물의 특별승계가 이루어질 경우 체납관리비에 대한 공시제도가 마련되지 않아 특별승계인에게 발생할 수 있는 불이익도 고려하여 승계되는 채무의 범위를 공용부분 관리비에 한정하려는 규정으로 보아야 할 것이다. 그리고 비록 피고와 같은 관리단은 집합건물법 제18조가 규정한 공유자는 아니라고 할지라도, 원래 각 공유자는 민법의 공유관계 규정에 따라 공용부분을 관리하여야 하고 자기 지분을 넘는 비용을 지출한 공유자는 그렇지 아니한 다른 공유자에 대하여 이를 청구할 수 있는데 (민법 제266조 참조), 집합건물의 구분소유자의 단체인 피고와 같은 관리단 등이 행사하는 공용부분에 대한 관리비 징수권은 위와 같은 각 공유자의 청구권에 기초하여 부여된 것이라고 할 것이므로, 피고는 집합건물법 제18조 소정의 채권을 행사할 수 있는 공유자에 준한 지위를 가진다고 보아도 무방할 것이다. 또, 목적의 정당성과 필요성에 비추어 공용부분 관리비에 대하여 특별승계인에게 법률로 이를 승계시키는 것이 비례의 원칙을 일탈하여 재산권의 본질적 내용을 침해한 것이라고 볼 수 없다. 한편 위와 같이 해석하면, 경매 목적물의 법적 부담으로 인해 경락인이 불측의 손해를 입게 될 우려가 있다고 하나, 이러한 문제는 공용부분 관리비에 국한되는 것이 아니고 경매 목적물에 하자가 있는 때에도 일어날 수 있는 문제로서 이는 경매제도상 불가피한 현상이고, 경락인이 구분소유 건물을 경락받을 때 전 소유자의 관리비 체납 여부에 대하여 조사하는 것도 불가능하다고 할 수는 없으며 그 밖에 이 사건 아파트관리비를 공용부분과 전유부분에 관한 것으로 구분하는 것 또한 불가능하다고는 보이지 않는다. 그렇다면 이 사건 관리규약 제13조 제1항 중 공용부분 관리비에 관한 부분은 집합건물법 제18조에 터잡은 것으로서 유효하다고 할 것이므로, 이 사건 아파트의 특별승계인인 원고는 전 입주자의 체납관리비 중 공용부분에 관하여는 이를 승계하여야 한다고 봄이 타당하다."[401]라고 하여 관리규약을 수정한다.

당사자는 법률행위로 자신의 기본권을 자유롭게 제한할 수 있다. 그러나 그러한 기본권 제한이 중대하여 그것의 지속을 강제하는 것이 당사자의 기본권 보장 이념에 합치하지 않으면 당사자가 그러한 기본권 제한에서 벗어날 수 있어야 한다. 따라서 이때 당사자는 그러한 법률행위를 해제하거나 해지할 수 있어야 한다. 다만, 이러한 때에 상대방에게 발생한 손해는 기본권 주체가 배상하여야 한다.

대법원도 "본건 공약이라 함은 피고가 사단법인 대한환경위생협회 서울지부 미용분과위원회에서 협정한 요금 및 공휴일을 준수함과 동시에 종업원의 유인고용을 하지 않을 것을 약정하고 위 사항을 위반할 때에는 위약금 10,000원을 원고에게 지급한다는 내용으로 그 약정내용이 피고의 영업상 활동의 자유를 일방적으로 제한함에 그치는 것이므로 이와 같은 영업상 자유의 제한에 관한 약정을 무기한 허용함은 피고의 법률상 지위에 중대한 제한을 부과하는 것으로서 이와 같은 약정은 제한을 받는 자가 언제던지 일방적으로 해약할 수 있다."[402]라고 함으로써 영업활동의 자유에 중대한 제한을 가하는 쌍무계약인 약정을 해약할 수 있다고 하였다.

(iii) 권리 소멸

민법 제2조 제2항은 권리남용금지원칙을 규정한다. 권리남용금지원칙이란 신의성실원칙에 어긋나는 권리 행사는 허용되지 않는다는 원칙이다. 여기서 신의성실원칙은 권리 한계를 명시하는 작용을 한다. 신의성실원칙은 입법자가 법적 보호를 거절하였을 것이라고 인정하는 모든 경우에 권리를 소멸시킨다.[403] 이때 기본권에 구속되는 입법자는 기본권을 침해하는 권리 행사를 허용할 수 없으므로, 기본권은 권리 남용 여부를 판단하는 중요한 기준이 된다. 즉 사법이 인정하는 권리도 기본권을 침해하면 권리로 보호되지 않는다. 이때 기본권 침해는 법률행위가 무효가 될 정도로 중대한 경우가 아니어야 한다. 그 정도에 이른다면 이

401) 대법원 2001. 9. 20. 선고 2001다8677 판결(공2001하, 2258).
402) 대법원 1964. 5. 19. 선고 63다915 판결.
403) 이영준(주 392), 99쪽.

미 민법 제103조나 제104조 위반으로 무효가 될 것이기 때문이다. 민법 제2조가 권리를 소멸시키는 것은 권리 행사로 말미암은 법률효과가 발생하지 않는 것이지 권리 자체를 박탈하는 것은 아니다. 권리를 박탈하려면 명문의 법률 규정이 있어야 한다.[404)]

당사자에게 어떠한 권리를 인정하더라도 그러한 권리를 제한 없이 행사할 수 있는 것은 아니다. 비록 사법의 권리라고 하더라도 다른 사람의 기본권을 침해하면서 행사할 수 없다. 따라서 이러한 때는 당사자의 권리를 다른 사람의 기본권과 비교 형량함으로써 제한할 수 있다. 즉 당사자의 권리가 다른 사람의 기본권을 침해하여 정당한 것으로 인정되지 않을 수 있다. 예를 들어 근로계약에 따른 사용자의 지시권 행사는 근로자의 양심의 자유를 침해할 수 없고,[405)] 근로자의 직업의 자유는 영업 비밀을 침해함으로써 사용자의 영업의 자유를 침해할 수는 없다.[406)]

대법원은 민법 제219조의 주위토지 통행권 행사와 관련하여 "민법에서 인정하는 주위토지통행권을 행사함에 있어서도 위와 같은 기본적 인권의 하나인 주거의 자유와 안전은 통행권 행사의 이유로서도 침해할 수는 없다 할 것이며 만일 위와 같은 주거의 안전을 침해하지 아니하고서는 통행권을 적법히 행사할 수 없는 경우라면 차라리 통행권 방해에 의한 건물의 철거 기타 장애물의 제거를 요구함은 별문제로 하더라도 주거를 그대로 인정하면서 통행권 행사를 이유로 주거의 자유와 안전을 해할 수는 없다."[407)]라고 하여 주거의 자유와 안전을 침해하는 주위토지통행권은 인정되지 않는다고 하였다.

그리고 대법원은 시민단체의 불매운동과 관련하여 "피고들이 그들의 공익목적을 관철하기 위하여 일반시민들을 상대로 공연관람을 하지 말도록 하거나 위

404) 윤용섭, 곽윤직 편집대표, 『민법주해[I] - 총칙(1)』, 박영사, 1992, 201~202쪽.

405) 사용자의 지시권과 양심의 자유의 충돌을 해결하는 기준으로는 ① 근로자가 근로관계를 형성할 때 그러한 충돌이 있을 수 있다는 것을 알 수 있었는지, ② 그러한 일이 사용자의 경영에 필요한 것인지, ③ 다른 일을 시킬 가능성이 있는지, ④ 앞날에도 그러한 충돌이 반복될 수 있는지를 제시한다[하경효(주 88), 182쪽].

406) 이에 관해서 자세한 것은 하경효, 「영업상 비밀과 직업선택의 자유 - 인력스카웃에 따른 법률문제 I -」, 『경영계』 제269호, 한국경영자총협회, 2000. 11., 27~29쪽; 같은 사람, 「영업상 비밀과 직업선택의 자유 - 인력스카웃에 따른 법률문제 II -」, 『경영계』 제270호, 한국경영자총협회, 2000. 12., 53~57쪽 참조.

407) 대법원 1962. 6. 2. 선고 62아3 판결(집10-3, 민1).

각 은행 등 공연협력업체에게 공연협력을 하지 말도록 하기 위하여 그들의 주장을 홍보하고 각종 방법에 의한 호소로 설득활동을 벌이는 것은 관람이나 협력 여부의 결정을 상대방의 자유로운 판단에 맡기는 한 허용된다고 할 것이고, 그로 인하여 원고의 일반적 영업권 등에 대한 제한을 가져온다고 하더라도 이는 시민단체 등의 정당한 목적수행을 위한 활동으로부터 불가피하게 발생하는 현상으로서 그 자체에 내재하는 위험이라 할 것이므로 피고들의 그와 같은 활동이 위법하다고 할 수는 없을 것이다. 그러나 여기서 더 나아가 피고들이 위 각 은행에게 공연협력의 즉각 중지, 즉 원고와 이미 체결한 입장권판매대행계약의 즉각적인 불이행을 요구하고 이에 응하지 아니할 경우에는 위 각 은행의 전 상품에 대한 불매운동을 벌이겠다는 경제적 압박수단을 고지하여 이로 말미암아 위 각 은행으로 하여금 불매운동으로 인한 경제적 손실을 우려하여 부득이 본의 아니게 원고와 체결한 입장권판매대행계약을 파기케 하는 결과를 가져왔다면 이는 원고가 위 각 은행과 체결한 입장권판매대행계약에 기한 원고의 채권 등을 침해하는 것으로서 위법하다고 하여야 할 것이고, 그 목적에 공익성이 있다 하여 이러한 행위까지 정당화될 수는 없는 것이다."[408]라고 하여 시민단체의 활동의 자유에 일정한 제한을 가한다.

(iv) 불법행위 성립

당사자의 법률행위가 기본권을 침해하여 상대방이나 제3자에게 손해가 발생하면 당사자는 민법 제750조에 따라서 그 손해를 배상하여야 한다.[409] 민법 제750조는 손해가 발생하는 행위가 무엇인지 따지지 않는다. 다만, 당사자의 위법한 행위임을 요구한다. 불법행위로 말미암은 손해배상 청구는 손해의 전보와 배분 기능을 수행하는데, 이러한 기능을 수행할 때 기본권이 중요한 기준으로 작용한다. 기본권은 헌법이 인정하는 최고의 가치로서 이것을 침해하는 행위는 다른 정당한 사유가 없는 이상 위법하다. 그리고 배상하여야 할 손해는 헌법이 보호하는 이익 침해에 국한하는데, 이때 헌법에서 최고의 보호이익인 기본권적 이익은 이러한 손해를 판단하는 중요한 기준이다.

사법이 보장한 권리도 다른 사람의 기본권을 침해하는 경우까지 보장되지

---

408) 대법원 2001. 7. 13. 선고 98다51091 판결(공2001하, 1835).
409) 계약법 영역에서 기본권 충돌과 관련한 구체적 사례 검토는 임건면(주 386), 19~29쪽.

않는다. 따라서 이러한 때도 권리를 행사하여 다른 사람에게 손해를 발생시킨다면 위법한 행위가 되어 당사자는 다른 사람의 손해를 배상할 의무를 진다. 예를 들어 사용자가 자신의 영업의 자유에 근거를 두어 근로자를 채용할 수 있으나, 그 과정에서 남녀를 차별함으로써 지원자의 평등권, 근로의 권리, 인격권 등을 침해하면 위법한 행위가 되어 손해배상책임을 진다.[410]

대법원은 "사람이 그의 독점적 지배하에 있는 주택내부에서 사생활을 함에 있어서 외부로부터 차단되어 공개되지 아니하고 자유로히 기거 처신할 수 있음은 인간의 자유권에 속하는 침해되지 아니할 하나의 법익이라고 할 것이다. 이 사건에서 원심이 인정한 사실관계에 의하면 이는 피고가 원고들 소유의 토지사용을 방해하여 재산권을 침해한 경우에 해당함은 물론 동시에 또는 이미 그 이전에 위와 같은 원고의 법익을 침해하는 것으로 되고 이는 민법 751조 소정의 타인의 자유를 해하는 경우에 해당한다고 해석되고 재산 이외의 손해에 대하여서도 그 배상책임을 면할 수 없다 할 것이다."[411]라고 함으로써 다른 사람의 사생활의 비밀과 자유를 침해하는 때까지 토지소유권을 행사할 수 없으므로 이러한 때까지 토지소유권을 행사하면 불법행위에 해당한다고 한다.

그리고 대법원은 표현의 자유와 명예권이 충돌하는 사안에서 "우리가 민주정치를 유지함에 있어서 필수불가결한 언론, 출판 등 표현의 자유는 가끔 개인의 명예나 사생활의 자유와 비밀 등 인격권의 영역을 침해할 경우가 있는데 표현의 자유 못지 않게 이러한 사적 법익도 보호되어야 할 것이므로 인격권으로서의 개인의 명예의 보호(헌법 제9조 후단)와 표현의 자유의 보장(헌법 제20조 제1항)이라는 두 법익이 충돌하였을 때 그 조정을 어떻게 할 것인지는 구체적인 경우에 사회적인 여러 가지 이익을 비교하여 표현의 자유로 얻어지는 이익, 가치와 인격권의 보호에 의하여 달성되는 가치를 형량하여 그 규제의 폭과 방법을 정해야 할 것이다. 위와 같은 취지에서 볼 때 형사상이나 민사상으로 타인의 명예를 훼손하는 행위를 한 경우에도 그것이 공공의 이해에 관한 사항으로서 그 목적이 오로

410) 남녀고용평등법 제7조는 근로자를 모집하고 채용할 때 남녀를 차별하지 못하게 하나, 벌금 500만원 이하의 벌칙규정만을 둠으로써(동법 제37조) 위반에 따른 손해배상책임에 관해서는 규정하지 않는다. 채용할 때 성차별에 따른 손해배상에 관한 독일의 자세한 논의는 하경효, 「채용시의 성차별에 따른 손해배상의 내용과 성격」, 『법학논집』 제33집, 고려대학교 법학연구소, 1997, 205~229쪽 참조.

411) 대법원 1974. 6. 11. 선고 73다1691 판결(공1974, 7931).

지 공공의 이익을 위한 것일 때에는 진실한 사실이라는 증명이 있으면 위 행위에 위법성이 없으며 또한 그 증명이 없더라도 행위자가 그것을 진실이라고 믿을 상당한 이유가 있는 경우에는 위법성이 없다고 보아야 할 것이다. 이렇게 함으로써 인격권으로서의 명예의 보호와 표현의 자유의 보장과의 조화를 꾀할 수 있다 할 것이다."[412]라고 하여 양 기본권의 조화를 위한 비례성 심사를 통해서 위법성이 없다고 본다.

또한, 종교의 자유와 명예권이 충돌한 사건에서도 대법원은 "다른 종교나 종교집단을 비판할 권리는 최대한 보장받아야 할 것인데, 그로 인하여 타인의 명예 등 인격권을 침해하는 경우에 종교의 자유보장과 개인의 명예보호라는 두 법익을 어떻게 조정할 것인지는, 그 비판행위로 얻어지는 이익, 가치와 공표가 이루어진 범위의 광협, 그 표현방법 등 그 비판행위 자체에 관한 제반 사정을 감안함과 동시에 그 비판에 의하여 훼손되거나 훼손될 수 있는 타인의 명예 침해의 정도를 비교·고려하여 결정하여야 한다 할 것이다."[413]라고 하여 양 기본권 사이의 조화를 강조한다.

기본권 주체가 법률행위를 통해서 자신의 기본권을 포기한 때도 무한정으로 상대방의 행위를 정당화하는 것은 아니다. 기본권 주체의 기본권 포기 취지와 기본권 보호 목적에 비추어 일정한 범위 이상의 기본권 제한을 정당화하지 않는다. 즉 당사자가 기본권을 포기하는 정당한 범위를 벗어난 행위는 위법하게 된다.

대법원은 본인의 승낙범위를 초과하여 승낙 당시의 예상과 다른 목적이나 방법으로 그의 사생활에 관한 사항을 공개한 사건에서 "본인의 승낙을 받고 승낙의 범위 내에서 그의 사생활에 관한 사항을 공개할 경우 이는 위법한 것이라 할 수 없다 할 것이나, 본인의 승낙을 받은 경우에도 승낙의 범위를 초과하여 승낙 당시의 예상과는 다른 목적이나 방법으로 이러한 사항을 공개할 경우 이는 위법한 것이라 아니할 수 없다."[414]라고 하여 사생활의 비밀의 침해를 인정함으로써 위법성을 긍정하였다.

불법행위를 이유로 하여 손해배상을 청구하려면 자신에게 손해가 있음을 증명하여야 한다. 이때 손해는 헌법이 인정하는 이익 침해에 한정한다. 따라서 헌

---

412) 대법원 1988. 10. 11. 선고 85다카29 판결(공1988, 1392).
413) 대법원 1996. 9. 6. 선고 96다19246 판결(공1996하, 2983).
414) 대법원 1998. 9. 4. 선고 96다11327 판결(공1998하, 2377).

법이 보호하지 않는 이익에 대한 손해배상 청구는 인정되지 않는다. 대법원은 수차에 걸쳐 기형아 검사를 하여 담당 의사가 정상아판정을 하였고, 이를 믿고 출산하였는데도 결과적으로 다운증후군의 기형아로 출산한 아이가 그 의사를 상대로 낸 손해배상청구소송에서 "원고는 자신이 출생하지 않았어야 함에도 장애를 가지고 출생한 것이 손해라는 점도 이 사건 청구원인 사실로 삼고 있으나, 인간 생명의 존엄성과 그 가치의 무한함(헌법 제10조)에 비추어 볼 때, 어떠한 인간 또는 인간이 되려고 하는 존재가 타인에 대하여 자신의 출생을 막아 줄 것을 요구할 권리를 가진다고 보기 어렵고, 장애를 갖고 출생한 것 자체를 인공임신중절로 출생하지 않은 것과 비교해서 법률적으로 손해라고 단정할 수도 없"다[415]고 하여 장애를 가지고 태어난 것은 헌법 제10조 인간의 존엄에 비추어 손해로 볼 수 없다고 하였다.

피해자의 손해를 인정하여도 가해자가 그러한 손해 전부를 배상하여야 하는 것은 아니다. 즉 불법행위는 손해 배분 기능이 있으므로 피해자와 가해자의 구체적 사정을 검토하여 가해자가 부담할 책임의 범위를 정하여야 한다. 이를 위해서 민법은 통상손해와 특별손해로 구별하여 손해배상 범위를 정하도록 한다(민법 제736조, 제393조). 이때 당사자의 기본권은 이러한 손해배상 범위를 정하는 기준이 된다. 예를 들어 근로자가 근로 도중 불법행위를 하였을 때 근로자의 직업의 자유와 재산권 등의 기본권을 보장하려고 책임을 제한하는 것을 들 수 있다.[416] 특히 가해자가 아닌 제3자가 손해배상책임을 질 때 제3자의 재산권을 비롯한 기본권 보장을 신중하게 검토하여야 한다.

기본권은 불법행위의 요건 충족을 판단하는 데 영향을 미칠 뿐 아니라 증명책임에도 영향을 미친다. 예를 들어 의료사고[417]나 환경침해[418] 등과 관련하여 문제 되는 증명책임의 완화와 전환을 들 수 있다. 이러한 때도 통상적인 방법으

415) 대법원 1999. 6. 11. 선고 98다22857 판결(공1999하, 1361).

416) 이에 관해서 자세한 것은 하경효, 「근로자의 책임제한 법리에 대한 연구」, 『법정고시』 제1권 제12호(통권 제3호), 법률행정연구원, 1995. 12., 88~109쪽; 같은 사람, 「노동법의 기능과 법체계적 귀속」, 『사회변동과 사법질서』(김형배교수정년기념논문집), 박영사, 2000, 231~234쪽 참조.

417) 권용우(주 382), 398~400쪽; 김상용(주 383), 321~322쪽; 석희태, 박준서 편집대표, 『주석민법[채권각칙(7)](제3판)』, 한국사법행정학회, 2000, 530~549쪽; 안법영(주 394), 237~253쪽 참조.

418) 권용우(주 382), 258~284쪽; 김상용(주 383), 276~280쪽; 전경운(주 399), 100~144쪽 참조.

로 증명책임을 분배하고 입증 범위를 정한다면 피해당사자에게 증명할 수 없는 것을 증명하도록 강요하는 것이어서 피해당사자는 자신의 기본권을 보호받지 못한다. 따라서 이러한 때는 증명책임이 기본권의 실질적 보장을 위해서 바뀐다. 즉 증명책임을 전환하거나 증명책임 범위를 축소함으로써 당사자가 자신의 기본권을 실질적으로 보장받을 수 있게 한다. 대법원도 개연성설[419]을 취하거나 간접반증을 인정함으로써[420] 같은 견해를 취한다.

(6) 여론 - 재판소원이 허용되면 예상할 수 있는 변화

현재 우리나라는 헌법재판소법 제68조 제1항에 따라서 헌법소원의 심판대상에서 법원의 재판이 제외된다. 이에 따라 기본권의 대사인적 효력 문제는 법원이 다루고, 헌법재판소는 이에 관한 해결이 법률로 이루어진 때만 법률의 위헌성 판단과 관련하여 기본권의 대사인적 효력을 간접적으로 논의할 수 있을 뿐이다. 헌법재판소는 "헌법재판소법 제68조 제1항의 '법원의 재판'에 헌법재판소가 위헌으로 결정하여 그 효력을 상실한 법률을 적용함으로써 국민의 기본권을 침해하는 재판도 포함되는 것으로 해석하는 한도 내에서 헌법재판소법 제68조 제1항은 헌법에 위반된다."라는 헌법재판소법 제68조 제1항에 대한 한정위헌결정을 내림으로써 예외적으로 재판소원을 인정하기는 한다.[421] 그러나 보충성원칙으로 말미암아 헌법소원이 사법 통제를 주로 하게 된다는 점과 실제로 법원의 재판이 기본권을 침해함이 확인되는 점 등에 비추어 재판소원의 전면적인 도입 필요성이 인정된다.[422] 여기서는 재판소원을 전면적으로 도입하면 기본권의 대사인적 효력과 관련하여 어떤 변화가 일어날 것인지 살펴본다.

앞에서 인용한 대법원 판결들을 살펴보면, 먼저 기본권이 사법 관계에 효력

419) 대표적인 판례로는 대법원 1974. 12. 10. 선고 72다1774 판결(공1975, 8214).

420) 대표적인 판례로는 대법원 1984. 6. 12. 선고 81다558 판결(공1984, 1263).

421) 헌재 1997. 12. 24. 96헌마172등, 판례집 9-2, 842, 848-849.

422) 헌법재판의 주요한 목적과 기능은 헌법의 규범력 보장과 기본권 보호이다. 그리고 헌법소원심판은 (간접적 기본권보호수단인 탄핵심판, 정당해산심판, 권한쟁의심판과 달리) 위헌법률심판과 더불어 직접적 기본권보호수단이다. 따라서 이러한 헌법소원의 인정 취지에 비추어 법원의 재판을 헌법소원의 심판대상에서 제외하여 헌법소원을 예외적인 기본권보호수단으로 만드는 헌법재판소법 제68조 제1항은 문제가 있다. 법원의 재판을 대상으로 한 헌법소원의 필요성에 관해서 자세한 검토는 계성윤, 「재판소원의 적법요건과 심사범위 - 재판소원의 운용시의 문제점과 해결방안 -」, 고려대학교 법학석사학위논문, 2000, 6~40쪽과 거기에 인용한 논문 참조.

을 미치는지 그리고 미친다면 어떠한 방식으로 효력을 미치는지를 전혀 논증하지 않았다. 대부분 필요한 때에 기본권을 언급하는 것이 고작이다. 즉 개별 사건 해결에 급급할 뿐이다. 그리고 법원은 기본권의 실질적 내용을 대부분 검토하지 않는다.[423] 따라서 사인은 자신의 기본권이 사법 관계에서 어떻게 보장되는지 알 수 없다. 결론적으로 안정적인 문제 해결 기준이 없고, 그에 관한 모색 노력도 보이지 않는다.

재판소원이 허용되면 사인은 사법 관계에서 나타나는 기본권 침해를 먼저 민사재판에서 다툰 후에 이에 따른 판결에 불만이 있으면 그러한 재판이 자신의 기본권을 침해한다고 주장하여 재판소원을 제기할 수 있다. 그러면 헌법재판소는 먼저 기본권이 사법 관계에 효력을 미치는지 그리고 미친다면 어떠한 방식으로 효력을 미치는지를 논증할 것이다. 그리고 그러한 때에 헌법재판소의 현재까지 나타난 경향에 비추어 기본권이 사법 관계에 효력을 미친다고 인정할 것으로 기대된다. 이때 현재까지 나타난 헌법재판소 결정의 파급효에 비추어 사인은 사법 관계에서도 자신의 기본권을 주장할 수 있음을 인식할 것이다. 즉 사인은 사법 관계에서 자신의 기본권이 침해되는지를 일상적으로 고려할 것이다.

그리고 헌법재판소는 현재까지 내려온 자신의 결정문에 나타나듯 각각의 구체적 기본권 내용을 실질적으로 살펴볼 것이다. 즉 각각의 구체적 기본권의 내용이 무엇인지를 살펴서 각각의 사건에서 문제 되는 법률행위가 기본권의 내용에 포섭되는지를 검토할 것이다. 현재 대법원 판결이 보여주는 추상적이고 형식적인 기본권 언급에서 벗어나 사인이 자신의 기본권의 내용이 무엇이고 자신의 법률행위가 이것에 해당하는지를 명확하게 알 수 있을 것이다. 그에 따라 불필요한 민사재판을 줄일 수 있다. 자신의 기본권이 침해되었는지를 명확하게 안다면 명백히 자신의 기본권 침해가 아니면, 이것에 관해서 다투지 않을 것이기 때문이다. 법원도 헌법재판소 결정에 따를 수밖에 없고 헌법재판소가 자신의 판결을 취소하게 하지 않으려면 스스로 기본권을 실질적으로 검토하여 침해 여부를 판단할 수밖에 없다. 적어도 헌법재판소 결정에서 나타난 기본권의 내용을 판결문에 적시하지 않을 수 없다. 그에 따라 기본권에 대한 소극적 태도, 더 나아가 무시하는 태도까지 보였던 법원이 실질적인 기본권보호기관의 지위를 회복할 수 있을 것이다.

---

423) 양심의 자유를 침해하는 사죄광고판결을 계속 내려왔던 것이나 위헌소원에 따라서 심심찮게 위헌결정이 내려지는 것 등이 대표적인 예이다.

이에 따라 기본권이 사법(私法)의 해석과 적용의 중요한 기준으로 확실히 자리를 잡아 진정 최고의 기본법으로 민법을 비롯한 모든 사법(私法)을 지배하는 주인이 될 것이다. 특히 사회국가원리 등장으로 기본권에서 나타나는 기본권 내용 변화를 사법(私法)에서도 적절하게 관철할 수 있는 길이 열린다. 결론적으로 재판소원 도입은 사법 관계에서 일어나는 기본권 침해 해결에 관한 안정적인 기준의 모색과 제시를 가능하게 할 것이다.

Ⅲ. 기본권 충돌로 나타나는 피해자와 가해자의 관계

1. 기본권 충돌로 귀결되는 피해자와 가해자의 관계

기본권 3각관계에서 피해자와 가해자의 관계는 한 기본권 주체의 행위가 다른 기본권 주체의 기본권을 제약할 때 발생한다. 기본권 주체의 행위가 헌법이 규정한 구체적 기본권 목록에 포섭되지 않더라도 헌법 제10조(특히 헌법 제10조 제1항 제1문 후단 행복추구권에서 도출되는 일반적 행동자유권)와 제37조 제1항을 따라서 열거되지 않은 자유와 권리로서 보장될 수 있다. 그러므로 어떠한 사법적(私法的) 근거가 없는 행위라도 그것은 기본권으로서 일단 보호될 수 있다. 이때 양 기본권 주체의 기본권이 충돌하는 결과가 나타난다. 피해자와 가해자의 관계는 기본권보호의무 논의에서 볼 수 있는 것처럼 국가가 피해자의 기본권을 보호하려고 가해자의 기본권을 제약할 때도 발생할 수 있다. 이때도 국가행위의 원인이나 목적 등에서 피해자와 가해자의 기본권은 서로 충돌하는 모습을 보인다. 그래서 기본권 3각관계에서 피해자와 가해자의 관계는 그들의 기본권이 직접이든 간접이든 서로 충돌하는 모습으로 나타난다. 따라서 기본권 3각관계에서 피해자와 가해자의 관계는 기본권 충돌로 귀결된다. 이것은 피해자와 가해자의 관계를 일반적인 기본권 제한 문제로 다룰 수 없다는 것을 뜻한다. 즉 헌법 제37조 제2항을 그대로 피해자와 가해자의 관계에 적용할 수는 없다. 일반적인 기본권 제한, 구체적으로 헌법 제37조 제2항은 사익과 공익의 충돌, 즉 개인의 기본권과 공익의 충돌(부진정한 기본권 충돌)을 전제하여서 사익과 사익의 충돌, 즉 개인 기본권 서로 간의 충돌(진정한 기본권 충돌)에 적용되기에는 적절하지 않기 때문이다. 결국, 기본권 충돌로 나타나는 피해자와 가해자의 관계는 헌법 제37조 제2항을 수정하거나 새로운 해결 방식을 찾도록 요구한다. 이러한 점에서 피해자와 가해자의 관계에서는 피해자와 가해자의 기본권이 서로 충돌함을 먼저 확인하여야 한다. 정확하게는 가해자가 피해자의 기본권을 제약함이 드러나야 한다. 이러한 충돌, 다시 말해서 피해자에 대한 가해자의 기본권 제약이 없다면 기본권 3각관계 자체를 논할 실익이 없기 때문이다. 구체적으로 피해자와 가해자의 관계에서는 먼저 피해자와 가해자가 기본권 주체인지를 확인하여야 한다. 다음으로 문제가 되는(정확하게는 제약되는) 내용이 피해자의 기본권에 포섭되는지를 살펴보고 나서, 가해자의 행위가 이러한 피해자의 기본권을 제약하는지를 검토하여야 한다.

2. 기본권 충돌의 의의

(1) 기본권 충돌의 개념

기본권 충돌[424]이란 기본권 주체 둘 이상의 기본권적 법익이 맞부딪히는데, 국가가 그 법익 모두를 동시에 보호해 줄 수 없을 때를 말한다. 기본권 충돌의 개념 요소는 ① 둘 이상의 기본권 주체, ② 충돌하는 기본권적 법익, ③ 국가 개입 필요성이다. 여기서 둘 이상의 기본권 주체는 꼭 구체적으로 특정되어야 하는 것은 아니고, 추상적으로 확정되는 것에 그치거나 존재가 예정되는 것만으로도 충분하다. 그리고 기본권적 법익은 주관적 측면에서 도출되든 객관적 측면에서 도출되든 상관없다. 즉 기본권 충돌은 반드시 주관적 권리 사이의 충돌이어야 하는 것은 아니고, 권리와 의무 혹은 가치 사이의 충돌도 기본권 충돌일 수 있다. 물론 여기서 의무나 가치는 반드시 기본권 관련성이 있어야 한다. 충돌하는 기본권 주체의 기본권은 같을 수도 다를 수도 있다. 기본권 충돌에서는 일방의 기본권적 법익을 보호하려면 상대방의 기본권적 법익을 충분히 보호하지 못하거나 심지어 희생시킬 수밖에 없다는 점에 특징이 있다.[425]

기본권 충돌을 복수의 기본권 주체가 국가에 대해서 각기 기본권 적용을 주장하고 국가가 양자의 기본권을 동시에 보장해 줄 수 없을 때라고 정의하곤 한다.[426] 그리고 기본권 충돌은 ① 헌법 규정에서 여러 기본권 주체의 주관적 권리

---

424) 이를 '기본권의 상충'이라고 부르는 견해도 있다[정재황(주 27), 263쪽; 같은 사람(주 95), 197쪽; 허 영(주 25), 285쪽].

425) 헌재 2005. 11. 24. 2002헌바95등, 판례집 17-2, 392, 401; 계희열(주 9), 121쪽; 정종섭(주 302), 355쪽; 홍성방(주 91), 436쪽.

426) 예를 들어 헌재 2005. 11. 24. 2002헌바95등, 판례집 17-2, 392, 401: "기본권의 충돌이란

가 도출되고, 이러한 주관적 권리가 구체적일 때 교차하여야 하고, ② 기본권이 구체화하는 객관적인 가치가 동시에 그 밖의 법질서에 '방사'됨으로써 같은 생활사태에 관해서 대립하는 평가에 이르러야 발생한다고 한다.[427] 그러나 기본권(규범)이 주관적 측면뿐 아니라 객관적 측면이 있다는 점에서 주관적 측면끼리의 충돌뿐 아니라 객관적 측면끼리의 충돌이나 주관적 측면과 객관적 측면의 충돌도 있을 수 있다. 그리고 기본권 주체 스스로 주장하지 않더라도 국가가 사전적으로, 예를 들어 법률을 제정하여 미리 기본권 충돌 해결을 도모할 수도 있다. 이러한 점에서 기본권 충돌을 주관적 권리끼리의 충돌에 국한할 이유는 없다.

(2) 구별 개념

① 기본권 경합

기본권 경합은 한 사람의 기본권 주체에 대해서 둘 이상의 기본권적 법익 보호가 문제 되는 때로 여기서는 전통적인 개인과 국가의 대립 구조가 그대로 인정된다. 따라서 기본권 경합은 기본권 3각관계에서 발생하는 기본권 충돌과 구별된다.

② 유사충돌

유사(사이비, 외견적)충돌이란 겉으로 보기에는 기본권 충돌처럼 보이나, 실제로는 문제가 된 행위가 어느 기본권 주체의 기본권 보호영역에 속하지 않아서 충돌 현상이 없는 때를 말한다. 예를 들어 출판업자의 종이 절도는 외견상 출판업자의 출판의 자유와 종이소유자의 재산권이 충돌하는 것처럼 보이지만 출판업자의 절도행위는 출판의 자유의 보호 범위 밖에 있어서 기본권 충돌이 생기지 않는다.

③ 부진정한 충돌

부진정한 충돌은 기본권과 기본권 사이의 충돌이 아닌 기본권과 그 밖의 헌법적 법익 사이의 충돌을 말한다. 예를 들어 청소년의 영화 관람 제한에서 청소

상이한 복수의 기본권 주체가 서로의 권익을 실현하기 위해 하나의 동일한 사건에서 국가에 대하여 서로 대립되는 기본권의 적용을 주장하는 경우를 말하는데,".

427) 홍성방, 「기본권의 충돌과 경합」, 『안암법학』 제9권, 안암법학회, 1999, 2쪽; 같은 사람(주 91), 436쪽.

년의 예술의 자유와 청소년 보호라는 헌법적 법익이 충돌한다. 부진정한 충돌도 기본권 서로 간의 충돌과 같은 문제를 제기하므로 기본권 충돌이라는 테두리 안에서 문제를 해결하지 않을 수 없다면서 부진정한 충돌도 넓은 뜻의 기본권 충돌에 포함하여야 한다는 견해도 있다.[428] 하지만 헌법이 보호하여야 할 기본권 주체 사이의 충돌은 양자 모두 보호 대상이라는 점에서 그 밖의 다른 충돌과 다른 특성이 있으므로 이 견해는 타당하지 않다.

3. 기본권 충돌의 법적 성격

기본권 충돌 문제는 원칙적으로 기본권의 대사인적 효력 문제이지만 국가 권력이 기본권 충돌을 조정할 때 이익 형량에서 잘못된 판단을 하면 기본권 주체는 직접 국가 권력을 상대로 기본권의 구제수단을 마련할 수 있으므로 기본권 충돌도 궁극적으로는 기본권의 대국가적 문제로 평가된다는 견해가 있다.[429] 그리고 기본권 충돌이란 국가 공권력에 한 사인의 기본권을 보호하려는 의도가 있고 이와 대립하는 다른 사인의 기본권을 제한하는 때를 뜻하므로 실질적으로는 사인 서로 간의 이해관계가 충돌하는 때라고 하더라도 기본권 규정 적용과 관련된 권리자와 의무자는 국가와 사인일 수밖에 없다는 견해도 있다.[430]

그러나 기본권을 비롯한 모든 분쟁은 종국적으로 국가가 개입하여 해결하므로 이러한 견해는 논리적으로 모순이다. 국가 권력 개입 여부를 기준으로 기본권의 대국가적 효력 문제인지를 판단한다면, 민사 재판을 통해서 분쟁을 해결하는 모든 사법 관계(私法關係)도 기본권의 대국가적 효력으로 볼 수밖에 없어서 기본권의 대사인적 효력 문제는 있을 수 없기 때문이다. 당사자가 소를 제기하지 않는 이상 사법 관계(私法關係)에 개입할 수 없는 사법(司法)의 소극적 성격 때문에 사법(司法)을 통한 국가 개입이 기본권 관계를 변질시키지 않는다. 국가가 집행이나 입법을 통해서 개입하는 것은 개인의 의사와 관계없이 이루어지나, 사법(司法)이 사법 관계(私法關係)에 개입하는 것은 개인의 의사에 달렸기 때문이다. 따라서 위 견해는 타당하지 않다.[431] 그리고 기본권의 대국가적 효력 문제인지는 기본권

428) 계희열(주 9), 123쪽.

429) 허 영, 「기본권상호간의 갈등」, 『고시연구』 제10권 제9호(통권 제114호), 고시연구사, 1983. 9., 97～98쪽; 같은 사람(주 25), 285쪽.

430) Wolfgang Rüfner, Grundrechtskonflikte, in: Christian Starck (Hrsg.), Bundesverfassungsgerichts und Grundgesetz Ⅱ, Tübingen 1976, S. 455.

관계에 따라 판단하여야 한다. 즉 국가에 대한 개인의 관계에서 발생하는 기본권 문제가 기본권의 대국가적 효력 문제이므로, 사인에 대한 사인의 관계에서 발생하는 기본권 문제인 기본권 충돌은 기본권의 대국가적 효력 문제가 아니다.[432)]

4. 기본권 충돌의 해결책

헌법의 통일성 유지 관점에서 실제적 조화의 원칙에 따른 해결이 타당하다. 그러나 이로써 모든 문제를 다 해결할 수 없으므로 이익 형량에 따른 해결도 동원할 필요가 있다.[433)] 헌법재판소[434)]와 대법원[435)]도 두 가지 방법을 병용한다.

(1) 이익 형량에 따른 해결

기본권 충돌 문제를 이익 형량에 따라 해결하려면 충돌하는 기본권을 서로 견주어 평가하여야 한다. 헌법재판소[436)]와 대법원[437)]도 기본권 충돌을 이러한 방법으로 해결한 적이 있다. 기본권 충돌을 이익 형량에 따라 해결하면 충돌하는 기본권 중 일방은 옹글게(완벽하게) 보호된다. 즉 일방 기본권은 제한 없이 옹글게(완벽하게) 보장되지만, 상대방 기본권은 제한되거나 심지어 박탈된다. 달리 말하면 상대방 기본권은 일방 기본권을 세약하지 않는 범위에서만 보호된다.[438)] 그래서 상대방 기본권은 제약될 수 있을 뿐이지 보호받지 못하는 것은 아니다. 물

---

431) 같은 견해: 홍성방(주 427), 3~4쪽 주 8.

432) 이상 허완중, 「사법관계에 미치는 기본권의 효력」, 고려대학교 법학석사학위논문, 2002, 55쪽. 같은 견해로는 김학성/최희수(주 27), 362쪽.

433) 같은 견해: 계희열(주 9), 128~129쪽; 장영수(주 2), 506~507쪽; 허 영(주 25), 290쪽.

434) 헌재 2005. 11. 24. 2002헌바95등, 판례집 17-2, 392, 401: "이와 같이 두 기본권이 충돌하는 경우 그 해법으로는 기본권의 서열이론, 법익형량의 원리, 실제적 조화의 원리(=규범조화적 해석) 등을 들 수 있다. 헌법재판소는 기본권 충돌의 문제에 관하여 충돌하는 기본권의 성격과 태양에 따라 그때그때마다 적절한 해결방법을 선택, 종합하여 이를 해결하여 왔다."

435) 대법원 2010. 4. 22. 선고 2008다38288 전원합의체 판결(공2010상, 897): "이와 같이 하나의 법률관계를 둘러싸고 두 기본권이 충돌하는 경우에는 구체적인 사안에서의 사정을 종합적으로 고려한 이익형량과 함께 양 기본권 사이의 실제적인 조화를 꾀하는 해석 등을 통하여 이를 해결하여야 하고(대법원 2006. 11. 23. 선고 2004다50747 판결, 대법원 2009. 1. 15.자 2008그202 결정 등 참조), 그 결과에 따라 정해지는 양 기본권 행사의 한계 등을 감안하여 그 행위의 최종적인 위법성 여부를 판단하여야 한다."

436) 헌재 1999. 6. 24. 97헌마265, 판례집 11-1, 768, 776-779.

437) 대법원 1988. 10. 11. 선고 85다카29 판결(집36-3, 1; 공1988, 1392).

438) 헌재 2004. 8. 26. 2003헌마457, 판례집 16-2상, 355, 361.

론 본질내용 침해 금지에 어긋나지 않고 일방 기본권 보장에 필요한 범위에서 상대방 기본권 보장이 배제될 여지는 있다. 이때 심사는 상대방 기본권 제약에 대한 비례성 심사로 이루어진다. 여기서 일방 기본권을 보호하려고 상대방 기본권을 제한한다는 점에서 목적의 정당성 심사가 불필요하다는 점과 일방 기본권을 제한하는 수단을 쓸 수 없다는 점을 제외하면 헌법 제37조 제2항에 따른 비례성 심사와 크게 다르지 않다. 이익형량에 따른 해결은 기본권 사이의 위계질서를 전제로 하는데, 기본권 사이에서 위계질서를 인정할 수 있는 때는 드물어서 일반적으로 사용할 수 있는 방법은 아니다. 기본권 사이에서 명확한 위계질서를 설정하는 것은 특별한 경우에만 가능하기 때문이다. 즉 인간의 존엄권이나 생명권처럼 기본권의 보호영역 전체가 본질적 내용만으로 구성된 기본권과 다른 기본권이 충돌할 때와 일방 기본권의 본질적 내용이 관련된 기본권 충돌에서만 이익형량에 따른 해결을 할 수 있다.

(2) 실제적 조화의 원칙에 따른 해결

실제적 조화의 원칙(규범조화적 해석)은 일방의 기본권을 상대방 기본권에 우선하지 않으면서 헌법의 통일성을 유지하려고 충돌하는 기본권 모두가 최대한으로 그 기능과 효력을 발휘할 수 있도록 조화롭게 보장하는 방법을 찾으려는 것이다. 실제적 조화의 원칙에 따른 해결은 충돌하는 기본권 중 일방만 제한 없이 일방적으로 보장하는 것이 아니라 충돌하는 기본권 모두를 적절하게 제약한다. 기본권 안의 위계질서를 전제로 하는 이익형량에 따른 해결과 다르게 실제적 조화의 원칙에 따른 해결은 충돌하는 기본권 모두의 효력을 존중한다는 점이 강점이다.[439] 실제적 조화의 원칙에 따른 해결도 종국에는 비례성 심사에 이른다. 이러한 비례성 심사는 침해당하였다고 주장되는 기본권을 중심으로 하는데, 침해주체의 기본권도 보호 대상이라서 이를 보호하려는 목적은 당연히 정당성이 있으므로 목적의 정당성은 별도로 심사할 필요가 없다. 사익과 공익의 충돌을 해결하는 헌법 제37조 제2항에 따른 비례성 심사는 사익과 공익을 정서하는 것이다. 이는 기본권 제한이 본래 개인과 국가의 관계에서 문제 되었다는 사실에서 비롯한다. 여기서는 기본권(규정)의 보호대상으로서 기본권 주체인 개인과 기본권(규정)의 수범자인 국가가 대립하므로 기본권의 최대 보장이라는 헌법정신에 따라

439) 이상 허완중, 『헌법 으뜸편 - 기본권론』, 박영사, 2020, 193쪽.

국민의 기본권을 가능한 한 넓게 보장하는 방향으로 결정하여야 한다. 즉 국가는 국민에 대한 관계에서 기본권적 보호를 받지 못한다. 그러나 기본권 충돌을 해결하려는 과정에서 나타나는 비례성 심사는 사익과 사익의 충돌을 해결하는 것으로 사익과 사익의 정서이다. 여기서 기본권을 조정하는 지위에 있는 국가 아래 두 기본권 주체가 대립하므로 어느 일방의 기본권을 절대적으로 우선할 수도 상대방 기본권을 옹글게(완벽하게) 배제할 수도 없다. 기본권 주체 사이의 관계에서 기본권이 일방에게 유리하게 작용하면 상대방에게는 부담이 되게 작용하여 어느 일방의 기본권을 처음부터 간과하는 판단은 받아들이기 곤란하다. 따라서 양 당사자의 기본권을 최적으로 조화롭게 실현하는 접점을 찾아야 한다. 즉 어느 한 기본권의 최대 보장이 아니라 (충돌하는) 두 기본권의 최적 보장이 문제 된다. 헌법재판소도 구 정기간행물의등록에관한법률 제16조 제3항, 제19조 제3항의 위헌 여부에 관한 헌법소원 사건에서 피해자의 반론권과 보도기관의 언론의 자유가 충돌하는 때를 해결하기 위한 입법인 구 정기간행물의등록에관한법률 제16조의 정정보도청구권세노는 기본권 충돌의 실제적 조화의 원칙에 따른 과잉금지원칙에 어긋나지 않는다는 취지의 판시를 하였다.[440]

5. 기본권 충돌과 기본권 제한의 체계적 구성

(1) 문제 소재

기본권 충돌을 입법적으로 해결하지 않으면 그 합헌성은 기본권 충돌의 일반법리(이익형량의 원칙과 실제적 조화의 원칙)에 따라 심사될 것이다. 그런데 기본권 충돌을 입법적으로 해결하면 그 합헌성 여부에 관한 심사방법이 문제 된다. 즉 기본권 충돌을 일반법리에 따라 심사하여야 하는지, 헌법 제37조 제2항에 따라 심사하여야 하는지 아니면 양자를 함께 기준으로 하여 심사하여야 하는지가 문제 된다.

(2) 학설

먼저 ① 법률이 위헌심사 대상이 되면 '기본권 충돌'은 문제가 안 되고, 법률에 따른 제한만 문제 될 뿐이어서 기본권 충돌과 그 해결방법을 언급하는 불필

440) 헌재 1991. 9. 16. 89헌마165, 판례집 3, 518.

요하다는 견해가 있다.[441] 이 견해는 입법자가 하나의 기본권을 위해서 다른 기본권을 제한하기로 하면 입법에 따라서 보호되는 개인의 기본권이 공익으로 전환됨으로써 기본권 충돌이 공익과 기본권의 충돌로 전환되고 이때 위헌심사는 법률에 대한 위헌심사 기준인 과잉금지원칙에 따른 심사로 귀결된다고 한다.

다음으로 ② 과잉금지원칙은 자유를 주장하는 하나의 관점을 기준으로 심사하므로 상충하는 양 자유권에 대해서 중립적으로 공정하게 심사할 수 없는 논리구조가 있으므로, 기본권 충돌을 해결하는 구체적 방법으로서 충돌하는 기본권이 최적으로 실현될 수 있도록 하려면 구체적 상황에서 각각의 자유권이 수행하는 기능의 중요성, 자유 보호 필요성, 자유 보호의 비용과 효율성, 희생되는 자유의 크기, 대체적 자유의 활용 가능성을 종합적으로 고려하는 '조화적 형량' 원칙에 따라야 한다는 견해가 있다.[442]

(3) 판례

헌법재판소는 기본권 충돌을 해결하기 위해서 결국 과잉금지원칙에 따라 위헌심사를 하면서도 과잉금지원칙의 네 가지 부분원칙을 그대로 소목차로 적시하여 심사하지 않고, 결정 대부분에서 최소침해성과 법익균형성을 묶어 '기본권제한의 비례성'이라고 표기한다.[443] 이러한 결정에서 기본권 제한의 비례성 부분 심사내용을 보면 최소침해성을 명시적으로 검토하지 않은 결정도 있지만, 최소침해성과 법익균형성 원칙에 따른 심사를 모두 검토한 것도 있다.[444] 이와 관련하여 과잉금지원칙에 따른 심사를 하되, 최소침해성원칙을 부각하지 않음으로써 과잉금지원칙이 자유를 주장하는 한 관점을 기준으로 심사한다는 인상을 주지 않고, 충돌하는 양 자유권에 대해서 중립적으로 공정하게 심사하는 모습을 갖추려고 하므로 이러한 소목차를 구성한 것이라는 평가가 있다.[445]

---

441) 한수웅(주 27), 530쪽.

442) 김하열, 「자유권 제한입법에 대한 위헌심사」, 『동아법학』 제56호, 동아대학교 법학연구소, 2012, 18~19쪽.

443) 헌재 2007. 10. 25. 2005헌바96, 판례집 19-2, 467, 474; 헌재 2010. 12. 28. 2009헌바258, 판례집 22-2하, 721, 731; 헌재 2011. 8. 30. 2009헌바42, 판례집 23-2상, 286, 294; 헌재 2011. 12. 29. 2010헌마293, 판례집 23-2하, 879, 889; 헌재 2012. 5. 31. 2010헌바87, 판례집 24-1하, 364, 372; 헌재 2013. 5. 30. 2009헌마514, 판례집 25-1, 337, 345; 헌재 2013. 6. 27. 2012헌바37, 판례집 25-1, 506, 513 등.

444) 대표적으로는 헌재 2005. 11. 24. 2002헌바95등, 판례집 17-2, 392.

6. 사견

기본권 충돌의 일반법리에 따른 심사도 비례성 심사를 주로 하고, 헌법 제37조 제2항에 따른 심사도 결국 비례성 심사로서, 심사 기준이 헌법 제37조 제2항에 따른 공익인지 아니면 다른 기본권과 그 밖의 헌법적 법익인지에 따른 차이가 있을 뿐이다. 그리고 기본권 충돌이 문제가 되면 헌법 제37조 제2항에 따른 비례성 심사도 전형적인 모습이 아니라 기본권 충돌의 성격에 맞게 수정되어야 할 텐데, 그 내용은 결국 실제적 조화의 원칙에 따른 비례성 심사가 될 수밖에 없을 것이다. 이러한 점에서 양자의 비례성 심사는 결국 같다고 볼 수 있다. 또한, 이익형량에 따른 해결이 문제 되는 때는 일방의 기본권이 절대적 우위가 있어야 한다. 이러한 때는 일방의 기본권이 존엄권이나 생명권처럼 보호영역 전체가 본질적 내용이거나 문제가 되는 부분이 개별 기본권의 본질적 내용에 해당할 때이다. 따라서 이러한 내용은 헌법 제37조 제2항의 본질적 내용 침해 금지에 포섭될 수 있다. 이러한 점에 비추어 기본권 충돌의 성격에 맞게 수정된 헌법 제37조 제2항의 내용은 기본권 충돌의 해결방식에 따른 내용과 같다고 볼 수 있다. 따라서 기본권 충돌을 해결하는 법률의 위헌심사는 기본권 충돌의 성격을 충분히 고려한다는 전제 아래 일반 법률처럼 헌법 제37조 제2항에 따라서 이루어지는 것으로 충분하다. 헌법재판소는 자기낙태죄 조항(형법 제269조 제1항)의 존재와 역할을 간과한 채 임신한 여성의 자기결정권과 태아의 생명권의 직접적인 충돌을 해결하여야 하는 사안으로 보는 것은 적절하지 않다고 하면서, 국가가 태아의 생명 보호를 위해 확정적으로 만들어 놓은 자기낙태죄 조항이 임신한 여성의 자기결정권을 제한하는 것이 과잉금지원칙에 어긋나 위헌인지를 심사하였다.[446)]

7. 기본권의 대사인적 효력과 기본권 충돌의 관계

(1) 밀접한 관계가 있는 기본권의 대사인적 효력과 기본권 충돌

기본권의 대사인적 효력을 긍정하면 일방 당사자의 기본권과 상대방 당사자의 기본권이 충돌한다. 즉 기본권을 사인과 국가 사이의 관계뿐 아니라 사인과

---

445) 공진성, 「통신비밀보호법상 대화의 비밀 보호의 헌법적 한계」, 『법학논총』 제38권 제4호, 전남대학교 법학연구소, 2018, 78쪽.

446) 헌재 2019. 4. 11. 2017헌바127, 판례집 271, 479, 485-494.

사인 서로 간에도 적용하는 것으로 인정하면 기본권 충돌이 문제 된다.[447] 만약 사인의 행위가 헌법이 규정한 구체적 기본권 목록에 포섭되지 않더라도 헌법 제10조 제1항 제1문 후단 행복추구권에서 도출되는 일반적 행동자유권[448]에는 포섭될 수 있다. 그러므로 어떠한 사법적(私法的) 근거가 없는 행위라도 그것은 기본권에 일단 포섭될 수 있다.[449] 따라서 사인 사이에서 기본권의 효력, 즉 기본권의 대사인적 효력은 이러한 사실에 비추어 다른 사람의 기본권이나 이익을 제약하는 문제를 필연적으로 수반한다. 만일 사인 서로 간에 기본권을 적용하여도 상대방 당사자가 자신의 어떠한 기본권이나 이익도 제약받지 않는다면 (그러한 때는 쉽게 상상할 수 없지만) 기본권의 대사인적 효력을 인정하는 것은 실무나 이론에서 아무런 실익이 없다. 따라서 기본권의 대사인적 효력 문제는 결국 사인 서로 간에서 기본권이나 이익 충돌을 전제로 발생한다.[450] 즉 기본권의 대사인적 효력은 기본권 충돌이 발생할 때만 문제가 된다.[451]

기본권 충돌은 사인이 서로 기본권을 주장할 때 발생하므로, 사인에 대해서도 기본권 효력이 미친다는 기본권의 대사인적 효력을 전제한다고 한다.[452] 그러나 기본권 주체를 확정할 수 없거나 확정하기가 어려워 기본권의 주관적 권리성을 인정하기 어려울 때[453]도 기본권의 객관적 성격에서 비롯하는 국가의 보호의무에 따라 (기본권의 대사인적 효력을 인정할 수 없을지라도) 기본권 충돌이 발생할 수 있다(기본권보호의무로 말미암은 기본권 충돌). 예를 들어 환경 유해 시설이 어디

447) 같은 견해: 계희열(주 9), 122쪽; 윤명선, 「기본권 충돌시의 효력문제」, 『고시연구』 제23권 제4호(통권 제265호), 고시연구사, 1996. 4., 73쪽; 장영수(주 7), 124~125쪽; 허 영(주 429), 97~98쪽; 같은 사람, 「기본권효력의 갈등에 관한 연구」, 『연세행정논총』 제10집, 연세대학교 행정대학원, 1984. 2., 4쪽; 홍성방(주 427), 1~2쪽; 같은 사람(주 91), 434~435쪽.

448) 헌재 1991. 6. 3. 89헌마204, 판례집 3, 268, 275; 헌재 1998. 5. 28. 96헌가5, 판례집 10-1, 541, 549; 헌재 1998. 10. 29. 97헌마345, 판례집 10-2, 621, 633.

449) 같은 견해: 강태수, 「개인의 의사에 반하는 국가의 보호」, 『기본권·국가·헌법』(성운허경교수화갑기념논문집), 법학서당, 1999, 8쪽.

450) 같은 견해: 정연주(주 293, 기본권의 대사인적 효력), 76~77쪽.

451) 비슷한 견해: 박규환, 「사법질서로의 기본권효력 확장구조와 그 한계」, 『공법연구』 제33집 제3호, 한국공법학회, 2005, 124쪽. 기본권의 대사인적 효력을 인정하고 나서 기본권 충돌을 인정하는 판례로는 대법원 2010. 4. 22. 선고 2008다38288 전원합의체 판결(공2010상, 897).

452) 예를 들어 정재황, 「기본권의 상충에 관한 연구」, 『성균관법학』 제19권 제2호, 성균관대학교 법학연구소, 2007, 17쪽; 같은 사람(주 95), 199쪽.

453) 예를 들어 배아 연구 금지와 관련하여 배아가 기본권 주체가 될 수 있는지 그리고 주체가 될 수 있다면 언제부터 주체가 될 수 있는지가 분명하지 않다.

에 설치될 것인지가 확정되지 않아서 그로 말미암아 피해를 보는 당사자를 구체적으로 확정할 수는 없더라도, 그러한 당사자가 있으리라는 것을 확신할 수 있다면, 환경 유해 시설을 통해서 영업하려는 기업과 이로 말미암아 환경권을 침해받는 (아직 알 수 없는) 주민 사이의 기본권 충돌을 인정할 수 있다. 그리고 국가에 같은 내용의 주관적 권리를 주장하는 기본권 주체 사이에서도 기본권 충돌이 발생할 수 있다(주관적 권리 경쟁으로 말미암은 기본권 충돌). 예를 들어 국가가 소수의 기업에만 허가하는 사업(예를 들어 방송, 통신, 항공 등)에 예정된 사업자 수를 넘는 기업이 허가신청을 내면, 사업허가를 놓고 경쟁하는 기업 사이에 기본권 충돌이 발생할 수 있다. 따라서 기본권 충돌이 있다고 하여서 언제나 기본권의 대사인적 효력이 문제 되는 것은 아니다.

(2) 학설

먼저 기본권의 대사인적 효력은 사법(私法)의 계약에서 그리고 기본권 충돌은 불법행위에서 문제가 되는 것으로 양자는 대상과 해결방식, 해결 결과에서 차이가 있다는 견해가 있다.[454] 즉 이 견해는 ① 기본권의 대사인적 효력은 당사자이 자발적인 계약(즉 사적 자치 행사)이 형성한 당사자 사이의 법관계(즉 사법 질서)가 그 내용에 비추어 헌법의 기본권에 어긋나는 때이지만, 기본권 충돌은 기본권을 주장하는 주체가 상대방의 기본권 행사가 정당하지 못하고(즉 불법이고), 자기 기본권 행사가 정당한 것이라고(즉 정당한 범위 안에 있다고) 주장하는 것이므로 대상 차이가 있고, ② 기본권의 대사인적 효력은 결국 헌법의 기본권 규정을 사인 서로 간의 법관계, 즉 계약에 적용함으로써 그 계약이 헌법의 기본권 규정에 어긋나는 내용을 담지 못하게 하지만, 기본권 충돌은 충돌하는 양 기본권 가운데 어느 기본권이 정당한지를 실제적 조화의 원리와 법익 형량의 원칙을 통해서 판단하는 것이라는 점에서 해결 방식 차이가 있으며, ③ 기본권의 대사인적 효력은 사법의 계약에 기본권을 적용함으로써 문제의 계약이 기본권에 어긋나면 그 계약을 무효화로 만드는 것이나, 기본권 충돌에서는 상위법과 하위법의 관계가 아닌 대등한 기본권 서로 간의 충돌이 문제 되므로 어느 기본권이 정당한 범위 안에 있는지를 판단하고, 그 판단에 따라서 정당한 범위를 벗어난 기본권에 관해서는 불법성을 인정하여 문제가 되는 기본권 행사 취소, 손해배상 등을 요구

454) 장영수(주 7), 124～127쪽; 같은 사람(주 2), 507～509쪽.

할 수 있으므로 해결 결과에 차이가 있다고 한다.

이 견해는 사법상 계약과 불법행위 구분을 전제로 한다. 그러나 기본권은 공법 영역은 물론 사법 영역에서도 보장되어야 하므로, 계약 여부에 따라 그 효력이 미치는 영역인지가 달라질 수 없고, 기본권 충돌이 언제나 불법행위 인정 여부로 귀결되는 것도 아니다. 따라서 기본권의 대사인적 효력을 사법상 계약에 그리고 기본권 충돌을 사법상 불법행위에 한정하기 어렵다. 오히려 같은 평면에서 서로 비교하기에 양자는 문제 삼는 영역이 다르다. 특히 비계약 영역에서 기본권 충돌이 주로 문제 되는 것은 부정할 수 없지만, 계약 영역에서는 그러한 계약이 헌법적으로 유효한 것인지와 관련하여 기본권의 대사인적 효력이 문제가 되고, 비계약 영역에서는 다른 사람의 기본권을 제약하는 행위가 허용되는지와 관련하여 기본권의 대사인적 효력이 문제 된다. 이러한 점에서 사법상 계약과 불법행위 구분을 토대로 기본권의 대사인적 효력과 기본권 충돌을 나눌 수는 없다. 다만, 계약관계인지는 오히려 기본권 포기 인정 가능성과 밀접한 관련성이 있다.[455] 즉 기본권에 법률유보가 인정되면 대등한 관계에 있는 사인 사이에는 본질적 내용을 한계로 계약을 통해서 기본권 포기가 허용되지만, 사인 사이에 대등한 관계에 없거나 비계약적인 관계에서는 기본권 포기가 문제 되지 않는다.

다음으로 기본권의 대사인적 효력 문제는 기본권의 상호 대립을 전제로 하지 않고 어느 일방이 사실적인 힘을 통해서 다른 사람의 기본권을 침해한다는 것을 전제로 한다는 점에서 기본권 충돌 문제와 구별된다는 견해가 있다.[456] 이 견해는 기본권 충돌은 개인과 개인의 기본권이 서로 대립하는 때를 말하고 그 대립이 어느 일방의 의식적이고 의도적인 다른 사람의 기본권에 대한 침해를 요구하지 않는다는 점에서 기본권의 대사인적 효력 문제와 구별된다고 한다. 그러나 사인 서로 간의 기본권이 대립하지 않으면 기본권의 대사인적 효력을 문제 삼을 이유가 없다는 점에서 기본권의 상호 대립 여부를 기준으로 기본권의 대사인적 효력과 기본권 충돌을 구별하는 것은 타당하지 않다.

또한, 기본권의 대사인적 효력은 엄밀히 따지면 기본권 충돌과는 문제 상황을 달리한다는 견해도 있다.[457] 이 견해는 기본권의 대사인적 효력 문제는 대체

---

455) Hans-Jürgen Papier, Drittwirkung der Grundrechte, in: Detlef Merten/Hans-Jürgen Papier, Handbuch der Grundrechte, Bd. Ⅱ, Heidelberg 2006, § 55 Rdnrn. 14 f.

456) 성정엽, 「기본권충돌에 대한 헌법이론적 접근」, 『공법학연구』 제1권, 한국비교공법학회, 1999, 91쪽.

로 어느 일방의 사인이 사실적인 힘을 통해서 다른 사인의 기본권을 침해할 때 제기되는 문제이지만, 기본권 충돌 문제는 대체로 사인과 사인 사이의 기본권이 국가 공권력을 매개로 서로 대립하는 상황에서 국가 공권력이 그 대립을 해소하려고 여기에 개입할 때 제기되는 문제라고 한다. 그러나 사인이 다른 사인의 기본권을 침해하는 것은 결국 사인과 사인의 기본권이 서로 대립하는 것이므로 이것을 기준으로 기본권의 대사인적 효력과 기본권 충돌을 구별할 수는 없다.[458] 그리고 기본권의 대사인적 효력이 국가 개입을 통해서 해결한다고 하여서 이것이 기본권의 대국가적 효력으로 귀속한다는 주장[459]은 타당하지 않다. 기본권이 국가를 통해서 보장된다는 점에서 기본권에 관한 모든 문제는 결국 국가 개입을 통해서 해결될 수밖에 없다는 점에서 국가 개입 여부는 기본권 효력의 성격을 가르는 결정적 기준이 될 수 없기 때문이다.

(3) 사견: 서로 적용 영역이 다른 기본권의 대사인적 효력과 기본권 충돌

기본권의 대사인적 효력은 기본권 충돌의 발생 원인 중 하나이다.[460] 따라서 기본권의 대사인적 효력이 문제 되면 기본권 충돌이 발생한다. 그러나 기본권 충돌의 발생 원인은 다양하여서 기본권 충돌이 있다고 하여서 언제나 기본권의 대사인적 효력이 문제가 되는 것은 아니다. 그리고 기본권의 대사인적 효력은 기본권이 사법 관계에 적용될 수 있는지 그리고 적용된다면 어떤 방식으로 적용될 것인지를 문제 삼는다. 그에 반해서 기본권 충돌은 충돌 원인을 문제 삼는 것이 아니라 충돌을 어떻게 해결할 것인지를 고민한다. 여기서 기본권 충돌을 해결하려면 그러한 충돌이 발생하는 상황을 고려하지 않을 수 없다. 기본권의 대사인적 효력은 그러한 충돌이 발생하는 상황을 설명해 준다. 즉 기본권 충돌이 기본권의 대사인적 효력에서 비롯하는지 아니면 기본권보호의무로 말미암아 발생하는지 아니면 한정된 자원 배분과 관련한 주관적 권리 경쟁의 결과인지에 따라서 기본

457) 권영성(주 17), 336～337쪽.

458) 비슷한 견해: 정재황(주 452), 17～18쪽.

459) 정재황(주 452), 18쪽.

460) 기본권의 대사인적 효력은 기본권 충돌과 서로 배제하는 관계가 아니라 기본권이 충돌하는 다양한 상황 중 하나라는 견해로는 한수웅, 「헌재 2004. 8. 26. 2003헌마457 결정(금연구역지정 사건)에 대한 판례평석」, 『헌법논총』 제22집, 헌법재판소, 2011, 511쪽; 같은 사람(주 27), 531쪽.

권 충돌은 달리 해결되어야 한다.

기본권보호의무로 말미암은 기본권 충돌에서는 기본권 주체가 반드시 특정되어야 하는 것은 아니어서 기본권 주체 스스로 기본권 충돌을 주장할 수 없을 수도 있다. 그러므로 국가가 직권으로 문제가 되는 기본권적 법익을 좀 더 세심하게 찾아야 하고, 구체적인 기본권 주체를 설정할 수 없어서 기본권적 법익을 추상적으로만 고려할 수밖에 없을 때도 있다. 그리고 국가의 한정된 자원 배분에 따른 기본권 충돌에서는 당사자 중 누구에게도 유리하거나 불리하지 않은 합리적인 배분 기준이 문제 된다. 이때는 같은 기본권 사이의 충돌이고, 충돌하는 기본권 사이의 조화로운 보호가 아니라 일부는 보호받고 일부는 보호받지 못하는 결과에 이르며, 오로지 어떤 기준을 통해서 누구의 기본권을 보호할 것인지가 문제 된다. 합리적인 배분 기준은 해당 기본권의 의미와 성격, 관련 당사자 사정에 관한 적절한 고려, 사회에 미치는 영향, 당사자 사이의 실질적 대등 확보 가능성 등을 고려하여 합리적으로 결정하여야 할 것이다. 그러나 기본권의 대사인적 효력에 따른 기본권 충돌에서는 충돌하는 기본권 주체의 기본권을 최대한 조화롭게 보호하는 것이 관건이다. 특히 기본권 주체가 구체적으로 특정되어서 그의 주장을 주의 깊게 경청하고 고려하여 그가 모두 수인할 만한 결론을 도출하여야 한다.

일반적으로 논의되는 기본권 충돌은 기본권의 대사인적 효력을 원인으로 한다. 따라서 기존 논의는 이러한 관계를 전제로 논의된다는 것에 주의하여야 한다. 기본권 충돌은 최종적으로 입법자가 입법을 통해서 해결한다. 이러한 입법이 있으면 기본권 충돌은 그 입법에 따라 해결된다. 다만, 이러한 입법의 합헌성이 문제 되면 다시금 기본권 충돌의 법리가 문제 될 수 있다. 이때는 기본권 충돌의 법리가 헌법 제37조 제2항에 따른 비례성 심사를 수정하는 형태로 영향을 미칠 것이다. 기본권 충돌을 입법적으로 해결하지 않으면 그 합헌성은 기본권 충돌의 일반 법리(이익 형량과 실제적 조화의 원칙)에 따라 심사될 것이다.

기본권 충돌에서는 부딪히는 기본권적 법익 모두를 고려하고 조화를 이루는 방향으로 해결하도록 하고 그 결과의 한계를 설정한다. 그러나 기본권 충돌에서는 구체적인 해결방식이 무엇인지는 논의하지 않는다. 그러한 내용은 기본권의 대사인적 효력에서 다룬다. 기본권의 대사인적 효력은 사인 서로 간의 관계에도 기본권의 효력이 미치고, 그 효력이 미치는 방식은 사법의 일반조항을 통해서 사법적(私法的) 방식으로 적용된다고 한다. 따라서 기본권의 대사인적 효력으로 말미암은 기본권 충돌의 해결도 반드시 사법적 방식으로만 이루어져야 한다. 물론 이때 선택된 사법적 방식은 이익형량과 실제적 조화의 원칙에 따른 위헌심사를 통과하여야만 헌법에 합치하게 된다.

Ⅳ. 기본권 포기

1. 기본권 충돌 문제 발생을 방지하는 기본권 포기

가해자가 피해자의 기본권을 제약하더라도 이러한 제약이 사인에 대한 기본권 포기에 해당하면 더는 기본권 문제가 생기지 않는다. 가해자와 피해자의 의사를 존중하는 사법에 따라 관련 문제가 깔끔히 해결되기 때문이다. 사적 자치 원리는 권리 처분의 자유로서 권리 포기를 인정한다. 그래서 기한 이익 포기(민법 제153조), 지분 포기(민법 제267조), 상속 포기(민법 제1019조), 유증 포기(민법 제1074조) 등에서 사법은 권리 포기를 인정한다. 사법상 권리도 기본권의 구체적 내용이다. 그러므로 기본권 포기가 기본권 보호 목적에 어긋나지 않고 공공복리에 심각한 문제를 발생시키지 않으면 원칙적으로 사인에 대한 기본권 포기도 인정될 수 있다. 사인에 대한 기본권 포기가 인정되면 가해자와 피해자의 이해 충돌이 발생하지 않는다. 따라서 이러한 때는 실질적으로 기본권 충돌이 발생하지 않는다고 볼 수 있다. 그래서 사인에 대한 기본권 포기가 인정되면 기본권 충돌 논의는 필요하지 않다. 이때는 자기 기본권적 이익을 포기하는 사인의 의사표시가 다른 사인의 기본권 제약을 정당화한다. 따라서 기본권 충돌을 논의하기 전에 기본권 포기가 허용되는지를 먼저 살펴보아야 한다.

2. 기본권 포기의 의의

(1) 기본권 포기의 개념과 법적 성격

기본권 포기는 기본권 주체가 국가나 다른 기본권 주체가 하는 구체적 기본권 제약 행위에 대해서 사전에 동의하는 것을 말한다. 기본권 주체에게는 기본권 포기가 자기 결정에 따라 기본권적 보호 법익을 처분한다는 점에서 기본권 행사이지만, 기본권이 제약되는 결과가 발생한다. 이러한 점에서 기본권 포기는 기본권 행사와 기본권 제약이라는 이중적 성격이 있다. 즉 기본권적 법익이나 지위의 처분이라는 점에서는 기본권 행사이지만, 발생하는 법적 효과 측면에서는 기본권 제약이다. 기본권 행사 측면에서는 일반적 행동자유권이 문제 되지만, 기본권 제약 측면에서는 관련되는 개별 기본권이 문제 된다.

기본권 포기에서 기본권 주체는 포기의사를 표시할 뿐이다. 이러한 기본권 주체의 의사 표시 자체만으로는 아무런 법적 효과가 발생하지 않는다. 국가나 다른 기본권 주체의 행위가 있을 때 비로소 기본권 포기는 법적 의미가 있다. 즉 기본권 포기는 국가나 다른 기본권 주체의 행위와 결합할 때 비로소 법적 효과를 발생시킬 수 있다. 그리고 기본권 포기는 헌법이나 법률이 허용하는 범위를 넘어서는 기본권 제약 행위가 있을 때만 문제 된다. 헌법이나 법률이 허용하는 기본권 제약 행위는 기본권 포기를 별도로 논의할 실익이 없기 때문이다. 결국, 기본권 포기는 헌법이나 법률이 정당성을 직접 부여하지 않는 국가나 다른 기본권 주체의 기본권 제약 행위에 헌법적 정당성을 부여하는 기본권 주체의 동의를 뜻한다. 따라서 기본권 포기는 기본권 소멸을 일으키는 것이 아니라 기본권을 제한하는 것에 그친다. 그리고 기본권 포기는 국가나 다른 기본권 주체의 행위에 헌법적 정당성을 부여하여 그들의 활동 영역을 넓히는 결과를 발생시킨다.[461)]

기본권 포기를 국가에 대해서 하면 전형적인 기본권 관계, 즉 개인과 국가 사이의 양극관계를 이룬다. 그러나 기본권 포기를 다른 기본권 주체에 대해서 하면 기본권 3각관계가 형성된다. 따라서 전자에서는 기본권 포기가 국가의 기본권 제약 행위를 정당화하는지가 문제 되지만, 후자에서는 사적 자치의 실현과 보완이 문제 된다. 다른 기본권 주체에 대한 기본권 포기가 인정되는 영역에서는 사적 자치가 전적으로 적용되어 국가 개입이 부정된다. 이때 국가는 기본권 포기의 요건이 갖추어졌는지만을 심사할 수 있을 뿐이다. 이때 기본권 포기 요건이 갖추어지지 않아서 기본권 포기가 인정되지 않으면 국가 개입을 통한 사적 자치의 보완이나 보충이 문제 된다. 이때 기본권의 대사인적 효력이나 기본권보호의무가 검토되어야 할 것이다.[462)]

기본권 포기와 관련하여 형법에서 논의되는 동의와 양해의 구별은 큰 의미가 없다. 기본권해석학에서 구성요건 차원과 정당화를 구별하는 것은 특별한 의

---

461) Jens Seifert, Problemkreis des Grundrechtsverzichts, in: Jura 2007, S. 100 참조.

462) 허완중(주 432), 12~15쪽 참조.

미가 없기 때문이다.[463] 그리고 양해 인정은 기본권 제한 범위가 과도하게 확장될 위험을 일으킬 수 있다. 즉 동의와 구별되는 양해를 인정하여 기본권 제약이라는 성질 자체를 부정한다면 국가나 다른 기본권 주체는 기본권 제약에 따르는 헌법적 한계에서 벗어나 마음대로 행위를 할 가능성을 얻을 수 있다. 따라서 양해를 부정하고 동의로 통일하여 최소한의 헌법적 통제 가능성은 남겨두는 것이 타당하다.

(2) 구별 개념

① 기본권의 소극적 자유

기본권의 소극적 자유는 기본권 보호영역 안에 포섭되는 기본권의 내용이다. 기본권의 소극적 자유는 개별 기본권 자체의 산출물[464]로서 기본권에서 (적극적) 행위권에 불행사의 (소극적) 자유가 대응될 때 인정된다.[465] 그래서 기본권의 소극적 자유는 부작위를 통해서 실현되는 기본권 행사의 한 유형이다.[466] 기본권의 소극적 자유에서 기본권 주체는 기본권적 보호를 포기하지 않는다. 그에 반해서 기본권 포기는 적극적 작위를 통해서, 최소한 묵시적 행위를 통해서 이루어진다.[467] 그리고 소극적 자유를 행사하는 사람은 언제나 적극적 자유를 행사할 수 있지만, 기본권을 포기한 사람은 포기를 철회하거나 철회할 가능성이 유보되지 않은 한 해당 포기에 구속된다. 따라서 기본권의 소극적 자유와 기본권 포기는 구별된다.

---

463) 같은 견해: Michael Sachs (Anm. 125), S. 140 Rdnr. 37.

464) Gerd Sturm, Probleme eines Verzichts auf Grundrechte, in: Gerhard Leibholz/Hans Joachim Faller/Paul Mikat/Hans Reis (Hrsg.), Menschenwürde und freiheitliche Rechtsordnung: Festschrift für Willi Geiger zum 65. Geburtstag, Tübingen 1974, S. 185.

465) Detlef Merten, Der Grundrechtsverzicht, in: Hans-Detlef Horn (Hrsg.), Recht im Pluralismus: Festschrift für Walter Schmitt Glaeser zum 70. Geburtstag, Berlin 2003, S. 55; Jens Seifert (Anm. 461), S. 101 참조.

466) 강태수, 「기본권 포기론」, 『공법연구』 제29집 제2호, 한국공법학회, 2001, 136쪽; 표명환, 「기본권적 보호이익의 침해에 대한 승낙과 그 한계」, 『공법학연구』 제9권 제2호, 한국비교공법학회, 2008, 171쪽; Michael Sachs (Anm. 125), S. 140 Rdnr. 35.

467) 계희열(주 9), 73쪽; Philipp S. Fischinger, Der Grundrechtsverzicht, in: JuS 2007, S. 808; Gehard Robbers, Der Grundrechtsverzicht, in: JuS 1985, S. 925 f.; Jens Seifert (Anm. 461), S. 101; Klaus Stern, Das Staatsrecht der Bundesrepublik Deutschland, Bd. Ⅲ/2, München 1994, S. 905.

② 기본권 불행사

기본권 불행사는 적극적 작위로 이루어진 기본권 내용을 행사하지 않는 것을 말한다. 이러한 점에서 부작위 자체가 기본권 내용인 소극적 자유와 기본권 불행사는 구별된다. 기본권 불행사는 의사표시와 상관없이 발생하고, 법적 성질이 아니라 사실적 성질이 있을 뿐이다. 기본권 불행사로 말미암아 기본권 주체의 행사 권한은 소멸하지 않으므로, 기본권 주체는 일정한 기간 경과로 행사 권한이 소멸하지 않는 한 언제든지 기본권을 행사할 수 있다.[468] 그리고 기본권 포기는 기본권 제약 행위에 헌법적 정당성을 부여하여 합헌화하지만, 기본권 불행사는 기본권 제약 행위의 위헌성을 제거하지 않는다.[469] 따라서 기본권 불행사는 자유권 행사의 한 유형[470]으로서 기본권 포기가 아니다.

③ 자초위해

자초위해(Selbstgefährdung)[471]는 기본권 주체 스스로 기본권을 제약하거나 제약 위험을 일으키는 것을 말한다. 자살, 자상, 음주, 담배와 대마초 흡연, 마약 복용, 단식투쟁, 인신공양, 위험한 스포츠 향유 등을 자초위해의 예로 들 수 있다. 자초위해에서는 기본권 주체 자신의 행위가 기본권 제약이라는 결과를 일으킨다는 점에서 기본권 주체 자신이 아닌 국가나 다른 기본권 주체의 행위가 기본권을 제약하는 기본권 포기와 구별된다.[472] 즉 자초위해에서는 정당화 주체와 행위 주체가 일치하지만, 기본권 포기에서는 정당화 주체와 행위 주체가 분리된다. 그리고 기본권 포기에서는 기본권 주체의 포기의사가 필요하지만, 자초위해는 기본권 주체의 고의뿐 아니라 과실로도 발생할 수 있다는 점에서 기본권 주체의 의사가 필수적인 것은 아니다. 또한, 기본권 포기에서는 국가나 다른 기본권 주

---

468) 강태수(주 466), 135～136쪽; 계희열(주 9), 73쪽; 정종섭(주 302), 335쪽; Klaus Bussfeld, Zum Verzicht im öffentlichen Recht am Beispiel des Verzichts auf eine Fahrerlaubnis, in: DÖV 1976, S. 769; Michael Malorny, Der Grundrechtsverzicht, in: JA 1974, S. 476; Detlef Merten (Anm. 465), S. 54 f.; Jens Seifert (Anm. 461), S. 10; Gerd Sturm (Anm. 464), S. 185 f.

469) 표명환(주 466), 171쪽; Jost Pietzcker, Die Rechtsfigur des Grundrechtsverzichts, in: Der Staat 17 (1978), S. 533; Gehard Robbers (Anm. 467), S. 925.

470) Michael Sachs (Anm. 125), S. 140 Rdnr. 36; Klaus Stern (Anm. 467), 903 ff.

471) ‘자기위해행위’라는 용어도 사용된다. 강태수, 「자기위해행위의 제한에 관한 헌법적 고찰」, 『경희법학』 제43권 제1호, 경희대학교 법학연구소, 2008, 17～44쪽 참조.

472) 같은 견해: 강태수(주 466), 136쪽; 같은 사람(주 471), 28쪽.

체의 행위가 헌법적으로 정당성을 부여받는지가 주로 문제 되지만, 자초위해에서는 기본권 주체의 행위를 제한할 수 있는지가 핵심 문제이다.

④ 기본권 행사의 포기?

기본권 포기를 기본권 행사의 포기와 좁은 뜻의 기본권 포기로 나누려는 견해가 있다.[473] 이 견해를 따르면 좁은 뜻의 기본권 포기는 기본권의 옹근(완벽한) 소멸을 일으킨다고 한다. 따라서 포기자는 권리구제를 청구할 모든 가능성을 잃어버린다고 한다. 그에 반해서 기본권 행사의 포기는 기본권 자체를 포기하는 것이 아니라 일정한 기간 또는 구체적인 사안에서 단지 기본권의 행사나 주장을 포기하는 것으로 기본권 자체는 여전히 유지된다고 한다. 다만, 기본권 주체는 기본권을 행사하지 않을 의무를 진다고 한다. 기본권 주체는 여전히 권리 향유자이므로 기간이 지나고 나서 또는 다른 사안에서 기본권을 행사할 수 있다고 한다. 그러나 행사될 수 없는 권리는 사실적으로 있을 수 없다는 점에서 기본권 행사의 포기는 언제나 부분적인 기본권 포기에 불과하다. 즉 기본권 포기와 기본권 행사의 포기는 개념적으로 구별되지 않고, 포기 범위가 다를 뿐이다.[474] 그리고 언제부터 기본권이 전체적으로 포기되거나 공동화하는지에 대한 한계를 거의 설정할 수 없다.[475] 또한, 기본권 포기는 기본권 보장 목적과 기본권의 본질적 내용 침해 금지 때문에 기본권 자체를 옹글게(완벽하게) 포기하는 것은 허용되지 않으므로,[476] 기본권 행사의 포기와 구별되는 기본권 포기는 헌법적으로 있을 수 없다. 따라서 기본권 행사의 포기와 좁은 뜻의 기본권 포기의 구별은 아무런 실익이 없다.[477]

---

473) Michael Malorny (Anm. 468), S. 476; Detlef Merten (Anm. 465), S. 54, 56.

474) 같은 견해: 강태수(주 466), 135쪽; Jens Seifert (Anm. 461), S. 101; Gehard Robbers (Anm. 467), S. 925; Klaus Stern (Anm. 467), S. 903 f.

475) Hartwig Donner/Jürgen Simon, Genomanalyse und Verfassung, in: DÖV 1990, S. 915; Klaus Stern (Anm. 467), S. 904.

476) 같은 견해: Jürgen Schwabe, Probleme der Grundrechtsdogmatik, Darmstadt 1977, S. 93.

477) 같은 견해: Reinhard Singer, Die Lehre vom Grundrechtsverzicht und ihre „Ausstrahlung" auf das Privatrecht, in: Wilfried Erbguth/Friedrich Müller/Volker Neumann (Hrsg.), Rechtstheorie und Rechtsdogmatik im Austausch: Gedächtnisschrift für Bernd Jeand'Heur, Berlin 1999, S. 174; Gerd Sturm (Anm. 464), S. 185.

3. 기본권 포기의 허용 여부

기본권을 주관적 권리 측면에서 바라보면, 기본권은 개별 기본권 주체의 이익과 보호에 이바지한다. 따라서 기본권 주체가 기본권적 이익과 지위를 자유롭게 처분하는 것은 권리의 구체적 내용으로서 보장된다. 그에 반해서 기본권을 객관법적 측면에서 살펴보면, 기본권은 개별 기본권 주체의 이익과 보호에서 벗어나 다양한 헌법적 보장과 의무를 요구한다. 따라서 기본권 주체라도 자유롭게 기본권을 포기할 수 없다. 기본권은 다양한 과제와 기능이 있으므로 이것을 단순히 하나의 측면에서만 바라볼 수 없다. 그리고 법적 상황과 사실적 관계가 달라짐에 따라 기본권을 그것에 맞게 이해할 필요도 있다. 특히 개별 기본권에 따라 특정한 성격이 강조되거나 더 중요하게 여겨질 수도 있다. 따라서 기본권을 올바르게 이해하려면 기본권 규정 자체를 분석하여야 하는 것은 물론 전체 헌법 규정 체계 속에서 기본권 규정에 부여되는 의미와 내용을 확인하고 구체적 적용 사안에 맞게 기본권 규정을 해석하는 것이 필요하다. 그래서 기본권은 다중성이라는 측면에서, 즉 주관적 권리성은 물론 객관적 법규범인 기본권 규정에서 도출되는 다양한 다른 내용도 함께 고려되어야 한다. 따라서 기본권 포기 허용 여부도 기본권의 다중성이라는 성격을 전제하는 바탕 아래에서 개별 기본권을 구체적 적용 사안에 맞게 해석함으로써 결정하여야 한다. 특히 기본권 포기는 기본권 행사와 기본권 제약이라는 이중성이 있지만, 기본권 포기의 오용 가능성 때문에 헌법적으로는 기본권 제약이라는 측면에 더 중요한 의미가 부여된다는 점을 유의하여야 한다.

기본권적 법익이나 지위의 처분은 헌법 제10조 제1문 후단의 행복추구권에서 도출되는 일반적 행동자유권을 통해서 기본권적으로 보장된다.[478] 따라서 기본권 포기를 일반적으로 금지하는 것은 헌법 질서와 합치하지 않는다. 특히 포기 가능성이 일반적으로 부정된다면, 그러한 범위 안에서 기본권은 자유에서 의무로 변질한다.[479] 그러나 국가는 물론 기본권 주체 자신도 헌법에 구속된다는 점에서 헌법 질서에 어긋나거나 헌법이 보호하는 법익을 침해하는 기본권 포기는 허용될 수 없다. 특히 기본권이 절대적으로 보장되는 것이 아니라는 점에서 기본

478) 비슷한 견해: 표명환(주 466), 168쪽. 그러나 기본권 포기와 관련된 일반적 행동자유권의 구체적 내용은 관련된 개별 기본권 해석을 통해서 도출할 수밖에 없다.

479) Gehard Robbers (Anm. 467), S. 927.

권 포기도 한계가 있을 수밖에 없다. 그래서 다른 기본권 행사가 제한 없이 허용되는 것이 아닌 것처럼 기본권 포기도 제한 없이 허용될 수 없다. 또한, 헌법이 보호하는 개인은 헌법이 보호하는 생활 관계, 즉 헌법 관계 속에서 살아가는 존재이다. 즉 헌법이 전제하는 개인은 고립된 존재가 아니라 관계적 존재이다. 그러나 개인은 국가와 마주 서 있는 존재이고, 국가와 맺는 관계 속에서 파묻히는 존재가 아니다. 개인은 다양한 관계 속에서 자신의 정체성을 지키고 독자적으로 자신의 삶을 만들어가는 존재이기도 하다. 헌법은 이러한 개인의 독자성도 당연히 보호하여야 한다. 따라서 두 가지 측면에서 개인 생활에 대한 개입은 한계에 부딪힌다. 하나는 개인이 맺는 관계 중에서 헌법이 규율하는 국가관련적 관계에만 개입할 수 있고 개인의 독자성을 훼손하는 영역에는 개입할 수 없다. 따라서 기본권이 오로지 기본권 주체 자신의 이익에만 이바지하면 국가는 기본권 포기를 허용하여야 한다. 그러나 기본권이 기본권 주체 자신의 이익 이외에 다른 기본권 주체의 이익이나 그 밖의 다른 헌법적 이익에도 이바지하면 기본권 포기는 제한될 수 있다. 기본권 포기가 허용되는지와 어떤 범위에서 허용되는지에 대한 구체적 대답은 개별 기본권에서 도출되어야 한다. 즉 개별 기본권은 그 보호영역을 단계화한 보장과 한계를 포함하고, 그에 따라 기본권 포기 허용 여부와 그 범위도 결정된다. 이때 관련 기본권의 법적 성격, 제약의 종류와 강도, 지속기간, 남용 가능성 그리고 포기자의 구체적 상황이 함께 종합적으로 고려되어야 한다.[480] 기본권 포기 대상이 일반적 법익이거나 그것이 그 밖의 공익과 충돌하면 기본권 포기가 허용되지 않는다는 견해[481]가 있다. 그러나 이때 기본권 포기 허용 여부는 이러한 법익과 헌법이 보호하는 개인의 결정권 사이의 형량을 통해서 결정하여야 하므로 이 견해는 타당하지 않다.[482]

4. 기본권 포기의 인정 요건

(1) 기본권 주체의 자유로운 처분권

기본권 주체가 기본권을 행사하므로, 기본권 포기는 원칙적으로 기본권 주체

480) Thorsten Kingreen/Ralf Poscher (Anm. 128), Rdnr. 201 참조.

481) Gerd Sturm (Anm. 464), S. 197. Kunt Amelung, Die Einwilligung in die Beeinträchtigung eines Grundrechtsgutes, Berlin 1981, S. 75도 비슷한 견해를 주장한다.

482) 같은 견해: Klaus Stern (Anm. 467), S. 922 f.

만 할 수 있다. 그러나 기본권 주체도 기본권 보호영역 중에서 자신이 자유롭게 처분할 수 있는 영역에서만 기본권을 포기할 수 있다. 즉 기본권 주체가 기본권을 포기하려면 기본권 주체는 기본권의 향유자일 뿐 아니라 기본권의 처분권이 있어야 한다. 이러한 영역은 기본권을 개별적으로 검토하여 확인할 수밖에 없다. 기본권은 다기능적으로 형성되므로, 즉 기본권은 다중성이 있으므로, 기본권 주체의 처분권은 충돌하는 기본권적 법익과 관련 헌법적 법익 사이의 형량과 밀접하게 관련된다.[483] 따라서 기본권이 기본권 주체의 이익뿐 아니라 다른 헌법적 법익과 관련이 있으면 기본권 주체의 처분권은 제한된다. 즉 기본권 주체의 이익이 관련되는 다른 헌법적 법익보다 헌법적으로 우월하다고 인정되는 때만 기본권 주체의 처분권은 인정된다. 친권(헌법 제36조 제1항, 민법 제4편 제4장 제3절)이나 선거의 비밀(헌법 제41조 제1항, 제67조 제1항)처럼 기본권이 기본권 주체의 이익에만 이바지하지 않거나 먼저 다른 헌법적 법익에 이바지하면 처분권은 제한되거나 부정된다.[484] 존엄권(헌법 제10조 제1항 전단)이나 생명권(헌법 제10조, 제37조 제1항)[485]처럼 기본권적 법익 보장 자체가 기본권의 목적이면 기본권 주체의 처분권은 인정될 수 없다. 이러한 기본권은 기본권 주체를 보호하기 위해서 자발적인 처분이 인정되지 않는다.[486] 예를 들어 기본권 주체의 촉탁이나 승낙이 있어도

483) Jens Seifert (Anm. 461), S. 103.

484) 정종섭(주 302), 338쪽; Detlef Merten (Anm. 465), S. 65; Michael Sachs, Volenti non fit iniuria, in: VerwArch 76 (1985), S. 420 f.; ders. (Anm. 125), S. 140 f. Rdnrn. 38 f. 참조.

485) 대법원은 "생명권이 가장 중요한 기본권이라고 하더라도 인간의 생명 역시 인간으로서의 존엄성이라는 인간 존재의 근원적인 가치에 부합하는 방식으로 보호되어야 할 것이다. 따라서 이미 의식의 회복가능성을 상실하여 더 이상 인격체로서의 활동을 기대할 수 없고 자연적으로는 이미 죽음의 과정이 시작되었다고 볼 수 있는 회복불가능한 사망의 단계에 이른 후에는, 의학적으로 무의미한 신체 침해 행위에 해당하는 연명치료를 환자에게 강요하는 것이 오히려 인간의 존엄과 가치를 해하게 되므로, 이와 같은 예외적인 상황에서 죽음을 맞이하려는 환자의 의사결정을 존중하여 환자의 인간으로서의 존엄과 가치 및 행복추구권을 보호하는 것이 사회상규에 부합되고 헌법정신에도 어긋나지 아니한다고 할 것이다. 그러므로 회복불가능한 사망의 단계에 이른 후에 환자가 인간으로서의 존엄과 가치 및 행복추구권에 기초하여 자기결정권을 행사하는 것으로 인정되는 경우에는 특별한 사정이 없는 한 연명치료의 중단이 허용될 수 있다."라고 하여 무의미한 연명의료 중단을 인정하였다[대법원 2009. 5. 21. 선고 2009다17417 판결(공2009상, 849)]. 그러나 생명권을 처분할 수 있어서 무의미한 연명의료 중단이 허용되는 것이 아니고, 다른 헌법적 정당화가 가능한 때만 무의미한 연명의료 중단은 정당성을 인정받을 수 있다. 그래서 생명의 인위적 단축은 허용되지 않고 오로지 인위적 연장 중단만이 헌법적으로 정당성을 인정받을 수 있다. 즉 생명의 자연적 존속기간을 침해하지 않는 범위에서만 무의미한 연명의료 중단이 허용될 수 있다.

기본권 주체를 죽이는 것은 허용되지 않는다(형법 제252조).

(2) 포기 의사 표시

기본권 포기가 인정되려면 포기의사가 표시되어야 한다. 이러한 의사 표시는 원칙적으로 기본권 주체만 할 수 있다. 기본권 주체에는 자연인만 해당하는 것이 아니라 법인, 그 밖의 단체와 외국인 및 무국적자도 기본권 주체가 될 수 있는 한 포함된다. 미성년자, 심신상실자, 행위무능력자처럼 기본권행사능력이 제한되는 기본권 주체는 기본권행사능력이 제한되는 범위에서는 포기 의사를 표시할 수 없다. 예외적으로 부모의 친권 행사처럼 엄격한 요건이 충족되면 기본권 주체의 대리인이 포기 의사를 표시할 수도 있다. 기본권 포기는 명시적인 의사 표시는 물론 묵시적인 의사 표시로도 가능하다. 행위로도 가능한데 이때는 행위에서 포기 의사를 명확하게 확인할 수 있어야 한다. 그리고 기본권 포기는 쌍방적 의사 표시뿐 아니라 일방적 의사 표시로도 가능하다. 다만, 일방적 의사 표시이면 상대방이 이것을 인식할 수 있어야 한다. 통신의 비밀과 같이 둘 이상의 기본권 주체와 관련되는 기본권에서는 모든 기본권 주체의 의사 표시가 있어야 한다. 포기의 의사 표시가 뚜렷하게 인식될 수 있다면, 법률이 특별한 형식을 요구하지 않는 한 포기의 의사 표시는 형식 없이 이루어진다.[487]

포기 의사 표시가 유효하려면 의사 표시 수신이 필요하다. 의사 표시 상대방은 기본권을 제약하는 당사자이다. 그러나 의사 표시가 반드시 제약 당사자에게 직접 이루어져야 하는 것은 아니다. 의사 표시가 제약 당사자에게 명확하게 도달한 이상, 다른 사람을 통한 간접적인 의사 표시도 가능하다. 포기 의사 표시는 기본권 제약 행위 이전에 하여야 하고, 기본권이 제약될 때 여전히 포기의 의사 표시는 있어야 한다. 기본권 주체는 언제나 기본권 보호와 관련된 사건의 지배자이기 때문이다.[488] 포기 의사 표시는 분명하게 인식되거나 인식될 수 있어야 한다. 헌법은 기본권 보호를 목적으로 하므로 포기 여부가 의심스러우면 기본권 주체가 기본권을 포기하지 않으려 한다는 것으로 추정된다. 즉 포기 의사는 추정되지 않는다.[489]

486) 같은 견해: Michael Sachs (Anm. 484), S. 420 f.

487) Gerd Sturm (Anm. 464), S. 184.

488) Philipp S. Fischinger (Anm. 467), 98 ff.

동의가 적시에 이루어질 수 없으면, 기본권 주체의 가정적 의사에 합치한다면 추정적 동의가 문제 된다는 견해가 있다.[490] 사적 자치의 취지에 비추어 당사자의 추정적 의사가 명확하게 확인될 수 있으면 다른 기본권 주체에 대한 추정적 동의는 인정될 수 있다. 그러나 단지 제약만을 목적으로 한 국가 행위는 동의가 실제 있어도 허용되지 않는다는 점에서, 사적 자치의 주체가 될 수 없는 국가에 대한 추정적 동의는 기본권 주체의 가정적 의사에 합치한다는 것만으로 인정될 수 없다. 즉 다른 헌법적 정당화가 수반되는 때만, 즉 헌법적 법익 보호를 위해서 기본권 주체의 기본권을 제약할 필요성이 명확하게 인정되지만, 기본권 주체의 동의를 받는 것이 불가능하거나 기본권 주체의 동의 여부를 확인할 시간적 여유가 없을 때만, 추정적 동의는 허용될 수 있다.

(3) 자발적 포기

포기는 자발적으로 이루어져야 한다. 즉 포기결정은 기본권 주체의 자유로운 의사로 하여야 한다. 이러한 포기는 기본권 주체가 포기 여부를 결정할 수 있음을 알고 자기 행위의 결과나 그 위험 그리고 포기의 사정거리와 의미를 명확하게 인식한다는 것을 전제한다. 그리고 자발적인 포기는 일정한 판단력을 바탕으로 한다.[491] 이러한 판단력은 민법의 행위능력과는 별도로 기본권행사능력과 관련하여 개별적으로 판단하여야 하는데, 일정한 연령과 통찰력이 필요하다. 포기를 결정할 때 당사자 사이에서 법률적·사실적 지위의 평등이 중요하다. 즉 한쪽의 지위가 법률적으로나 사실적으로 우위에 있어서 자유로운 의사 결정이 불가능하지 않아야 한다. 그 밖에 포기의 자발성을 판단할 때 개별적인 성숙도, 침해 정도 등을 고려하여야 한다. 자발성은 포기의사를 결정할 때 부정적 영향이 없어야 비로소 인정된다. 따라서 포기의사 결정은 직접적인 강제는 물론 간접적인 강제 혹은 사기나 착오 없이 이루어져야 한다. 강제에는 물리적인 것은 물론 심리적인 것도 포함된다. 사기에는 제약자 자신은 물론 제3자에 의한 것도 포함된다. 이때 제약자가 제3자의 사기를 알았거나 알 수 있었는지는 문제 되지 않는다. 하지만 착오에 의한 의사표시는 부수적인 문제에 착오가 있었다면 자발성이 인정된다.

---

489) Michael Malorny (Anm. 468), S. 479 참조.

490) Detlef Merten (Anm. 465), S. 68.

491) 같은 견해: 강태수(주 449), 21쪽; 계희열(주 9), 76쪽; 표명환(주 466), 169～170쪽.

자발성이 부정될 때 이러한 유효하지 못한 기본권 포기에 근거한 행위가 사법 행위(私法行爲)이면 취소될 수 있다(민법 제109조 제1항, 제110조 제1항 참조). 그러나 이러한 행위가 공법 행위(公法行爲)이면 무효로 보아야 한다.[492] 사법 행위는 사법 관계에서 제3자의 신뢰를 보호하기 위한 것인데, 공법 행위는 일반적 효력이 있는 것으로 획일적으로 확정될 필요성이 있고, 기본권 포기에 따른 공법 행위의 정당성 인정은 헌법이 직접 명시적으로 규정한 것이 아니므로 엄격하게 해석할 필요가 있기 때문이다.

5. 기본권 포기의 효과

(1) 기본권 행사의 일시적인 일부 정지

기본권 포기의 효과는 기본권 보호영역 일부에만 미친다. 따라서 기본권 주체가 기본권을 포기하더라도 기본권은 소멸하지 않고, 단지 그 행사가 부분적으로 그리고 일시적으로 정지될 뿐이다. 이때 정지되는 기본권 행사는 기본권 제약에 대한 방어권 행사이다. 이는 궁극적으로 포기된 기본권 영역 보호를 권리구제수단을 통해서, 특히 사법적 구제수단을 통해서 관철할 수 없음을 의미한다. 정지되는 기본권 행사 영역은 일반적으로 확정될 수 없고, 포기의사 해석을 통해서만 밝혀질 수 있다. 즉 기본권 주체의 포기의사가 기본권 포기의 내용과 범위를 결정하고, 그 한계를 확정 짓는다.[493]

(2) 기본권 제약 행위의 정당화

다른 기본권 주체에 대한 기본권 포기가 인정되면, 다른 기본권 주체의 기본권 제약 행위는 합헌적인 것으로 인정된다. 이때 기본권을 포기한 영역은 사적 자치가 전적으로 적용되므로 이러한 영역에 국가는 관여할 수 없다. 따라서 기본권 포기 요건이 갖추어졌음이 확인되면 국가는 기본권 포기에 따른 결과를 보장하여야 한다.

국가에 대한 기본권 포기는 국가에 새로운 권한을 부여하지 않는다. 국가는 자신의 권한범위 안에서 활동할 수 있을 뿐이다. 기본권 포기는 국가가 자신의

492) 같은 견해: 강태수(주 466), 139쪽.
493) Klaus Stern (Anm. 467), S. 928 참조.

권한을 행사할 때 부딪히는 장애를 일부 제거하는 기능만 할 뿐이다. 즉 기본권 포기는 국가의 기본권 제약 행위를 정당화하는 데 그친다. 기본권 포기에 근거한 기본권 제약은 그 안에서 합헌이다. 이러한 기본권 제약 행위의 합헌성은 기본권 포기가 이후에 철회되어도 사라지지 않는다. 이러한 범위에서 포기의사는 구속적이다.[494)]

기본권 주체의 기본권 포기가 제약이라는 성격 자체를 제거한다는 견해가 있다.[495)] 이 견해를 따르면 기본권 포기는 정당성 차원에서 심사되어서는 안 된다고 한다. 그러나 전통적인 제약 개념이나 확장된 제약 개념에 근거하는지와 상관없이 기본권 주체가 상대방의 제약 행위에 동의하면 언제나 (기본권 보호영역에 관계되는 한) 기본권이 보호하는 법익에 대한 불리한 작용이 문제 된다. 유효한 동의는 이러한 작용에 대한 규범적 평가를 바꿀 뿐이고 보호되는 기본권 보호영역의 축소나 방해라는 순수사실적 평가에 영향을 미치지 않는다. 즉 동의가 유효하다면 기본권 제약 행위에서 위헌성이 제거된다. 그러나 기본권 포기에서 제약이라는 행위의 성질은 건드리지 않는다.[496)] 그리고 기본권 포기가 있으면 기본권 제약 자체가 없다고 보는 것은 기본권 보호를 우연적 상황에 맡김으로써 기본권 보호를 약화할 수 있다. 즉 기본권제약행위자가 기본권 포기의사를 알지 못하여도 기본권 침해가 부정될 수도 있다. 또한, 기본권 제약 자체를 부정하든 기본권 제약의 정당화를 인정하든 포기상대방에게 미치는 효과에는 본질적인 차이가 없다.[497)] 즉 상대방은 기본권 포기가 없을 때 할 수 없었던 행위를 기본권 포기 때문에 할 수 있다. 따라서 기본권 포기에서 제약이라는 성격 자체가 탈락한다고 보는 것은 타당하지 않다.

(3) 기본권 포기의 철회 가능성

기본권을 포기하더라도 기본권 주체는 기본권 주체라는 지위를 박탈당하거나 기본권 자체를 상실하지 않는다. 따라서 기본권은 여전히 기본권 주체의 지배

---

494) Klaus Stern (Anm. 467), S. 915 f.

495) Albert Bleckman, Probleme des Grundrechtsverzichts, in: JZ 1988, S. 57; Jürgen Schwabe (Anm. 476), S. 99; Jens Seifert (Anm. 461), S. 101. BVerwGE 42, 331 (335)에서 독일 연방행정최고법원은 행정계약에서 계약당사자의 일치된 합의가 있으면 최소한 법률적 근거를 요구하는 의미의 제약이 발생하지 않는다고 하였다.

496) Philipp S. Fischinger (Anm. 467), S. 813; Klaus Stern (Anm. 467), S. 918.

497) Gerd Sturm (Anm. 464), S. 191 f. 참조.

아래에 있다. 즉 기본권 주체는 여전히 기본권과 관련된 사건의 주체이며 지배자이지, 객체나 피지배자가 아니다. 그리고 기본권 포기도 기본권 행사의 한 유형이므로, 기본권 주체는 기본권 포기와 다른 형태로 기본권을 행사할 수도 있다. 이러한 점에서 기본권 주체는 다른 약정이 없거나 헌법적 법익의 침해나 침해 위험이 없는 한 원칙적으로 자유롭게 기본권 포기를 철회할 수 있다. 기본권 포기가 철회되면 기본권 제약 행위는 더는 정당성을 부여받지 못한다. 그러나 기본권 제약 행위 이전에만 기본권 포기 철회가 가능하다. 상대방은 현재 유효한 기본권 주체의 의사만을 존중하여야 하므로, 기본권 포기 철회에는 오로지 장래효만 귀속된다.[498] 따라서 기본권 제약 행위 이후에 기본권 포기가 철회되더라도 기본권 제약 행위의 합헌성이나 정당성은 박탈되지 않는다.

6. 기본권 포기의 한계

(1) 법치국가적 기본권 제한의 한계

기본권 포기를 통하여 구체적 개별 사건에서 합헌적인 국가행위 범위는 확대된다. 즉 기본권 포기는 국가의 행위 여지를 확대한다. 여기서 기본권 포기는 기본권 제한과 비교할 만한 법적 효과(기본권 제약의 정당화)가 있다. 그러나 기본권 제한 체계를 기본권 포기에 그대로 전용할 수는 없다. 이는 기본권 포기가 법률이 허용할 때만 허용된다는 것을 뜻할 것이기 때문이다. 이러한 의미는 인격 형성 표현이며 기본권 행사인 기본권 포기의 성격과 맞지 않는다.[499] 그러나 기본권 포기와 기본권 제한이 같은 결과를 일으킨다는 점에서 기본권 포기의 한계를 확인하는 데 기본권 제한 체계가 실마리를 제공할 수는 있다.

다른 기본권 주체에 대한 기본권 포기에서 다른 기본권 주체는 유효한 포기 범위 안에서 자신의 사적 유용성에 따라 자유롭게 포기자의 기본권을 제약할 수 있다. 따라서 기본권 제약 목적은 중요하지 않다. 그러나 국가에 대한 기본권 포기에서 국가는 유효한 포기 범위 안에서도 자유롭게 포기자의 기본권을 제약할

498) 강태수(주 466), 140쪽; Philipp S. Fischinger (Anm. 467), S. 809; Michael Malorny (Anm. 468), S. 479 f.; Detlef Merten (Anm. 465), S. 68; Jost Pietzcker (Anm. 469), S. 530; Gehard Robbers (Anm. 467), S. 926; Michael Sachs (Anm. 125), S. 142 Rdnr. 43; Jens Seifert (Anm. 461), S. 102; Klaus Stern (Anm. 467), S. 916.

499) 같은 견해: Philipp S. Fischinger (Anm. 467), S. 810.

수 없다. 국가는 사인과 같은 지위에서 활동하더라도 사적 유용성이 아니라 공익에서 활동 동기를 찾아야 하기 때문이다. 결국, 국가는 일반적인 기본권 제한처럼 기본권 포기에서도 국가안전보장·질서유지 또는 공공복리라는 목적을 위해서만 기본권을 제약할 수 있다. 기본권보장의무를 지는 국가는 헌법적으로 정당한 목적 없이 기본권을 제약할 수는 없기 때문이다.

다른 기본권 주체에 대한 기본권 포기에서 다른 기본권 주체는 기본권 제약행위에 대한 자유로운 선택권이 있다. 이러한 권리를 헌법 제10조 제1문 후단의 행복추구권에서 도출되는 일반적 자유행동권이 보장한다. 그러나 국가는 기본권 포기가 있어도 헌법이 지운 기본권보장의무(제10조 제2문)에서 벗어날 수 없고, 법치국가원리에서 도출되는 비례성원칙에 여전히 구속된다. 그리고 헌법에 구속되는 기본권 주체는 기본권이 아닌 비례성원칙을 포기할 수도 없다. 따라서 기본권 포기에서도 국가는 여전히 비례성원칙에 따라 기본권을 제약하여야 한다. 다만, 이때 비례성원칙은 상당히 완화한 형태로 적용된다. 즉 필요성원칙은 최소제약이 아니라 제약목적을 넘어서는 과도한 제약을 금지하는 내용으로, 상당성원칙은 과도한 불균형을 허용하지 않는 내용으로 각각 바뀔 것이다. 기본권 주체가 이미 기본권 포기를 통해서 자신의 기본권을 실현한다는 점과 기본권 주체가 기본권 제약에 대해서 스스로 평가하였다는 점을 존중하여야 하기 때문이다.[500)]

기본권의 본질적 내용 존중은 기본권 주체의 처분이 아니라 입법자의 기본권 제한과 관련되므로 기본권 포기의 한계가 아니라는 견해가 있다.[501)] 그러나 기본권의 본질내용 보장은 기본권 규정 공동화를 방지하는 데 그 의의가 있다. 즉 기본권의 본질내용까지 제약되면 기본권 보장 목적은 달성될 수 없다. 그리고 기본권 행사나 기본권 제약은 최소한 그 근거를 박탈하지 않거나 그 보장대상을 파괴하지 않는 범위에서만 가능하다. 따라서 기본권 포기에서도 기본권의 본질내용은 보장되어야 한다. 결국, 기본권의 본질내용을 대상으로 하는 기본권 포기는 허용되지 않는다.[502)]

---

500) 비슷한 견해: 강태수(주 466), 147~148쪽; Kunt Amelung (Anm. 481), S. 62; Klaus Stern (Anm. 467), S. 921.

501) Jens Seifert (Anm. 461), S. 104.

502) 같은 견해: 강태수(주 466), 146~147쪽; 계희열(주 9), 77쪽; 이강혁, 「기본권의 포기」, 『월간고시』 제14권 제3호(통권 제158호), 법지사, 1987. 3., 45쪽; 정종섭(주 302), 338쪽; Klaus Stern (Anm. 467), S. 925.

(2) 개별 내용에 대한 구체적인 포기

기본권 전체를 포기하는 것은 결과적으로 기본권이 보호되지 않는 것과 같으므로 기본권 보장 목적에 어긋난다. 그리고 기본권 전체의 포기는 기본권의 본질적 내용을 침해할 수밖에 없다(헌법 제37조 제2항 후문). 따라서 기본권 전체를 포기하는 것은 허용되지 않고 기본권의 개별 내용 중 일부만을 포기할 수 있을 뿐이다.[503)](그 자신이 헌법에 구속되는) 기본권 주체의 주관적 행위를 통해서도 국가 권력은 헌법의 구속에서 벗어날 수 없다는 것도 기본권 전체 포기가 인정되지 않는 근거 중의 하나이다.[504)] 기본권 전체 포기가 허용된다면 포기가 허용되는 범위에서 국가는 기본권보장의무(헌법 제10조 제2문)를 옹글게(완벽하게) 면제받는 결과가 발생하기 때문이다. 또한, 기본권은 모든 사람이나 국가기관에 대해서 포기할 수 없다. 즉 오직 특정된 사람이나 국가기관에만 기본권을 포기할 수 있다. 그리고 모든 시간에 대해서가 아니라 한정된 시간 안에서만 기본권 포기가 인정된다.[505)] 포기상대방이나 포기기간을 특정하지 않아서 포기가 구체적이지 않으면, 포기 내용이 확정되지 않고 기본권 주체 자신도 기본권 포기에 따른 결과를 예측할 수 없어서 기본권 주체의 지배 가능성이 사라지기 때문이다.

(3) 헌법과 법률의 우위

헌법과 법률은 기본권 주체는 물론 국가도 구속한다. 따라서 기본권 주체와 국가는 헌법과 법률에 어긋나는 어떠한 행위도 할 수 없다. 기본권 포기도 기본권 주체의 의사표시와 다른 기본권 주체와 국가의 행위를 통해서 실현되므로 기본권 포기도 헌법이나 법률에 어긋날 수 없다. 즉 헌법이나 법률에 명문의 금지

---

503) 같은 견해: 계희열(주 9), 72, 78쪽; 장영철, 「기본권행사포기로서 기본권포기에 관한 고찰」, 『서울법학』 제27권 제3호, 서울시립대학교 법학연구소, 2019, 50쪽; 정재황(주 95), 172쪽; 정종섭(주 302), 335쪽; 표명환(주 466), 170쪽; Albert Bleckman (Anm. 495), S. 59; Philipp S. Fischinger (Anm. 467), S. 811. 영장 없이 가택을 수색하고자 할 때 당사자가 자유로운 의사표시로 이를 수용할 때(헌법 제16조 제2문 참조), 재산권을 보상 없이 공용사용하도록 허용할 때(헌법 제23조 제3항 참조), 독신의 피구속자가 주위 사람이 자신의 체포사실을 알게 되는 것을 꺼려 헌법 제12조 제5항의 통지를 하지 말도록 요구할 때, 항소심의 재판이나 대법원의 재판을 받지 않겠다고 할 때(헌재 1998. 5. 28. 96헌바4, 판례집 10-1, 610, 620 참조) 등이 이에 해당한다.

504) Philipp S. Fischinger (Anm. 467), S. 808; Michael Malorny (Anm. 468), S. 477 f. 참조.

505) 같은 견해: Albert Bleckman (Anm. 495), S. 59.

규정이 있으면 기본권 포기는 허용되지 않는다. 예를 들어 헌법이 금지하는 고문(헌법 제12조 제2항 전단)이나 검열(헌법 제21조 제2항)은 기본권 주체가 동의하여도 허용되지 않고, 법치국가원리의 요소인 법관의 자격이 있는 판사에 의한 재판을 받을 권리(헌법 제27조 제1항)는 포기할 수 없다. 그러나 기본권 제한에 따르는 법률유보(헌법 제37조 제2항 전단)는 기본권 포기에서 문제 되지 않는다. 기본권 포기에 관한 권리는 헌법 제10조 제2문에서 도출되므로 기본권 포기에 대한 법률적 근거는 불필요하기 때문이다. 만약 기본권 포기에 법률적 근거가 필요하다고 하면, 법률적 근거가 없는 기본권 행사는 허용되지 않는다는 부당한 결과가 도출될 수 있다.[506)]

506) 이에 관해서 자세한 검토는 강태수(주 466), 148～151쪽 참조.

Chapter

05

피해자와 국가의 관계

제5장 피해자와 국가의 관계

Ⅰ. 국가의 적극적 행위를 중심에 두는 피해자와 국가의 관계

기본권 3각관계에서 피해자와 국가의 관계는 피해자가 국가에 보호를 요청하고 국가는 피해자의 기본권을 보호하는 조치를 취하는 것으로 나타난다. 즉 피해자와 가해자의 관계에서 제약이 확인된 피해자의 기본권을 어떻게 보호할 것인지가 피해자와 국가의 관계에서 문제 된다. 그래서 피해자와 가해자의 관계가 확인되어서 기본권 3각관계가 문제 된다는 것이 인정되면 이어서 피해자와 국가의 관계를 검토하여야 한다. 기본권에서는 보호가 우선적인 문제이고 국가의 적극적 행위가 있어야 비로소 기본권 제약이 생기기 때문이다. 기본권 3각관계가 문제 된다는 것은 사법 관계인 피해자와 가해자의 관계에 기본권 개입이 필요하다는 것이 확인된 때를 말한다.

헌법국가에서 국가는 기본권을 보호하려고 창설되었다. 이러한 국가는 기본권을 보장할 의무를 진다(헌법 제10조 제2문). 따라서 기본권을 보호할 (최종적) 주체는 결국 국가이다. 그래서 피해자와 가해자의 관계에서 가해자가 피해자의 기본권을 제약한다는 것이 확인되어서 보호가 필요하다고 인정된 피해자를 국가가 보호하여야 한다. 이러한 의무를 기본권보호의무라고 한다. ① 기본권이 보호하는 법익에 대해서 ② 기본권 주체인 제3자가 ③ 위법하게 ④ 위해를 가하였거나 위해를 가할 객관적인 위험이 있으면, 국가의 기본권보호의무가 발생한다. 따라서 가해자의 위법한 제약은 기본권보호의무의 전제조건이다. 여기서 위법성은 사인이 기본권을 행사할 때 다른 사인의 기본권을 침해할 수 없다는 헌법적 한계가 있는데 이러한 한계를 넘었다는 것을 뜻한다.[1] 따라서 법률을 비롯한 헌법하위법규범이 아닌 헌법이 제약행위의 위법성을 판단하는 기준을 제공한다. 기본권보호의무에 따른 보호는 가해자의 적극적 행위일 수밖에 없다. 이러한 점에서 피해자와 국가의 관계 중심에는 국가의 적극적 행위가 있다. 즉 피해자의 기본권을 보호하는 적극적 행위가 국가에 요구되어서, 피해자와 국가의 관계에서

1) 허완중, 「사법관계에 미치는 기본권의 효력」, 고려대학교 법학석사학위논문, 2002, 66쪽.

주된 문제는 국가가 어떤 행위를 어느 정도 하여야 하는지이다. 일단 국가가 아무런 행위를 하지 않거나 어떠한 행위를 하였지만, 그것이 피해자의 기본권을 보호하는 효과가 전혀 혹은 거의 없다면, 국가가 피해자의 기본권을 보호하지 않는 결과가 발생한다. 따라서 이때 국가는 기본권보호의무를 위반하게 된다. 그리고 국가가 어떠한 행위를 하였고, 그 행위가 피해자의 기본권을 보호하는 어느 정도 효과가 있다면 이러한 행위가 피해자의 기본권을 충분히 보호하는지가 문제 된다. 국가의 보호조치가 실제로 피해자의 기본권을 충실하게 보호하여야 비로소 국가는 기본권보호의무를 이행한 것으로 볼 수 있기 때문이다.

Ⅱ. 기본권보호의무

1. 의의

전통적으로 국가가 기본권을 침해하였다 국가가 기본권 침해의 중요한 주체임에는 지금도 변함없다. 하지만 국가만 기본권을 침해하는 것은 아니다. 사인도 기본권을 침해할 수 있다. 기본권을 침해받는 기본권 주체에게는 누가 기본권을 침해하는지는 중요하지 않다. 그리고 일방의 기본권 행사가 상대방의 기본권에 대한 침해나 침해 위험이 될 수도 있다. 이러한 침해나 침해 위험에 대해서도 기본권 주체의 기본권은 보호되어야 한다. 이러한 범위에서 (기본권의 침해나 침해 위험을 일으키는) 기본권 행사는 한계에 부딪힌다. 따라서 기본권은 국가의 침해를 금지하는 전통적 기능뿐 아니라 국가에 대한 보호 명령이라는 기능도 아울러 있다.[2] 여기서 방어권 이외에 기본권보호의무[3]가 문제 된다.

기본권보호의무란 기본권적 법익에 대한 국가의 보호의무로서 기본권이 보호하는 법익을 기본권 주체인 제3자의 위법한 제약에서 보호할, 즉 그 제약을 예방하거나 그로 말미암은 피해 발생을 방지할 국가의 의무를 말한다. 기본권보호의무는 동등한 기본권 주체의 기본권 영역을 서로 확정하고, 그렇게 확정된 영역

2) 헌재 1997. 1. 16. 90헌마110등, 판례집 9-1, 90, 119-121; 헌재 2008. 7. 31. 2004헌바81, 판례집 20-2상, 91, 103-104; BVerfGE 46, 160 (164); 53, 30 (57) 참조.

3) 여기서 기본권보호의무와 국가의 보호의무를 구별한다. 기본권보호의무는 기본권 주체인 제3자의 침해에서 기본권적 법익을 보호할 국가의 의무에 한정하고, 국가의 보호의무는 침해 주체와 관계없이 모든 침해에서 기본권적 법익을 보호할 국가의 모든 의무를 가리킨다.

에서 다른 기본권 주체의 행위나 영역에서 나오는 기본권적 법익에 대한 위험을 억제하여 각 기본권 주체가 자기 기본권을 원만히 행사할 수 있도록 법질서를 형성·유지할 국가의 의무를 뜻한다. 기본권보호의무 때문에 국가는 기본권을 침해하는 위치에만 있는 것이 아니라 기본권 주체인 제3자에게서 개인의 기본권을 보호할 적극적 보호자의 위치에도 서게 된다.

2. (기본권적) 방어권과 기본권보호의무의 비교

기본권보호의무는 다음과 같은 점에서 (기본권적) 방어권과 구별된다.[4)]

(1) 인정 근거

방어권은 개인의 주관적 권리이지만, 기본권보호의무는 개인의 주관적 권리를 도출하는 근거로 작용하는 객관법적 국가과제이다.[5)] 즉 방어권은 기본권의 주관적 측면에서 문제가 되지만, 기본권보호의무는 기본권의 객관적 측면에서 문제가 된다. 물론 기본권보호의무에서도 보호청구권이라는 주관적 권리가 도출된다.[6)] 하지만 기본권보호의무에서 문제 삼는 것은 먼저 국가가 국민을 위해서 무엇을 하여야 한다는 의무적인 측면이다. 방어권도 국가의 침해금지의무에 상응하는 권리인데도 그 의무적인 측면을 잘 거론하지 않는 것은 방어권 논의의 중점이 주관적 권리이기 때문이다.

(2) 기본권 관계의 구조

방어권과 기본권보호의무는 기본권적 법익을 보호한다는 점에서는 마찬가지

---

4) 계희열, 『헌법학(중)(신정2판)』, 박영사, 2007, 109～110쪽; 김상겸, 「제3자의 기본권침해에 대한 보호의무로서 기본권보호의무」, 『고시연구』 제30권 제6호(통권 제351호), 고시연구사, 2003. 6., 255쪽; 김학성/최희수, 『헌법학원론(전정4판)』, 피앤씨미디어, 2020, 353～354쪽; 정태호, 「기본권보호의무」, 『인권과 정의』 제252호, 1997. 8., 대한변호사협회, 88쪽; 허완중(주 1), 57쪽 주 24; Josef Isensee, Das Grundrecht als Abwehrrecht und als staatliche Schutzpflicht, in: Isensee/Kirchhof (Hrsg.), HdBStR Bd. Ⅴ, 2. Aufl., Heidelberg 2000, § 111 Rdnrn. 1 ff.

5) Josef Isensee (Anm. 4), § 111 Rdnr. 8.

6) 기본권적 방어권은 국가에 대해서 국가 자신이 침해하지 말라고 청구하는 권리이지만, 보호청구권은 제3자가 침해하지 않도록 국가가 배려할 것을 국가에 대해서 청구하는 권리이다(Robert Alexy, Theorie der Grundrechte, Frankfurt, 1994, S. 415).

이다. 그러나 방어권은 사인과 국가의 관계에서 개인의 자유를 문제 삼지만, 기본권보호의무는 사인 서로 간의 관계에서 개인의 안전을 문제 삼는다. 즉 방어권은 국가의 침해에 대해서 자유, 즉 개인의 소극적 지위를 보장하여 국가 활동을 억제하지만, 기본권보호의무는 국가 활동을 억제하는 것이 아니라 오히려 국가에 적극적 지위를 매개해 준다.[7] 방어권에서 보호법익은 국가가 일정한 요건을 충족하지 않으면 제약할 수 없는 소극적 의미로 이해되지만, 기본권보호의무에서 보호법익은 국가가 제3자의 제약에서 온전하게 보전하여야 하는 적극적 의미로 이해된다.

(3) 국가의 지위

방어권과 기본권보호의무 양자의 수범자는 국가이다. 그러나 방어권은 기본권(규정)이 부여하는 권리이지만, 기본권보호의무는 기본권(규정)이 부과하는 의무이다. 그리고 방어권에서는 국가가 위험원이지만, 기본권보호의무에서 위험원은 제3자이고 국가는 제3자가 유발하는 기본권적 법익에 대한 위법한 제약을 막아야 하는 보증인적 지위에 있다.[8] 헌법재판소는 "국민의 기본권에 대한 국가의 적극적 보호의무는 궁극적으로 입법자의 입법행위를 통하여 비로소 실현될 수 있는 것이기 때문에, 입법자의 입법행위를 매개로 하지 아니하고 단순히 기본권이 존재한다는 것만으로 헌법상 광범위한 방어적 기능을 갖게 되는 기본권의 소극적 방어권으로서의 측면과 근본적인 차이가 있다. 즉 기본권에 대한 보호의무자로서의 국가는 국민의 기본권에 대한 침해자로서의 지위에 서는 것이 아니라 국민과 동반자로서의 지위에 서는 점에서 서로 다르다."라고 한다.[9]

(4) 내용과 실현

방어권은 일정한 요건을 갖춘 때를 제외하고는 기본권적 자유에 대한 국가의 모든 제약을 금지하는 것을 내용으로 하지만, 기본권보호의무는 기본권적 법익을 보호하기 위해서 효과적인 모든 수단을 투입하라고 요구하는 것은 아니다.

---

7) Josef Isensee (Anm. 4), § 111 Rdnrn. 1 ff.; Konrad Hesse, Grundzüge des Verfassungsrechts der Bundesrepublik Deutschland, 20. Aufl., Heidelberg 1995, Rdnr. 350 (콘라드 헷세, 계희열 옮김, 『통일독일헌법원론』, 박영사, 2001, 223쪽).

8) Josef Isensee (Anm. 4), § 111 Rdnrn. 4 f.

9) 헌재 1997. 1. 16. 90헌마110등, 판례집 9-1, 90, 120.

즉 기본권보호의무는 어떠한 수단을 선택할 것인지에 관해서 입법자에게 폭넓은 재량을 부여한다. 그리고 방어권은 개인과 국가의 단선적 관계를 형성하지만, 기본권보호의무는 사인(피해자)-국가-제3자(가해자)의 3각관계를 형성한다. 특히 사인의 기본권을 제약함으로써 국가의 보호의무가 이행될 때 대립하는 사인의 기본권이 국가에 서로 충돌하는 기능 수행을 요구한다. 즉 피해자의 기본권은 국가에 적극적 행위를 요구하지만, 가해자의 기본권은 국가의 활동에 대해서 방어적 작용을 한다. 이러한 특성 때문에 방어권에서는 헌법이 직접 효력을 미치지만, 기본권보호의무는 일반적으로 법률을 매개로 실현된다.[10)]

3. 인정 근거

헌법은 기본권보호의무를 직접 규정하지 않는다. 그러나 헌법 제10조 제2문은 국가에 개인이 가지는 불가침의 기본적 인권을 보장할 의무를 부여한다. 기본권보장의무는 기본권 주체인 제3자가 일으키는 내적 침해나 침해 위험에서 기본권 주체를 보호할 의무도 포함한다. 그리고 국가의 목적은 1차적으로 국민의 내·외적 안전을 보장하는 것이다. 헌법 전문은 "우리들과 우리들의 자손의 '안전'"이라는 표현을 통해서 그리고 헌법 제37조 제2항에서 기본권 제한 목적으로 국가안전보장과 '질서유지'를 규정함으로써 개인의 내·외적 '안전'의 보장이라는 국가목적을 밝혔다. 이때 내적 안전 보장이라는 국가목적을 달성하기 위해서 국가의 기본권보호의무가 요구된다. 특히 국가가 개인의 자력구제를 배제하고 모든 권력(폭력)을 독점함으로써 국민의 자력구제를 긴급한 상황을 제외하고 금지하는 것은 국가가 모든 침해에서 개인의 기본권을 보장한다는 것을 전제한다. 또한, 헌법 제30조는 다른 사람의 범죄행위 때문에 생명과 신체에 피해를 본 국민에 대한 국가의 보호의무를 규정한다. 그러나 이러한 헌법적 근거에서는 기본권보호의무의 추상적 내용만 도출될 뿐이고 구체적 내용은 확정되지 않는다. 기본권보호의무의 구체적 내용은 개별 기본권 해석을 통해서만 밝혀질 수 있다. 이러한 점에서 공동체의 객관적 가치질서로서 기능하는 기본권의 객관적 측면도 기본권보호의무의 헌법적 근거가 되어야 할 것이다. 요컨대 기본권보호의무는 헌법 제10조 제2문의 기본권보장의무, 국가의 내적 안전 보장, 국가의 권력독점, 헌법 제

10) Josef Isensee (Anm. 4), § 111 Rdnrn. 5 ff.

30조와 더불어 개별 기본권의 객관적 측면을 근거로 한다.[11)]

4. 발생 요건

기본권보호의무가 발생하려면 ① 기본권이 보호하는 법익에 대해서 ② 사인인 제3자가 ③ 위법하게 ④ 위해를 가하였거나 위해를 가할 객관적인 위험이 있

11) ① 기본권보호의무의 근거에 관해서는 실정헌법보다는 기본권의 객관적 가치질서의 측면에서 기본권보호의무를 도출하는 견해{계희열(주 4), 107~108쪽; 정태호(주 4), 92~99쪽}, ② 입헌주의 헌법과 민주공화국의 선언규정에서 기본권보장의무를 도출하고 헌법 제10조 제2항이나 헌법 전문은 단지 이를 확인하는 것으로 보는 견해(송기춘, 「국가의 기본권보장의무에 관한 연구」, 서울대학교 법학박사학위논문, 1999, 108쪽), ③ 헌법 제10조 제2문의 규정을 통해서 통치권력의 기본권 구속성에 따른 국가의 기본권보호의무를 당연한 것으로 보면서 헌법 제10조 제2문을 근거로 드는 견해[이승우, 「국가의 기본권보호의무」, 『현대공법과 개인의 권익보호』[균재 양승두교수 화갑기념논문집(Ⅰ)], 홍문사, 1994, 1182쪽}, ④ 헌법이 정하는 기본권 보장 및 국가의 본질적 기능과 목적 그리고 헌법 제10조 제1항을 근거로 드는 견해(정종섭, 『헌법학원론(제12판)』, 박영사, 2018, 398쪽), ⑤ 먼저 헌법 제10조 제2문을 근거로 들고 그 밖에 헌법 전문, 헌법 제21조 제4항, 헌법 제30조를 간접적 근거로 드는 견해(방승주, 「교통사고처리특례법과 국가의 기본권보호의무」, 『헌법소송사례연구』, 박영사, 2002, 463~464쪽; 같은 사람, 「헌법 제10조」, 『헌법주석[Ⅰ]』, 박영사, 2013, 377쪽), ⑥ 기본권의 객관적 측면에서 보호의무의 근거를 찾기보다는 헌법 제10조 제2문에서 찾는 것이 합리적이라는 견해(정문식, 「생명윤리법상 국가의 기본권 보호의무」, 『공법학연구』 제8권 제3호, 한국비교공법학회, 2008, 174쪽), ⑦ 기본권의 객관적 측면에서 도출할 수밖에 없다는 견해(이부하, 「헌법영역에서 기본권보호의무」, 『공법학연구』 제8권 제3호, 한국비교공법학회, 2008, 130~131쪽), ⑧ 객관적 가치질서로서 자유권의 성격과 헌법 제10조 후문의 '국가의 인권보장 의무' 그리고 국가목표로서 내적 평화와 법익의 안전에 대한 보장이 헌법적 근거라는 견해(한수웅, 『헌법학(제10판)』, 법문사, 2020, 435~437쪽), ⑨ 이론적 근거로 기본권의 객관적 가치질서적 성격을, 실정법적 근거로 전문의 "우리들과 우리들의 자손의 안전과 자유와 행복을 영원히 확보할 것을 다짐하며", 헌법 제10조 후문, 제30조, 제36조 제1항, 제124조를 드는 견해(심경수, 『헌법(제2판)』, 법문사, 2020, 172~173쪽) 그리고 ⑩ 실정법적 근거로 헌법 전문의 '우리들과 우리들의 자손의 안전과 자유와 행복을 영원히 확보', 헌법 제10조의 존엄과 가치, 헌법 제30조의 범죄피해구조청구권를, 이론적 근거로 기본권의 객관적 원칙규범 성격을 드는 견해[김학성/최희수(주 4), 352~353쪽], ⑪ 기본권보호의무의 헌법적 근거는 헌법상 개별 기본권 목록이나 해석상 기본권으로 인정된 자유나 권리를 규정하는 헌법의 명문 규정에서 구해야 한다고 하면서 헌법 제8조 제3항, 제22조 제2항, 제32조 제4항, 제35조 제1항, 제36조 제1항과 제3항을 드는 견해(김현철, 「국가의 기본권보호의무론의 재정립에 관한 시론」, 『법학연구』 제23집 제1호, 인하대학교 법학연구소, 2020, 83~91쪽)가 제시된다. 헌법재판소의 법정의견은 헌법 제10조 제2문을 기본권보호의무의 근거로 들고(헌재 1997. 1. 16. 90헌마110등, 판례집 9-1, 90, 119-120. 헌재 2008. 7. 31. 2004헌바81, 판례집 20-2상, 91, 103 다수의견도 같은 견해), 소수의견은 헌법 전문, 헌법 제10조, 제30조, 37조 제1항을 기본권보호의무의 근거로 들었다(헌재 1997. 1. 16. 90헌마110등, 판례집 9-1, 90, 126 재판관 김진우, 재판관 이재화, 재판관 조승형의 위헌의견).

어야 한다.

(1) 기본권이 보호하는 법익

기본권보호의무는 자유권이 보호할 수 있는 모든 법익과 관련하여 발생할 수 있다. 즉 기본권보호의무는 모든 자유권에 공통된 기능이다. 사회권은 생활에 필요한 재화의 정의로운 분배를 통한 자유 보장을 목표로 하여 동태적 성격을 띠지만, 기본권보호의무는 기존 법적 지위를 사인의 위해에서 보존하는 것이라서 보수적·정태적 성격을 띤다. 따라서 사회권의 내용이 되는 사회적 급부는 기본권보호의무의 적용대상 밖에 있다. 기본권이 보호하는 자유는 국가와 관계되는 영역에서 문제 되고, 사인 서로 간에는 현실적 불평등이 그대로 투영되는 결과를 동반하는 사적 자치가 지배한다. 따라서 인간의 존엄과 관련된 평등 같은 인격의 핵심적 영역을 제외하면 원칙적으로 평등권은 기본권보호의무의 적용대상이 되지 못한다.[12)13)]

기본권보호의무는 객관적 보호형식을 취하므로 기본권적 법익 중 개인의 주관적 법익이 아닌 객관적 법익을 보호한다. 즉 기본권보호의무는 구성요건 차원에서 기본권 주체인 개인에게서 추상화한다. 따라서 개인의 기본권(향유)능력,

---

12) 정태호(주 4), 87쪽. 평등권은 고유한 보호 범위가 없어서 그 보호 범위에 대한 침해도 없고, 국가는 원칙적으로 사인의 평등권 침해에서 개인을 보호할 의무가 없다는 견해로는 한수웅(주 11), 439쪽. 평등권은 원칙적으로는 보호법익이 아니지만, 예외적으로 사인의 차별도 정당화가 요구되는 특수한 영역의 자유권과 결합하면 보호법익이 된다는 견해로는 이민열,「기본권보호의무의 구조와 보호권」,『헌법재판연구』제5권 제2호, 헌법재판소 헌법재판연구원, 2018, 275~280쪽.

13) 헌법재판소는 주로 사인인 제3자에 의한 개인의 생명이나 신체 훼손에서 문제 된다고 한다(헌재 2009. 2. 26. 2005헌마764등, 판례집 21-1상, 156, 177; 헌재 2011. 2. 24. 2008헌바40, 판례집 23-1상, 1, 6; 헌재 2015. 12. 23. 2011헌바139, 판례집 27-2하, 456, 464; 헌재 2018. 6. 28. 2011헌바379등, 판례집 30-1하, 370). 이를 따르는 견해로는 이부하,「기본권보호의무의 헌법적 쟁점 - 독일 헌법이론을 고찰하며 -」,『법조』제68권 제2호(통권 제734호), 법조협회, 2019. 4., 46~47쪽. 헌법상 기본권 목록에 국가의 기본권보호의무가 규정된 명문 조항이나 어떤 기본권 규정 해석을 통해서 국가의 기본권보호의무를 인정할 수 있는, 정당의 자유(제8조 제3항), 환경권(제35조 제1항), 혼인과 가족생활(제36조 제1항), 신체의 안정성(건강)과 그 전제인 생명권(제36조 제3항), 지적재산권(제22조 제2항), 여자 및 연소자의 근로의 권리(제32조 제4항과 제5항)에 한정하는 견해로는 김현철(주 11), 97~98쪽. 그리고 자유권적 측면이 그 권리 자체에 포함되어 있거나 제3자의 위법한 침해로 자유권적 기본권의 전제인 개인의 통합성이나 완전성이 훼손되면 기본권보호의무 보호대상이 된다는 견해로는 이민열(주 12), 273~274쪽.

기본권행사능력, 법적 관련성의 문제는 기본권보호의무 판단에서 무의미하다. 즉 주체가 불분명하거나 확정되지 않거나 없을 때도 국가는 기본권보호의무를 지고 이를 이행하려고 다른 사람의 기본권을 제한할 수 있다.

(2) 사인인 제3자

기본권보호의무는 기본권적 법익을 보호하므로 사인인 제3자는 기본권 주체이어야 한다.[14] 그러나 사인 이외에 자연력이나 외국의 공권력을 기본권보호의무가 발생하는 위험원으로 보는 견해가 있다.[15] 헌법재판소는 재일한국인 피징용부상자의 일본에 대한 보상청구권에 관한 헌법소원에서 국가의 구체적 작위의무를 부정하였다.[16] 독일 연방헌법재판소는 국민을 다른 나라의 군사적 위협에서 보호할 의무를 기본권보호의무에 포함하였다.[17] 자연력이 기본권적 법익을 침해할 때도 국가가 각종 방재대책을 마련할 의무를 진다. 하지만 이때 국가는 재해를 방지하기 위한 조직적·기술적·사실적 힘을 보유하는 주체의 지위에서 의무를 진다. 따라서 사인 사이의 기본권 영역에 대한 조정자로서 활동하는, 기본권보호의무에서 문제가 되는 국가의 지위와는 구별하여야 한다. 그리고 외국 공권력이 기본권적 법익을 침해할 수 있다. 그러나 외국 공권력은 헌법의 기본권이 구속하는 대상이 아니라는 점에서 헌법의 기본권이 구속하는 국가 권력에 대해서 기본권을 주장할 수 있는 기본권보호의무와 문제 상황이 다르다.[18] 기본권 주체 스스로 일으키는 자초위해도 기본권보호의무의 문제로 보려는 견해가 있다.[19] 하지만 이때는

---

14) 헌법재판소도 기본권보호의무는 기본권적 법익을 기본권 주체인 사인에 의한 위법한 침해나 침해 위험에서 보호하여야 할 국가의 의무라고 한다(헌재 2009. 2. 26. 2005헌마764등, 판례집 21-1상, 156, 177; 헌재 2011. 2. 24. 2008헌바40, 판례집 23-1상, 1, 6; 헌재 2015. 12. 23. 2011헌바139, 판례집 27-2하, 456, 464; 헌재 2018. 6. 28. 2011헌바379등, 판례집 30-1하, 370).

15) Eckart Klein, Grundrechtliche Schutzpflicht des Staates, in: NJW 1989, S. 1633; Hans Hugo Klein, Die grundlegende Schutzpflicht, in: DVBl 1994, S. 490; Gerhard Robbers, Sicherheit als Menschenrecht, Baden-Baden 1987, S. 124, 127; Michael Sachs, Verfassungsrecht Ⅱ Grundrechte, 3. Aufl., Berlin/Heudekberg 2017, S. 52 Rdnr. 27; Klaus Stern, Das Staatsrecht der Bundesrepublik Deutschland, Bd. Ⅲ/1, München 1988, S. 735 f.

16) 헌재 2000. 3. 30. 98헌마206, 판례집 12-1, 393.

17) BVerfGE 66, 39 (57 ff.); 77, 170 (214 ff.).

18) 정태호(주 4), 85쪽.

19) Gerhard Robbers (Anm. 15), S. 220 ff.

3각관계가 아닌 국가와 행위자 사이의 양극관계를 형성하고, 궁극적으로 기본권의 방어권적 측면에서 파악된다는 점에서 근본적으로 다르다.[20]

(3) 위법한 제약

기본권보호의무가 발생하려면 사인이 기본권적 법익을 이미 침해하였거나 침해할 위험이 있어야 한다. 여기서 침해는 기본권적 법익에 대한 위법한 제약을 말하고, 이때 제약이란 기본권적 보호법익에 대한 불리한 작용을 뜻한다.[21] 기본권적 법익에 대한 제약이 있다고 해서 바로 기본권보호의무가 발생하는 것은 아니고, 그것이 위법하여야 한다. 제약행위의 위법성에 대한 판단기준은 법률이 아닌 헌법이 제공한다. 기본권보호의무는 사인의 고의나 과실이 없어도 위법성만 있다면 문제가 될 수 있다. 즉 사인이 고의나 과실 없이 목적하지 않은 제약이 발생하여도 그 제약이 위법한 것이라면 기본권보호의무가 발생한다. 기본권보호의무는 침해가 실제로 발생할 때는 물론 기본권을 효과적으로 보호하기 위해서 그러한 침해가 합리적으로 예상될 때, 즉 가해의 객관적 위험이 있을 때도 발생할 수 있다. 위험원인 사인이 가해를 의도하였는지 주관적으로 인식하였는지는 중요하지 않다. 그러나 그러한 침해나 침해 위험은 사인에게 귀속될 수 있어야 한다. 위험 정도는 법적 효과와 관련될 뿐이므로 기본권보호의무 발생과는 관련이 없다.

5. 내용

(1) 수범자

국가의 모든 기관(입법·집행·사법·지방자치단체)이 수범자가 된다. 다만, '1차적으로는' 입법자를 구속하므로 입법자에 기본권보호의무를 이행할 우선적 책임이 있다. 따라서 헌법의 기본권보호의무는 원칙적으로 행정기관이나 법원이 보호조치를 취할 권한의 직접근거가 되지 못한다. 국가가 기본권적 법익 보호를 위해서 취할 수단 선택과 관련하여 입법자에게 재량이 주어진다. 하지만 ① 기본권보호법률이 없으면 적합하고 충분한 법률제정의무가 부과되고, ② 기존 기본권보호

20) 강태수, 「자기위해행위의 제한에 관한 헌법적 고찰」, 『경희법학』 제43권 제1호, 경희대학교 법학연구소, 2008, 27쪽; 정태호(주 4), 85쪽; Josef Isensee (Anm. 4), § 111 Rdnrn. 244 ff.
21) 정태호(주 4), 85쪽.

법률이 기본권보호의무를 충족시키지 못하면 대체법률을 만들거나 해당 법률을 개선할 의무가 있다. 행정기관과 사법기관은 입법자가 제정한 법률을 집행하고 적용할 때 기본권 규정에서 나오는 보호기능을 존중하여야 한다(기본권 규정의 방사효).

(2) 보호 정도 - 과소보호금지원칙

기본권보호의무 목적은 기본권적 법익의 효과적인 보호이다. 기본권보호의무는 국가의 행위의무를 포함한다. 하지만 기본권보호의무는 국가의 보호조치가 있어야 한다는 것만을 결정한다. 기본권보호의무 목적은 다양한 수단을 통해서 달성될 수 있다. 따라서 국가는 기본권보호의무를 어떻게 이행할 것인지에 관해서 형성 재량이 있다. 그러나 국가의 형성 재량도 한계가 있다. 국가가 적절한 보호조치를 하였는지는 과소보호금지원칙을 통해서 심사된다. 과소보호금지원칙은 국가가 기본권이 보호하는 법익을 보호할 때 헌법이 요구하는 최소수준 이상의 보호를 제공하여야 한다는 헌법원칙이다. 헌법재판소도 과소보호금지원칙을 기본권보호의무 이행과 관련하여 심사 기준으로 채택하였다.[22] 헌법이 요구하는 최저한의 보호수준을 일반적·일률적으로 확정할 수는 없다. 이는 개별 사례에서 ① 관련 법익의 규범서열과 종류, ② 그 법익에 대한 침해나 침해 위험의 종류, 근접도, 크기, ③ 자율적 자기보호 가능성[23] 등을 비교형량하여 구체적으로 확정하여야 한다.

헌법재판소는 국가가 국민의 기본권적 법익을 보호하기 위해서 전혀 아무런 보호조치를 취하지 않거나(진정입법부작위), 국가가 취한 보호조치가 기본권적 법

22) 헌재 1997. 1. 16. 90헌마110등, 판례집 9-1, 90, 121-122; 헌재 2008. 7. 31. 2004헌바81, 판례집 20-2상, 91, 103-104.

23) 기본권보호의무가 기본권의 대사인적 효력과 밀접한 관련성이 있다는 점[이에 관해서는 제5장 Ⅲ. 참조]에서 이 요소는 당연히 고려되어야 한다. 사적 자치의 전제 요건이 충족되지 않으면 기본권적 법익 보호를 위해서 입법자가 사법 관계에 개입하여야 한다는 것[계희열(주 4), 115쪽]과 사적 영역에서 국가가 기본권보호의무를 지더라도 사적 자치를 침해하는 것은 허용되지 않는다는 것[정종섭(주 11), 400쪽] 그리고 법관이 보호의무를 이행하더라도 민법 규정에 흐르는 사적 자치를 뛰어넘는 것은 인정되는 않는다는 것[정문식, 「안전에 관한 기본권의 헌법상 근거와 위헌심사 기준」, 『법과 정책연구』 제7집 제1호, 한국법정책학회, 2007, 217～236쪽; 같은 사람(주 11), 175쪽]도 같은 맥락이다. 이 요소 강조는 기본권보호의무의 지나친 확대 적용(이와 관련한 비판은 서경석, 「국가의 기본권보호의무 비판」, 『헌법학연구』 제9권 제3호, 한국헌법학회, 2003, 393～424쪽 참조)을 저지할 수 있다.

익을 보호하기에 명백하게 전적으로 부적합하거나 불충분할 때(불충분입법, 부진정입법부작위)만, 즉 입법자의 기본권보호의무에 대한 명백한 위반이 있을 때만 국가의 기본권보호의무 위반을 확인할 수 있다고 하였다.[24] 그러나 국가에 폭넓은 입법형성권이 있어도 국가가 보호조치를 전혀 하지 않거나 보호조치가 명백하게 전적으로 부적합하거나 불충분하여야 비로소 최소한의 보호수준에 미달하는 것은 아니다. 헌법이 보호를 제공할 때 이러한 보호는 충분하여야 하고, 모든 충분하지 않은 보호는 단지 헌법 위반을 뜻할 뿐이다. 보호조치가 불충분하지만, 아직 완전히 불충분하지 않은 회색지대는 없다.[25] 따라서 헌법재판소는 보호조치가 최소한의 보호수준을 보장하는지를 심사하여 이에 미달하면 언제나 국가의 기본권보호의무 위반을 확인하여야 한다. 즉 과소보호금지원칙에 따른 기본권보호의무 이행에 관한 심사는 소극적 심사가 아니라 적극적 심사이다.

6. 보호청구권

(1) 인정 근거

① 기본권 보장의 목적은 인간의 존엄성 보장, 즉 개인의 자율성 보장이고, ② 기본권이 보장하고자 하는 인간의 자율성과 자기목적성은 국가의 보호의무에 상응하는 주관적 권리를 인정할 때 더욱더 효과적으로 관철될 수 있다.[26] 방어권은 침해자를 보호하는 기능을 수행하고 보호청구권은 피해자를 보호하는 기능을 수행한다. 따라서 만약 보호청구권이 부정되면 방어권적 기능만을 수행하는 기본권은 사인 사이에 기본권을 침해할 특권이 될 것이다. 그에 따라 국가에서 국민과 사회세력이 자유공간을 확대하면 할수록 그리고 헌법적인 국가의 자유 제한성이 축소되면 될수록 사적 침해 위험이 증대할 것이다. 따라서 기본권보호의무가 기본권과 연결되면, 이러한 기본권보호의무를 관철할 주관적·법적 지위를 보장하기 위해서 보호가 필요한 개인에게 보호청구권을 부여하여야 한다. 이때

24) 헌재 1997. 1. 16. 90헌마110등, 판례집 9-1, 90, 121-122.

25) Detlef Merten, Grundrechtliche Schutzpflichten und Untermaßverbot, in: Klaus Stern/Klaus Grupp (Hrsg.), Gedächtnisschrift für Joachim Burmeister, Heidelberg 2005, S. 241. Christoph Brüning, Voraussetzungen und Inhalt eines grundrechtlichen Schutzanspruchs - BVerwG, NVwZ 1999, 1234, in: JuS 2000, S. 957 참조.

26) Robert Alexy (Anm. 6), S. 414.

보호청구권의 내용은 최소한의 보호수준이 될 것이다.

(2) 관철 방법

보호청구권은 법률상 권리가 아니라 헌법 규정에서 도출되는 기본권(유사)적 권리이다. 이러한 보호청구권이 주어져야 비로소 사인은 국가의 기본권보호의무 위반을 사법적(司法的) 수단을 통해서 직접 다툴 수 있다. 특히 헌법소원심판은 기본권 침해를 요건으로 하는 점에서 이러한 보호청구권은 국가의 기본권보호의무를 직접근거로 하여 헌법소원을 제기할 때 필수적이다.

Ⅲ. 기본권보호의무와 기본권의 대사인적 효력의 관계

1. 기본권의 대사인적 효력과 기본권보호의무의 공통점

기본권보호의무는 개인과 국가의 관계, 기본권의 대사인적 효력은 개인과 개인의 관계를 각각 전제한다. 그리고 기본권의 대사인적 효력은 사법(司法)에서 중요한 기능을 하지만, 기본권보호의무는 먼저 입법을 겨냥한다.[27] 따라서 양자는 일견 아무런 관계가 없는 것처럼 보인다.

하지만 기본권보호의무와 기본권의 대사인적 효력 모두 사인이 다른 사인의 기본권을 침해하는지를 다루고, 기본권의 객관적 측면(객관법적 내용)에서 도출된다는 공통점이 있다. 그리고 기본권보호의무는 사인이 다른 사인의 기본권을 위법하게 제약할 때 국가가 피해자인 사인의 기본권을 보호하는 것이라는 점에서 표면적으로는 개인과 국가의 관계이지만 실제로는 사인과 사인의 관계가 문제된다는 점에서 양자는 또 하나의 공통점이 있다.[28] 또한, 기본권보호의무는 국가권력에 복종하면서 더불어 국가 권력에 대해서 기본권을 주장할 수 있는 '사인'인 제3자가 다른 사람의 기본권적 법익을 위법하게 제약하거나 제약할 위험이 있을 때 발생한다.[29] 따라서 기본권보호의무는 언제나 가해자(사인인 기본권 주

27) 같은 견해: 이부하, 「사법에 대한 기본권의 영향 – 독일의 법이론을 중심으로 –」, 『법과 정책연구』 제9집 제1호, 한국법정책학회, 2009, 472쪽.

28) 같은 견해: 이부하(주 27), 472쪽; 이준일, 「기본권으로서 보호권과 기본권의 제3자효」, 『저스티스』 제65호, 한국법학원, 2002. 2., 66쪽; 정태호(주 4), 107쪽; Josef Isensee (Anm. 4), § 111 Rdnr. 134; Gerhard Robbers (Anm. 15), S. 202.

29) Robert Alexy (Anm. 6), S 410 f.; Josef Isensee (Anm. 4), § 111 Rdnr. 97.

체)-보호의무자(국가)-피해자(사인인 기본권 주체)의 3각관계를 형성한다는 점에서 기본권의 대사인적 효력과 또 다른 공통점이 있다.[30] 기본권보호의무는 국가와 가해자 그리고 피해자라는 3각 관계를 중심으로 논의되는 특성이 있지만, 기본권의 대사인적 효력은 기본권이 사인 서로 간의 관계에 작용하는 효력이라는 견해가 있다.[31] 그러나 기본권의 대사인적 효력은 사인과 사인의 기본권이 충돌할 때만 문제가 되고, 결국 국가가 이 문제를 해결한다. 따라서 기본권의 대사인적 효력도 3각 관계를 중심으로 논의할 수밖에 없다.

2. 기본권의 대사인적 효력과 기본권보호의무의 관련성

독일 연방헌법재판소는 대리상 판결에서 처음으로 '사법 규정(私法規定)'이 보호의무를 위반하였다는 것을 확인하였는데, 여기서 간접적 효력을 기본권보호의무와 관계 지웠다.[32] 이 판결은 사법 영역(私法領域)의 입법에서도 제3자가 발생시키는 침해에서 개인의 기본권을 보호할 의무가 입법자에게 부과된다는 것을 확인하였다는 점에서 의의가 있다. 이처럼 최근에 기본권의 대사인적 효력을 기본권보호의무로 설명하려는 시도가 있다. 이와 관련하여 기본권보호의무와 기본권의 대사인적 효력의 관계, 특히 기본권의 대사인적 효력을 기본권보호의무로 대체할 가능성을 살펴볼 필요가 있다.

(1) 기본권의 대사인적 효력을 기본권보호의무 발현으로 보는 견해

먼저 사인 사이의 관계에 기본권을 적용할 수 있는지를 문제 삼는 기본권의 대사인적 효력을 기본권보호의무를 발현하는 유형 중 하나로 파악하는 견해가 있다.[33] 이 견해는 사인 사이의 '사법 관계(私法關係)'에서 기본권 제약이 발생하

30) 사인이 기본권적 법익을 침해하는 것을 국가가 소극적으로 기본권 침해를 허용한 것으로 보아 방어권 문제로 보는 견해도 있다(Jürgen Schwabe, Probleme der Grundrechtsdogmatik, Darmstadt 1977, 213 ff.). 이 견해에 관해서 자세한 비판은 Robert Alexy (Anm. 6), S. 416 ff.

31) 이부하(주 27), 472쪽.

32) BVerfGE 81, 242.

33) 송기춘, 「헌법 제10조 후문의 헌법이론적 의의」, 『민주법학』 제17호, 민주주의법학연구회, 2000, 220~221쪽; Georg Hermes, Grundrechtsschutz durch Privatrecht auf neuer Grundlage?, in: NJW 1990, S. 1768; Christian Starck, Grundrechtliche Schutzpflichten, in: ders., Praxis der Verfassungsauslegung, Baden-Baden 1994, S. 67; Klaus Stern (Anm. 15), S. 1560.

면 기본권보호의무는 '기본권의 대사인적 효력'으로 나타난다고 한다. 기본권보호의무는 기본권이 보장한 기본권 주체의 지위를 제3자의 침해에서도 보호하여야 한다는 국가의 의무에 근거를 두고, 이 의무는 모든 법 영역에서 실현되므로 당연히 사적 주체 서로 간의 관계에도 실현된다고 한다. 즉 기본권보호의무를 지는 법관이 사법의 일반조항을 통해서 기본권을 적용하므로, 기본권이 사인 사이의 관계에 간접적으로 효력을 미친다는 것이다. 따라서 기본권의 보호명령 기능은 사법 질서에서 기본권의 효력을 기본권의 본질과 내용에 맞게 해결할 해석학적으로 가장 명확한 출발점이라고 한다.[34)]

다음으로 사법(私法)을 적용하는 법원의 보호의무 이행이 결국 '기본권의 대사인적 효력' 형태로 나타난다는 견해도 있다.[35)] 이 견해는 국가는 사인의 침해에서 기본권을 보호하여야 할 의무를 지는데, 사법 질서에서 기본권을 보호하고 실현하여야 할 1차적 책임은 법원이 아니라 입법자에게 있다고 한다. 이러한 입법자가 법적 분쟁 해결에 관해서 명시적으로 규율하지 않음으로써 자신의 보호의무를 확정적으로 이행하지 아니하고 사법상 개괄조항 형태로 법관에게 스스로 평가 여지를 부여하면, 민사법관은 개괄조항 등 사법 규정 해석에서 기본권의 가치결정을 고려하여 관철하여야 한다고 한다. 그러므로 기본권의 대사인적 효력은 사인 사이의 관계에서 기본권을 보호하기 위해서 법원이 사법 규정을 기본권 정신에 들어맞게 해석하고 적용하는 문제에 관한 것이라고 한다.

(2) 기본권의 대사인적 효력과 기본권보호의무의 관련성을 강조하는 견해

① 기본권의 간접적 대사인적 효력과 기본권보호의무 사이에 뚜렷한 연관관계가 있다는 견해가 있다.[36)] 이 견해는 기본권보호의무와 기본권의 대사인적 효력을 결부시킴으로써 간접적 효력설의 약점[37)]을 제거할 수 있는 동시에 사법관계에서 기본권보호의무의 내용과 범위를 명확히 밝힐 수 있다고 한다. 사법 관

34) Klaus Stern (Anm. 15), S. 1572.

35) 한수웅(주 11), 423∼424쪽.

36) 정태호(주 4), 107∼108쪽.

37) 기본권의 대사인적 효력이론이 아직 해명하지 못한 문제로 ① 패소한 당사자가 헌법소원을 통해서 방사효를 존중하지 않은 법원 판결을 다툴 근거, ② 기본권의 방사효를 존중하고 실현하는 것은 법원만의 과제이거나 법치국가적 기능 배분에 따른 입법자와 법원의 과제인지, ③ 기본권보호의무와 기본권의 대사인적 효력의 관계를 든다[정태호(주 4), 108쪽 주 132]. 이 문제에 관해서 자세한 것은 Georg Hermes (Anm. 33), S. 1765 f. 참조.

계에서 기본권의 의미를 존중하여야 할 법원의 의무는 모든 국가 권력이 기본권보호의무를 진다는 것에서 나온다고 한다. 즉 기본권의 대사인적 효력은 사법을 해석·적용하는 법원이 보호의무를 준수하는 문제라고 한다. 그런데 사법 관계에서 1차적으로 기본권보호의무를 이행하여야 하는 것은 입법자이고, 법원은 사법적(私法的) 보호입법을 해석하고 적용할 때 사법 관계에 미치는 기본권의 영향을 반영함으로써 보호의무를 이행하여야 한다고 한다. 사법의 입법자가 일반조항이나 불확정개념을 사용하면 법원은 구체적인 사법적 분쟁의 해결 과정에서 이 조항을 해석하고 적용하는 것을 통해서, 보호입법을 불완전하게 제정하면 해당 법률을 헌법재판소에 위헌법률심판을 제청하여 그 결정을 받아서 그리고 그 영역의 성질에 비추어 법률유보원칙을 적용할 수 없거나 그 밖의 사유로 보호규정이 아예 없으면 직접 기본권에 따라서 기본권의 의미를 반영함으로써 관련 기본권적 법익을 위한 보호기능을 반영하여야 한다고 한다. 이때 기본권은 원칙적으로 입법자가 제정한 사법(私法)의 매개를 통해서 기본권보호의무 형태로 사인 서로 간의 관계에 영향을 미치므로 기본권이 사인들의 사법 관계에 (간접적) 제3자적 효력을 미치는 것으로 볼 수 있다고 한다. 이렇게 보면 기본권의 대사인적 효력 이론을 통해서 민사법원이 직접 헌법의 기본권에 따라서 재판하게 됨으로써 발생하는 법적 불완전성은 대체로 해소되고, 그만큼 기본권의 대사인적 효력 이론이 안고 있는 폭발성도 감소한다고 한다. 그리고 법원이 사법 관계에 미치는 기본권의 방사효(즉 기본권보호의무)를 간과하거나 잘못 파악하면 기본권보호의무에 따라서 법원에 대한 보호청구권이 그 분쟁당사자가 (재판소원을 인정하면) 헌법소원을 제기할 근거가 된다고 한다.

② 기본권보호의무는 부분적으로 기본권의 대사인적 효력 방식을 설명할 수 있다는 견해가 있다.[38] 이 견해는 구체적 헌법 규범과 구체적 생활사태에 따라서 개별적으로 특정되는 개인 사이의 기본권 효력 방식과 별개로 기본권의 대사인적 효력은 기본권 내용 일부와 관련되므로, 기본권의 대사인적 효력은 국가에 기본권이 특정한, 절차법과 조직법을 포함한 의무상황을 불완전하게 지시할 수 있다고 한다. 이러한 제한적일 수 있는 기본권의 대사인적 효력은 기본권적 법익의 불가침을 존중하여야 하는 의무 지움과 관련이 있고, 기본권의 대사인적 효력은

38) Gerhard Robbers (Anm. 15), S. 201 ff.

다른 기본권 주체의 기본권적 법익과 비례하여 존재하므로 기본권적 법익의 형량과 귀속이 필요하다고 한다. 이러한 귀속은 국가에 대한 관계뿐 아니라 사인 사이의 관계에서도 일어나고, 입법자나 법관의 규율 여부와 관계없이 법적으로 체계화하므로 이미 여기서 기본권은 사인 사이에 효력을 미친다고 한다. 법관을 비롯한 국가기관이 사인의 법관계를 규율한다면 기본권보호의무와 관련이 있으므로, 국가에 대해서 기본권이 보호하는 보호청구권이 있다는 것은 기본권의 대사인적 효력을 옹글게(완벽하게) 부정할 수 없는 간접적 증거라고 한다. 그리고 보호청구권은 제3자적 효력 범위에서 자신의 기본권적 보호법익을 제3자가 위협하여서 이러한 위협에서 도출하는 방어권적 지위를 부여받는 사람의 지위를 설명한다고 한다.

③ 기본권보호의무는 기본권의 대사인적 효력을 전제한다는 견해가 있다.[39] 이 견해는 사법 관계와 관련된 법익은 동시에 기본권적 법익이므로 이러한 법익과 관련된 사인은 이를 침해하지 않을 의무를 진다고 한다. 이러한 사인의 기본권 구속성은 국가가 사인에세 기본권의 보호기능을 이행하는 근거가 된다고 한다. 즉 사인이 기본권에 구속되는 것에서 법원은 사인의 기본권을 침해자에게서 보호할 의무, 즉 기본권의 대사인적 효력을 실현할 의무를 진다고 한다.

④ 기본권의 대사인적 효력 이론은 직접적인 방법이든 간접적인 방법이든 사인 서로 간의 법률관계에서 기본권이 효력 있는지, 있다면 어떻게 효력이 있는지의 문제이지만, 기본권보호의무는 국가를 수범자로 하는 국가와 국민 서로 간의 관계를 규율하기 위한 3각적인 법적 구조관계에서 국가와 피해자 사이의 공법적 급부관계를 주된 규율대상으로 한다는 점에서 원칙적으로 구별된다고 하면서도, 양자는 사인 서로 간의 기본권 관련성과 관련된다는 점에서 공통점이 있고, 나아가 기본권보호의무는 기본권의 제3자효를 전제로 성립한다는 점에서 밀접한 관련성이 있기도 하다는 견해가 있다.[40]

⑤ 기본권의 대사인적 효력과 기본권보호의무의 관련성이 매우 명확하다는 견해가 있다.[41] 이 견해는 기본권의 객관법적 효력 때문에 구체적 사안에서 기본

39) Jörg Lücke, Die Drittwirkung der Grundrechte an Hand des Art. 19 Abs. 3 GG, in: JZ 1999, S. 381 ff.

40) 표명환, 「입법자의 기본권보호의무와 헌법적 통제」, 『헌법학연구』 제11권 제2호, 한국헌법학회, 2005, 214쪽.

권의 대사인적 효력을 구체화하는 것은 법관의 의무이므로, 사법에 대한 기본권의 효력을 기본권보호의무를 통해서 해결하는 것은 간접적 효력설이 발전시킨 기본원칙과 충돌하지 않는다고 한다. 나아가 법관이 이러한 의무 이행에서 기본권의 객관법적 내용 혹은 객관적 가치질서를 사법 사건에서 관철하므로, 이러한 사안에서도 간접적 효력설이 학술적으로 논의될 수 있다고 한다. 그러나 기본권보호의무는 그것을 넘어 사법에 대한 기본권의 효력을 일반적으로 설명할 수 있다고 한다. 즉 한편으로는 기본권보호의무는 사법의 기본권합치적 형성에 관한 입법자의 의무를 포함하고, 다른 한편으로는 기본권합치적으로 사법을 해석할 법관의 의무는 간접적 효력에서 지금까지 원용한 일반조항의 범위에 그치지 않고 전체 사법 해석에서도 나타날 수 있는 보호의무의 내용이라고 한다. 따라서 국가의 보호의무는 사법입법자의 실질적 기본권 구속과 기본권의 대사인적 효력을 어느 정도 헌법합치적으로 결합한다고 한다. 다만, 국가의 보호의무는 사법입법자의 실질적 기본권 구속과 기본권의 대사인적 효력 양자를 아우르기는 하지만, 그것이 완벽하지는 않다고 한다고 한다.

그 밖에 ⑥ 사인 사이의 관계에 대한 기본권의 효력이 문제 된다는 점에서 기본권보호의무는 기본권의 간접적 제3자적 효력과 어떠한 유사성이 있다는 견해[42]와 기본권의 대사인적 효력 범위를 기본권보호의무가 해명하므로 양자는 연관된다는 견해[43]도 있다.

(3) 기본권의 대사인적 효력과 기본권보호의무의 차이점을 강조하는 견해

① 기본권보호의무와 관련된 기본권보호관계나 기본권침해관계는 기본권의 대사인적 효력이론과 전혀 다르다는 견해가 있다.[44] 이 견해는 기본권의 대사인적 효력 문제는 직접적이건 간접적이건 사인 사이의 기본권 효력에 관한 문제라는 점에서 의미가 있다고 한다. 즉 기본권의 대사인적 효력 문제는 사인 서로 간의 관계에서 기본권이 효력이 있는지 그리고 있다면 어떻게 효력이 있는지에 관

---

41) Hans-Jürgen Papier, Drittwirkung der Grundrechte, in: Detlef Merten/Hans-Jürgen Papier, Handbuch der Grundrechte, Bd. Ⅱ, Heidelberg 2006, § 55 Rdnrn. 9 f.

42) Hans Dieter Jarass, Grundrechte als Wertentscheidungen bzw. objektivrechtliche Prinzipien in der Rechtsprechung des BVerfG, in: AöR 110 (1985), S. 379.

43) Eckart Klein (Anm. 15), S. 1640.

44) 이승우(주 11), 1164~1166쪽.

한 문제라고 한다. 이와 비교해서 기본권보호의무나 그에 상응하는 권리로서 나타나는 보호청구권은 국가를 수신인으로 하는 국가와 국민 사이의 관계를 뜻한다고 한다. 즉 기본권보호의무는 국가에 지향한 측면에서 사적 이익을 파악하려는 것이라고 한다. 하지만 기본권보호의무는 기본권이 모든 사람에 대해서 기본권이 보호하는 법익을 침해하는 것을 금지한다는 기본권의 대사인적 효력 전제에 근거를 둔다고 한다. 그리고 양자는 모두 대상이 기본권이 보호하는 법익에 가해지는 국가가 아닌 주체의 침해에서 방어하는 것이고, 양자는 모두 국민에게 사적 권리의 사법절차적 보호를 받을 청구권을 인정하여야 한다는 점에서 국가 지향적이라는 공통점이 있다고 한다.

② 기본권보호의무와 기본권의 대사인적 효력은 부분적으로 협력하는 영역도 있으나, 서로 각자의 역할을 수행한다는 견해가 있다.[45] 기본권보호의무는 사인이 다른 사인을 위법하게 제약하는 것을 요건으로 하고, 피해자인 사인의 기본권을 보호할 의무는 국가의 몫이 되며, 생명이나 신체 등의 중요한 기본권적 법익을 그 보호법익으로 하고, 사법 관계뿐 아니라 공법 관계(생명 침해의 범죄행위)나 전문법 영역(환경침해)에서도 실현되어야 한다고 한다. 반면에 기본권의 대사인적 효력을 따르면, 특히 사법 관계에서 힘의 균형이 파괴되면 국가 개입이 요구되고, 국가는 진정한 사적 자치가 실현될 수 있도록 노력하여야 할 의무를 지며, 사법(私法) 영역에서는 사법조항(私法條項)을 통해서 국가가 기본권보호의무를 이행하므로, 기본권의 대사인적 효력은 국가의 기본권보호의무와 협력하여 기본권의 효력이 실현될 수 있는 때가 있으나, 그 밖의 법 영역에서는 양자는 각자의 역할을 담당한다고 한다.

③ 사법절차(司法節次)를 통해서 사인 사이의 법률관계가 사인과 법관 사이의 법률관계로 바뀌므로 기본권보호의무와 기본권의 대사인적 효력을 구별할 수 있다는 견해이다.[46] 이 견해는 기본권의 대사인적 효력에서 법관이 사인 사이의 법률관계에 대한 판결을 할 때 기본권을 고려할 수 있는지 그리고 고려할 수 있다면 어느 범위에서 고려할 수 있는지가 실질적으로 문제가 되고, 이 문제는 기본권의 국가 연관성을 통해서 해결되지 않는다고 한다. 사인 일방의 기본권 행사가 상대방의 기본권을 침해하지 않게 할 의무를 지는 법관이 기본권을 잘못 적

45) 이부하(주 27), 475쪽.

46) Albert Bleckmann, Neue Aspekte der Drittwirkung der Grundrechte, in: DVBl 1988, S. 939 f.

용하면 국가의 보호의무를 위반하는 것이라고 한다. 그러므로 국가의 보호의무는 이러한 측면에서 사인 사이의 관계에서 기본권이 어떠한 방어권을 도출하지 못할지라도 적어도 이들 법률관계에 대한 판결 기준을 형성한다는 것을 전제한다고 한다. 따라서 국가의 보호의무 내용은 사인 사이의 관계에 기본권을 적용함으로써 확정되고, 이러한 범위에서 사인 사이의 법률관계와 법관과 사인 사이의 법률관계는 엄격하게 구별된다고 한다.

④ 기본권의 대사인적 효력과 기본권보호의무는 모두 사적 영역에 기본권의 효력을 확장하려는 시도를 포함한다는 공통점이 있으나, 양자는 같은 것이 아니라는 견해가 있다.[47] 이 견해는 기본권보호의무는 국가와 기본권을 침해받는 사인인 피해자와 사인인 가해자의 관계에서 기본권을 보호할 국가의 의무에 관한 이론이라면, 기본권의 대사인적 효력은 기본권이 사적 영역이나 사인 사이에서 작용하는 효력에 관한 이론이라고 한다. 양 이론에서 각각 내포하는 규율 범주가 다르고, 각 이론은 기본권이 사적 영역에서 효력을 미치는 과정에 관해서 강조점을 달리하여 조명한다고 한다. 그러나 기본권의 대사인적 효력과 기본권보호의무의 적용 영역이 교차하는 지점에서 양 이론이 서로 보완적으로 작용할 수 있다는 점이 중요하다고 한다. 입법자는 기본권을 보호할 의무를 지는데, 입법자의 기본권보호의무 위반 여부 문제에서 입법자는 기본권적 법익을 침해받는 사인의 기본권에 대해서 보호를 하여야 할 뿐 아니라 기본권의 대사인적 효력 구조 속에서 입법자의 보호조치로 제약될 사인의 기본권도 함께 형량하여 판단하여야 하지만, 법원에서는 기본권의 대사인적 효력을 인정하여 판단하되, 구체적인 사건에 적용할 개별 법률이 기본권 보장에 관해서 흠결하였거나 불충분하면 가능한 한 기본권실현적(즉 헌법합치적) 해석·적용할 의무가 있고, 해당 법률에 대해서 위헌제청하여 헌법재판소 결정에 따라 판결할 수 있으며, 그래도 기본권 보호 흠결이 치유되지 않으면 직접 기본권에 따라서 기본권 의미를 반영함으로써 사법부의 기본권보호의무에 충실할 수 있다고 한다. 기본권보호의무와 기본권의 대사인적 효력이 서로 작용함으로써 기본권의 대사인적 효력에서 우려하는 사법체계 혼란과 간접적 효력설의 일반조항 적용 흠결 가능성 문제를 보완할 수 있고, 국가가 사인 사이의 관계에 개입하여 제3자의 침해행위에서 방어한다는 것의

47) 이재희, 「사적 영역에서의 평등권 보장」, 고려대학교 법학박사학위논문, 2012, 190～192쪽.

이론적 근거가 무엇인지 설명할 수 있게 되며, 기본권보호의무 측면에서는 예를 들어 국가기관이 사법(司法) 단계에서 법률을 해석·적용할 때 기본권을 제3자에게 효력 있게 해석함으로써 기본권보호의무 적용을 더 실질화할 수 있다고 한다.

⑤ 기본권의 대사인적 효력과 국가의 기본권보호의무를 보면, 양자는 근접한 면이 분명히 있으나 이론적으로는 서로 분리될 수 있음을 알 수 있다는 견해가 있다.[48] 이 견해는 기본권에 대한 국가의 보호의무는 침해자와 피해자의 사법 관계가 없는 때가 많다고 한다. 따라서 국가의 기본권보호의무를 강조하면서 이를 통해서 기본권의 대사인적 효력의 문제점을 제거한다는 것은 설득력이 약하다고 볼 수 있다고 한다. 즉 기본권의 보호의무와 제3자적 효력은 부분적인 공통점은 있으나, 아직은 그 결합력은 약하다고 할 수 있다고 한다.

⑥ 기본권의 대사인적 효력은 사적 자치가 적용되는 영역에서 문제가 되지만, 기본권보호의무는 사인의 불법행위에 따른 기본권 침해에 관한 것이라고 하여 양자를 구분하는 견해가 있다.[49] 이 견해는 기본권보호의무가 기본권의 대사인적 효력보다는 사인의 불법행위에 따른 기본권 침해에 대해서 인정되는 것은 현실적 보호 필요성으로 설명될 수 있다고 한다.

그 밖에 ⑦ 기본권의 '최대 보호'냐 아니면 '최소 보호'나의 논리적 귀결을 고려한다면 기본권보호의무이론을 순수한 사인 사이의 법률행위에 적용하는 것은 그동안 기본권의 객관적 가치질서성을 바탕으로 기본권의 대사인적 효력이라는 이론까지 개발하며 기본권의 최대 보장을 실현하려고 발전시켜온 기본권 이론의 순기능적 방향을 후퇴시키는, 즉 원래 기본권보호의무이론이 의도하였던 목적과는 달리 기본권 효력 축소를 초래하는 결과가 될 것이라는 견해[50]와 기본권의 대사인적 효력은 사법 관계 내부에서 기본권의 효력 문제이지만, 기본권보호의무는 사인들(가해자와 피해자)의 대국가적 효력 문제이므로 구별할 수 있다는 견해[51] 그리고 사법 영역에서는 사법 조항을 통해 국가가 기본권보호의무를 이행하므로, 기본권의 대사인적 효력은 국가의 기본권보호의무와 협력하여 기본권의

48) 임규철, 「기본권의 제3자적 효력」, 『공법연구』 제32집 제2호, 한국공법학회, 2003, 300～301쪽.
49) 장영수, 『헌법학(제12판)』, 홍문사, 2020, 499～501쪽.
50) 박규환, 「사법질서로의 기본권효력 확장구조와 그 한계」, 『공법연구』 제33집 제3호, 한국공법학회, 2005, 127쪽.
51) Josef Isensee (Anm. 4), § 111 Rdnr. 135.

효력이 실현될 때가 있으나, 그 밖의 영역에서는 양자는 각자 역할을 담당한다는 견해[52]도 있다.

기본권의 대사인적 효력을 기본권보호의무로 대체하려는 견해에 대해서는 먼저 ① 평등한 사인 사이의 법률관계에 국가가 관여하여야 하는 이유가 분명하지 않고, ② 기본권의 객관적 성격에 근거한 대사인적 효력을 같은 이론적 근거가 있는 기본권보호의무로 대체함으로써 제3자의 주관적 방어권 기능은 소멸하는지 의문이며, ③ 구체적 기준 없이 기본권보호의무로 대체하면 헌법재판소의 입법자 통제에 대한 기능법적 한계가 문제 되고, ④ 기본권보호의무의 재주관화인 보호(청구)권의 도출 가능성이나 필요성에 관한 의문이 있다는 비판이 있다.[53]

(4) 사견: 기본권보호의무와 기본권의 대사인적 효력의 상호보완관계

기본권보호의무와 기본권의 대사인적 효력 모두 기본권 3각관계에서 문제가 된다. 그러나 기본권의 대사인적 효력은 기본권의 방사효를 근거로 사법(私法)이 개인과 개인의 기본권 관계, 즉 사법 관계(私法關係)를 합리적으로 해결하지 못하거나 적절한 해결기준 자체를 제공하지 못할 때만 문제가 되고, 법원에 합리적 해결기준을 제공하는 것에 목적이 있다. 그런데 기본권의 대사인적 효력은 기본권이 사법 관계에 적용될 수 있다는 것을 인정하고 이때 기본권이 어떤 방식으로 사법 관계에 적용될 수 있는지만을 말해준다. 즉 기본권의 대사인적 효력은 사법(私法)이 합리적으로 해결하지 못하거나 적절한 해결 기준을 제공하지 못할 때 먼저 기본권을 중대하게 침해하면 기본권은 민법 제103조와 제104조를 매개로 그러한 법률행위를 무효로 만들고, 침해가 그러한 정도로 이르지 않으면 민법 제2조를 통해서 권리를 발생시키거나 변경시키거나 소멸시키며, 기본권 침해로 말미암은 손해는 민법 제750조와 제751조 제1항에 따라서 배상하게 한다. 하지만 기본권의 대사인적 효력은 이러한 구체적 적용의 한계에 관해서는 말하지 않는다.

그에 반해서 기본권보호의무는 헌법 제10조의 기본권보장의무나 기본권의 객관적 측면 등을 근거로 개인이 다른 사람의 기본권을 위법하게 제약할 때 국

52) 이부하, 「사법에 대한 기본권의 영향 - 독일의 법이론을 중심으로 -」, 『법과 정책연구』 제9집 제1호, 한국법정책학회, 2009, 475쪽.

53) 장영철, 「기본권의 제3자적(대사인적) 효력에 관한 이론적 연구」, 『공법연구』 제37집 제3호, 한국공법학회, 2009, 38쪽.

가가 다른 사람의 기본권을 어떻게 보호할 것인지를 문제 삼고, 먼저 입법자에게 관련 법규범을 제정하도록 의무 지운다. 그러나 기본권보호의무는 국가가 어느 정도의 행위를 하여야 하는지를 과소보호금지원칙을 통해서 말해줄 뿐이지 어떤 방식으로 행위를 하여야 하는지에 관해서는 침묵한다.

이처럼 기본권보호의무와 기본권의 대사인적 효력은 인정 근거가 다를 뿐 아니라 문제가 되는 구체적 상황도 같지 않고, 작용하는 방식도 같지 않다. 따라서 기본권보호의무는 기본권의 대사인적 효력을 대체하지 못하고 보완해 주는 관계에 있다. 즉 기본권보호의무와 기본권의 대사인적 효력은 각각 독자적인 존재의의가 있지만, 그 어느 것도 기본권이 사법 관계에 미치는 효력에 관한 옹근(완벽한) 설명을 할 수 없으므로 양자가 결합하여야 비로소 기본권이 사법 관계에 미치는 효력을 제대로 설명할 수 있다.

① 기본권보호의무는 기본권 문제를 사인 서로의 합의로 사적(私的)으로 해결하는 것을 국가가 인정하여야 하는 근거를 제공하지 못한다. 기본권보호의무는 국가 결성에 구속되지 않는 영역에서 기본권을 어떻게 적용하는지에 관해서는 어떠한 것도 말하지 않는다.[54] 기본권보호의무는 국가의 보호 필요성이 없다고 판단되면 국가가 사적 관계에 관여하지 않는다는 것을 말할 수 있다. 그러나 사적 자치를 존중하여 그러한 사적 관계에서 발생한 법적 효과를 국가가 인정하여야 하는 이유를 설명하지 못한다. 하지만 기본권의 대사인적 효력, 특히 간접적 효력설은 사적 관계에도 기본권의 효력을 관철하여야 함을 인정하면서도 사적 자치를 존중한다. 따라서 간접적 효력설은 사적 해결을 존중하고, 다만 일정한 때에 제한을 가할 수 있다고 함으로써 사적 해결을 국가가 인정하여야 하는 근거를 제공한다.[55]

② 기본권보호의무는 사인의 사인에 대한 위법한 제약을 요건으로 한다. 여기서 위법성은 사인이 기본권 행사를 통해서도 다른 사인의 기본권을 침해할 수 없다는 헌법적 한계가 있음을 전제로 이러한 한계를 넘었음을 뜻한다. 그런데 이러한 한계는 기본권이 국가뿐 아니라 사인에게도 기본권의 효력이 미친다는 기본권의 대사인적 효력에서 도출된다. 따라서 기본권보호의무는 기본권의 대사인적 효력을 전제로 한다. 기본권의 대사인적 효력이 인정되면 제3자인 사인에게

54) Gerhard Robbers (Anm. 15), S. 202.

55) 허완중(주 1), 66쪽.

다른 사람의 기본권을 침해할 수 없다는 한계가 설정되고, 이 한계를 제3자가 지키지 않아야 기본권보호의무의 요건 중 사인의 사인에 대한 위법한 제약을 충족할 수 있다.[56] 즉 사인에게 기본권이 보호하는 지위의 위험에 대한 국가의 보호의무 인정은 사적 주체 사이의 관계에서 기본권의 효력, 정확히 말하면 포괄적인 주관적 권리의 효력을 전제한다.[57]

③ 기본권보호의무는 기본권의 대사인적 효력이 국가에 미치는 효력을 설명해 준다. 즉 기본권보호의무는 기본권의 대사인적 효력을 보장할 의무를 국가에 부과한다. 그리고 기본권보호의무는 국가가 하여야 할 의무의 범위를 말한다. 기본권의 대사인적 효력과 관련하여 국가가 어느 정도의 활동을 하여야 하는지는 기본권의 대사인적 효력은 아무런 기준을 제시하지 못하지만, 기본권보호의무는 과소보호금지원칙에 따라 일정한 기준을 제시한다. 그리고 기본권보호의무는 기본권의 객관법적 효력으로 말미암아 법관에게 사인 사이의 관계에 기본권을 적용하여 구체화할 의무를 부과한다. 따라서 입법자가 사인 사이의 관계를 사법(私法) 제정을 통해서 미처 해결하지 못하였을 때 법원이 이를 담당하여야 하는 이유를 기본권보호의무는 밝혀준다. 바로 이것이 기본권의 대사인적 효력이다. 즉 기본권보호의무는 기본권의 대사인적 효력이 인정되어야 하는 근거를 제공한다.

④ 기본권보호의무는 사법(司法)에만 지향된 기본권의 대사인적 효력과 달리 사법은 물론 입법과 집행에도 지향되어 사전적 해결도 가능하게 한다. 특히 기본권보호의무는 먼저 입법자에게 기본권에 합치하는 사법(私法)을 제정할 의무를 부여하고 법관에게는 그 사법을 기본권에 합치하도록 해석할 의무를 부여함으로써 기본권의 대사인적 효력이 사법(司法)에 국한하는 이유를 설명하고, 이를 통해서 기본권보호의무와 기본권의 대사인적 효력의 깊은 관련성을 암시한다. 이로 말미암아 기본권의 대사인적 효력을 사법 영역(司法領域)을 벗어나 확장할 필요성은 사라지고 만다. 그리고 기본권보호의무는 입법 해결이 있을 때도 이것이 헌법에 합치적인지를 판단할 근거를 제공한다. 즉 기본권보호의무는 과소보호금지

56) 기본권의 효력이 국가와 사인의 관계에만 미친다면, 법관은 사인 사이의 관계에 기본권을 적용할 수 없으므로, '민사법원이 기본권의 구속을 당하는 것'과 '사인 사이의 관계에 기본권이 효력이 있는 것'은 완벽하게 다른 문제라서 민사법원의 기본권 구속성은 기본권의 대사인적 효력 근거가 될 수 없다는 견해가 있다(한수웅(주 11), 417쪽).

57) 같은 견해: Heinz-Gerd Suelmann, Die Horizontalwirkung des Art. 3 Ⅱ GG, Baden-Baden 1994, S. 107.

원칙을 통해서 기본권의 대사인적 효력을 어떻게 관철할 수 있는지를 설명한다.

⑤ 기본권의 대사인적 효력은 주관적 권리를 전제하므로 기본권 주체가 특정되어야 한다. 기본권의 대사인적 효력에서는 기본권 주체 스스로 자기 기본권을 주장하여야 비로소 기본권의 대사인적 효력이 문제 되기 때문이다. 그러나 기본권보호의무는 구성요건적 차원에서 기본권 주체인 개인에게서 추상화한다.[58] 따라서 기본권보호의무에서는 기본권 주체는 특정될 필요가 없다. 예를 들어 낙태하려는 임산부에게서 태아를 보호하려고 할 때 태아가 생명권의 기본권 주체인지가 명확하게 확인되지 않더라도 낙태 금지가 생명권 보호에 이바지한다는 것이 확인된다면 국가의 기본권보호의무는 발생한다. 이러한 기본권 주체의 추상화로 말미암아 국가는 사인 사이의 기본권 관계에 예방적으로 개입할 가능성이 열린다. 즉 기본권보호의무를 통해서 기본권의 대사인적 효력은 기본권 주체에 대한 전적인 의존성을 다소 완화할 수 있다. 물론 이것은 개인과 개인의 기본권 관계에 대한 국가의 지나친 개입을 허용할 수도 있다. 따라서 국가의 개입을 기본권을 제약하는 쪽이 아니라 기본권을 보호하는 쪽으로 이끌려면 기본권의 주관적 측면도 함께 강조하여 기본권의 객관적 측면과 조화를 이루도록 하여야 한다. 따라서 기본권의 대사인적 효력과 기본권보호의무가 문제 되는 영역에서도 기본권의 방어적 기능은 여전히 그 중요성을 잃지 않는다.

Ⅳ. 피해자와 국가의 관계에서 위헌심사 기준인 과소보호금지원칙

피해자와 국가의 관계에서 국가의 의무인 기본권보호의무는 기본권의 객관법적 내용 중 하나이다. 그러나 기본권 규범은 추상적 규범에 불과하여 객관법으로서 기본권의 실현방향을 제시하긴 하지만, 그 내용이 구체적이지도 명확하지도 않다. 이러한 추상적이고 불명확한 기본권의 구체화는 1차적으로 입법자에게 위임된다. 그러나 기본권을 실현하고 보장하는 것이 모든 국가기관의 의무인데도 기본권 실현을 입법자에게 전적으로 위임하는 것은 기본권 논의의 의미를 반감시킬 뿐 아니라 집행부와 사법부의 기능을 무력화할 수 있다. 이러한 점에서 국가의 기본권보호의무 이행을 적절하게 통제하고 심사할 기준이 필요하게 된

58) 정태호(주 4), 87쪽.

다. 이러한 기준이 바로 과소(보호)금지원칙[59]이다. 과소보호금지원칙은 국가가 적극적 행위를 할 의무를 지면 일정한 하한을 밑도는 조치를 취할 수 없다는 헌법원칙이다. 피해자와 국가의 관계에서 과소보호금지원칙은 국가가 제약당하는 피해자의 기본권이 보호하는 법익을 보호하여야 한다면 헌법이 요구하는 최소수준 이상의 보호를 제공하여야 한다는 원칙으로 이해된다.

한국 헌법에는 국가가 기본권보호의무를 이행하려면 어떤 처분을 내려야 하는지에 관한 내용적 규율이 없다. 그러나 국가 처분이 효과가 없다면, 기본권보호의무는 그 의미를 상실할 수밖에 없다. 따라서 기본권보호의무 이행의 효과성은 기본권보호의무에 절대적으로 필요한 요소로서 국가를 구속하는 명확한 헌법규범에 속한다. 이러한 헌법 규범 때문에 기본권보호의무를 이행하는 국가 처분은 적합하여야, 즉 합목적이고 적절하여야 한다.[60] 그를 위해서 기본권 보호를 위한 헌법적 최소수준이 언제나 보장되어야 한다. 이러한 최소보호수준은 과소보호금지원칙을 따라서 확정된다.

과소보호금지원칙을 따르면 보호조치는 적절하고 효과적인 보호를 위해서 충분하여야 하고, 꼼꼼한 사실분석과 이해할 수 있는 평가에 기초하여야 한다.[61] 국가가 아무런 행위를 하지 않으면 과소보호금지원칙은 특별한 의미가 없다. 이러한 때는 과소보호금지원칙 위반 여부를 따질 것 없이 당연히 기본권보호의무 위반이기 때문이다. 국가가 기본권에서 도출되는 보호의무를 이행하였는지를 심사할 때 국가의 기본권적 형성재량, 특히 입법자의 기본권적 형성재량이 강조된다. 그러나 이것이 국가, 특히 입법자가 마음대로 보호조치를 선택할 수 있다는 것을 뜻하지 않는다. 국가는 보호조치를 내릴 의무가 있어서 과소보호금지원칙

59) 이에 관해서는 이부하, 「비례성원칙과 과소보호금지원칙」, 『헌법학연구』 제13권 제2호, 한국헌법학회, 2007, 275～303쪽; 같은 사람, 「생명에 대한 기본권보호의무와 과소보호금지원칙」, 『동아법학』 제62호, 동아대학교 법학연구소, 2014, 1～21쪽; 장영철, 「과소보호금지원칙에 관한 연구」, 『헌법학연구』 제14권 제1호, 한국헌법학회, 2008, 109～136쪽; 정문식, 「과잉금지원칙과 과소보호금지원칙의 관계」, 『법과 정책연구』 제9집 제1호, 한국법정책학회, 2009, 197～223쪽; 정혜영, 「과소보호금지원칙에 관한 소고」, 『강원법학』 제38권, 강원대학교 비교법학연구소, 2013, 631～668쪽 참조.

60) Konrad Hesse, Die verfassungsgerichtliche Kontrolle der Wahrnehmung grundrechtlicher Schutzpflichten des Gesetzgebers, in: Herta Däubler-Gmelin/Klaus Kinkel/Hans Meyer/Helmut Simon (Hrsg.), Gegenrede - Aufklärung - Kritik - Öffentlichkeit: Festschrift für Ernst Gottfried Mahrenholz, Baden-Baden 1994, S. 545.

61) BVerfGE 88, 203 (254); Johannes Dietlein, Das Untermaßverbot, in. ZG 10 (1995), S. 132.

을 고려하여 보호조치의 내용을 결정할 수 있을 뿐이다. 국가의 부작위는 언제나 기본권보호의무에 어긋나서 허용되지 않는다. 국가가 특정한 보호조치를 선택하면 그 보호조치가 적절하고 효과적인 기본권 보호에 충분한 것인지를 과소보호금지원칙을 통해서 심사하여야 한다.

과소보호금지원칙의 심사내용과 관련하여 과소보호금지원칙이 과잉금지원칙처럼 적합성뿐 아니라 필요성과 상당성도 포함한다는 견해가 있다.[62] 그러나 먼저 과소보호금지원칙은 기본권 제약을 전제하지 않는다. 그러므로 제약을 전제로 하는 필요성과 상당성을 포함하는 과소보호금지원칙 내용은 오로지 제약을 통한 보호에만 적용될 수 있고, 제약이 따르지 않는 보호에는 적용될 수 없다. 그래서 이러한 내용은 과소보호금지원칙의 일반적 내용이 될 수 없다. 그리고 필요성은 다수의 보호조치를 전제한다. 그러므로 개별 보호조치의 효과성을 문제 삼는 과소보호금지원칙의 내용이 되기 어렵다. 또한, 과소보호금지원칙이 과잉금지원칙에 상응한다고 하더라도 양자의 내용과 구조가 반드시 서로 일치하거나 상응하여야 하는 것은 아니다. 게다가 이러한 견해에서 말하는 적합성뿐 아니라 필요성과 상당성의 내용을 실제로 살펴보면 과잉금지원칙의 내용과 구별하기 쉽지 않다. 도출되는 결과 측면에서 보면 이러한 견해의 내용은 과잉금지원칙과 과소보호금지원칙이 일치한다는 견해와 다른 점을 찾을 수 없다. 그래서 이러한 내용은 과잉금지원칙의 변형물에 불과하고, 독립적 원칙의 내용이 될 수 없다. 따라서 과소보호금지원칙 내용은 적합성에 국한되는 것으로 볼 수 있다. 즉 과소보호금지원칙은 국가 처분이 기본권적 법익을 효과적으로 보호하기 위한 헌법적 최소수준을 보장하는 데 적합한 것인지에 관한 심사에 국한하는 것이 타당하다. 여기서 과소보호금지원칙의 적합성은 소극적 통제에 그치는 과잉금지원칙의 적합성과는 달리 적극적 통제이다. 즉 보호조치가 기본권 보호를 위한 최소수준을 충분히 보장하는지가 적극적으로 심사되어야 한다. 그래서 보호조치가 보호의 최소수준 이상을 보장하지 못하면, 그 보호조치는 늘 적합하지 않아서 과소보호

---

62) Christian Calliess, Schutzpflichten, in: Detlef Merten/Hans-Jürgen Papier (Hrsg.), Handbuch der Grundrechte in Deutschland und Europa, Bd. Ⅱ, Heidelberg 2006, § 44 Rdnr. 31; Detlef Merten (Anm. 25), S. 239 ff.; Markus Möstl, Probleme der verfassungsprozessualen Geltendmachung gesetzgeberischer Schutzpflichten - Die Verfassungsbeschwerde gegen legislatives Unterlassen -, in: DÖV 1998, S. 1038 f. 장영철(주 59), 119~123쪽도 이러한 전제에서 출발하는 것으로 보인다.

금지원칙에 어긋나 위헌일 수밖에 없다. 따라서 과소보호금지원칙의 적합성과 과잉금지원칙의 적합성은 분명하게 다르다. 이러한 점에서 국가가 국민의 법익을 보호하려고 전혀 아무런 조치를 취하지 않거나 취한 조치가 법익을 보호하기에 명백하게 전적으로 불충분하거나 불충분한 때만 헌법재판소가 보호의무 위반을 확인할 수 있다는 헌법재판소 견해는 타당하다고 보기 어렵다.63)

과소보호금지원칙을 따라서 국가처분의 적합성을 심사하려면 기본권 보호의 헌법적 최소수준이 확정되어야 한다. 그러나 기본권보호의무 자체는 물론 과소보호금지원칙도 그에 관한 구체적 기준과 내용을 제공하지 않아서 헌법이 요구하는 최소보호수준은 일반적·일률적으로 확정될 수 없다. 따라서 국가가 기본권을 보호하기 위해서 헌법적으로 요구되는 최소수준은 해당 기본권 해석에 폭넓게 의존한다. 그래서 과소보호금지원칙의 통제밀도인 헌법적 통제수준은 관련 기본권 해석에 따라서 높아지거나 낮아진다. 이러한 해석에서 관련 법익의 규범서열과 종류, 그 법익에 대한 침해나 침해 위험의 종류, 근접도, 크기 그리고 자율적 자기보호 가능성 등이 중요한 요소로서 작용한다.64)

결론적으로 과소보호금지원칙을 통해서 보호조치가 피해자의 기본권적 법익을 적절하고 효과적으로 보호하기에 충분한 것인지를 심사한다. 이때 보호조치가 헌법 해석을 통해서 확정된 최소보호수준 이상을 보장하는지가 문제 된다. 피해자와 국가의 관계에서 국가의 보호조치는 당연히 사법적 조치이거나 최소한 사법 질서를 무너뜨리지 않고 사법 질서에 녹아들 수 있어야 한다.

---

63) 헌재 1997. 1. 16. 90헌마110등, 판례집 9-1, 90, 121-122; 헌재 2008. 7. 31. 2004헌바81, 공보 142, 1038. 독일 연방헌법재판소도 헌법재판소와 같은 견해이다[BVerfGE 77, 170 (215); 79, 174 (202); 92, 26 (46). 그 밖에 BVerfGE 56, 54 (81); 77, 381 (405); 85, 191 (212); BVerfG, Beschluss vom 29. 11. 1995, in: NJW 1996, S. 651; BVerfG, Beschluss vom 2. 12. 1999, in: NVwZ 2000, S. 310도 참조]. 독일 연방헌법재판소 견해에 대한 비판으로는 Detlef Merten (Anm. 25), S. 241. 그리고 Christoph Brüning (Anm. 25), S. 957도 참조.

64) 헌재 1997. 1. 16. 90헌마110등, 판례집 9-1, 90, 131; 계희열(주 4), 113쪽; 이부하(주 59), 293쪽; 같은 사람(주 11), 135쪽; 정종섭(주 11), 399쪽; 정태호, 「기본권적 3각관계 그리고 과소(보호)금지원칙의 독자성」, 『고시연구』 제29권 제5호(통권 제338호), 고시연구사, 2002. 5., 29쪽; 표명환(주 40), 229쪽; BVerfGE 49, 89 (142); 56, 54 (78); Claus-Wilhelm Canaris, Grundrechte und Privatrecht, in: AcP 184 (1984), S. 228; ders., Grundrechtswirkungen und Verhältnismäßigkeitsprinzip in der richterlichen Anwendung und Fortbildung des Privatrechts, in: JuS 1989, S. 163 참조.

Chapter

06

가해자와 국가의 관계

제6장 가해자와 국가의 관계

Ⅰ. 국가행위를 제약하는 가해자와 국가의 관계

기본권 주체라는 인간의 지위는 그가 사망하지 않는 한 절대 박탈되지 않는다. 즉 기본권 주체는 기본권을 제한당할 수는 있지만, 기본권 자체를 박탈당하지는 않는다. 따라서 기본권 주체의 기본권 행사가 다른 기본권 주체의 기본권을 제약하더라도 해당 기본권을 어떻게 제한할 수 있는지만 문제 된다. 따라서 가해자가 피해자의 기본권을 제약하여 국가가 가해자의 기본권을 제약할 때도 가해자는 여전히 자기 기본권을 주장할 수 있다. 즉 이때도 가해자 기본권의 방어권은 살아있다. 결국, 피해자의 기본권을 보호하는 조치로서 가해자의 기본권을 제약하려는 국가행위에 대해서 가해자의 기본권은 (제한적일지라도) 가해자를 보호한다. 이러한 점에서 기본권 3각관계에서 가해자와 국가의 관계는 전통적 관계와 비슷하다. 가해자와 국가의 관계에서 국가가 가해자의 기본권을 제약하는 근거는 가해자가 피해자의 기본권을 제약하는 행위의 위법성이다. 즉 피해자와 가해자의 관계에서 가해자 행위의 위법성이 확인되어야 국가는 가해자의 기본권을 제약할 수 있다. 이러한 점에서 가해자와 국가의 관계에서는 국가행위 자체의 위헌성이 아니라 국가가 어느 수준까지 가해자의 기본권을 제약할 수 있는지가 문제 된다. 다만, 기본권 3각관계에서 가해자와 국가의 관계는 국가의 보호조치가 가해자의 기본권을 제약할 때만 문제 된다. 따라서 국가의 보호조치가 가해자의 기본권을 건드리지 않고 피해자의 기본권을 보호할 수 있으면 가해자와 국가의 관계는 문제 되지 않는다.

그동안 기본권 3각관계와 관련하여서는 국가가 사법 관계에 개입하는 것이 허용되는지와 피해자를 어떻게 보호할 것인지에 논의가 집중되었다. 그에 따라 국가가 사법 관계에 개입하는 한계가 어디까지인지에 관하여는 큰 관심이 없었다. 그래서 기본권 3각관계에 관한 논의가 공법 관계에 국한되어야 할 국가행위를 사법 관계에 제한 없이 넓혔다는 비판도 제기되었다.[1] 이러한 점에서 기본권

---

1) 대표적으로 서경석, 「국가의 기본권보호의무 비판」, 『헌법학연구』 제9권 제3호, 한국헌법학

3각관계에 관련하여 가해자와 국가의 관계가 소홀히 다루어졌다는 점을 부정하기 어렵다. 그러나 가해자와 국가의 관계에 관한 논의는 가해자가 기본권 주체임을 확인하면서 그의 방어권이 박탈되지 않았음을 강조하여 가해자의 기본권을 충실히 보장하면서 사법 관계에 대한 국가의 과도한 개입을 막는 데 필수적이다. 따라서 기본권 3각관계에서 가해자와 국가의 관계의 중요성은 아무리 강조하여도 지나치지 않다.

Ⅱ. 위헌심사 기준인 과잉금지원칙

1. 과잉금지원칙의 의의

헌법 제37조 제2항은 '필요한 경우'에 기본권을 제한할 수 있다고 규정한다. '필요한 경우'란 보호하려는 구체적 법익을 위해서 다른 방법으로는 달성할 수 없는 때를 말하고, 기본권을 제한할 때도 그 제한은 최소한도에 그쳐야 한다는 것을 말한다. 곧 '필요한 경우'란 기본권을 제한할 때 비례성원칙을 지켜야 한다는 것을 헌법에 명문으로 규정한 것이다. 비례성원칙은 경찰행정법에서 비롯하였다. 비례성원칙은 법치국가원리, 더 근본적으로는 공공의 이익을 보호하기 위한 불가피한 한도 안에서만 공권력이 제한할 수 있다는 기본권의 본질 자체에서 도출된다.[2] 헌법재판소는 과잉금지원칙을 비례성원칙과 같은 것으로 보면서 그 요소로서 목적의 정당성, 방법의 적정성, 피해의 최소성, 법익의 균형성을 든다.[3] 헌법재판소가 (입법)목적의 정당성을 비례성원칙의 요소로 드는 것은 한국 헌법이 제37조 제2항에서 "국가안전보장·질서유지 또는 공공복리를 위해서"라는 명

회, 2003, 393～424쪽.

2) 홍성방, 『헌법학(상)(제3판)』, 현암사, 2016, 483쪽.

3) 헌재 1990. 9. 3. 89헌가95, 판례집 2, 245, 260: "과잉금지의 원칙이라는 것은 국가가 국민의 기본권을 제한하는 내용의 입법활동을 함에 있어서, 준수하여야 할 기본원칙 내지 입법활동의 한계를 의미하는 것으로서 국민의 기본권을 제한하려는 입법의 목적이 헌법 및 법률의 체제상 그 정당성이 인정되어야 하고(목적의 정당성), 그 목적의 달성을 위하여 그 방법(조세의 소급우선)이 효과적이고 적절하여야 하며(방법의 적절성), 입법권자가 선택한 기본권 제한(담보물권의 기능상실과 그것에서 비롯되는 사유재산권 침해)의 조치가 입법목적달성을 위하여 설사 적절하다 할지라도 보다 완화된 형태나 방법을 모색함으로써 기본권의 제한은 필요한 최소한도에 그치도록 하여야 하며(피해의 최소성), 그 입법에 의하여 보호하려는 공익과 침해되는 사익을 비교형량할 때 보호되는 공익이 더 커야 한다(법익의 균형성)는 헌법상의 원칙이다."

문 규정을 두기 때문으로 보인다.[4)]

그러나 비례성원칙은 목적과 수단의 관계를 심사하는 모든 기준을 아우르는 것으로 이해하여 과잉금지원칙과 과소보호금지원칙, 나아가 자의금지원칙 등을 포함하는 상위개념으로 이해하는 것이 비례성원칙의 기본개념에 대한 충실성과 개념 구별의 용이성이라는 측면에서 타당하다.[5)] 즉 목적과 수단 사이에 합리적 비례관계에 있어야 한다는 비례성원칙의 본뜻을 살려서 비례성원칙을 기본권 제한과 관련하여 목적과 수단의 관계를 심사하는 모든 기준을 아우르는 개념으로 이해하는 것이 바람직하다. 그리고 헌법 제37조 제2항의 '필요한 경우에 한하여'에서 오로지 과잉금지원칙만 도출된다고 볼 수 없다. 제한되는 기본권이 '자유권'에 국한되는 것이 아니라 '자유와 권리'이고, 기본권은 국가의 적극적 작위뿐 아니라 소극적 부작위를 통해서도 제한될 수 있기 때문이다. 또한, 비례성원칙은 목적과 수단의 관계를 전제로 한다는 점에서 과잉금지원칙에 목적의 정당성은 포섭될 수 없다.[6)] 결국, 목적의 정당성은 별도로 심사되어야 하고, 과잉금지원칙

---

4) 홍성방(주 2), 486쪽.

5) 같은 견해: 정문식, 「헌법 제37조 제2항 '필요한 경우에 한하여'의 의미」, 『한양법학』 제20권 제3집, 한양법학회, 2009, 18～20쪽. 헌법 제37조 제2항은 단일의 고정된 위헌심사 기준만 있는 것이 아니라 기본권의 종류에 따라, 때에 따라서는 개별 기본권의 구체적 내용에 따라서도 달리 적용되는 복수의 위헌심사 기준을 포괄적으로 제시한다고 하면서, 이를 '필요성원칙'이라고 부르는 견해로는 김하열, 『헌법강의(제2판)』, 박영사, 2020, 277～278쪽. 비례성원칙을 심사강도에 따라 ① 적합성 심사, ② 적합성과 좁은 의미의 비례성 심사, ③ 적합성, 필요성, 좁은 의미의 비례성 심사, ④ 최적화명령으로서 비례성 심사로 나누는 견해로는 공진성, 「최적화명령으로서 비례성원칙과 기본권심사의 강도」, 『논문집』 제53집, 육군제3사관학교, 2001, 293～296쪽.

6) ① 비례성원칙은 구조상 관계의 개념, 즉 관계를 전제로 하므로 관계 개념을 처음부터 배제하는 목적의 정당성은 비례성원칙의 부분원칙에 포함되지 않고, 목적 설정은 정책 수립 문제로서 입법자의 고유한 권한 영역에 속하여 헌법재판소가 통제할 수 없는 영역으로 보아야 하므로 목적의 정당성은 비례성 심사 대상이 될 수 없다는 견해로는 이준일, 『헌법학강의(제7판)』, 홍문사, 2019, 352쪽. 그리고 ② 과잉금지원칙은 목적과 수단의 상관관계에 관한 것이므로 목적 그 자체의 정당성을 묻는 목적의 정당성은 엄밀한 의미에서 과잉금지원칙에 속하지 않는다는 견해로는 한수웅, 『헌법학(제10판)』, 법문사, 2020, 488쪽. 또한, ③ 목적의 정당성을 과잉금지원칙에 포함하지 않는 것이 논리적으로 타당하나, 목적의 정당성을 비례성원칙에 포함하여 목적을 심사하든, 별도로 분리하여 심사하든 차이점과 실익이 별로 없고, 여기서 특별한 문제점이 발생하지 않으며, 목적과 수단 사이의 밀접한 상호연관성 때문에 비례성원칙 테두리 안에서 목적을 심사하는 것이 오히려 유익할 수 있다는 견해로는 최갑선, 「비례의 원칙에 따른 법률의 위헌심사」, 『공법연구』 제25집 제4호, 한국공법학회, 1997, 658쪽. 그 밖에 ④ 과잉금지원칙은 기본권제한적 법률의 방법적 한계를 심사하는 기준이고, 기본권 제한의 목적은 헌법이 명시하는 목적이 있을 것을 요구하므로 과잉금

은 수단의 적합성, 최소제약성[7](필요성), 법익균형성(상당성)으로 이루어진다고 보아야 할 것이다. 참고로 과잉금지원칙의 내용은 구체적으로 확정되거나 고정되지 않아서 개별 기본권의 본질과 기본권 규정, 기본권 관계의 유형 등에 맞게 채워 넣어야 하는 백지규범이다.

2. 입법목적의 정당성

기본권의 법률유보에서 헌법제정권자가 달성하려는 궁극적인 목적은 기본권을 최대한 존중하면서도 헌법이 보호하는 그 밖의 법익, 기본원칙, 제도 등을 기본권적 가치와 조화로울 방법을 입법권자에게 모색시킴으로써 헌법적 가치를 전체적으로 그리고 통일적으로 실현하려는 것이다. 따라서 입법자는 기본권을 제한하는 법률을 제정할 때 헌법이 제시하는 목적을 존중하여야 한다. 목적의 정당성은 국민의 기본권을 제한하는 입법은 그 목적이 헌법과 법률의 체계 안에서 정당성을 인정받으라고 요구한다. 이때 정당성은 그 자체의 목적이 정당하여야 할 뿐 아니라 헌법에 규정된 다른 헌법이념·헌법원리와도 배치되어서는 안 된다는 것을 뜻한다. 헌법 제37조 제2항은 이러한 기본권 제한 목적으로 국가안전보장, 질서유지, 공공복리를 든다. 국가안전보장이나 질서유지는 소극적인 개념이지만, 공공복리는 적극적인 개념이다.

(1) 국가안전보장

국가안전보장은 국가 독립, 영토 보존, 헌법과 법률의 규범력 유지, 헌법기관 유지를 뜻한다. 헌법재판소도 "헌법 제37조 제2항에서 기본권 제한의 근거로 제시하고 있는 국가의 안전보장의 개념은 국가의 존립·헌법의 기본질서의 유지 등을 포함하는 개념으로서 결국 국가의 독립, 영토의 보전, 헌법과 법률의 기능, 헌법에 따라 설치된 국가기관의 유지 등의 의미로 이해될 수 있"다고 한다.[8] 국가

지원칙에 목적의 정당성을 포함하는 것은 잘못된 것이라는 견해로는 정종섭, 『헌법학원론(제12판)』, 박영사, 2018, 383쪽. ⑤ 헌법 제37조 제2항이 기본권 제한의 목적을 따로 규정하고, 비례성이라는 말 자체가 관계를 전제하므로 관계 개념을 전제하지 않는 목적의 정당성은 비례성의 부분원칙이 될 수 없다는 견해로는 공진성(주 5), 290쪽.

7) 일반적으로 '최소침해성'이나 '침해의 최소성'이라는 용어를 사용하지만, '침해'라는 용어에는 위법이라는 뜻이 내포되어서 위헌 여부를 판단하는 과정에서는 이러한 용어가 적절하지 않다. 따라서 중립적인 뜻을 품은 '최소제약성'이라는 용어를 사용하고자 한다.

안전보장은 외적 안전으로 이해될 수 있다. 외적 안전은 외부 위협을 제거하여 국가의 존립과 질서를 유지하는 것을 말한다.[9] 한국 헌법은 1948년 헌법부터 1962년 헌법까지는 기본권 제한 요건으로서 질서유지와 공공복리만 규정하였고, 국가안전보장은 질서유지에 포함되는 것으로 이해하였다. 그러나 1972년 헌법에서 국가안전보장을 기본권 제한 요건으로 분리해 규정하여 현재까지 이어진다. 이러한 헌법사에 비추어 국가안전보장은 대내적 질서를 의미하는 질서유지와 구별되어 외부에서 국가질서를 지키는 것을 말한다.

(2) 질서유지

질서유지는 사회적 안녕질서를 말한다. 질서유지는 국가안전보장과 구별되어 국가 내부질서를 유지하는 것을 말한다. 여기에는 경찰법적 의미의 공공질서도 포함된다.[10] 질서유지는 내적 안전으로 이해될 수 있다. 내적 안전은 국가 내부에서 공공질서를 형성하고 유지하여 내적 평화를 확보하는 것을 말한다. 내적 안전은 개인의 자유와 권리 행사를 위한 전제이다. 내적 안전의 핵심 과제는 자유와 권리 행사를 위협하고 침해하는 모든 형태의 제약행위에 대한 대응이기 때문이다. 내적 안전에는 물리적 안전과 법치국가적 안전이 포함된다.[11]

(3) 공공복리

공공복리는 사회공동체의 상호이익, 즉 국민 공동 이익을 말하는 것으로 사회국가적 개념이다. 따라서 공공복리 내용은 사회적 정의 이념에 따라 결정되어야 한다. 추상적인 사회적 정의 원칙은 언제나 있지만, 그 구체적 내용은 언제나 같은 것으로 있는 것이 아니라 구체적 상황에 따라 바뀐다.[12]

---

8) 헌재 1992. 2. 25. 89헌가104, 판례집 4, 64, 90. 헌재 2004. 8. 26. 2002헌가1, 판례집 16-2상, 141, 153: "국가의 존립과 영토의 보존, 국민의 생명·안전의 수호를 위한 불가결한 전제조건이자 모든 국민이 자유를 행사하기 위한 기본적 전제조건으로서 헌법이 이를 명문으로 규정하는가와 관계없이 헌법상 인정되는 중대한 법익…."

9) 허완중, 「국가의 목적이면서 과제이고 의무인 안전보장」, 『강원법학』 제45권, 강원대학교 비교법학연구소, 2015, 75쪽.

10) 같은 견해: 계희열, 『헌법학(중)(신정2판)』, 박영사, 2007, 140쪽; 장영수, 『헌법학(제12판)』, 홍문사, 2020, 520쪽; 홍성방(주 2), 480쪽.

11) 이상 허완중(주 9), 73~74쪽.

12) 홍성방(주 2), 481쪽.

3. 수단의 비례성(과잉금지원칙)

과잉금지원칙은 수단의 적합성, 최소제약성, 법익균형성을 포함한다.

(1) 수단의 적합성

수단의 적합성(방법의 적절성)은 법률이 규정한 수단이 법률이 추구하는 목적을 달성하는 데 유효할 것을 요구한다. 수단의 적합성에서는 입법목적과 제약수단의 관계만 판단한다. 이때 입법자가 선택한 수단이 입법목적을 달성하는 데 이바지하는지(효과가 있는지)만 판단한다. 수단이 반드시 가장 효과적이거나 가장 적합하여야 하는 것은 아니다. 즉 입법목적을 옹글게(완벽하게) 달성하라고 요구하는 것이 아니고, 입법목적을 부분적으로 실현할 때도 적합성 요건은 충족될 수 있다.[13] 사안이 너무 복잡하거나 전문적이어서 목적과 수단 사이의 관련성에 관한 판단이 어려우면 입법자의 판단을 존중하여야 한다. 즉 입법자의 판단이 잘못되었음을 증명하지 못하면 수단의 적합성은 부정되지 않는다. 따라서 일반적으로 사법 통제는 수단이 입법목적을 달성하는 데 '명백하게 부적합한지'에 국한된다. 다시 말하면 의도된 목적 달성을 어렵게 하거나 목적 달성에 아무런 효과가 없을 때만 수단은 부적합하다.[14] 이러한 점에서 적합성 요구는 최적화명령이 아니다.[15]

입법자가 입법목적을 달성하려고 적합한 수단을 선택할 때 그러한 판단은 미래예측적 성격이 있다. 그래서 입법자는 법률효과를 판단할 때 재량이 인정되고, 그에 따라 이러한 판단에 대한 사법 통제는 제한된다. 이러한 입법자의 재량은 법적 규율대상의 특성과 입법자의 정확한 판단 가능성, 관련 법익의 의미에 따라 달라진다.[16] 선택된 수단이 입법목적을 달성하는 데 적합하여야 함은 당연

---

13) 최갑선(주 6), 661~662쪽.

14) Klaus Stern, Das Staatsrecht der Bundesrepublik Deutschland, Bd. Ⅲ/2, München 1994, S. 776.

15) 이부하, 「비례성원칙과 과소보호금지원칙」, 『헌법학연구』 제13권 제2호, 한국헌법학회, 2007, 287쪽; Michael Sachs, Ⅱ. Der Bund und die Länder, in: ders. (Hrsg.), Grundgesetz Kommentar, 8. Aufl., München 2018, Art. 20 Rdnr. 150. 그러나 수단의 적합성을 단순히 효과적인 수단만을 요구하지 않고, 다양한 효과적인 수단 가운데 가장 효과적인 수단을 선택하도록 요구하는 것(최대화명령)으로 이해하는 견해도 있다(이준일, 「헌법상 비례성원칙」, 『공법연구』 제37집 제4호, 한국공법학회, 2009, 30~31쪽).

16) 계희열(주 10), 156~157쪽; 최갑선(주 6), 662쪽.

하지만, 그 수단이 목적 달성을 위해서 유일무이한 것일 필요는 없다. 국가가 어떠한 목적을 달성하는 것이 하나의 수단만으로 가능할 수도 있지만, 다른 수단을 병과하여야 할 때도 있기 때문이다. 물론 여러 가지 수단을 병과할 때 그 모두가 목적에 적합하고 필요한 한도 안의 것이어야 한다.[17] 헌법재판소가 수단의 적합성을 판단하는 시점을 판단 시점이 아닌 입법자가 법률을 제정할 당시를 기준으로 하여야 한다는 주장이 있다.[18] 하지만 위헌 여부 판단에서는 원시적 위헌뿐 아니라 후발적 위헌도 문제가 된다는 점에서 법률 제정 시점이 아니라 법률 적용 시점이 기준이 되어야 한다.

(2) 최소제약성

최소제약성(필요성)은 기본권을 제약하는 수단을 선택할 때 최소한으로 제약하는 수단을 선택하라고 요구한다. 따라서 선택한 수단보다 기본권을 덜 제약하면서 같은 결과나 더 나은 결과를 얻을 수 있다면 최소제약성 요건은 충족되지 않는다. 즉 입법대안이 선택된 수단만큼 혹은 그 이상 효율적으로 입법목적을 달성하면서 기본권을 제약하지 않거나 선택된 수단보다 덜 기본권을 제약하면 최소제약성 요건에 어긋난다.[19] 여기서는 최소제약성이라는 용어와 달리 제약이

---

17) 헌재 1989. 12. 22. 88헌가13, 판례집 1, 357, 379.

18) 이준일(주 15), 32∼33쪽.

19) 최소제약성 심사를 "목적을 달성하기 위하여 달리 덜 제약적인 수단이 없을 것인지 혹은 입법목적을 달성하기 위하여 필요한 최소한의 제한인지를 심사하기 보다는 '입법목적을 달성하기 위하여 필요한 범위 내의 것인지'를 심사하는 정도로 완화"하는 헌법재판소 판례(헌재 2005. 10. 27. 2003헌가3, 판례집 17-2, 189, 198; 헌재 2008. 5. 29. 2007헌마248, 판례집 20-1하, 287, 296; 헌재 2010. 7. 29. 2006헌바75, 판례집 22-2상, 232, 256; 헌재 2012. 2. 23. 2009헌마318, 판례집 24-1상, 261, 276)는 문제가 있다. 이러한 심사는 목적과 수단의 비교를 근간으로 하는 최소제약성 심사에 들어맞지 않기 때문이다. 최소제약성과 법익균형성을 엄격하게 구별하여 법익균형성 심사를 충실히 하여야 한다는 주장으로는 헌재 2017. 8. 31. 2016헌바447, 판례집 29-2상, 363, 375-378 재판관 이진성의 보충의견; 이재홍, 「과잉금지원칙의 논증구조」, 『저스티스』 163호, 한국법학원, 2017, 75∼131쪽. 이러한 완화한 심사는 ① 논리적으로 불가능하거나 ② 방법의 적절성 심사와 같거나 그보다 '필연적으로 약한' 심사만을 인정하는 것인데, 방법의 적합성 심사는 '논리상' 심사 기준으로 기능하지도 못한다는 점에서, 결국 완화한 심사는 사실상 논리적이고 실질적인 심사 기준이 될 수 있는 유일한 것을 포기하는 논리형식이어서 그 자체로서 위헌판단을 거부하는 것과 다를 바 없다는 견해로는 정주백, 「과잉금지원칙에 관한 관견」, 『헌법재판연구』 제2권 제2호, 헌법재판소 헌법재판연구원, 2015, 262∼263쪽.
그리고 헌법재판소는 직업행사의 자유에 관한 과잉금지원칙을 심사할 때 피해의 최소성 판

최소한인지를 심사하지 않는다. 헌법재판소가 침해의 최소성이라는 이름 아래 기본권을 필요 최소한도로 침해하는지를 판단하는 것은 이러한 용어에 관한 오해와 더불어 침해의 최소성과 법익의 균형성을 별도로 심사하지 않고 함께 심사하는 관행도 한몫하는 것으로 보인다.

비교대상이 되는 대안은 입법자가 본래 선택한 수단과 같은 정도의 효과, 즉 같은 정도의 입법목적 달성을 전제한다. 이는 단순히 기본권을 제약당하는 개인의 이익이 얼마나 적은지에만 초점을 두지 않는다는 것이다. 입법대안을 찾을 수 없으면 최소제약성은 충족된다. 최소제약성은 당연히 수단의 적합성을 전제한다. 입법대안은 같거나 더 효율적이어야 하므로, 더 많은 대가를 요구하여서는 아니 된다. 기본권을 최소한으로 제약하는 수단을 확정할 때 그 제약이 관련자에게 미치는 효과뿐 아니라 일반에 미치는 불이익도 함께 고려하여야 한다. 최소제약성에서는 제약의 임의성이나 필수성,[20] 원칙-예외 관계,[21] 인적·사항적 적용범위 제한 가능성,[22] 완화책 존재 여부[23] 등을 주로 심사한다.[24]

최소제약성 요건을 충족하는 복수의 수단이 있을 수 있으므로, 최소제약성 요건 충족 여부를 판단할 때 입법자에게 평가 여지가 주어진다. 따라서 기본권을 최소한으로 제약하는 다른 수단이 명백하게 확인되면 그 법률적 규율이 최소제약성을 충족하지 않는다고 판단할 수 있다.[25] 기본권 제한은 기본권 행사 '방법'에 관해서 할 수도 있고, 기본권 행사 '여부'에 관해서 할 수도 있다. 최소제약성 관점에서 입법자는 기본권을 덜 제약하는 기본권 행사 '방법'을 규제하여 입법목적을 달성할 수 있는지를 먼저 시도하고, 이러한 방법으로 입법목적 달성이 어려우면 그다음 단계인 기본권 행사 '여부'를 규제하여야 한다.[26] 수단의 적합성 정

단에서 입법재량의 허용 범위를 고려하여 구체적으로는 '입법자의 판단이 현저하게 잘못되었는지'라는 명백성 통제에 그치는 때도 있다(헌재 2002. 10. 31. 99헌바76등, 판례집 14-2, 410, 434; 헌재 2011. 8. 30. 2009헌마638, 판례집 23-2상, 460, 474). 이에 대해서는 결국 과잉금지원칙을 적용하지 아니하겠다는 것과 마찬가지라는 평가가 있다[정주백(앞의 논문), 264쪽].

20) 헌재 2007. 5. 31. 2007헌바3, 공보 128, 589, 593.
21) 헌재 1994. 7. 29. 93헌가4등, 판례집 6-2, 15, 38-39.
22) 헌재 2007. 3. 29. 2005헌바33, 판례집 19-1, 211, 222.
23) 헌재 1998. 12. 24. 89헌마214등, 판례집 10-2, 927, 956.
24) 김하열(주 5), 285쪽.
25) 계희열(주 10), 158쪽.
26) 헌재 1998. 5. 28. 96헌가5, 판례집 10-1, 541, 556.

도가 같으면 제약 정도가 가장 적은 수단이 최소제약성을 충족하고, 제약 정도가 같으면 적합성 정도가 가장 큰 수단이 최소제약성을 충족한다.

(3) 법익균형성

법익균형성(좁은 뜻의 비례성, 상당성)은 수단이 달성하려는 목적과 상당한 비례관계에 있을 것을 요구한다. 즉 일반을 위해서 달성하고자 하는 이익보다 제약되는 개인 희생이 더 커서는 안 된다. 법익균형성은 제약이 추구하는 목적과 관련이 있어야 한다는 것, 제약이 전체 평가에서 적절하고 (따라서) 관련자에게 수인을 기대할 수 있어야 한다는 것을 전제한다.[27] 여기서 기본권 제약이 개인에게 초래하는 피해와 그 제약을 통해서 추구하는 목적이 올바르게 형량되고 양자가 균형을 이루어야 한다.[28] 제약되는 기본권적 법익의 중요도, 기본권 제약 정도와 이것을 정당화하는 사유의 비중, 수단을 통해서 촉진되는 법익과 제약에 따르는 보상, 법익의 긴급성과 확실성, 대체 가능성 등을 종합적으로 형량하여 수인한도 안에 있어야 한다. 목적과 수단을 형량하는 가장 중요한 기준은 각 법익이 헌법에서 차지하는 비중이다.[29] 기본권 제약이 중대할수록 기본권 제약을 통해서 달성하려는 목적도 그만큼 중요하여야 한다.[30]

4. 비례성원칙 확장 적용

기본권구체화적 법률유보에 따라 법률을 통해서 실현적 구체화나 형성을 하고 나면, 이러한 법률은 해당 기본권 규정과 결합하여 해당 기본권 내용을 확정한다. 확정된 기본권 내용은 해당 기본권의 보호영역을 구성한다. 이론적으로 해당 기본권 규정은 헌법상 입법위임을 통해서 해석권한을 부여받은 입법자가 한 입법적 해석을 통해서 의미가 확정되어 기본권으로서 효력을 발휘한다. 이러한 효력에 따라 집행부와 사법부는 물론 입법자도 구속된다. 헌법이 기본권의 실현적 구체화나 형성을 입법자의 입법권 행사 영역으로 남겨두지 않고 굳이 입법위

27) Michael Sachs (Anm. 15), Art. 20 Rdnr. 154.

28) Thorsten Kingreen/Ralf Poscher, Grundrechte - Staatsrecht Ⅱ, 35. Aufl., Heidelberg 2019, Rdnr. 340.

29) 계희열(주 10), 159쪽.

30) Michael Sachs, Verfassungsrecht Ⅱ - Grundrechte, 3. Aufl., Berlin/Heidelberg 2017, S. 194.

임을 하고 법률로써 그것을 확정하고자 한 것은 입법자의 자유재량 아래 두지 않으려는 것이기 때문이다. 그래서 이러한 법률 내용이 법률상 권리에 머물지 않고 기본권으로 승격한다. 이러한 법률은 보호영역 확정과 관련된 것이라서 헌법 제37조 제2항과 직접 관련이 없다. 따라서 여기에 제한을 전제로 하는 비례성원칙이 적용될 여지는 없다. 그러나 이러한 법률로 확정된 기본권 규정의 내용은 기본권적 보호를 받는다. 즉 이러한 내용은 오로지 헌법 제37조 제2항에 따라서만 제한될 수 있다. 그에 따라 기본권실현적 구체화나 기본권 형성을 통해서 확정된 내용, 결국 관련 법률 내용에는 비례성원칙이 적용된다. 이로 말미암아 자유권에 적용되는 비례성원칙은 적용대상을 확장한다.

때에 따라 기본권강화적 침전이 일어날 수도 있다. 즉 기본권실현구체화적 혹은 기본권형성적 법률을 통해서 형성된 기본권적 내용이 시간이 지남에 따라 기본권 규정에 흡수되어 해당 기본권의 보호영역으로 고착될 수 있다. 기본권강화적 침전이 일어나면 입법자가 제한의 한계를 지켜 기본권실현구체화적 혹은 기본권형성적 법률을 개정하거나 폐지하더라도 침전된 내용은 보호영역에서 제외되지 않는다. 예를 들어 헌법 제31조 제2항은 모든 국민은 그 보호하는 자녀에게 적어도 초등교육과 법률이 정하는 교육을 받게 할 의무를 진다고 규정하여서, 교육기본법 제8조 제1항은 의무교육은 6년의 초등교육과 3년의 중등교육으로 한다고 규정한다. 하지만 3년의 중등교육이 일반화한 현실에서 의무교육을 6년의 초등교육으로 후퇴하는 것은 불가능하다. 오히려 입법자가 3년의 고등교육을 의무교육에 포함하여야 할 의무를 이행하지 않는 것이 아닌지 하는 의심이 든다. 이러한 점에서 최소한 3년의 중등교육은 헌법 제31조 제2항에 침전되었다고 볼 수 있다.[31)]

비례성원칙은 고정된 심사 기준이 아니다. 즉 기본권의 성격에 따라 다른 의미로 이해된다. 즉 자유권에 적용되는, 흔히 과잉금지원칙이라고 부르는 비례성원칙과 평등권에 적용되는 비례성원칙이 다르듯이 참정권과 청구권 그리고 사회권에 적용되는 비례성원칙은 다를 수 있다. 참정권과 청구권 그리고 사회권에 비례성원칙이 적용되려면, 보호영역이 확정되어야 한다. 보호영역 확정과 관련하여서는 비례성원칙이 아닌 적정보장원칙(참정권: 참여를 적절하게 확보하는 수준 이

---

31) 이상 허완중, 「법률이 형성한 법적 지위의 기본권적 보호」, 『헌법학연구』 제25권 제2호, 한국헌법학회, 2019, 217∼218쪽.

상을 보장하여야 한다는 원칙), 상응보장원칙(청구권: 구제대상에 상응하는 충실한 보호수준 이상을 보장하여야 한다는 원칙), 실질보장원칙(사회권: 생활의 기본조건을 실질적으로 마련하는 수준 이상을 보장하여야 한다는 원칙)이 적용된다.

기본권실현구체화적 혹은 기본권형성적 법률을 통해서 보호영역이 확정되고 나면, 참정권과 청구권 그리고 사회권을 제약하는 모습은 자유권과 다르지 않다. 즉 보호영역이 확정되는 모습을 제외하고는 참정권과 청구권 그리고 사회권의 제약은 보호영역에 속하는 개인의 행동(태도)을 국가가 전부나 일부 저지하는 자유권 제약과 같다. 특히 국가의 적극적 행위를 요구하는 기본권실현구체화나 기본권 형성과 달리 국가의 소극적 행위를 요구하는 모습은 자유권 제한과 다르지 않다. 이러한 점에서 참정권[32]과 청구권[33] 그리고 사회권의 제한에도 과잉금지원칙이 적용될 수 있다. 다만, 자유권보다 참정권과 청구권 그리고 사회권에서 입법자의 형성권이 더 넓게 보장된다는 점에서 과잉금지원칙이 변형되어 적용된다.

참정권과 청구권 그리고 사회권의 제한과 관련하여 과잉금지원칙은 기존 수단과 새롭게 선택된 수단을 비교하게 되는데, 기존 수단의 우위를 인정하지 않고 대체 가능성을 인정한다. 구체적으로 먼저 ① 목적의 정당성과 관련하여 입법목적은 원칙적으로 추가는 가능하지만, 삭제는 불가능하다. 입법목적이 달라지면 입법 자체의 동일성을 유지하기 어렵기 때문이다. 다만, 기본권 규정에 관한 해석이 달라져서 더는 추구할 목적 목록에서 제외된 목적은 예외적으로 삭제가 가능하다. 다음으로 ② 수단의 적합성과 관련하여 수단의 적합성 정도는 새롭게 선택한 수단이 기존 수단보다 낮아서는 아니 된다. 새롭게 선택한 수단의 적합성이 기존 수단보다 낮으면 기본권 실현이 그만큼 낮아질 수밖에 없기 때문이다. 그리고 ③ 최소제약성과 관련하여 새롭게 선택한 수단보다 기존 수단이 기본권을 덜 제한하면서 더 나은 결과를 얻을 수 있다는 것이 명백하게 확인되어야 최소제약성은 충족되지 않는다. 그렇지 않으면 당사자에게 불리한 결과가 발생할 수 있기 때문이다. 마지막으로 ④ 법익균형성과 관련하여 새롭게 선택한 수단을 통해서 달성할 수 있는 이익보다 기존 수단을 통해서 달성할 수 있었던 이익이 더 클

---

32) 헌법재판소가 참정권에 과잉금지원칙을 적용한 예로는 헌재 2002. 8. 29. 2001헌마788등, 판례집 14-2, 219; 헌재 2009. 6. 25. 2008헌마413, 판례집 21-1하, 928; 헌재 2010. 9. 2. 2010헌마418, 판례집 22-2상, 526.

33) 헌법재판소가 청구권에 과잉금지원칙을 적용한 예로는 헌재 1996. 10. 4. 95헌가1, 판례집 8-2, 258; 헌재 2002. 4. 25. 2001헌바20, 판례집 14-1, 289.

때만 법익균형성에 어긋난다. 새롭게 선택한 수단을 통해서 달성할 수 있는 이익과 기존 수단을 달성할 수 있었던 이익이 같아도 대체에 아무런 문제가 없기 때문이다.

실현적 구체화나 형성을 통해서 확정된 보호영역을 축소하는 것은 제한이지만, 실현적 구체화나 형성의 의미도 있다. 즉 이미 확정된 보호영역을 축소한다는 점에서는 제한이지만, 이를 통해서 보호영역이 다시 확정된다는 점에서 그래서 이후 제한의 기준은 새로 형성된 보호영역이라는 점에서 새로운 실현적 구체화나 형성에 해당한다. 다만, 최초의 실현적 구체화나 형성은 헌법에서 도출되는 최저한이라는 한계가 있지만, 이후의 실현적 구체화나 형성은 법률로 확정된 보호영역이 제한 기준이라는 점에서 차이가 있다.

Ⅲ. 가해자와 국가의 관계에서 과잉금지원칙

가해자와 국가의 관계에서 가해자의 방어권은 피해자의 기본권을 제약하는 가해자 행위의 위법성을 근거로 국가가 사법 관계에 '지나치게' 관여하는 것을 방지하는 기능을 수행한다. 즉 가해자의 방어권은 사법 관계에 대한 국가 개입을 제한하는 한계로서 기능한다. 국가는 피해자의 기본권을 보호하려고 가해자의 기본권을 제한할 수 있다. 여기서 가해자와 국가의 관계는 합계 영(zero-sum)의 관계에 있다. 즉 국가가 가해자의 기본권 영역에 개입하면 할수록 가해자의 기본권은 더 많이 제약된다. 그로 말미암아 가해자의 기본권은 충실하게 보호되지 않을 수 있다. 이때 가해자는 자기 방어권을 근거로 국가가 일정 수준 이상의 기본권 제약을 하지 말 것을 요구할 수 있다. 이러한 점에서 피해자를 보호하려고 가해자의 기본권을 제약하는 국가행위는 전통적 관계처럼 과잉금지원칙에 따라서 위헌 여부가 심사된다. 물론 가해자와 국가의 관계는 전통적 관계와 다른 점이 있어서 과잉금지원칙의 구체적 내용은 전통적 관계의 과잉금지원칙과 달라야 한다.

가해자와 국가의 관계에서 가해자가 자기 기본권이 침해당하였다고 주장하므로 제약당하는 가해자의 기본권을 중심으로 위헌심사를 하게 된다. 이때 국가는 피해자의 기본권을 보호하려고 가해자의 기본권을 제약하므로, 목적의 정당성은 피해자의 기본권이 정당화한다. 따라서 가해자와 국가의 관계에서 국가행위의 위헌 여부를 심사할 때 목적의 정당성은 일반적인 위헌심사와 달리 별도로 심사할 필요가 없다. 수단의 적합성에서는 피해자의 기본권을 보호하는 데 국가의 보호조치가 의미 있는 이바지를 할 수 있는지가 심사되어야 할 것이다. 여기서 선택된 보호조치는 피해자의 기본권을 보호하는 충분한 효과가 없으면 수단의 적합성은 충족되지 않는다. 즉 보호조치가 아무런 효과가 없을 때뿐 아니라 보호조치가 피해자의 기본권을 보호하는 데 일부 이바지할 수 있으나 결정적인 이바지를 할 수 없거나 다른 수단을 통해서 이미 피해자의 기본권이 보호되어서 중첩적인 이바지에 그친다면, 수단의 적합성 심사를 통과할 수 없다. 최소제약성 심사는 일반적으로 예외적 제약 허용 여부를 중심으로 이루어진다. 하지만 기본권 3각관계에서는 보호되어야 할 피해자 기본권과 제약되어야 할 가해자 기본권을 최적으로 보호하는 균형점을 찾는 것이 관건이다. 따라서 피해자의 기본권을 최대한 보호하면서 가해자의 기본권을 최소로 제약하는 보호조치를 찾아야 한다. 즉 피해자의 기본권을 보호하여야 할 최소수준을 넘는 수단 중에서 가해자의 기본권을 가장 작게 제약하는 것을 선택하여야 최소제약성을 통과할 수 있다. 이러한 점에서 피해자의 기본권을 최소보호수준 이하로 보호하는 수단은 당연히 배제되어야 하고, 최소보호수준을 넘는 수단 중 피해자의 기본권을 덜 제약하면서 같거나 더 높은 보호수준을 얻을 수 있는 수단이 있으면 최소제약성을 충족할 수 없다. 이때 제약의 주체는 국가라는 점에서 국가가 피해자의 기본권 보호수준과 가해자의 기본권 제약수준을 증명하여야 한다. 국가가 이러한 증명에 실패하면 가해자의 기본권 보호는 추정된다는 점에서 가해자의 기본권 보호가 우선하여 국가의 보호조치는 최소제약성에 어긋나게 될 것이다. 법익균형성과 관련하여 보호조치를 통해서 보호하려는 피해자의 기본권과 방어권을 통해서 보호가 요구되는 가해자의 기본권이 상당한 비례관계에 있을 것이 요구된다. 즉 피해자의 기본권적 법익보다 제약되는 가해자의 기본권적 법익이 커서는 아니 된다. 가해자의 제약행위가 문제의 발단이라는 점에서 양 이익이 같다면 피해자의 기본권적 법익을 우선하여야 할 것이다. 따라서 가해자의 기본권적 이익이 조금이라도 클 때만 법익균형성은 깨지게 된다. 제약되는 가해자의 기본권이 둘 이상일 때 일반-특별 관계처럼 결국 하나의 기본권으로 수렴되지 않는 한 제약되는 기본권적 이익이 모두 법익균형성에 고려되어야 한다. 따라서 하나의 기본권이 제약될 때보다 둘 이상의 기본권이 제약될 때 법익균형성 심사는 엄격해진다.

Chapter

07

기본권 3각관계의 위헌심사 기준

제7장 기본권 3각관계의 위헌심사 기준

Ⅰ. 통합적으로 고찰하여야 하는 기본권 3각관계

기본권 3각관계는 피해자와 가해자의 관계, 피해자와 국가의 관계, 가해자와 국가의 관계 셋으로 나뉜다. 그러나 이러한 관계들은 서로 밀접한 관련이 있고 영향을 주고받으므로 나누어서 고찰하는 것은 적절하지 않고, 통합적으로 고찰하여야 할 것이다. 이러한 통합적 고찰이 필요한 가장 중요한 이유는 기본권 3각관계를 해결하는 위헌심사 기준이 언제나 같아야 하기 때문이다. 즉 기본권 3각관계를 나누어 살피게 되면 누가 기본권을 주장하는지에 따라서 위헌심사 기준이 달라지는 치명적인 문제점이 발생할 수 있다.[1] 그러나 기본권 3각관계를 통합하여 살펴보면 누가 기본권을 주장하는지와 상관없이 언제나 위헌심사 기준을 같게 할 수 있다. 즉 기본권 3각관계를 바탕으로 위헌심사를 하게 되면 청구인이 누구인지에 따라 같은 문제를 다르게 볼 가능성을 제거할 수 있다. 기본권 3각관계라는 시각에서 보면, 제약받는 주체, 즉 피해자와 제약하는 주체, 즉 가해자라는 지위는 바뀌지 않는다. 따라서 피해자가 자기 기본권적 법익을 보호해달라고 국가에 요구하든지 가해자가 자기 기본권을 제약하지 말라고 국가에 방어권을 행사하든지 언제나 같은 관점에서 위헌심사가 이루어진다. 예를 들어 가해자가 청구인이면 과잉금지원칙으로 심사하고, 피해자가 청구하면 과소보호금지원칙으로 심사할 가능성이 말끔하게 사라진다. 물론 이를 위해서는 먼저 기본권 3각관계에 적용할 심사 기준이 무엇인지가 해결되어야 한다.[2] 이러한 고찰이 성공적으로 이루어지면 기본권 3각관계에서 발생하는 기본권 문제는 사법(司法)에서는 물론 입법과 집행에서도 언제나 같은 기준으로 해결될 수 있다. 그리고 기본권 3각관계에 관한 통합적 고찰은 위헌심사 과정에서 고려하여야 할 다양한 사항을

1) 예를 들어 피해자가 청구한 교통사고처리특례법 사건(헌재 1997. 1. 16. 90헌마110등, 판례집 9-1, 90)과 미국산 소고기 수입의 위생조건에 관한 고시 사건(헌재 2008. 12. 26. 2008헌마419등, 판례집 20-2하, 960)에서는 과소보호금지원칙에 따라서 심사하였고, 가해자가 청구한 금연구역지정 사건(헌재 2004. 8. 26. 2003헌마457, 판례집 16-2상, 355)에서는 과잉금지원칙에 따라 심사하였다.

2) 허완중, 「기본권관계」, 『공법연구』 제43집 제1호, 한국공법학회, 2014, 159쪽.

빠짐없이 안정적으로 찾을 수 있게 된다. 기본권 3각관계에 관한 통합적 고찰이 가능한 모든 사항을 바라볼 수 있도록 시야를 넓혀주기 때문이다. 그로 말미암아 위헌심사는 객관성과 중립성을 확보할 길을 얻을 수 있다. 또한, 여기저기 산재하여 논의되는 다양한 관련 논의를 필요한 때 적절하게 활용할 길을 기본권 3각관계에 관한 통합적 고찰이 열어준다. 그동안 기본권 3각관계의 언급 여부와 상관없이 이와 관련한 다양한 논의가 비록 단편적이지만 이루어졌다. 그러나 그러한 논의는 서로 고립적이고 단절되어 이루어져서 서로 간의 관계가 제대로 규명되지 않았다. 그래서 이러한 논의가 서로 유기적으로 결합하여 기본권 문제를 해결하는 데 동원될 때 한계가 있었다. 그러나 기본권 3각관계가 통합적으로 고찰됨으로써 이러한 논의 서로 간의 관계가 명확하게 밝혀지면서 기본권 3각관계에서 차지하는 위치가 확인되어 기본권 문제 해결과 관련하여 언제 그러한 논의가 필요한 것인지가 명확해진다.

Ⅱ. 과소보호금지원칙과 과잉금지원칙의 관계

1. 기본권보호의무 이행과 관련한 심사 기준의 문제

피해자와 가해자의 관계는 기본권 3각관계의 고갱이(핵심)로서 관계의 성격을 확정하고 기본권 문제를 어떻게 해결할 것인지에 관한 방식과 형태 그리고 방향을 제시해 주며, 피해자와 국가의 관계와 가해자와 국가의 관계를 이어주는 다리가 된다. 따라서 기본권 3각관계를 고찰할 때 가장 먼저 피해자와 가해자의 관계를 살펴보아야 한다. 피해자와 국가의 관계는 피해자와 가해자의 관계에서 발생한 문제를 해결하는 기준을 제시하여 구체적 보호조치를 어떻게 선택하여야 하는지를 논의할 토대를 마련해 준다. 이때 피해자와 가해자의 관계에서 사인에 대한 기본권 포기가 인정되면 기본권 문제는 더 논의할 필요 없이 여기서 마무리된다. 즉 피해자와 국가의 관계와 가해자와 국가의 관계는 논의되지 않고 가해자가 피해자 기본권을 제약하는 것은 정당성을 인정받고 기본권 문제는 해결된다. 그리고 가해자와 국가의 관계는 피해자와 국가의 관계에서 선택된 보호조치의 한계를 설정하는 기초를 제공한다. 이러한 점에서 피해자와 국가의 관계가 가해자와 국가의 관계보다 먼저 검토되어야 한다.

국가의 보호조치가 가해자의 기본권을 건드리지 않으면 가해자와 국가의 관계는 문제가 되지 않는다. 이때 보호조치의 위헌심사는 과소보호금지원칙으로 충분하다. 그러나 국가의 보호조치가 가해자의 기본권을 건드리면 피해자와 국가의 관계뿐 아니라 가해자와 국가의 관계도 살펴보아야 한다. 이때 피해자와 국가의 관계에서는 과소보호금지원칙 위반 여부가 그리고 가해자와 국가의 관계에서는 과잉금지원칙 위반 여부가 심사되어야 한다. 이로 말미암아 기본권 3각관계에서 위헌심사 기준이 무엇인지가 다투어진다. 즉 과소보호금지원칙과 과잉금지원칙 중 하나가 위헌심사 기준인지 아니면 둘 모두가 위헌심사 기준인지가 문제 된다.

2. 과소보호금지원칙의 독자성

(1) 과소보호금지원칙과 과잉금지원칙의 일치설

과소보호금지원칙과 과잉금지원칙의 일치설(Kongruenzthese)[3]을 따르면, 피해자의 기본권을 보호하기 위해서 국가가 다른 사람의 기본권을 제약하여야 하는 기본권 3각관계에서 과소보호금지원칙은 독자성을 갖지 못한다.[4] 이 견해는 다음과 같이 주장한다.

① 과소보호금지원칙은 자명한 것 이외에 개념적으로 새로운 것을 말하지 않는다. 즉 과소보호금지원칙이 기본권보호의무를 실효성 있게 이행할 것을 요구하는 것이라면 이것은 기본권보호의무 자체에서 이미 도출되는 것에 불과하다. 기본권보호의무는 법적 의무로서 그 내용에 합당하게 이행할 것을 요구하는 입법자에 대한 명령을 포함한다. 따라서 기본권보호의무는 언제나 의무의 내용에 합당하게, 즉 실효성 있게 이행될 수 있을 뿐이다. 결론적으로 과소보호금지원칙은 기본권보호의무에 아무것도 추가하지 못한다.[5]

3) 동일설이라고 번역하는 견해도 있다(이부하, 「비례성원칙과 과소보호금지원칙」, 『헌법학연구』 제13권 제2호, 한국헌법학회, 2007, 289쪽; 장영철, 「과소보호금지원칙에 관한 연구」, 『헌법학연구』 제14권 제1호, 한국헌법학회, 2008, 116쪽).

4) Karl-Eberhard Hain, Der Gesetzgeber in der Klemme zwischen Übermaß-und Untermaßverbot?, in: DVBl. 1993, S. 983. 정문식, 「생명윤리법상 국가의 기본권 보호의무」,『공법학연구』 제8권 제3호, 한국비교공법학회, 2008, 177~180쪽도 같은 견해이다.

5) Karl-Eberhard Hain (Anm. 4), S. 983; ders., Das Untermaßverbot in der Kontroverse, in: ZG 11 (1996), S. 75; Christian Starck, Der verfassungsrechtliche Schutz des ungeborenen menschlichen Lebens, in: JZ 1993, S. 817.

② 기본권 3각관계에서 과소보호금지원칙과 과잉금지원칙은 일치한다. 과잉금지원칙은 법적 이익들의 조정을 요구하는데, 그 조정은 최소나 최고의 기준이 아니라 관련 법익을 되도록 최대한도로 보호하는 방향으로 이루어져야 한다. 이러한 조정이 이루어지면 입법행위의 상한과 하한 사이에 어떠한 틈이 있는 것이 아니고 오히려 일치한다. 그리고 형량사고를 따르면 기본권 충돌에서 보호되어야 할 사람의 기본권이 제약되는 사람의 기본권과 형량될 때, 양자 사이의 균형은 상한과 하한 사이의 영역에서가 아니라 양자의 중요성이 일치하는 점에서 찾아진다. 따라서 과소보호금지원칙이 적용될 여지가 없다. 일치설의 타당성은 필요성 요건에서도 확인된다. 필요성 요건은 기본권 3각관계에서 국가가 기본권보호의무 이행에 필요한 만큼 가해자의 자유권을 제한할 것을 요구하는데, 과소보호금지원칙 요구와 필요성 요건의 요구가 일치하지 않는다면 필요성 요건은 충족되지 않아서 과잉금지원칙에 위반된다. 따라서 기본권 3각관계에서 과소보호금지원칙은 불필요하다.[6]

③ 과소보호금지원칙은 계속 변화하는 추상적 원칙이라서 법적 안정성을 위험에 빠뜨릴 수 있다. 일치설은 이러한 과소보호금지원칙을 제거함으로써 법적 안정성을 지킬 수 있다. 그리고 과소보호금지원칙의 독자성을 인정한다면, 과소보호금지원칙은 입법자의 입법형성권을 폭넓게 제한할 수 있다. 그러나 일치설은 이러한 과소보호금지원칙을 배제함으로써 입법자의 입법형성권을 제한하지 않고, 오히려 입법형성권에 대한 잠재적 제한 근거를 제거한다.[7]

(2) 독자적 심사 기준인 과소보호금지원칙

① 국가의 형성재량과 과소보호금지원칙의 기능

기본권보호의무의 목적은 기본권적 법익의 효과적인 보호이다. 기본권보호의무가 국가의 행위의무를 포함할지라도, 기본권보호의무는 국가가 보호조치를 취해야 하는지만을 결정한다.[8] 그러나 기본권보호의무를 이행하기 위해서 국가

---

6) Hans-Uwe Erichsen, Grundrechtliche Schutzpflicht in der Rechtsprechung des Bundesverfassungsgerichts, in: Jura 1997, S. 88; Karl-Eberhard Hain (Anm. 4), S. 983; ders. (Anm. 5), S. 75, 80; Christian Starck (Anm. 5), S. 817; Klaus Stern, Das Staatsrecht der Bundesrepublik Deutschland, Bd. Ⅲ/2, München 1994, S. 813 f.; Peter Unruh, Zur Dogmatik der grundrechtlichen Schutzpflichten, Berlin 1996, S. 86 f.

7) Karl-Eberhard Hain (Anm. 5), S. 83 f.

가 어떠한 보호조치를 취해야 하는지에 관해서 헌법은 물론 기본권보호의무 자체도 아무것도 말하지 않는다. 기본권보호의무의 목적은 다양한 방식으로 달성될 수 있으므로, 국가가 그의 의무를 어떻게 이행할 것인지는 국가의 형성재량에 맡겨진다.[9] 그래서 기본권보호의무의 효과적 이행을 위한 유일한 수단은 원칙적으로 없다. 오히려 기본권을 보호할 다양한 가능성이 있을 뿐이다. 그렇지 않다면 국가는 유일한 수단을 선택하는 것 이외에 다른 선택 가능성이 없어서, 국가의 형성재량이 아니라 단지 헌법적 강제만 있을 것이다. 따라서 국가는 자신의 결정으로 다수의 가능한 보호조치 중에서 하나(때에 따라서는 둘 이상)를 선택하여 기본권보호의무를 이행하여야 한다.

국가의 형성재량은 기본권보호의무의 효과적 이행을 목적으로 삼으므로, 기본권보호의무를 어떻게 이행할 것인지가 문제 된다. 기본권보호의무는 목적만을 정할 뿐이지, 방법을 정하지 않는다.[10] 과소보호금지원칙은 유일한 방법은 아닐지라도 가능한 방법을 결정할 기준을 제공한다. 즉 기본권보호의무는 국가가 보호조치를 취해야 하는지만을 규율하지만, 과소보호금지원칙은 보호를 어떻게 형성하고 보호가 어떤 수준에서 이루어져야 하는지와 관련된다.[11] 따라서 과소보호금지원칙은 국가의 형성재량에 한계를 설정한다. 과소보호금지원칙의 내용이 헌법 자체에서 도출되거나 확정될 수 있는 한, 과소보호금지원칙은 법적 안정성을 해치지 않고, 헌법적으로 필요하며, 헌법에 따라서 근거 지울 수 있다. 일치설을 따르면 입법자가 취하여야 할 보호조치가 상한과 하한 사이에서가 아니라 하나의 점에서 찾아진다. 이것은 가능한 보호조치가 다양하게 있지 않고 특정한 보

---

8) 표명환, 「입법자의 기본권보호의무와 헌법적 통제」, 『헌법학연구』 제11권 제2호, 한국헌법학회, 2005, 212쪽; Konrad Hesse, Grundzüge des Verfassungsrechts der Bundesrepublik Deutschland, 20. Aufl., Heidelberg 1995, Rdnr. 350 (콘라드 헷세, 계희열 역, 『통일독일헌법원론』, 박영사, 2001, 223쪽); Alexandra Pietrzak, Die Schutzpflicht im verfassungsrechtlichen Kontext – Überblick und neue Aspekte, in: JuS 1994, S. 753.

9) 같은 견해: 계희열, 『헌법학(중)(신정2판)』, 박영사, 2007, 112쪽; 이부하(주 3), 292쪽; 정태호, 「기본권적 3각관계 그리고 과소(보호)금지원칙의 독자성」, 『고시연구』 제29권 제5호(통권 제338호), 고시연구사, 2002. 5., 28쪽; Josef Isensee, Das Grundrecht auf Sicherheit, Berlin 1983, S. 53; Klaus Stern, Das Staatsrecht der Bundesrepublik Deutschland, Bd. Ⅲ/1, München 1988, S. 950.

10) Eckart Klein, Grundrechtliche Schutzpflicht des Staates, in: NJW 1989, S. 1638 참조.

11) Christian Calliess, Rechtsstaat und Umweltstaat, Tübingen 2001, 456; Konrad Hesse (Anm. 8), Rdnr. 350 [콘라드 헷세(주 8), 223쪽]; Josef Isensee (Anm. 9), S. 38.

호조치만 선택되어야 한다는 것처럼 보인다. 이렇게 보면 입법자는 특정한 보호조치를 취하는 것 이외에 다른 선택 가능성이 없다. 따라서 입법자는 입법재량이 없을 것이다. 이러한 점에서 오히려 일치설이 입법자에게서 그의 재량을 박탈하는 결과가 발생할 수 있다.[12] 결국, 국가의 형성재량을 긍정하는 한 일치설을 따르기는 곤란하고, 국가의 형성재량에 한계를 설정하는 과소보호금지원칙이 필요하다.

② 기본권보호의무 이행을 심사하는 부분적 기준인 과잉금지원칙

기본권보호의무는 방어권과는 달리 국가의 소극적 부작위가 아니라 적극적 작위를 목적으로 한다.[13] 따라서 과잉금지원칙에서는 행동하는 국가가 문제 되지만, 과소보호금지원칙에서는 행동하지 않는 국가가 문제 된다. 과잉금지원칙의 중요한 기능은 국가의 작위로 말미암은 기본권 침해 가능성을 제거함으로써 개인의 기본권을 보호하는 것이다. 그래서 과잉금지원칙은 국가의 소극적 부작위에 관한 기준을 제시할 수 있지만, 기본권보호의무를 이행하기 위한 적극적 작위에 관한 기준을 제시할 수는 없다.[14] 따라서 과잉금지원칙은 국가의 소극적 부작위에 관한 심사 기준으로 기능할 수 없다. 즉 (ⅰ) 국가가 처음부터 어떠한 보호조치도 취하지 않았을 때, (ⅱ) 처음에 충분한 보호를 보장하였던 국가의 보호조치가 축소되었거나 폐지되었을 때나 (ⅲ) 사실관계나 법적 상황의 변화 때문에 기존 보호조치가 충분한 보호를 보장하지 못하는데도 이러한 보호조치가 개선되지 않았을 때, 과잉금지원칙은 어떠한 심사 기준도 제공하지 못한다.[15] 이러한 때는 기본권 제약이 새롭게 발생하지 않거나 오히려 제거되거나 축소되어서

12) Martin Borowski, Grundrechte als Prinzip, 2. Aufl., Baden-Baden 2007, S. 192 참조.

13) Martin Gellermann, Grundrechte in einfachgesetzlichem Gewande, Tübingen 2000, S. 343; Konrad Hesse (Anm. 8), Rdnr. 350 [콘라드 헷세(주 8), 223쪽]; Hans Dieter Jarass, Die Grundrechte: Abwehrrechte und objektive Grundsatznormen, in: Peter Badura/Horst Dreier (Hrsg.), Festschrift 50 Jahre Bundesverfassungsgericht: Klärung und Fortbildung des Verfassungsrechts, Bd. Ⅱ, Tübingen 2001, S. 40 참조.

14) 같은 견해: 정태호, 「기본권보호의무」, 『인권과 정의』 제252호, 대한변호사협회, 1997. 8., 105쪽; 같은 사람(주 9), 28쪽; 표명환(주 8), 235쪽.

15) Chien-liang Lee, Grundrechtsschutz unter Untermaßverbot?, in: Rainer Grote/Ines Härtel/Karl-E. Hain/Thorsten Ingo Schmidt/Thomas Schmitz/Gunnar Folke Schuppert/Christian Winterhoff (Hrsg.), Die Ordnung der Freiheit: Festschrift für Christian Starck zum siebzigsten Geburtstag, Tübingen 2007, S. 306 ff. 참조.

기본권 제약의 발생이나 확대를 전제로 하는 과잉금지원칙이 적용될 수 없기 때문이다. 그리고 적극적 기본권 제약을 전제하는 과잉금지원칙은 제약이 따르지 않는 보호에서는 기본권 제약이 발생하지 않으므로 처음부터 아무런 의미가 없다.[16] 이러한 점에서 일치설은 스스로 고백하듯이 기본권보호의무 이행 전체를 포섭하지 못하고 단지 일부분만을 포섭할 수 있는 부분적인 심사 기준을 제시하는 데 그친다.[17] 따라서 일치설을 따르면 국가부작위와 제약이 따르지 않는 보호를 심사하는 과소보호금지원칙과 제약을 통한 보호를 심사하는 과잉금지원칙이라는 두 개의 다른 심사 기준이 있을 수밖에 없다. 즉 과잉금지원칙이 적용되면 과소보호금지원칙이 불필요하지만, 과잉금지원칙이 적용될 수 없으면 과소보호금지원칙이 독자적 심사 기준으로 기능할 수밖에 없다. 따라서 국가의 보호조치는 통일적으로 심사될 수 없고, 2원적으로 심사될 수밖에 없다. 결론적으로 일치설을 따르면 과잉금지원칙은 모든 기본권보호의무 이행을 심사하는 일반적인 기준이 아니라 일부 영역은 전혀 심사할 수 없는 부분적인 기준일 뿐이다. 이러한 점에서 일치설은 최소한 국가부작위와 제약이 따르지 않는 보호에서는 과소보호금지원칙의 필요성을 인정할 수밖에 없다.

③ 제약을 통한 기본권보호의무 이행을 심사하는 기준인 과잉금지원칙의 불완전성

일치설을 따르면 과잉금지원칙은 제약을 통한 기본권보호의무 이행을 심사하는 기준이고, 이때 과소보호금지원칙이 개입할 여지는 없다. 과잉금지원칙에서 적합성 증명에 대한 요구는 그다지 높지 않다.[18] 그래서 과잉금지원칙 침해에 이르게 하는 부적합성은 '보호조치가 의도된 목적을 달성하기 어렵거나 목적달성을 위한 효과가 전혀 없을 때'나[19] (독일 연방헌법재판소 표현을 따르면) '명백하게 부적합할 때'[20] 혹은 '완전히 부적합할 때'[21] 비로소 고려된다. 국가 처분은

16) 같은 견해: Christian Calliess (Anm. 11), S. 456.

17) 같은 견해: Martin Borowski (Anm. 12), S. 192.

18) Winfried Kluth, Das Übermaßverbot, in: JA 1999, S. 609.

19) 계희열(주 9), 156쪽; 이부하(주 3), 283쪽; 황치연, 「헌법재판의 심사척도로서의 과잉금지원칙에 관한 연구」, 연세대학교 법학박사학위논문, 1995, 65쪽; 같은 사람, 「과잉금지원칙의 내용」, 『공법연구』 제24집 제3호, 한국공법학회, 1996, 280～281쪽; Manfred Gentz, Zur Verhältnismäßigkeit von Grundrechtseingriffen, in: NJW 1968, S. 1603; Michael Sachs, in: ders. (Hrsg.), Grundgesetz, 4. Aufl., München 2007, Art. 20 Rdnr. 150; Friedrich E. Schnapp, Die Verhältnismäßigkeit des Grundrechtseingriffs, in: JuS 1983, S. 852; Klaus Stern (Anm. 6), S. 776.

추구하는 목적을 실현할 수 있거나 최소한 목적 달성에 이바지할 수 있을 때 적합하다.[22] 국가 처분이 의도한 결과를 옹글게(완벽하게) 얻을 수 없을지라도 국가 처분은 이미 부적합한 것은 아니다. 오히려 목적의 부분적 달성만으로도 충분하다.[23] 이러한 점에서 국가 처분 그 자체로 보았을 때 확실히 충분한 보호를 보장하지 못할지라도 그 적합성은 부정되지 않을 수 있다.[24]

그러나 국가의 보호조치 전체(반드시 독립된 하나의 보호조치일 필요는 없다)는 기본권적 법익을 실질적으로 보호하는 데 적합하여야 한다.[25] 이러한 맥락에서 헌법재판소와 독일 연방헌법재판소의 견해는 그 타당성이 의심스럽다. 헌법재판소는 "국가가 국민의 법익을 보호하기 위하여 전혀 아무런 보호조치를 취하지 않았든지 아니면 취한 조치가 법익을 보호하기에 명백하게 전적으로 부적합하거나 불충분한 경우에 한하여 헌법재판소는 국가의 보호의무의 위반을 확인할 수 있을 뿐이"라고 한다.[26] 그리고 독일 연방헌법재판소 재판을 따르면 공권력이 보호조치를 완전히 하지 않았거나 관련된 규율이나 처분이 주어진 보호목적을 달성하기에 '완전히 부적합하거나 전적으로 불충분할 때'나 '보호목적을 달성하기 위한 수준에 명백하게 미달할 때'만 기본권보호의무 침해를 확인할 수 있다.[27] 즉 헌법재판소와 독일 연방헌법재판소는 기본권보호의무에 따른 보호조치

20) BVerfGE 19, 119 (127); 47, 109 (117); 99, 341 (353).

21) BVerfGE 77, 170 (215); 85, 191 (212); Alexandra Pietrzak (Anm. 8), S. 752.

22) BVerfGE 30, 292 (316); 33, 171 (187).

23) 문홍주/김형성, 「비례성원칙과 기본권」, 『학술원논문집(인문·사회과학편)』 제28집, 대한민국 학술원, 1989, 129쪽; 양삼승, 「과잉금지의 원칙」, 『헌법논총』 제1집, 헌법재판소, 1990, 126~127쪽; 이부하(주 3), 284쪽; 장영철(주 3), 120쪽; 최갑선, 「비례의 원칙에 따른 헌법의 위헌심사」, 『공법연구』 제25집 제4호, 한국공법학회, 1997, 661~662쪽; 황치연(주 19, 헌법재판의 심사척도로서의 과잉금지원칙에 관한 연구), 65쪽; 같은 사람(주 19, 과잉금지원칙의 내용), 281쪽; BVerfGE 16, 147 (183); 67, 157 (175); 96, 10 (23); Manfred Gentz (Anm. 19), S. 1603; Eberhard Grabitz, Der Grundsatz der Verhältnismäßigkeit in der Rechtsprechung des Bundesverfassungsgerichts, in: AöR 98 (1973), S. 572; Michael Sachs (Anm. 19), Art. 20 Rdnr. 150; Klaus Stern (Anm. 6), S. 776.

24) Martin Gellermann (Anm. 13), S. 346 참조. 다른 견해로는 Karl-Eberhard Hain (Anm. 5), S. 79.

25) Josef Isensee (Anm. 9), S. 39 f. BVerfGE 39, 1 (46)도 참조.

26) 헌재 1997. 1. 16. 90헌마110등, 판례집 9-1, 90, 121-122; 헌재 2008. 7. 31. 2004헌바81, 공보 142, 1038.

27) BVerfGE 77, 170 (215); 79, 174 (202); 92, 26 (46). 그 밖에 BVerfGE 56, 54 (81); 77, 381 (405); 85, 191 (212); BVerfG, Beschluss vom 29. 11. 1995, in: NJW 1996, S. 651; BVerfG,

에 대해서 명백성 통제를 한다. 그러나 국가의 형성재량, 특히 입법자의 형성재량이 있어도 국가가 전혀 행동하지 않았을 때나 국가 처분이 의심할 여지 없이 주어진 보호목적을 달성하기에 '완전히 부적합하거나 명백하게 불충분할 때'나 '보호목적을 달성하기 위한 수준에 명백하게 미달할 때' 최소한의 보호수준이 비로소 보장되지 않는 것은 아니다. 헌법이 보호를 명령하거나 헌법에서 보호의무가 도출될 때, 이러한 보호는 충분하여야 하고, 모든 충분하지 않은 보호는 헌법위반일 뿐이다. 국가 처분이 '불충분하지만, 아직 완전히 불충분하지 않은' 회색지대는 없다.[28] 독일 연방헌법재판소 제2재판부는 이러한 취지로 자신과 제1재판부의 판례 수정한 적이 있다. 여기서 제2재판부는, 국가는 자신의 보호의무를 이행하기 위해서 대립하는 법익을 고려하여 적절하고 효과 있는 보호를 달성할 수 있는 충분한 규범적·사실적 처분을 하여야 한다고 하면서, 이때 입법자에게 부여되는 판단재량, 평가재량, 형성재량과 관련하여 입법자가 이러한 재량의 범위를 결정하는 다양한 요소를 충분히 고려하였는지와 그의 판단재량이 이해할 만한 방법으로 행사되었는지가 헌법심사 대상이 된다고 하였다. 따라서 독일 연방헌법재판소 제2재판부는 보호조치가 완전히 부적합하거나 명백하게 불충분할 때만 비로소 개입할 수 있는 것은 아니라고 하였다.[29]

그리고 과잉금지원칙에서 필요성은 제약밀도(기본권에 대한 최소한의 제약)에 집중한다. 즉 목적을 달성할 수 있는 가장 완화한 수단이 문제 된다. 여기서 필요성은 기본권 보호의 헌법적 최소한이 아니라 선택된 보호조치의 효율성을 고려한다.[30] 그러나 기본권보호의무를 이행하는 수단은 효과적이고도 충분한 보호를 제공하여야 한다. 가해자를 가장 덜 침해하는 수단이 곧 피해자의 기본권에 효과적이고 충분한 보호를 제공하는 것은 아니다. 반대로 피해자에게 효과적이고 충분한 보호를 제공하는 수단이 언제나 가해자를 최소한으로 침해하는 것도 아니다.[31] 따라서 국가가 선택한 보호조치가 필요성을 충족한다는 것이 보호조치가

Beschluss vom 2. 12. 1999, in: NVwZ 2000, S. 310도 참조.

28) Detlef Merten, Grundrechtliche Schutzpflichten und Untermaßverbot, in: Klaus Stern/Klaus Grupp (Hrsg.), Gedächtnisschrift für Joachim Burmeister, Heidelberg 2005, S. 241. 그리고 Christoph Brüning, Voraussetzungen und Inhalt eines grundrechtlichen Schutzanspruchs - BVerwG, NVwZ 1999, 1234, in: JuS 2000, S. 957도 참조.

29) BVerfGE 88, 203 (261 ff.).

30) Johannes Dietlein, Das Untermaßverbot, in. ZG 10 (1995), S. 136 f. 참조.

31) 같은 견해: 방승주, 「교통사고처리특례법과 국가의 기본권보호의무」, 『헌법소송사례연구』,

효과적이고 충분한 수단임을 언제나 증명하는 것은 아니다. 또한, 과잉금지원칙에서 상당성은 선택된 보호조치가 제공하는 기본권 보호와 이로 말미암아 생기는 기본권 제약 사이의 균형을 요구한다. 그러나 보호조치가 제공하는 보호수준은 고려대상이 아니다. 즉 보호조치가 헌법이 요구하는 최소보호수준을 제공하는지는 상당성에서도 문제 되지 않는다. 따라서 상당성 심사도 국가가 선택한 보호조치의 효과적이고 충분한 보호 제공을 담보하지 못한다.

결론적으로 과잉금지원칙을 통해서 피해자의 기본권이 언제나 효과적으로 보호되는지를 충분히 심사할 수 없다. 따라서 과잉금지원칙은 제약을 통한 기본권보호의무 이행을 심사하는 기준으로서 불완전하다. 이러한 점에서 일치설은 제약을 통한 보호에서도 기본권보호의무 이행을 심사할 수 있는 적절한 기준을 제시하지 못한다. 그래서 일치설은 국가의 부작위와 제약이 따르지 않는 보호에서 과소보호금지원칙의 필요성을 인정하여야 할 뿐 아니라 제약을 통한 보호에서도 과소보호금지원칙의 필요성을 인정할 수밖에 없을 것이다. 결국, 일치설은 모든 경우에 기본권보호의무 이행을 적절하게 심사할 수 있는 기준을 제시하지 못한다.

④ 세분화한 심사 기준 필요성

많은 헌법 문제는 형량 문제로 귀결된다. 그러나 모든 형량 문제가 유일한 기준에 따라서 해결되어야 하는 것은 아니고, 해결될 수 있는 것도 아니다. 개별 기본권과 개별 헌법원칙은 고유한 의미와 특징이 있고 헌법적 상황은 다양하여서, 유일한 기준이 모든 문제를 포섭할 수 없고, 모든 문제에 적합할 수도 없기 때문이다. 오히려 세분화한 기준이 필요하다.[32] 과잉금지원칙은 이미 살펴본 것처럼 기본권보호의무 이행과 관련하여 충분한 심사 기준을 제공할 수 없고, 과소보호금지원칙은 과잉금지원칙이 제공하지 못하는 심사 기준을 제공할 수 있다. 즉 국가부작위와 제약이 따르지 않는 보호에서 과잉금지원칙은 아무런 심사 기준을 제공하지 못하지만, 과소보호금지원칙은 이에 관한 심사 기준을 제공한다.

박영사, 2002, 470쪽; 같은 사람, 「국가의 기본권보호의무와 그 이행여부에 대한 헌법재판소의 통제(하)」, 『고시연구』 제31권 제9호(통권 제366호), 고시연구사, 2004. 9., 16~17쪽; 표명환(주 8), 235쪽.

32) Robert Alexy, Theorie der Grundrechte, Frankfurt am Main 1994, S. 427. 그리고 BVerfGE 50, 290 (333)도 참조.

제약을 통한 보호에서도 과잉금지원칙은 기본권보호의무 이행 여부를 충분히 심사할 수 없지만, 과소보호금지원칙은 기본권보호의무의 이행 여부에 관한 적절한 심사를 할 수 있다. 따라서 과소보호금지원칙이 기본권보호의무 이행과 관련한 심사 기준으로서 필요하고, 그에 당연히 독자적 의미가 부여되어야 한다. 그러나 이것이 과소보호금지원칙이 기본권보호의무 이행과 관련한 유일한 심사 기준이라는 것을 뜻하지는 않는다. 그리고 이것이 과잉금지원칙이 기본권보호의무 이행과 관련하여 심사 기준으로서 기능할 수 없다는 것을 가리키지도 않는다.

3. 과소보호금지원칙과 과잉금지원칙의 관계

과잉금지원칙뿐 아니라 과소보호금지원칙도 국가행위의 법적으로 중요한 효과와 그 목적 설정의 관계(목적과 수단의 관계)와 관련된다. 양자는 모두 국가에 재량을 부여하고, 국가가 자신의 재량범위 안에서 재량을 행사하였는지를 판단하는 심사 기준이다. 따라서 양자의 적용 영역을 분명히 밝히려면 양자의 관계를 검토하여야 한다.

(1) 과소보호금지원칙과 과잉금지원칙의 기능적 차이

방어권은 수범자에게 침해 금지를 뜻한다. 이에 반해서 기본권보호의무는 수범자에 대한 보호 명령이다. 그래서 과잉금지원칙은 국가의 적극성과, 과소보호금지원칙은 국가의 소극성과 각각 관련된다. 따라서 과잉금지원칙은 국가의 적극적 행위를 규율하지만, 과소보호금지원칙에서는 국가의 소극적 부작위가 문제된다. 즉 과잉금지원칙은 국가가 기본권 제약을 유발하는 어떠한 행위를 하지 말 것을 요구하지만, 과소보호금지원칙은 국가가 피해자의 기본권을 보호하기 위해서 어떠한 행위를 하도록 요구하며, 이때 그 행위가 다른 사람의 기본권을 제약할 수도 있다. 그래서 과잉금지원칙은 제약저지적으로, 과소보호금지원칙은 (보호조치가 다른 기본권 주체의 기본권을 제약하는 결과를 야기하는 한) 제약유발적으로 작용한다.[33] 이러한 점에서 과소보호금지원칙은 과잉금지원칙과 기능적

---

33) Christian Calliess (Anm. 11), S. 456 f.; ders., Schutzpflichten, in: Detlef Merten/Hans-Jürgen Papier (Hrsg.), Handbuch der Grundrechte in Deutschland und Europa, Bd. Ⅱ, Heidelberg 2006, § 44 Rdnr. 30; Claus-Wilhelm Canaris, Grundrechtswirkungen und Verhältnismäßigkeitsprinzip in der richterlichen Anwendung und Fortbildung des Privatrechts, in: JuS 1989, S. 163; Johannes

으로 구별된다.

(2) 과잉금지원칙을 과소보호금지원칙으로 보완할 필요성

기본권보호의무는 국가의 의무만을 의미하지 않는다. 기본권보호의무는 동시에 제3자(주로 가해자이지만, 때에 따라서는 또 다른 기본권 주체도 포함한다)에 대한 기본권 제약 근거를 포함한다. 따라서 기본권보호의무를 통해서 기본권 주체에 대한 국가 개입이 확대될 수도 있다. 즉 국가가 피해자를 위해서 제3자의 기본권을 제약할 때, 기본권보호의무는 기본권 제약 근거로서 작용할 수도 있다.[34] 그를 통해서 기본권 제약 가능성이 커질 수 있고, 국가가 자신의 권한을 확대할 빌미를 제공할 수도 있다. 그러나 과소보호금지원칙은 이러한 가능성에 한계를 설정하지 못한다. 보호를 위한 기본권 제약은 다른 기본권 제약과 구별되지 않아서, 이러한 때도 다른 기본권 제약과 마찬가지로 국가는 과잉금지원칙을 준수하여야 한다. 따라서 이러한 때에 과잉금지원칙은 과소보호금지원칙을 보완할 수 있다. 이러한 보완을 통해서 제3자의 기본권은 기본권보호의무에 근거한 국가권력 남용에서도 보호될 수 있고, 국가가 기본권보호의무를 근거로 권한을 확대하려는 시도는 저지될 수 있다.

(3) 하나의 헌법적 한계에 불과한 과소보호금지원칙

기본권보호의무는 국가에 제약할 수 있는 새로운 권한을 부여하지는 않는다. 국가는 자신의 기존 권한을 헌법의 한계 안에서 행사하여 기본권보호의무를 이행하여야 할 의무를 질 뿐이다.[35] 이러한 점에서 기본권보호의무는 국가 권한 확대를 야기하는 것이 아니라 국가 권한의 적극적 행사를 요구할 뿐이다. 따라서 기본권보호의무에 근거한 국가행위는 다른 국가행위와 마찬가지로 헌법에서 도출되는 한계를 지켜야 한다. 그래서 과소보호금지원칙 원용이 다양하게 근거 지운 헌법적 한계에 구속되는 국가기관을 자유롭게 하지 못한다.[36] 그리고 기본권

Dietlein (Anm. 30), S. 139; Detlef Merten (Anm. 28), S. 239; Peter Unruh (Anm. 6), S. 79.

34) Hans Dieter Jarass (Anm. 13), S. 40 참조.

35) Georg Hermes, Das Grundrecht auf Schutz von Leben und Gesundheit, Heidelberg 1987, S. 207 f.; Josef Isensee, Das Grundrecht als Abwehrrecht und als staatliche Schutzpflicht, in: Josef Isensee/Paul Kirchhof (Hrsg.), HStR, Bd. V, 2. Aufl., Heidelberg 2000, § 111 Rdnr. 148 참조.

보호의무는 국가기관이 제3자의 기본권을 제약할 근거를 제공할 수는 있지만, 이러한 기본권 제약을 무조건 절대적으로 정당화할 수는 없다.[37] 과소보호금지원칙은 기본권보호의무 이행과 관련하여 국가가 지켜야 할 헌법적 한계의 하나에 불과할 뿐이고, 과잉금지원칙을 배제하거나 대체할 수는 없다. 과소보호금지원칙은 (제약되는 제3자의 기본권과 관련하여) 과잉금지원칙과 병존할 뿐이다. 따라서 국가가 기본권보호의무를 이행하려고 내리는 처분은 과소보호금지원칙뿐 아니라 과잉금지원칙에 따라서도 심사되어야 한다.

(4) 제약을 통한 보호에서 1차적 심사 기준인 과소보호금지원칙

기본권보호의무의 출발점과 기준점은 기본권 3각관계이다. 국가가 기본권 제약을 야기하지 않는 보호조치를 취하면 오직 과소보호금지원칙만 심사 기준이라는 것이 명확하다. 그러나 기본권보호의무는 많은 경우에 보호와 제약이라는 두 가지 의미가 있다. 국가와 피해자의 관계에서는 보호가 문제 된다. 그에 반해서 국가와 가해자의 관계에서는 제약(보호를 위한 제약 - 제약을 통한 보호)이 문제된다.[38] 여기서 보호되어야 하는 기본권과 제약되는 기본권 사이에 불균형이 발생할 수 있다. 이러한 불균형은 보호조치를 매개로 하여 피해자 측면에서 불충분한 보호로 나타나거나, 가해자 측면에서 헌법적으로 정당성이 부여되지 못한 기본권 제약으로 나타난다.

피해자와 가해자의 관계는 기본권보호의무의 전제이고 근거이며 발생요건이다. 이러한 관계에서 발생하는 기본권 제약의 위법성[39] 때문에 국가는 피해자를

36) 비슷한 견해: Wolfram Cremer, Die Verhältnismäßigkeit bei der grundrechtlichen Schutzpflicht, in: DÖV 2008, S. 103.

37) Josef Isensee (Anm. 9), S. 46 참조.

38) Alexandra Pietrzak (Anm. 8), S. 748.

39) 위법성을 판단하는 기준은 헌법이 제공하여야 한다[같은 견해: Josef Isensee (Anm. 36), § 111 Rdnr. 100]. 그리고 이러한 위법성은 사인이 다른 사인의 기본권을 침해하지 않을 의무가 있다는 전제 아래 인정된다. 이러한 의무는 기본권의 제3자적 효력에서 도출된다(허완중, 「사법관계에 미치는 기본권의 효력」, 고려대학교 법학석사학위논문, 2002, 66쪽 참조). 헌법은 다양한 법익의 정서와 조정을 과제로 부여받으므로, 위법성은 단순히 개별 기본권 해석을 통해서 결론 지우는 것이 아니라 해당 사인의 기본권이 다른 사인의 기본권을 비롯한 헌법적 법익과 형량되는 과정에서 확정된다[같은 견해: 방승주(주 31, 교통사고처리특례법과 국가의 기본권보호의무), 466쪽; Hans Dieter Jarass (Anm. 13), S. 226 f.; Markus Möstl, Probleme der verfassungsprozessualen Geltendmachung gesetzgeberischer Schutzpflichten – Die Verfassungsbeschwerde gegen legislatives Unterlassen –, in: DÖV 1998, S. 1035].

보호하기 위해서 가해자의 기본권을 제약할 수 있고, 제약하여야 한다. 과소보호금지원칙에서는 피해자의 기본권을 효과적으로 보호하는 것만을 문제 삼아서, 가해자의 기본권 보호는 과소보호금지원칙에서 문제 되지 않는다.[40] 특히 과소보호금지원칙은 기본권 제약을 전제하지도 않는다. 따라서 과소보호금지원칙은 단지 국가와 피해자의 관계를 규율할 뿐이고, 국가와 가해자의 관계를 규율하지 않는 것으로 보아야 할 것이다. 그에 반해서 과잉금지원칙은 피해자의 기본권 보호와 가해자의 기본권 보호 사이의 형량을 위한 기준을 제공한다. 따라서 국가는 한편으로는 과소보호금지원칙에 부합하는 보호를 보장하여야 하고, 다른 한편으로는 가해자의 기본권적 보호영역을 제약하는 처분을 과잉금지원칙에 합치시켜야 한다. 즉 기본권보호의무 이행을 위한 제약을 통한 보호의 헌법적 정당화는 과소보호금지원칙뿐 아니라 과잉금지원칙에 따라서도 심사되어야 한다.

결론적으로 먼저 과소보호금지원칙이 국가에 국가 처분의 기준을 제공하고, 과잉금지원칙은 이러한 기준에 따라서 선택된 국가 처분이 다른 기본권 주체의 기본권을 제약할 때 비로소 한계로서 기능한다. 따라서 과소보호금지원칙은 일반적으로 적용되지만, 과잉금지원칙은 (단지 제약을 통한 보호에만) 제한적으로 적용된다. 과소보호금지원칙이 국가 처분을 확정하는 기준을 제공하고, 과잉금지원칙은 선택된 보호조치를 심사대상으로 하므로, 과소보호금지원칙은 늘 기본권보호의무 이행과 관련하여 1차적 심사 기준으로서 작용한다. 따라서 과잉금지원칙은 문제가 되면, 즉 제약을 통한 보호에서만 2차적 심사 기준이 될 뿐이다.

4. 기본권보호의무 이행에 대한 사법심사

기본권보호의무는 국가기관에 기본권보호의무를 실질적으로 어떻게 이행할 것인지에 관한 재량을 부여한다. 이러한 재량의 목적은 언제나 기본권보호의무의 효과적 이행이다.[41] 그러나 이러한 재량은 무제한적으로 인정되는 것이 아니라 한계가 있다. 이러한 한계는 피해자와 관련하여 효과적인 보호 측면에서 발생하고, 가해자와 관련하여 침해에 대한 방어 측면에서 발생한다. 따라서 기본권 3각관계에서 한편에는 과소보호금지의 보호권적 원칙이 보장하는 피해자의 기본권적 법익이, 다른 한편에는 과잉금지의 방어권적 원칙이 보장하는 가해자

40) 비슷한 견해: Wolfram Cremer (Anm. 36), 105.

41) Christian Calliess (Anm. 33), § 44 Rdnr. 26; Josef Isensee (Anm. 35), § 111 Rdnrn. 90, 165.

의 기본권적 법익이 놓인다.[42] 과소보호금지원칙은 요구된 보호의 최소수준을 확정하고, 과잉금지원칙은 보호목적을 위해서 가능한 제약의 상한을 확정한다. 따라서 합헌적 보호조치의 존재 영역은 과소보호금지원칙과 과잉금지원칙 양자 모두를 침해하지 않는 범위 안에 있다.[43] 그래서 기본권보호의무 이행을 심사할 때 과소보호금지원칙과 과잉금지원칙을 모두 검토하여야 한다.

(1) 입법목적의 헌법적 확정

국가 처분은 추구된 목적을 실현하는 데 적합하여야 한다. 국가 처분의 적합성을 심사하기 위한 기준은 일반적으로 법률이나 국가기관이 설정한 목적이다. 그러나 헌법은 기본권적 법익을 효과적으로 보호하기 위해서 국가기관에 기본권보호의무를 부여한다. 그와 함께 기본권보호의무는 언제나 사적 행위가 침해할 수 있는, 개별 기본권이 보호하는 법익이 있다는 것을 전제한다. 그래서 국가가 기본권보호의무를 충실히 이행하려면 국가 처분의 목적은 언제나 이러한 법익을 효과적으로 보호할 수 있어야 한다. 따라서 이러한 국가 처분의 목적은 다른 국가 처분과는 달리 기본권보호의무를 부여하는 헌법 자체에서 이미 확정되므로, 당연히 헌법적으로 정당성을 부여받는다.[44] 결국, 기본권보호의무가 입법목적을 스스로 확정하고 헌법적으로 정당화하여서, 목적의 정당성은 별도로 검토할 필요 없이 당연히 인정된다.[45] 따라서 목적의 정당성은 심사할 필요가 없다.

(2) 일반적 1차적 심사 기준인 과소보호금지원칙

헌법은 국가가 기본권보호의무를 이행하기 위해서 어떤 처분을 내려야 하는지에 관한 내용적 규율을 포함하지 않는다. 그러나 국가가 효과 없는 처분을 할 수 있다면 기본권보호의무는 그 의미를 상실할 수밖에 없다. 따라서 기본권보호의무 이행의 효과성은 기본권보호의무에 절대적으로 필요한 요소로서 국가를 구속하는 명확한 헌법 규범에 속한다. 이러한 헌법 규범에 따라서 국가 처분은 적합, 즉 합목적적이고 적절하여야 한다.[46] 그를 위해서 기본권 보호를 위한 헌법

---

42) Josef Isensee (Anm. 35), § 111 Rdnrn. 91, 165.

43) Markus Möstl, (Anm. 39), S. 1038.

44) Johannes Dietlein (Anm. 30), S. 136 참조.

45) 같은 견해: 장영철(주 3), 120쪽.

46) Konrad Hesse, Die verfassungsgerichtliche Kontrolle der Wahrnehmung grundrechtlicher

적 최소수준이 언제나 보장되어야 한다. 이러한 최소보호수준은 과소보호금지원칙에 따라서 확정된다. 과소보호금지원칙을 따르면, 보호조치는 적절하고 효과적인 보호를 위해서 충분하여야 하고, 꼼꼼한 사실분석과 이해할 수 있는 평가에 기초하여야 한다.[47)]

국가가 부작위하면 과소보호금지원칙은 특별한 의미가 있다. 국가가 기본권에서 도출되는 보호의무를 이행하였는지를 심사할 때, 국가의 기본권적 형성재량, 특히 입법자의 기본권적 형성재량이 강조된다. 그러나 이것이 국가, 특히 입법자가 임의로 보호조치를 선택할 수 있다는 것을 뜻하지는 않는다. 입법자는 과소보호금지원칙을 고려하여 단지 보호조치 내용만 결정할 수 있다. 따라서 국가의 부작위는 늘 과소보호금지원칙에 위반되어서 언제나 허용되지 않는다.

국가가 일정한 행위를 하면, 즉 국가가 기본권적 법익을 효과적으로 보호하기 위해서 특정한 보호조치를 선택하였을 때, 그 보호조치는 적절하고 효과적인 보호에 충분한지가 과소보호금지원칙에 따라서 심사되어야 한다. 과소보호금지원칙의 심사내용과 관련하여서 과소보호금지원칙이 과잉금지원칙처럼 적합성뿐 아니라 필요성과 상당성도 포함한다는 견해가 있다.[48)] 그러나 먼저 과소보호금지원칙은 기본권 제약을 전제하지 않으므로, 제약을 전제로 하는 필요성과 상당성을 포함하는 과소보호금지원칙의 내용은 단지 제약을 통한 보호에만 적용될 수 있고, 제약이 따르지 않는 보호에는 적용될 수 없다. 따라서 이러한 내용은 과소보호금지원칙의 일반적 내용이 될 수 없다. 그리고 필요성은 다수의 보호조치를 전제하여서 개별 보호조치의 효과성을 문제 삼는 과소보호금지원칙의 내용이 되기 어렵다. 또한, 과소보호금지원칙이 과잉금지원칙에 상응한다고 하여도 양자의 내용과 구조가 반드시 서로 일치하거나 상응하여야 할 필요는 없다. 게다가 이러한 견해에서 말하는 적합성뿐 아니라 필요성과 상당성의 내용을 실제로 살펴보면 과잉금지원칙의 그것과 구별하기 어렵다. 도출되는 결과 측면에서 볼 때, 이러한 견해의 내용은 일치설의 내용과 사실상 차이를 발견하기 어렵다. 그래서

Schutzpflichten des Gesetzgebers, in: Herta Däubler-Gmelin/Klaus Kinkel/Hans Meyer/Helmut Simon (Hrsg.), Gegenrede - Aufklärung - Kritik - Öffentlichkeit: Festschrift für Ernst Gottfried Mahrenholz, Baden-Baden 1994, S. 545.

47) BVerfGE 88, 203 (254); Johannes Dietlein (Anm. 30), S. 132.

48) Christian Calliess (Anm. 33), § 44 Rdnr. 31; Detlef Merten (Anm. 28), S. 239 ff.; Markus Möstl, (Anm. 39), S. 1038 f. 장영철(주 3), 119～123쪽도 이러한 전제에서 출발하는 것으로 보인다.

이러한 내용은 과잉금지원칙의 변형물에 불과하고, 독립적 원칙의 내용이 될 수 없는 것으로 보인다. 따라서 과소보호금지원칙의 내용은 적합성에 국한된다고 보아야 한다. 즉 과소보호금지원칙은 단지 국가처분이 기본권적 법익을 효과적으로 보호하기 위한 헌법적 최소수준을 보장하는 데 적합한지만을 심사 내용으로 한다. 여기서 과소보호금지원칙의 적합성은 소극적 통제에 그치는 과잉금지원칙의 적합성과는 달리 적극적 통제이다. 즉 보호조치가 기본권 보호를 위한 최소수준을 충분히 보장하고 있는지가 적극적으로 심사되어야 한다. 그래서 보호조치가 보호의 최소수준을 보장하지 못한다면, 그 보호조치는 늘 부적합하므로 과소보호금지원칙을 위반하여 위헌일 수밖에 없다. 따라서 과소보호금지원칙의 적합성과 과잉금지원칙의 적합성은 분명하게 구별되어야 한다.

과소보호금지원칙을 따라서 국가 처분의 적합성을 심사하려면 기본권 보호를 위한 헌법적 최소수준이 확정되어야 한다. 그러나 기본권보호의무 자체는 물론 과소보호금지원칙도 그에 관한 어떠한 구체적 기준과 내용을 포함하지 않아서 헌법이 요구하는 최소보호수준은 일반적·일률적으로 확정할 수 없다. 따라서 국가의 기본권 보호를 위해서 헌법적으로 요구되는 최소수준은 해당 기본권 해석에 폭넓게 의존한다. 그래서 헌법적 통제수준(과소보호금지원칙의 통제밀도)은 관련 기본권의 해석에 따라서 높아지거나 낮아진다. 이러한 해석에서 관련 법익의 규범서열과 종류, 그 법익에 대한 침해나 침해 위험의 종류, 근접도, 크기 그리고 자율적 자기보호의 가능성[49]이 중요한 요소로서 작용한다.[50]

---

49) 기본권보호의무가 기본권의 제3자적 효력과 밀접한 관련성이 있다는 점[이에 관해서는 허완중(주 40), 57~67쪽 참조]에서 이 요소는 당연히 고려되어야 한다. 사적 자치의 전제 요건이 결여되면 사법 관계에 기본권적 법익 보호를 위해서 입법자가 개입하여야 한다는 것[계희열(주 9), 115쪽]과 사적 영역에서도 국가가 기본권보호의무를 진다고 하더라도 사적 자치를 침해하는 것은 허용되지 않는다는 것(정종섭, 『헌법학원론(제12판)』, 박영사, 2018, 400쪽) 그리고 법관이 보호의무를 이행하더라도 민법 규정에 흐르는 사적 자치를 뛰어넘는 것은 인정되지 않는다는 것[정문식, 「안전에 관한 기본권의 헌법상 근거와 위헌심사 기준」, 『법과 정책연구』 제7집 제1호, 한국법정책학회, 2007, 217~236쪽; 같은 사람(주 4), 175쪽]도 같은 맥락이다. 이 요소 강조는 기본권보호의무의 지나친 확대 적용(이와 관련한 비판은 서경석, 「국가의 기본권보호의무 비판」, 『헌법학연구』 제9권 제3호, 한국헌법학회, 2003, 393~424쪽 참조)을 저지할 수 있다.

50) 헌재 1997. 1. 16. 90헌마110등, 판례집 9-1, 90, 131; 계희열(주 9), 113쪽; 이부하(주 3), 293쪽; 같은 사람, 「헌법영역에서 기본권보호의무」, 『공법학연구』 제8권 제3호, 한국비교공법학회, 2008, 135쪽; 정종섭(주 49), 401쪽; 정태호(주 9), 29쪽; 표명환(주 8), 229쪽; BVerfGE 49, 89 (142); 56, 54 (78); Claus-Wilhelm Canaris, Grundrechte und Privatrecht, in: AcP 184

결론적으로 과소보호금지원칙은 보호조치가 피해자의 기본권적 법익을 적절하고 효과적으로 보호하기에 충분한지를 심사하는데, 이때 보호조치가 헌법 해석을 통해서 확정된 최소보호수준 이상을 보장하는지가 문제 된다.

(3) 제약을 통한 보호에서만 기능하는 과잉금지원칙

국가가 처분을 내릴 때, 국가는 다양한 그리고 상황에 따라서 충돌하는 법익을 고려하고 비례적으로 중요성을 확정하며 서로 형량하여야 할 의무를 진다. 기본권보호의무를 이행할 때 이러한 상황은 달라지지 않는다. 제3자(주로 가해자이지만, 때에 따라서는 또 다른 기본권 주체도 포함)도 기본권 주체라서 그의 기본권도 가능한 제약되지 않아야 하기 때문이다. 따라서 기본권보호의무는 국가가 기본권을 제약할 수 있도록 허용하지만, 그러한 권한에 특권을 부여하지는 않는다. 다른 권한처럼 이러한 권한도 헌법적 한계 안에서만 행사되어야 한다. 이때 과잉금지원칙은 기본권보호의무를 이행하기 위한 권한의 한계로서 작용한다. 과잉금지원칙은 제약 근거나 제약 목적과 제약 효과의 대립을 통해서 과잉통제를 가능하게 한다. 이러한 통제에서 기본권보호의무는 제약 근거나 제약 목적으로서 기능한다.

제약을 통한 보호에서 기본권보호의무는 국가가 따라야 하는 목적을 확정한다. 즉 국가 처분의 목적은 기본권적 법익의 효과적인 보호이다. 이러한 목적을 달성하려면 국가는 피해자의 기본권을 적절하고 효과적으로 보호할 수 있는 처분을 내려야 한다. 이러한 처분은 추구된 목적 달성에 이바지하여야 할 뿐 아니라 과소보호금지원칙에 근거하여 기본권 보호를 위해서 헌법이 요구하는 최소수준을 보장하여야 한다. 따라서 국가는 피해자의 기본권 보호를 위해서 헌법적으로 요구되는 수준 이하로 자신의 의무를 이행하여서는 안 된다. 그런데 적극적인 적합성 심사를 요구하는 과소보호금지원칙은 소극적인 심사에 그치는 과잉금지원칙의 적합성보다 높은 수준을 요구한다. 이러한 점에서 과소보호금지원칙을 충족하는 국가처분은 당연히 과잉금지원칙의 적합성을 충족한다. 따라서 과소보호금지원칙에 따른 심사를 한 후에, 과잉금지원칙의 적합성을 다시 심사하는 것은 불필요하다. 따라서 기본권보호의무의 이행과 관련된 과잉금지원칙의 심사는 적합성을 제외한 필요성과 상당성에 국한된다. 즉 이때 과잉금지원칙은 2단계

(1984), S. 228; ders. (Anm. 33), S. 163 참조.

심사로 축소된다.

결론적으로 기본권보호의무 이행을 심사할 때는 입법목적을 헌법이 이미 확정하고 정당화하여서 목적의 정당성 심사를 거치지 않고 먼저 과소보호금지원칙을 따라서 적합성을 심사한다. 보호조치가 기본권 제약을 야기하지 않으면 여기서 심사는 종료된다. 하지만 기본권 제약을 야기하면 이어서 과잉금지원칙을 따라서 필요성과 상당성이 심사되어야 한다. 결과적으로 제약을 통한 보호에서는 일반적인 과잉금지원칙 심사처럼 과소보호금지원칙과 과잉금지원칙의 결합을 통해서 (비록 그 심사 내용이 다르기는 하지만) 여전히 (적합성, 필요성 그리고 상당성의) 3단계 심사를 거친다. 이러한 점 때문에 제약을 통한 보호를 통해서 기본권 보호의무를 이행할 때의 심사 기준이 과잉금지원칙의 일반적인 심사 기준과 혼동되는 것으로 보인다.

참 고 문 헌

1. 국내문헌

강경선, 『사회복지국가 헌법의 기초』, 한국방송통신대학교출판문화원, 2017.

강태수, 「개인의 의사에 반하는 국가의 보호」, 『기본권·국가·헌법』(성운허경교수 화갑기념논문집), 법학서당, 1999, 3~21쪽.

______, 「기본권 포기론」, 『공법연구』 제29집 제2호, 한국공법학회, 2001, 133~153쪽.

______, 「헌법의 우위와 헌법유보」, 『법학논집』 제18집, 청주대학교 법학연구소, 2002, 1~30쪽.

______, 「주관적 공권으로서의 기본권의 발전과 내용」, 『청주법학』 제20집, 청주대학교 법학연구소, 2003, 61~84쪽.

______, 「현대국가에서 기본권내용의 개방적 전개와 문제점」, 『공법연구』 제32집 제4호, 한국공법학회, 2004, 67~90쪽.

______, 「자기위해행위의 제한에 관한 헌법적 고찰」, 『경희법학』 제43권 제1호, 경희대학교 법학연구소, 2008, 17~44쪽.

강희원, 「이른바 "일반조항"에 관한 기초법학적 이해」, 『고황법학』 창간호, 고황법학교수회, 1994, 209~265쪽.

계성윤, 「재판소원의 적법요건과 심사범위 - 재판소원의 운용시의 문제점과 해결방안 -」, 고려대학교 법학석사학위논문, 2000.

계희열, 「메피스토-클라우스 만 결정」, 『판례연구』 제2집, 고려대학교 법학연구소, 1983, 7~45쪽.

______, 「기본권의 자연권성과 그 문제점」, 『고시연구』 제20권 제1호(통권 제226호), 고시연구사, 1993. 1., 96~106쪽.

______, 「기본권의 효력」, 『법학논집』 제31집, 고려대학교 법학연구소, 1995, 1~21쪽.

______, 「기본권의 대사인적 효력」, 『고시연구』 제23권 제11호(통권 제272호), 고시연구사, 1996. 11., 102~119쪽.

______, 「헌법상 인간의 존엄과 가치」, 『법학논집』 제32집, 고려대학교 법학연구소, 1996, 301~327쪽.

______, 『헌법학(중)(신정2판)』, 박영사, 2007.

고문현, 『헌법학개론(제2판)』, 박영사, 2020.

고영한, 「기본권의 상충관계와 그 해결방안」, 『판례실무연구[Ⅱ]』, 박영사, 1998, 84~101쪽.

공진성, 「최적화명령으로서 비례성원칙과 기본권심사의 강도」, 『논문집』 제53집, 육군제3사관학교, 2001, 273~299쪽.

______, 「통신비밀보호법상 대화의 비밀 보호의 헌법적 한계」, 『법학논총』 제38권 제4호, 전남대학교 법학연구소, 2018, 67~96쪽.

곽윤직 편집대표, 『민법주해[Ⅰ] - 총칙(1)』, 박영사, 1992.

______________, 『민법주해[Ⅱ] - 총칙(2)』, 박영사, 1992.

곽윤직, 『채권각론(제6판)』, 박영사, 2004.

곽윤직/김재형, 『민법총칙(제9판)』, 박영사, 2018.

구병삭, 「헌법상 "자기결정권"의 문제」, 『월간고시』 제17권 제2호(통권 제193호), 법지사, 1990. 2., 22~32쪽.

______, 『신헌법원론(제3전정판)』, 박영사, 1996.

권영설, 「헌법과 사법의 관계」, 『법학논총』 제12집, 숭실대학교, 2000, 39~51쪽.

______, 「헌법과 사법의 관계에 관한 서설」, 『공법연구』 제28집 제3호, 한국공법학회, 2000, 68~82쪽.

권영성, 『독일헌법론(상)』, 법문사, 1976.

______, 『헌법학원론(개정판)』, 법문사, 2010.

권오승, 「사적자치의 우선」, 『고시계』 제31권 제9호(통권 제355호), 국가고시학회, 1986. 10., 84~92쪽.

______, 「사적 자치의 기초이론」, 『민사법과 환경법의 제문제』(송헌 안이준박사 화갑기념논문집), 박영사, 1986, 3~21쪽.

권용우, 『불법행위론』, 신양사, 1998.

김기범, 『한국헌법』, 교문사, 1974.

김기영, 「기본권의 제3자적 효력 - 미국의 경우를 중심으로 -」, 『고시연구』 제25권 제11호(통권 제296호), 1998. 11., 50~60쪽.

김남진, 「공법상의 권리」, 『고시연구』 제11권 제4호(통권 제121호), 고시연구사, 1984. 4., 25~34쪽.

김남진/김연태, 『행정법Ⅰ(제24판)』, 법문사, 2020.

김대환, 「기본권의 대사인적 효력 - 독일과 한국의 이론을 중심으로 -」, 서울대학교 법학석사학위논문, 1990.

______, 『기본권제한의 한계』, 법영사, 2001.

______, 「사법질서에서의 기본권의 효력」, 『헌법학연구』 제16권 제4호, 한국헌법학회, 2010, 117~163쪽.

김도균, 『권리의 문법 - 도덕적 권리·인권·법적 권리』, 박영사, 2008.

김명규, 「현대헌법상의 행복추구권」, 『헌법학과 법학의 제문제』(효산 김계환교수 화갑기념논문집), 박영사, 1996, 53~61쪽.

김명식, 「행복추구권에 관한 연구」, 성균관대학교 법학박사학위논문, 2000.

김문현, 「기본권의 대국가적 효력」, 『고시계』 제36권 제7호(통권 413호), 국가고시학회, 1991. 7., 62~72쪽.

김상겸, 「제3자의 기본권침해에 대한 보호의무로서 기본권보호의무」, 『고시연구』 제30권 제6호(통권 제351호), 고시연구사, 2003. 6., 254~259쪽.

김상용, 「사적자치원칙의 향후과제」, 『고시연구』 제17권 제10호(통권 제199호), 고시연구사, 1990. 10., 82~95쪽.

______, 『불법행위법』, 법문사, 1997.

김선택, 「헌법 제9조 제1문 전단 인간으로서의 존엄의 의미와 법적 성격」, 고려대학교 법학석사학위논문, 1983.

______, 「"행복추구권"과 "헌법에 열거되지 아니한 권리"의 기본권체계적 해석」, 『안암법학』 창간호, 안암법학회, 1993, 177~203쪽.

______, 「행복추구권」, 『고시연구』 제20권 제10호(통권 제235호), 고시연구사, 1993. 10., 351~362쪽.

______, 「기본권의 개념」, 『법정고시』 제4권 제6호(통권 33호), 법률행정연구원, 1998. 6., 7~21쪽.

______, 「헌법재판소판례에 비추어 본 행복추구권」, 『헌법논총』 제10집, 헌법재판소, 1998, 129~172쪽.

______, 「헌법이란 무엇인가」, 『고시계』 제44권 제9호(통권 511호), 국가고시학회, 1999. 9., 77~89쪽.

______, 「기본권체계」, 『헌법논총』 제10집, 헌법재판소, 1999, 129~172쪽.

______, 「사법질서에 있어서 기본권의 효력」, 『고려법학』 제39호, 고려대학교 법학연구원, 2002, 153~179쪽.

______, 「기본권이해의 현대적 경향과 한국헌법의 과제」, 서울지방변호사회 창립 100주년 기념 국제학술심포지엄 "사회발전과 법률가의 역할", 2007. 9. 13., 411~434쪽.

______, 「기본권보장의 발전과 기본권학의 과제」, 『공법학연구』 제37집 제2호, 한국공

법학회, 2008, 53～81쪽.
______, 「헌법상 인격권의 보장체계와 보호법익」, 『헌법논총』 제19집, 헌법재판소, 2008, 489～524쪽.
김성수, 「독일법상 주관적공권이론의 발전」, 『고시계』 제36권 제8호(통권 제414호), 고시계사, 1991. 7., 61～81쪽.
______, 『일반행정법(제8판)』, 홍문사, 2018.
김연태, 「헌법상 환경권의 보호대상과 법적 효력」, 『판례연구』 제9집, 고려대학교 법학연구원, 1998, 189～222쪽.
김영환, 「개념법학적 사유형태와 일반조항에로의 도피」, 『응용법철학』, 아카넷, 2002, 23～47쪽.
김운용, 「행복추구권의 해석」, 『고시연구』 제15권 제12호(통권 제177호), 고시연구사, 1988. 12., 58～67쪽.
김일환, 「우리나라 헌법상 "기본권의 대사인적 효력"논의의 비판적 고찰」, 『헌법학연구』 제6집 제2호, 한국헌법학회, 2000, 69～86쪽.
김주영, 「현행 실정법체계상 '인권' 개념 - 헌법상의 기본권 개념과의 관계를 중심으로」, 『명지법학』 제10호, 명지대학교 법학연구소, 2011, 91～118쪽.
김주현, 「자기결정권과 그 제한」, 『헌법논총』 제7집, 헌법재판소, 1996, 25～93쪽.
김주환, 「기본권의 규범구조와 '제3자적 효력'」, 『사법행정』 통권 제491호, 한국사법행정학회, 2001. 11., 16～25쪽.
김철수, 「한국에서의 인권론의 도입과 전개」, 한국법학교수회, 『법학교육과 법조개혁』, 길안사, 1994, 187～211쪽.
______, 「환경권고」, 『헌법논총』 제6집, 헌법재판소, 1995, 47～119쪽.
______, 『학설·판례 헌법학(상)』, 박영사, 2008.
김철수 외, 『주석헌법(개정판)』, 법원사, 1992.
김하열, 「자유권 제한입법에 대한 위헌심사」, 『동아법학』 제56호, 동아대학교 법학연구소, 2012, 1～34쪽.
______, 『헌법강의(제2판)』, 박영사, 2020.
김학동, 「사적자치원칙의 의의와 이의 제한」, 『고시계』 제38권 제3호(통권 제433호), 국가고시학회, 1993. 3., 117～134쪽.
김학성/최희수, 『헌법학원론(전정4판)』, 피앤씨미디어, 2020.
김해원, 「기본권의 잠정적 보호영역에 관한 연구」, 『헌법학연구』 제15권 제3호, 한국헌법학회, 2009, 279～320쪽.

김현규/김효전/배준상/변재옥/안용교/육종수/이강혁/이준구/정종학, 『신헌법학』, 청문사, 1982.

김현철, 「국가의 기본권보호의무론의 재정립에 관한 시론」, 『법학연구』 제23집 제1호, 인하대학교 법학연구소, 2020, 65~105쪽.

김형배, 「법률의 해석과 흠결의 보충 - 민사법을 중심으로 -」, 『민법학연구』, 박영사, 1986, 1~42쪽.

______, 「판례의 법형성적 기능」, 『민법학연구』, 박영사, 1986, 43~74쪽.

김형배/김규완/김명숙, 『민법학강의[이론·판례·사례](제15판)』, 신조사, 2016.

김형석, 「사적 자치와 기본권의 효력」, 윤진수/권영준/김형석/이동진, 『헌법과 사법』, 박영사, 2018, 169~215쪽.

나용식, 「기본적인권과 사법관계」, 『법학연구』 제8집, 원광대학교 법과대학, 1986, 31~48쪽.

도중대, 「주관적공권과 기본권의 관계에 관한 연구」, 『장안논총』 제6집, 장안실업전문대학, 1986, 501~509쪽.

도회근, 「State Action 이론과 기본권의 제3자적 효력」, 『사회과학논집』 제6권 제2호, 울산대학교, 1996, 161~177쪽.

______, 「미국의 State Action 이론」, 『고시연구』 제27권 제9호(통권 제318호), 고시연구사, 2000. 8., 14~23쪽.

류지태/박종수, 『행정법신론(제17판)』, 박영사, 2019.

문홍주, 『신한국헌법』, 법문사, 1960.

______, 『제6공화국 한국헌법』, 해암사, 1990.

______, 『미국헌법과 기본적 인권』, 유풍출판사, 2002.

문홍주/김형성, 「비례성원칙과 기본권」, 『학술원논문집(인문·사회과학편)』 제28집, 대한민국 학술원, 1989, 121~157쪽.

박규환, 「사법질서로의 기본권효력 확장구조와 그 한계」, 『공법연구』 제33집 제3호, 한국공법학회, 2005, 115~141쪽.

______, 「사적자치와 기본권의 제3자적 효력 - 기본권 방사효과의 이중적 성격에 관한 연구 -」, 『법학연구』 제25권 제3호, 연세대학교 법학연구소, 2015, 31~65쪽.

박순영, 「개인」, 『우리말 철학사전 3』, 지식산업사, 2003, 33~63쪽.

______, 「규범」, 『우리말 철학사전 4』, 지식산업사, 2005, 31~73쪽.

박준서 편집대표, 『주석 민법[채권각칙(6)](제3판)』, 한국사법행정학회, 2000.

______________, 『주석 민법[채권각칙(7)](제3판)』, 한국사법행정학회, 2000.
______________, 『주석 민법[채권각칙(8)](제3판)』, 한국사법행정학회, 2000.
박일경, 『신헌법요론』, 진명문화사, 1961.
_____, 「행복을 추구할 권리」, 『고시연구』 제8권 제3호(통권 제84호), 고시연구사, 1981. 3., 35~40쪽.
_____, 『제6공화국 신헌법』, 법경출판사, 1990.
박찬운, 『인권법』, 도서출판 한울, 2008.
방승주, 「교통사고처리특례법과 국가의 기본권보호의무」, 『헌법소송사례연구』, 박영사, 2002, 440~486쪽.
_____, 「헌법 제10조」, 『헌법주석[Ⅰ]』, 박영사, 2013, 283~388쪽.
_____, 「국가의 기본권보호의무와 그 이행여부에 대한 헌법재판소의 통제(하)」, 『고시연구』 제31권 제9호(통권 제366호), 고시연구사, 2004. 9., 14~21쪽.
백경일, 「헌법규정이 사적 법률관계에서 고려될 수 있는 한계」, 『안암법학』 제43권, 안암법학회, 2014, 137~196쪽.
서경석, 「국가의 기본권보호의무 비판」, 『헌법학연구』 제9권 제3호, 한국헌법학회, 2003, 393~424쪽.
석인선, 『헌법총론』, 세창출판사, 2014.
성낙인, 『헌법학(제20판)』, 법문사, 2020.
성낙인/안경환/김형성, 『기본권의 개념과 범위에 관한 연구』(헌법재판연구 제6권), 헌법재판소, 1995.
성정엽, 「기본권충돌에 대한 헌법이론적 접근」, 『공법학연구』 제1권, 영남공법학회, 1999, 89~110쪽.
송기춘, 「국가의 기본권보호의무에 관한 연구」, 서울대학교 법학박사학위논문, 1999.
_____, 「환경권의 대사인적 효력」, 『공법연구』 제28집 제3호, 한국공법학회, 2000, 132~155쪽.
_____, 「헌법 제10조 후문의 헌법이론적 의의」, 『민주법학』 제17호, 민주주의법학연구회, 2000, 202~226쪽.
송덕수, 「사적자치에 관하여」, 『사회과학논집』 제11호, 이화여자대학교 법정대학, 1991, 37~53쪽.
_____, 「법률행위의 의의」, 『고시연구』 제18권 제9호(통권 제210호), 고시연구사, 1991. 9., 144~154쪽.
_____, 「우리 민법과 사적 자치」, 『민사법학』 제88권, 한국민사법학회, 2019, 3~31쪽.

심경수, 『헌법(제2판)』, 법문사, 2020.
심헌섭, 「일반조항 소고」, 『분석과 비판의 법철학』, 법문사, 2001, 227~249쪽.
안법영, 「의료사고의 불법행위책임」, 『법학논집』 제33집, 고려대학교 법학연구소, 1997, 231~333쪽.
______, 『교통소음 Immission과 민사책임』, 법문사, 2001.
안용교, 「인간으로서의 존엄·가치와 행복추구권」, 『월간고시』 제10권 제10호(통권 제117호), 법지사, 1983. 10., 29~39쪽.
______, 『한국헌법(제2전정판)』, 고시연구사, 1992.
양 건, 『헌법강의(제8판)』, 법문사, 2019.
양삼승, 「과잉금지의 원칙」, 『헌법논총』 제1집, 헌법재판소, 1990, 100~143쪽.
양창수, 「헌법과 민법 - 민법의 관점에서 -」, 『법학』 제39권 제4호(통권 제109호), 서울대학교 법학연구소, 1999, 61~80쪽.
유길준, 허경진 옮김, 『서유견문』, 한양출판, 1995.
유진오, 『신고 헌법해의』, 일조각, 1957.
윤명선, 「기본권 충돌시의 효력문제」, 『고시연구』 제23권 제4호(통권 제265호), 고시연구사, 1996. 4., 73~81쪽.
윤세창, 『신헌법(전정판)』, 일조각, 1983.
윤정인, 「자유권 보호영역의 광협논쟁」, 『공법연구』 제41집 제3호, 한국공법학회, 2013, 137~166쪽.
______, 「자유권의 넓은 보호영역 이론」, 『공법연구』 제42집 제2호, 한국공법학회, 2013, 183~214쪽.
윤진수, 「환경권 침해를 이유로 하는 유지청구의 허용 여부」, 『판례월보』 제315호, 판례월보사, 1996. 12., 35~46쪽.
이강혁, 「기본권의 포기」, 『월간고시』 제14권 제3호(통권 제158호), 법지사, 1987. 3., 34~46쪽.
이경주, 『헌법 I』, 박영사, 2019.
이노홍, 「미국연방헌법상 국가행위이론에 관한 연구」, 이화여자대학교 법학박사학위논문, 2002.
이덕연, 「기본권의 본질과 내용」, 『한국에서의 기본권이론의 형성과 발전』(정천 허영박사 화갑기념논문집), 박영사, 1997, 35~82쪽.
이동과, 「기본권의 효력」, 『법학논집』 창간호, 청주대학교 법학연구소, 1986, 1~24쪽.
이민열, 「기본권보호의무의 구조와 보호권」, 『헌법재판연구』 제5권 제2호, 헌법재판소 헌법재판연구원, 2018, 253～316쪽.

이봉철, 『현대인권사상』, 아카넷, 2001.

이부하, 「비례성원칙과 과소보호금지원칙」, 『헌법학연구』 제13권 제2호, 한국헌법학회, 2007, 275～303쪽.

_____, 「헌법영역에서 기본권보호의무」, 『공법학연구』 제8권 제3호, 한국비교공법학회, 2008, 123～140쪽.

_____, 「사법에 대한 기본권의 영향」, 『현대사회와 민사법의 구조변동』, 경인문화사, 2011, 169～194쪽.

_____, 「생명에 대한 기본권보호의무와 과소보호금지원칙」, 『동아법학』 제62호, 동아대학교 법학연구소, 2014, 1～21쪽.

_____, 「기본권보호의무의 헌법적 쟁점 - 독일 헌법이론을 고찰하며 -」, 『법조』 제68권 제2호(통권 제734호), 법조협회, 2019. 4., 35～58쪽.

_____, 『헌법학(상)』, 법영사, 2019.

이상돈, 『인권법』, 법문사, 2005.

이상천, 「현대독일공권이론의 신경향과 그 특질」, 『동아법학』 제19호, 동아대학교 법학연구소, 1995, 95～125쪽.

이승우, 「국가의 기본권보호의무」, 『현대공법과 개인의 권익보호』(균재 양승두교수 화갑기념논문집[I]), 홍문사, 1994, 1153～1187쪽.

이영준, 「민법의 지도원리로서의 사적자치」, 『법조』 제49권 제8호(통권 제527호), 법조협회, 2000. 8., 5～47쪽.

이용우, 「미국에 있어서의 State Action이론」,『인하대법정대학보』 제4권, 인하대학교 법정대학, 1985, 61～74쪽.

이은영, 「계약에 관한 법철학적 고찰」, 『외법논집』 제1집, 한국외국어대학교 법학연구소, 1994, 99～122쪽.

이재홍, 「과잉금지원칙의 논증구조」, 『저스티스』 163호, 한국법학원, 2017, 75～131쪽.

이재희, 「사적 영역에서의 평등권 보장」, 고려대학교 법학박사학위논문, 2012.

이종복, 「일반조항 불법행위법에 의한 손해배상책임의 제한」, 『사법행정』 제29집 제10호(통권 제334호), 한국사법행정학회, 1988. 10., 20～27쪽.

이주흥, 「계약자유의 헌법적 의미」, 『민사판례연구[ⅩⅢ]』, 민사판례연구회 편, 박영사, 1997, 391～418쪽.

이준일, 「기본권의 기능과 제한 및 정당화의 세 가지 유형」, 『공법연구』 제29집 제1호, 한국공법학회, 2000, 101～121쪽.

______, 「기본권으로서 보호권과 기본권의 제3자효」, 『저스티스』 제65호, 한국법학원, 2002. 2., 65~86쪽.
______, 「헌법상 비례성원칙」, 『공법연구』 제37집 제4호, 한국공법학회, 2009, 25~44쪽.
______, 『인권법(제8판)』, 홍문사, 2019.
______, 『헌법학강의(제7판)』, 홍문사, 2019.
이진우, 「사회 - 자유의 토대인가 아니면 구속의 그물인가」, 『우리말 철학사전1』, 지식산업사, 2001, 63~84쪽.
임건면, 「민법의 해석과 적용에 있어서의 기본권의 영향」, 『성균관법학』 제25권 제2호, 성균관대학교 법학연구소, 2013, 1~33쪽.
임규철, 「기본권의 제3자적 효력」, 『공법연구』 제32집 제2호, 한국공법학회, 2003, 287~309쪽.
장석권, 「인간으로서의 존엄과 가치·행복추구권」, 『법학논총』 제12집, 단국대학교 법학연구소, 1982, 31~42쪽.
장영수, 『민주헌법과 국가질서 - 헌법입문 -』, 홍문사, 1997.
______, 「기본권의 대사인적 효력과 기본권의 충돌」, 『고려법학』 제38호, 고려대학교 법학연구원, 2002, 105~128쪽.
______, 『헌법학(제12판)』, 홍문사, 2020.
장영철, 「기본권의 제3자적 효력과 기본권보호의무」, 『공법연구』 제29집 제2호, 한국공법학회, 2001, 155~170쪽.
______, 「사법질서에 있어서 기본권의 의미」, 『새울법학』 제5권 제2호(통권 제6호), 대전대학교 법학연구소, 2002, 1~19쪽.
______, 「과소보호금지원칙에 관한 연구」, 『헌법학연구』 제14권 제1호, 한국헌법학회, 2008, 109~136쪽.
______, 「기본권의 제3자적(대사인적) 효력에 관한 이론적 연구」, 『공법연구』 제37집 제3호, 한국공법학회, 2009, 33~58쪽.
______, 「기본권행사포기로서 기본권포기에 관한 고찰」, 『서울법학』 제27권 제3호, 서울시립대학교 법학연구소, 2019, 43~74쪽.
전광석, 「기본권의 객관적 성격과 헌법이론」, 『고시계』 제37권 제11호(통권 제429호), 국가고시학회, 1992. 11., 73~93쪽.
______, 『한국헌법론(제15판)』, 집현재, 2020.
전봉덕, 『한국근대법사상사』, 박영사, 1984.
정만희, 『헌법학개론』, 피앤씨미디어, 2020.

정문식, 「안전에 관한 기본권의 헌법상 근거와 위헌심사 기준」, 『법과 정책연구』 제7집 제1호, 한국법정책학회, 2007, 217~239쪽.
______, 「생명윤리법상 국가의 기본권 보호의무」, 『공법학연구』 제8권 제3호, 한국비교공법학회, 2008, 167~191쪽.
______, 「과잉금지원칙과 과소보호금지원칙의 관계」, 『법과 정책연구』 제9집 제1호, 한국법정책학회, 2009, 197~223쪽.
______, 「헌법 제37조 제2항 '필요한 경우에 한하여'의 의미」, 『한양법학』 제20권 제3집, 한양법학회, 2009, 13~43쪽.
정상우, 「헌법상 용어의 연원과 의미 및 순화방안 연구」, 한국법제연구원, 2007.
정연주, 「기본권의 대사인적 효력」, 『고시계』 제36권 제7호(통권 제413호), 국가고시학회, 1991. 7., 73~82쪽.
______, 『헌법학원론』, 법영사, 2020.
정재황, 『기본권연구 I』, 길안사, 1999.
______, 「기본권의 상충에 관한 연구」, 성균관법학 제19권 제2호, 성균관대학교 법학연구소, 2007, 15~36쪽.
______, 『신헌법입문(제10판)』, 박영사, 2020.
______, 『기본권 총론』, 박영사, 2020.
정종섭, 「기본권의 개념에 관한 연구」, 『법학』 제44권 제2호, 서울대학교 법학연구소, 2003, 1~80쪽.
______, 『기본권의 개념』, 금붕어, 2007.
______, 『헌법학원론(제12판)』, 박영사, 2018.
정주백, 「과잉금지원칙에 관한 관견」, 『헌법재판연구』 제2권 제2호, 헌법재판소 헌법재판연구원, 2015, 245~275쪽.
정태호, 「기본권보호의무」, 『인권과 정의』 제252호, 대한변호사협회, 1997. 8., 83~108쪽.
______, 「기본권적 3각관계 그리고 과소(보호)금지원칙의 독자성」, 『고시연구』 제29권 제5호(통권 제338호), 고시연구사, 2002. 5., 14~29쪽.
정하중, 「사법행정의 기본권기속」, 『고시연구』 제27권 제4호(통권 제313호), 고시연구사, 2000. 4., 14~24쪽.
______, 「독일공법학에 있어서 권리의 개념」, 『행정법연구』 제6호, 행정법이론실무학회, 2000, 15~48쪽.
정혜영, 「기본권 경합에 관한 새로운 판례동향」, 『헌법학연구』 제16권 제2호, 한국헌법학회, 2010, 383～417쪽.

______, 「기본권의 강화효력」, 『공법학연구』 제11권 제4호, 한국비교공법학회, 2010, 143～170쪽.

______, 「과소보호금지원칙에 관한 소고」, 『강원법학』 제38권, 강원대학교 비교법학연구소, 2013, 631～668쪽.

조규범, 「미국헌법의 국가행위론에서의 공공기능분석에 관한 연구」, 『성균관법학』 제13권 제2호, 성균관대학교 비교법연구소, 2001, 219～243쪽.

조한창, 「기본권의 대사인적 효력과 민사재판」, 『헌법문제와 재판(하)』(재판자료 제77집), 법원도서관, 1997, 691～759쪽.

조효제, 『인권의 문법』, 후마니타스, 2007.

주재황/김증한 편집대표, 『주석 민법총칙(상)』, 한국사법행정학회, 1994.

____________________, 『주석 민법총칙(하)』, 한국사법행정학회, 1994.

최갑선, 「비례의 원칙에 따른 법률의 위헌심사」, 『공법연구』 제25집 제4호, 한국공법학회, 1997, 652～671쪽.

최대권, 「기본권의 제3자적 효력」, 『헌법학 - 법사회학적 접근』, 박영사, 1994, 154～188쪽.

______, 「기본권의 제3자적 효력 - 법사회학적접근의 시도 -」, 『공법연구』 제11집, 한국공법학회, 1983, 59～84쪽.

최영규, 「공·사법 구별론의 재검토(Ⅰ)」, 『경남법학』 제14집, 1998. 2., 89～103쪽.

표명환, 「입법자의 기본권보호의무와 헌법적 통제」, 『헌법학연구』 제11권 제2호, 한국헌법학회, 2005, 211～241쪽.

______, 「기본권적 보호이익의 침해에 대한 승낙과 그 한계」, 『공법학연구』 제9권 제2호, 한국비교공법학회, 2008, 161～181쪽.

하경효, 「쟁의행위에 있어서 과잉침해금지의 적용」, 『노동법학』 제3호, 한국노동법학회, 1991, 75～98쪽.

______, 「근로관계에 있어서 근로자의 양심의 자유와 자기책임」, 『노동법에 있어서 권리와 책임』(김형배교수화갑기념논문집), 박영사, 1994, 166～190쪽.

______, 「근로자의 책임제한 법리에 대한 연구」, 『법정고시』 제1권 제12호(통권 제3호), 법률행정연구원, 1995. 12., 88～109쪽.

______, 「채용시의 성차별에 따른 손해배상의 내용과 성격」, 『법학논집』 제33집, 고려대학교 법학연구소, 1997, 205～229쪽.

______, 「노동법의 기능과 법체계적 귀속」, 『사회변동과 사법질서』(김형배교수정년기

념논문집), 박영사, 2000, 221～252쪽.

______, 「영업상 비밀과 직업선택의 자유 - 인력스카웃에 따른 법률문제Ⅰ -」, 『경영계』 제269호, 한국경영자총협회, 2000. 11., 27～29쪽.

______, 「영업상 비밀과 직업선택의 자유 - 인력스카웃에 따른 법률문제Ⅱ -」, 『경영계』 제270호, 한국경영자총협회, 2000. 12., 53～57쪽.

한동섭, 『헌법(수정판)』, 박영사, 1971.

한병호, 「기본권의 대사인적 효력 - 미국 연방헌법상의 국가행위이론을 중심으로 -」, 『사회과학연구논총』 제2호, 한국해양대학교 사회과학대학, 1995, 293～323쪽.

______, 「기본권의 대사인적 효력문제에 관한 일고찰 - 그 주제의 구성요소의 분석을 중심으로 -」, 『인문과학논총』 제4호, 한국해양대학교 인문사회과학대학, 1996, 245～266쪽.

______, 「한국에서의 기본권의 대사인적 효력이론에 대한 고찰」, 『헌법규범과 헌법현실』(권영성교수 정년기념논문집), 법문사, 1999, 931～978쪽.

한수웅, 「헌법상의 인격권」, 『헌법논총』 제13집, 헌법재판소, 2002, 623～678쪽.

______, 「형성적 법률유보를 가지는 기본권에서 과잉금지원칙의 적용여부」, 『헌법실무연구』 제9권, 박영사, 2008, 379～446쪽.

______, 「헌재 2004. 8. 26. 2003헌마457 결정(금연구역지정 사건)에 대한 판례평석」, 『헌법논총』 제22집, 헌법재판소, 2011, 447～498쪽.

______, 『헌법학(제10판)』, 법문사, 2020.

한태연, 『신헌법』, 법문사, 1960.

______, 『헌법학: 근대헌법의 일반이론』, 법문사, 1983.

허　영, 「기본권상호간의 갈등」, 『고시연구』 제10권 제9호(통권 제114호), 고시연구사, 1983. 9., 93～100쪽.

______, 「기본권효력의 갈등에 관한 연구」, 『연세행정논총』제10집, 연세대학교 행정대학원, 1984, 357～367쪽.

______, 『헌법이론과 헌법(신8판)』, 박영사, 2017.

______, 『한국헌법론(전정16판)』, 박영사, 2020.

허완중, 「사법관계에 미치는 기본권의 효력」, 고려대학교 법학석사학위논문, 2002.

______, 「자유와 권리 그리고 기본적 인권」, 『성균관법학』 제20권 제3호, 성균관대학교 법학연구소, 2008, 531～558쪽.

______, 「헌법재판의 한계」, 『사법』 제10호, 사법발전재단, 2009, 169～207쪽.

______, 「기본적 인권을 확인하고 보장할 국가의 의무」, 『저스티스』 제115호, 한국법

학원, 2010. 2., 68～105쪽.
______, 「자초위해와 기본권보호」, 『공법연구』 제40집 제4호, 한국공법학회, 2012, 133～158쪽.
______, 『기본의무를 구체화하는 법률의 위헌심사기준』, 헌법재판소 헌법재판연구원, 2013.
______, 「기본권관계」, 『공법연구』 제43집 제1호, 한국공법학회, 2014, 131～164쪽.
______, 「국가의 목적이면서 과제이고 의무인 안전보장」, 『강원법학』 제45권, 강원대학교 비교법학연구소, 2015, 65～114쪽.
______, 「법률이 형성한 법적 지위의 기본권적 보호」, 『헌법학연구』 제25권 제2호, 한국헌법학회, 2019, 193～225쪽.
______, 『헌법 으뜸편 - 기본권론』, 박영사, 2020.
홍성방, 「기본권의 개념과 분류」, 사회과학연구 제7집, 서강대학교 사회과학연구소, 1998, 159～183쪽.
______, 「기본권의 충돌과 경합」, 『안암법학』 제9호, 안암법학회, 1999, 1～20쪽.
______, 「행복추구권 - 특히 그 법적 성격과 내용을 중심으로 -」, 『헌법학연구』 제5권 제2호, 한국헌법학회, 1999, 200～241쪽.
______, 「인간으로서의 존엄과 가치: 인간의 존엄에 대한 헌법적 고찰」, 『가톨릭사회과학연구』 제11집, 한국가톨릭사회과학연구회, 1999, 61～84쪽.
______, 『헌법학(중)(제2판)』, 박영사, 2015.
______, 『헌법학(상)(제3판)』, 박영사, 2016.
홍윤기, 「자유」, 『우리말 철학사전 1』, 지식산업사, 2001, 299～337쪽.
홍정선, 「주관적공권의 관념에 관하여」,『사회과학논집』 제8집, 1988, 101～115쪽.
______, 『행정법원론(상)(제28판)』, 박영사, 2020.
황치연, 「헌법재판의 심사척도로서의 과잉금지원칙에 관한 연구」, 연세대학교 법학박사학위논문, 1995.
______, 「과잉금지원칙의 내용」, 『공법연구』 제24집 제3호, 한국공법학회, 1996, 277～314쪽.

김갑천 옮김, 「박영효의 건백서 - 내정개혁에 대한 1888년의 상소문 -」, 『한국정치연구』 제2권, 서울대학교 한국정치연구소, 1990, 245～295쪽.
독립신문강독회, 김홍우 감수, 전인권 편집·교열, 『독립신문, 다시 읽기』, 푸른역사, 2004.

『헌법제정회의록(제헌국회)』(헌정사자료 제1집), 국회도서관, 1967.

미셸린 이샤이, 조효제 옮김, 『세계인권사상사(한국어 개정판)』, 도서출판 길, 2005.
샌드라 프레드먼, 조효제 옮김, 『인권의 대전환』, 한예원, 2009.
아리스토텔레스, 나종일 옮김, 「정치학」, 『정치학/시학』(삼성세계사상 7), 삼성출판사, 1993.
야나부 아키라(柳父章), 서혜영 옮김, 『번역어 성립 사정』, 일빛, 2003.
이또오 마사미(伊藤正己) 편, 구병삭 역, 『현대일본국헌법론』, 법문사, 1983.
존 록크, 이극찬 옮김, 『시민정부론(제7판)』, 연세대학교출판부, 1995.
하세가와 마시야스[長谷川正安], 최은봉 옮김, 『일본의 헌법』, 도서출판 소화, 2000.
Eric Hilgendorf, 김영환·홍승희 옮김, 「남용된 인간의 존엄 - 생명윤리논의의 예에서 본 인간의 존엄이라는 논증점의 문제점」, 『법철학연구』 제3권 제2호, 한국법철학회, 2000, 259～284쪽.
Fritz Rittner, 권오승 옮김, 「사법과 사적자치」, 『경희법학』 제21권 제1호, 경희법학연구소, 1986, 61～74쪽.

2. 외국문헌

Alexy, Robert, Theorie der Grundrechte, Frankfurt 1994.
__________, Die Institutionalisierung der Menschenrechte im demokratischen Verfassungsstaat, in: Stefan Gosepath/Georg Lohmann (Hrsg.), Philosophie der Menschenrechte, Frankfurt am Main 1998, S. 244-264.
Amelung, Kunt, Die Einwilligung in die Beeinträchtigung eines Grundrechtsgutes, Berlin 1981.
Badura, Peter, Die Verfassung im Ganzen der Rechtsordnung und die Verfassungskonkretisierung durch Gesetz, in: Josef Isensee/Paul Kirchhof (Hrsg.), HStR, Bd. Ⅶ, Heidelberg 1992, § 163.
Bleckmann, Albert, Neue Aspekte der Drittwirkung der Grundrechte, DVBl 1988, S. 938-946.
Bleckman, Albert, Probleme des Grundrechtsverzichts, in: JZ 1988, S. 57-62.
Böckenförde, Ernst-Wolfgang, Verfassungsgerichtsbarkeit: Strukturfragen, Organisation, Legitimation, in: NJW 1999, S. 9-17.
Borowski, Martin, Grundrechte als Prinzip, 2. Aufl., Baden-Baden 2007.

Brüning, Christoph, Voraussetzungen und Inhalt eines grundrechtlichen Schutzanspruchs - BVerwG, NVwZ 1999, 1234, in: JuS 2000, S. 955-959.

Bussfeld, Klaus, Zum Verzicht im öffentlichen Recht am Beispiel des Verzichts auf eine Fahrerlaubnis, in: DÖV 1976, S. 765-771.

Calliess, Christian, Rechtsstaat und Umweltstaat, Tübingen 2001.

_____________, Schutzpflichten, in: Detlef Merten/Hans-Jürgen Papier (Hrsg.), Handbuch der Grundrechte in Deutschland und Europa, Bd. Ⅱ, Heidelberg 2006, § 44, S. 963-992.

Canaris, Claus-Wilhehlm, Grundrechte und Privatrecht, AcP 1984, S. 201-246.

__________________, Grundrechtswirkungen und Verhältnismäßigkeitsprinzip in der richterlichen Anwendung und Fortbildung des Privatrechts, in: JuS 1989, S. 161-172.

Cremer, Wolfram, Die Verhältnismäßigkeit bei der grundrechtlichen Schutzpflicht, in: DÖV 2008, S. 102-108.

Dietlein, Johannes, Das Untermaßverbot, in. ZG 10 (1995), S. 131-141.

Donner, Hartwig/Simon, Jürgen, Genomanalyse und Verfassung, in: DÖV 1990, S. 907-918.

Dreier, Horst, Grenzen demokratischer Freiheit im Verfassungsstaat, in: JZ 1994, S. 741-752.

Dürig, Günter, Grundrechte und Zivilrechtsprechung, in: Theodor Maunz (Hrsg.), Festschrift für H. Nawiasky, München 1956, S. 157-190.

___________, Maunz/Dürig/Herzog/Scholz (Hrsg.), GG-Kommentar, 8. Aufl., München 2001, Art. 1 Abs. Ⅲ.

Erichsen, Hans-Uwe, Grundrechtliche Schutzpflicht in der Rechtsprechung des Bundesverfassungsgerichts, in: Jura 1997, S. 85-89.

Fischinger, Philipp S., Der Grundrechtsverzicht, in: JuS 2007, S. 808-813.

Gellermann, Martin, Grundrechte in einfachgesetzlichem Gewande, Tübingen 2000.

Gentz, Manfred, Zur Verhältnismäßigkeit von Grundrechtseingriffen, in: NJW 1968, S. 1600-1607.

Grabitz, Eberhard, Der Grundsatz der Verhältnismäßigkeit in der Rechtsprechung des Bundesverfassungsgerichts, in: AöR 98 (1973), S. 568-616.

Grimm, Dieter, Die Zukunft der Verfassung, Frankfurt am Main 1991.

Hain, Karl-Eberhard, Der Gesetzgeber in der Klemme zwischen Übermaß-und Untermaßverbot?, in: DVBl. 1993, S. 982-984.

__________________, Das Untermaßverbot in der Kontroverse, in: ZG 11 (1996), S. 75-84.

Hermes, Georg, Das Grundrecht auf Schutz von Leben und Gesundheit, Heidelberg 1987.

_____________, Grundrechtsschutz durch Privatrecht auf neuer Grundlage?, NJW 1990, S. 1764-1768.

Hesse, Konrad, Die Verfassung und ihre Eigenart, in: Ernst Benda (Hrsg.), Handbuch des Verfassungsrechts der Bundesrepublik Deutschland, Berlin 1984, S. 15-27.

____________, Bemerkungen zur heutigen und Problematik Tragweite der Unterscheidung von Staat und Gesellschaft, in: ders., Peter Häberle und Alexander Hollerbach (Hrsg.), Ausgewählte Schriften, Heidelberg 1984, S. 45-57 (콘라드 헷세, 계희열 옮김, 「국가와 사회의 구별이 갖는 현대적 문제점과 의의에 관한 몇가지 소견」, 『헌법의 기초이론』, 박영사, 2001, 35～54쪽).

____________, Verfassungsrecht und Privatrecht, Heidelberg 1988.

____________, Bestand und Bedeutung der Grundrechte in der Bundesrepublik Deutschland, in: ders., Peter Häberle und Alexander Hollerbach (Hrsg.), Ausgewählte Schriften, Heidelberg 1984, S. 283-309 (콘라드 헷세, 계희열 옮김, 「기본권의 현황과 의의」, 『헌법의 기초이론』, 박영사, 2001, 157～193쪽).

____________, Die verfassungsgerichtliche Kontrolle der Wahrnehmung grundrechtlicher Schutzpflichten des Gesetzgebers, in: Herta Däubler-Gmelin (Hrsg.), Gegenrede: Aufklärung-Kritik-Öffentlichkeit; Festschrift für Ernst Gottfried Mahrenholz, Baden-Baden 1994, S. 541-559.

____________, Verfassung und Verfassungsrecht, in: Ernst Benda/Werner Maihofer/Hans-Jochen Vogel (Hrsg.), HVerfR, 2. Aufl., Berlin/NewYork 1994, § 1.

____________, Grundzüge des Verfassungsrechts der Bundesrepublik Deutschland, 20. Aufl., Heidelberg 1995 (콘라드 헷세, 계희열 옮김, 『통일독일헌법원론』, 박영사, 2001).

Isensee, Josef, Das Grundrecht als Abwehrrecht und als staatliche Schutzpflicht, in: Isensee/Kirchhof (Hrsg.), HdBStR Bd. Ⅴ, 2. Aufl., Heidelberg 2000, § 111.

____________, Das Grundrecht auf Sicherheit, Berlin 1983.

__________, Verfassungsrecht als „politisches Recht“, in: Josef Isensee/Paul Kirchhof (Hrsg.), HStR, Bd. Ⅶ, Heidelberg 1992, § 162.

Jarass, Hans Dieter, Grundrechte als Wertentscheidungen bzw. objektivrechtliche Prinzipien in der Rechtsprechung des BVerfG, AöR 1985, S. 363-397.

__________, Die Grundrechte: Abwehrrechte und objektive Grundsatznormen, in: Peter Badura/Horst Dreier (Hrsg.), Festschrift 50 Jahre Bundesverfassungsgericht: Klärung und Fortbildung des Verfassungsrechts, Bd. Ⅱ, Tübingen 2001, S. 35-53.

Jellinek, Walter, Verwaltungsrecht, 3. Aufl., Offenburg 1948.

Kingreen, Thorsten/Poscher, Ralf, Grundrechte - Staatsrecht Ⅱ, 35. Aufl., Heidelberg 2019.

Klein, Eckart, Grundrechtliche Schutzpflicht des Staates, in: NJW 1989, S. 1633-1640.

Klein, Hans Hugo, Die grundlegende Schutzpflicht, DVBl 1994, S. 489-497.

__________, Verfassungsgerichtsbarkeit und Verfassungsstruktur - Vom Rechtsstaat zum Verfassungsstaat -, in: Paul Kirchhof/Klaus Offerhaus/Horst Schöberle (Hrsg.), Steuerrecht, Verfassungsrecht, Finanzpolitik: Festschrift für Franz Klein, Köln 1994, S. 511-526.

Kluth, Winfried, Das Übermaßverbot, in: JA 1999, S. 606-613.

Lee, Chien-liang, Grundrechtsschutz unter Untermaßverbot?, in: Rainer Grote/Ines Härtel/Karl-E. Hain/Thorsten Ingo Schmidt/Thomas Schmitz/Gunnar Folke Schuppert/Christian Winterhoff (Hrsg.), Die Ordnung der Freiheit: Festschrift für Christian Starck zum siebzigsten Geburtstag, Tübingen 2007, S. 297-317.

Lee, Ki-Cheol, Schonung des Gesetzgebers bei Normenkontrollentscheidungen durch das Bundesverfassungsgericht - Eine verfassungstheoretische Betrachtung von Kompetenzstreitigkeiten -, Diss. jur. Göttingen, 1993.

Lee, Uk-Han, Das Verfassungsgericht der Republik Korea - Überlegung zu Problemen koreanischer Verfassungsgerichtsbarkeit unter Berücksichtigkeit der deutschen Rechtslage -, Diss. jur. Bayreuth, 1991.

Leisner, Walter, Grundrechte und Privatrecht, München 1960.

__________, die Buchbesprechung zur Literatur von Jürgen Schwabe, Die sogenannte Drittwirkung der Grundrechte, JZ 1971, S. 187-188.

Lücke, Jörg, Die Drittwirkung der Grundrechte an Hand des Art. 19 Abs. 3 GG, JZ

1999, S. 377-384.

Malorny, Michael, Der Grundrechtsverzicht, in: JA 1974, S. 474-480.

Merten, Detlef, Der Grundrechtsverzicht, in: Hans-Detlef Horn (Hrsg.), Recht im Pluralismus: Festschrift für Walter Schmitt Glaeser zum 70. Geburtstag, Berlin 2003, S. 53-73.

__________, Grundrechtliche Schutzpflichten und Untermaßverbot, in: Klaus Stern/ Klaus Grupp (Hrsg.), Gedächtnisschrift für Joachim Burmeister, Heidelberg 2005, S. 227-243.

Möstl, Markus, Probleme der verfassungsprozessualen Geltendmachung gesetzgeberischer Schutzpflichten - Die Verfassungsbeschwerde gegen legislatives Unterlassen -, in: DÖV 1998, S. 1029-1039.

Münch, Ingo von, Staatsrecht Ⅱ, 5. Aufl., Stuttgart/Berlin/Köln/Kohlhammer, 2002.

Nipperdey, Hans Carl, Boykott und freie Meinungsäußerung, DBVI 1958, S. 445-452

________________, Grundrechte und Privatrecht, Krefeld 1961.

Papier, Hans-Jürgen, Drittwirkung der Grundrechte, in: Detlef Merten/Hans-Jürgen Papier, Handbuch der Grundrechte, Bd. Ⅱ, Heidelberg 2006, § 55, 1331-1361.

Pietrzak, Alexandra, Die Schutzpflicht im verfassungsrechtlichen Kontext - Überblick und neue Aspekte, in: JuS 1994, S. 748-753.

Pietzcker, Jost, Die Rechtsfigur des Grundrechtsverzichts, in: Der Staat 17 (1978), S. 527-551.

Robbers, Gehard, Der Grundrechtsverzicht, in: JuS 1985, S. 925-931.

____________, Sicherheit als Menschenrecht, Baden-Baden 1987.

Rüfner, Wolfgang, Grundrechtskonflikte, in: Christian Starck (Hrsg.), Bundesverfassungsgerichts und Grundgesetz Ⅱ, Tübingen, 1976, S. 453-479.

Sachs, Michael, Volenti non fit iniuria, in: VerwArch 76 (1985), S. 398-426.

__________, Verfassungsrecht Ⅱ Grundrechte, 3. Aufl., Berlin/Heudekberg 2017.

Schnapp, Friedrich E., Die Verhältnismäßigkeit des Grundrechtseingriffs, in: JuS 1983, S. 850-855.

Michael Sachs, in: ders. (Hrsg.), Grundgesetz, 4. Aufl., München 2007, Art. 20.

__________, Ⅱ. Der Bund und die Länder, in: ders. (Hrsg.), Grundgesetz Kommentar, 8. Aufl., München 2018, Art. 20.

Schwabe, Jürgen, Die sogenannte Drittwirkung der Grundrechte, München, 1971.

__________, Probleme der Grundrechtsdogmatik, Darmstadt 1977.

Seifert, Jens, Problemkreis des Grundrechtsverzichts, in: Jura 2007, S. 99-104.

Singer, Reinhard, Die Lehre vom Grundrechtsverzicht und ihre „Ausstrahlung" auf das Privatrecht, in: Wilfried Erbguth/Friedrich Müller/Volker Neumann (Hrsg.), Rechtstheorie und Rechtsdogmatik im Austausch: Gedächtnisschrift für Bernd Jeand'Heur, Berlin 1999, S. 171-189.

Starck, Christian, Vorrang der Verfassung und Verfassungsgerichtsbarkeit, in: Christian Starck/Albrecht Weber (Hrsg.), Verfassungsgerichtsbarkeit in Westeuropa, Teilband 1, Baden-Baden 1986, S. 11-39.

__________, Die Verfassungsauslegung, in: Josef Isensee/Paul Kirchhof (Hrsg.), HStR, Bd. Ⅶ, Heidelberg 1992, § 164.

__________, Der verfassungsrechtliche Schutz des ungeborenen menschlichen Lebens, in: JZ 1993, S. 816-822.

Starck, Christian, Grundrechtliche Schutzpflichten, in: ders., Praxis der Verfassungsauslegung, Baden-Baden 1994, S. 46-84.

__________, Human Rights and Private Law in German Constitutional Development, in: D. Friedmann and D. Barak-Erenz (eds.), Human Rights in Private Law, Oxford and Portland Oregon 2001, pp.97-111.

__________, Gewaltenteilung und Verfassungsgerichtsbarkeit, in: ders. (Hrsg.), Fortschritte der Verfassungsgerichtsbarkeit in der Welt - Teil I, Baden-Baden 2004, S. 117-131.

Stern, Klaus, Das Staatsrecht der Bundesrepublik Deutschland, Bd. Ⅲ/1, München 1988.

__________, Das Staatsrecht der Bundesrepublik Deutschland, Bd. Ⅲ/2, München 1994.

Sturm, Gerd, Probleme eines Verzichts auf Grundrechte, in: Gerhard Leibholz/Hans Joachim Faller/Paul Mikat/Hans Reis (Hrsg.), Menschenwürde und freiheitliche Rechtsordnung: Festschrift für Willi Geiger zum 65. Geburtstag, Tübingen 1974, S. 173-198.

Suelmann, Heinz-Gerd, Die Horizontalwirkung des Art. 3 Ⅱ GG, Baden-Baden 1994.

Unruh, Peter, Zur Dogmatik der grundrechtlichen Schutzpflichten, Berlin 1996.

Wahl, Rainer, Der Vorrang der Verfassung, in: Der Staat 20 (1981), S. 485-516.

찾 아 보 기